高等职业教育"十三五"规划教材

商品学基础

主 编 田 丽　高栋华
副主编 陈美华　翟红红　朱晓燕

中国轻工业出版社

图书在版编目（CIP）数据

商品学基础/田丽，高栋华主编 . —北京：中国轻工业出版社，2021.1
高等职业教育"十三五"规划教材
ISBN 978 – 7 – 5019 – 9805 – 0

Ⅰ.①商… Ⅱ.①田… ②高… Ⅲ.①商品学—高等职业教育—教材 Ⅳ.①F76

中国版本图书馆 CIP 数据核字（2014）第 202917 号

内容简介

《商品学基础》是高职高专类学校市场营销专业系列规划教材之一，主要介绍商品与商品学、商品的分类与编码、商品质量、商品标准、商品检验、商品包装、商品养护与运输，并介绍侧重大众消费的日用工业品的主要品种、分类、质量形成的要求、性能特征、质量检验与评价应用实务。教材采用校企合作，教材内容选择突出了高职高专教育注重应用能力培养的特点，有利于学习者对知识的领会和技能的掌握。本教材由从事多年高职高专商品学教学的教师与广州万宝集团民权电器有限公司共同编写，适用于高职高专营销、贸易、管理类各专业学生或作为教师参考用书。

责任编辑：张文佳　　责任终审：劳国强　　封面设计：锋尚设计
版式设计：王超男　　责任校对：吴大鹏　　责任监印：张　可

出版发行：中国轻工业出版社（北京东长安街6号，邮编：100740）
印　　刷：三河市万龙印装有限公司
经　　销：各地新华书店
版　　次：2021年1月第1版第5次印刷
开　　本：787×1092　1/16　印张：18
字　　数：450千字
书　　号：ISBN 978 – 7 – 5019 – 9805 – 0　　定价：38.00元
邮购电话：010 – 65241695
发行电话：010 – 85119835　传真：85113293
网　　址：http://www.chlip.com.cn
Email：club@ chlip.com.cn
如发现图书残缺请与我社邮购联系调换
210075J2C105ZBW

前言
PREFACE

　　随着我国高等职业教育事业的迅速发展，办学规模不断地扩大，关于商品学方面的教材也大量的涌现。然而，大多数商品学教科书都是采用传统的、理论性较强的论述方法，不但枯燥，而且远离丰富的社会实践，大大影响了学生的学习兴趣和学习效果。本教材就是针对高职高专类院校人才培养特色和学生学习就业特点，由校企合作编写的。整个教材体例编排简洁明了，结构紧凑；文字论述深入浅出；案例的选择注重较强的实效性、充分的代表性和典型性，不但可加深读者对课本内容的理解，而且向读者揭示了如何运用基本理论和方法，来分析、解释和处理现实商品学问题的基本途径。本书适用于高职高专财经、贸易、管理类各专业学生教科书或作为教师参考用书，也可作为自学的参考教材。

　　本书共有10章，其中1到7章为基础理论篇，第8到10章为实务篇。其中田丽撰写第1、7、8章，并负责全书的统稿工作。陈美华撰写第2、3、4、5章，高栋华撰写第9章，翟红红撰写第6章，朱晓燕撰写第10章。

　　由于编者水平有限，书中疏漏之处在所难免，不当之处还望读者批评指正。

编者

2014年7月

目录

基础理论篇

第1章　商品与商品学　1
　1.1　商品的概念及构成　2
　1.2　商品学的研究对象、内容和任务　5
　1.3　商品学的产生和发展　8
　本章小结　10
　复习思考题　10

第2章　商品质量　12
　2.1　商品质量的概念及构成　13
　2.2　商品质量的基本要求　16
　2.3　商品质量的度量与评价　21
　2.4　影响商品质量的因素　23
　2.5　伪劣商品　27
　2.6　商品质量的管理　31
　本章小结　36
　复习思考题　36

第3章　商品标准与标准化　38
　3.1　商品标准　39
　3.2　标准化与商品标准化　48
　3.3　商品标准的制定和贯彻　53
　3.4　商品质量的认证　56
　本章小结　63
　复习思考题　64

第4章　商品分类与编码　66
　4.1　商品分类的意义和原则　67

4.2 商品分类标志及常见的分类方法 70
4.3 商品目录与商品编码 75
4.4 商品条码 78
4.5 商品分类体系 85
本章小结 91
复习思考题 92

第5章 商品检验与质量监督 94

5.1 商品检验与检疫的内容 95
5.2 商品检验的形式 98
5.3 商品抽样 99
5.4 商品检验的方法 102
5.5 商品品级 107
5.6 商品质量监督 108
本章小结 112
复习思考题 112

第6章 商品包装 115

6.1 商品包装的概念和功能 116
6.2 商品包装材料 119
6.3 商品包装技法 129
6.4 商品包装标识 134
6.5 商标 142
本章小结 145
复习思考题 146

第7章 商品储存与养护 148

7.1 商品储存 149
7.2 商品养护 154
7.3 工业品商品的养护 162
本章小结 169
复习思考题 171

实 务 篇

第8章 食品商品 173

8.1 食品营养卫生 174
8.2 粮油商品 180

8.3 饮料和乳制品　189
8.4 茶叶和水果　201
本章小结　206
复习思考题　207

第9章　日用工业品商品　209
9.1 塑料制品　210
9.2 陶瓷与搪瓷制品　218
9.3 玻璃制品　220
本章小结　224
复习思考题　224

第10章　家用电器　226
10.1 家用电器概述　227
10.2 电子类家用电器　233
10.3 电热器具　241
10.4 电风扇　253
10.5 洗衣机　257
10.6 电冰箱　263
10.7 空调器　268
本章小结　275
复习思考题　275

参考文献　277

基础理论篇

第1章 商品与商品学

知识目标

掌握商品的概念，掌握商品学的研究对象与内容，明确商品学的研究任务

技能目标

能够对商品进行正确区分

能力目标

能够运用商品使用价值理论，指导以后的学习与商务活动

课程导入案例

海尔鲜风空调扯起健康大旗

在崇尚理性和追求健康的消费趋势带动下，高端健康空调需求剧增，而在众多空调品牌的角逐中，海尔"鲜风宝"空调凭借创造A级空气质量的高差异化卖点，满足消费者对健康家居环境的一致需求，销量不断攀升，占据高端市场35%以上的份额。

由于沙尘天气的频繁和"空调病"患者的增多，能否改善室内空气质量成为消费者选购空调最重视的因素。海尔"鲜风宝"空调就是从消费者的需求出发，从室内空气含氧度、洁净度和清新度三方面对健康空调的效果进行严格定义。以消费者对"不用开窗、保温加氧、四季清新"的需求为基点，从空调换风、净化、负离子三项技术对实现的含氧度、洁净度和清新度进行了A、B、C三个等级的划定。其中A为最高等级，是以双向换风、空气净化和负离子三项技术实现为最高标准。

海尔"鲜风宝"空调以专利"双新风"、"AIP电离净化"、"负离子"等健康技术，实现21%左右的A级新风含氧度、净化率95%以上的A级空气洁净度和106个负离子/cm^3的A级清新度，创造了A级空气质量，是当时行业内唯一达到A级鲜风等级的健康空调。

其实，不研究消费者需要什么，即使你的产品价格再便宜，产品也永远是产品，而不会成为被消费者买走的商品。海尔空调的高明之处是把更多的精力集中在消费者需求的调研上，除尘、加氧、定温除湿的鲜风宝空调就是未来空调市场消费需求的真实反映。如果解决不了消费者要什么空调的问题，而是想当然地去给消费者送空调，那是没有任何作用的，因为任何空调产品不是被公司卖掉的，而是被消费者买走的。

所以说消费者购买商品购买的是一种需要，企业研究商品的价值，应从研究消费者需要入手。

商品学是研究商品使用价值的科学，它以商品质量为中心内容，来探讨商品使用价值的形成、评价、维护、实现和再生。

1.1 商品的概念及构成

1.1.1 商品的概念

1. 商品的定义

商品是用来交换的劳动产品，具有使用价值和价值两个基本属性。

当人们走进超市时，很容易被货架上色泽鲜艳、款式新颖、加工精致、琳琅满目的货物所吸引。从经济学的角度看，商店陈列的或等待出售的货物只是产品，而不是商品。

凡是商品必须是劳动产品，如果不是劳动产品就不能成为商品，劳动产品如果不用于交换，也不能成为商品。随着社会经济的不断发展，人们认识到商品已从物质形态的劳动产品，发展成能够满足人们某种社会消费需要的所有形态。

一切商品都具有使用价值和价值两种属性。商品的二重性是由生产商品的劳动二重性决定的。商品生产者有目的的具体劳动，形成了商品的使用价值，而人们的抽象劳动则形成了商品的价值。商品交换价值是商品价值的表现形式。

2. 商品的基本特征

商品有别于物品和产品，具有以下的特征：

（1）商品必须是具有使用价值的劳动产品。某些天然物品，如河水、空气等，虽然具有使用价值，但不能称为商品。只有经过人类的劳动加工后，如自来水厂生产的水、制氧车间制造的氧气，才能成为商品。另一方面，没有使用价值的劳动产品，如废品等，也不能算作商品。

（2）商品要用于交换。马克思说，在交换过程中，产品转化为商品。就是说，用来到市场上交换的产品才是商品。在交换之前，尽管产品是为了交换而生产的，它也只是可能性的商品，而不是现实的商品。只有在交换过程中产品才能转化为商品。以交换为目的的劳动产品，由于种种因素，在市场上得不到消费者和用户的承认，即卖不出去，也不是商品；在交换过程完成后，商品已进入消费领域成为一个有用的物品，也不再是商品。

（3）商品要满足别人或社会的需要。商品生产、流通、消费的最终目的是满足人们不断增长的物质和精神需要，商品是人类有目的的劳动产品，是人们需要的物化体现。

总而言之，商品是指提供给市场，用于满足人们某种欲望和需要的任何事物。在消费需要的动因之下，基于各种物质、技术和经济条件，人类创造了丰富多彩的商品世界，商品的范畴发生了变化：既包括物质形态的劳动产品，如生产资料商品和生活资料商品，也包括各种知识产品——技术商品、信息商品、文化艺术商品等，如技术成果、股票、债券、服务、版权等，它们都具有商品的主要特征。过去人们只承认物质形态的劳动产品是商品，这种认识是片面的。

应该承认，科学技术商品、文化艺术商品的性质与物质形态的商品性质也有不同的特点。例如，技术商品的价格不能简单地套用计算产品成本来评定等。通常，商品学研究的商品是侧重于生产劳动所创造的有形物质商品，而不包括劳务、证券、信息、版权等无形商品。

3. 商品的种类

商品的分类方法很多，一般可按商品的存在形态分类，如图1-1所示。

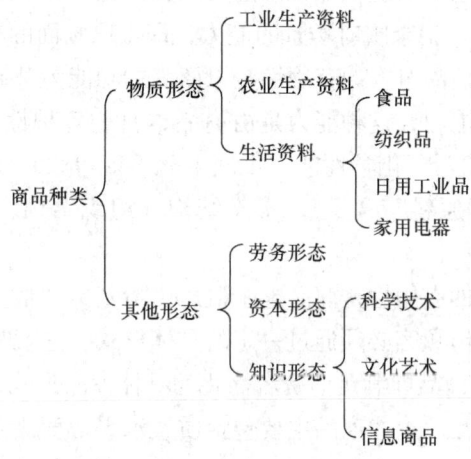

图1-1　商品种类

【考试辅导】

（选择题）商品是具有使用价值的（　　）

A. 劳动产品　　B. 社会产品　　C. 工业品　　D. 农产品

1.1.2　商品的构成

人们一提起商品，大多只想到实体商品，如汽车、鞋子、电视机等。实际上，凡是提供给市场的，消费者认为可以用价值来衡量的，或使用后能满足消费者某种需求（包括物质和精神）的一切，都属于商品的一部分。也就是说，商品不仅是使用价值和价值的统一，而且还是有形体和无形服务的统一，商品能给人们带来的实际利益和心理利益，构成了商品整体。这就是现代商品的整体概念。

现代商品的整体概念包括以下三个层次的内容，如表1-1所示。

表 1-1　　　　　　　　　　现代商品的整体概念

核心商品	形式商品	附加商品
商品功能	质量 品种 外观 标志	售后服务 质量保证 安装调试 信息咨询
购买者追求的利益	包装 商标 成分 结构	信贷 送货 折扣 培训

（1）核心商品。从商品消费的角度看，核心商品是指消费者购买某种商品所追求的利益，是人们购买商品的目的所在，所以又称实质商品。从商品本身的角度看，核心商品是商品所具有的满足某种用途的功能，如人们购买照相机，并非需要照相机镜头、机身本身（收藏家除外），而是要购买记录瞬时场景的能力，即摄取画面的功能；购买服装能给人们提供温暖，美化生活等。商品对人的有用性是以商品的功能为基础的。商品功能是商品达到用途要求所必须具备的能力，这种能力是由商品本身的各种性能，如物理性能（力学、电学、光学、热学、声学等）、化学性能、生理生化性能等表现出来的。而商品本身具备哪些性能，是由其成分（原料与含量）、形态结构（组织结构、内部联络与配合）等决定的。

商品功能或者说商品的有用性是商品整个概念中最基本和最主要的部分。核心商品只是一个抽象的概念，要卖给顾客必须通过一定的具体形式，这就是形式商品。

（2）形式商品。形式商品即满足消费者需要的具体商品形式，或商品的外观造型和表面质量，所以又称实体商品。形式商品主要包括质量水平、商品款式、商品特色、商品包装及其标志（商标及注册标记、专利标记、质量和安全卫生标志、绿色或生态标志、商品使用说明标签或标识、检验合格证）、使用说明书、维修卡（保修单）、购货发票等。以电冰箱为例，人们在购买时除了考虑它的制冷功能外，还必须考虑商品的质量、造型、颜色、容量、品牌等。它们是满足商品使用消费、环境保护和商品流通（运输、装卸、储存、销售等）的需要所不可缺少的。其中，包装、商标等本身也是一种商品，它们既有使用价值，也有价值。

（3）附加商品。附加商品是指人们购买形式商品时所获得的各种服务和附加利益，是商品在流通过程中的延伸部分，又称无形商品。例如，提供信贷、送货上门和售后维修服务、质量保证措施、免费安装调试服务、信息咨询、一定时期内的优惠折扣、有关财产保险等。营销大师科特勒说过：现代竞争的核心不在于各企业能生产什么，而在于它们能为商品增加些什么内容，如服务、顾客咨询、送货、心理满足以及消费者看重的一切。善于开发和配备合理的无形附加物，不仅有利于满足消费者的综合需要，为他们提供更多的实际利益，而且有利于企业在激烈的市场竞争中立于不败之地。

随着市场经济的发展，商品的整体概念还在不断扩大。企业提供的商品一方面使消费者能得到物质上的满足,同时也应在精神和服务功能上使消费者得到精神上的满足和心理上的享受。

【考试辅导】

（填空题）现代商品的整体概念包含三个层次内容：核心商品、_____和_____。

1.2 商品学的研究对象、内容和任务

1.2.1 商品学的研究对象

商品学是研究商品的科学，着重从商品的使用价值方面来研究商品。因此，商品学是研究商品使用价值及其变化规律的科学。

商品的使用价值是指商品对其消费（使用）者的有用性或效用，是商品本身能满足人们的某种需要的属性形成的（如粮食可充饥，衣服可御寒，钢铁可制造器械等）。它取决于商品本身的外形、结构、成分、性质、包装等。它构成了使用价值的物质基础，同时又是交换价值的物质承担者。丧失使用价值的商品，其交换价值亦必随之消失，商品亦失去了进入流通领域的资格。其次，商品的使用价值是满足他人和社会的使用价值，所以在研究商品的使用价值时，还要研究商品满足人和社会需要方面的特性。从这个意义上来说，商品的使用价值具有双重属性，即自然属性和社会属性（物质性和社会性）。

【考试辅导】

（判断题）商品学是研究商品使用价值及其实现规律的科学。（　　）

商品有多少种自然属性，就可能有多少种使用价值。例如，煤既可做燃料，又是极具价值的化工原料。商品的自然属性不同，它们的使用价值也不同。例如，羽绒服可以御寒，食品可以充饥。在不同的社会经济条件下，同一种商品也会出现不同的使用价值。例如，绿色在中国象征着生命，而在西欧葬礼时用绿色树叶铺地，所以忌用绿色地毯。再如，对于贫穷型消费者，吃饱穿暖、坚固耐用的商品使用价值最大；而对于富裕型消费者，舒适、美观、体现个性化的商品更具有使用价值。同一种商品在被同一个消费者消费时，也可以有多种使用价值。例如，高档服装既可用于一般的遮体御寒，又可以用于美化人体、弥补某些体形缺陷，还可以用来显示穿者的身份和地位。

特别值得提出的是，商品的使用价值是随着科学技术的发展和人们经验的不断丰富而陆续被发现的。商品的使用价值是一个动态的、综合性的概念。准确而全面地理解商品的使用价值，运用商品的使用价值学说指导商品的生产、经营和消费，对发展我国社会主义市场经济具有重大的现实意义。商品自然属性的相对稳定性和商品社会经济属性的相对变化性，决定了我们的商品生产经营者要不断地调整商品结构，一切从市场出发，从消费者需求出发，注意适销对路，使企业主观上求利润和客观上生产、经营着具有社会使用价值的商品有机地结合成一体。

【小思考】

猪肉是人们经常食用的一种食物，而对有些人来说，却无使用价值；我国男性的服装原来以中山服为主，而现在流行的是休闲服、西服等；灯具已大大突破了照明这一效用，成为美化生活的一部分。以上事例，使你对商品使用价值有哪些新的思考？

1.2.2 商品学的研究内容

商品学的研究对象是商品的使用价值，而商品使用价值的具体体现为商品质量和品种。因此，商品质量和品种就成为商品学研究的中心内容。如果把品种理解为质量问题的一部分，也可以说商品学研究的中心内容就是商品质量。

商品质量和商品品种是商品使用价值在质和量上的不同表现形式，包含着商品使用价值内涵纵横两方面的问题，它们之间既有各自不同的内涵，又存在密切的关系。在研究商品使用价值的质的方面，其内容主要包括：对商品质量的要求、商品成分、结构与性质、商品质量检验与评定、商品质量维护与保养以及商品与资源、环境的关系等。在研究商品使用价值的量的方面，其主要内容包括：商品名称、规格、商品分类、商品品种结构与商品开发等。

商品学在研究商品质量时，把质量及与质量相关的各种问题作为基本内容，主要围绕以下具体内容来进行：

(1) 研究形成商品质量的基础——商品成分、结构、性能等属性。

(2) 研究形成和影响商品质量的诸种因素——原材料、生产工艺及流通领域各个环节的影响等。

(3) 研究管理、监督和评价商品质量的诸种手段——商品分类、商品检验与商品标准和标准化等。

(4) 研究维护商品质量的理论和技术措施——商品包装、运输、仓储、养护的理论和方法。

(5) 研究促进商品使用价值实现的有效手段——商品开发、商品信息等。

(6) 研究与商品自然属性相关的社会因素——商品销售与售后服务、商品美学、商品法令法规等。

归纳起来，商品学研究的基本内容与商品质量的关系如图1-2所示。

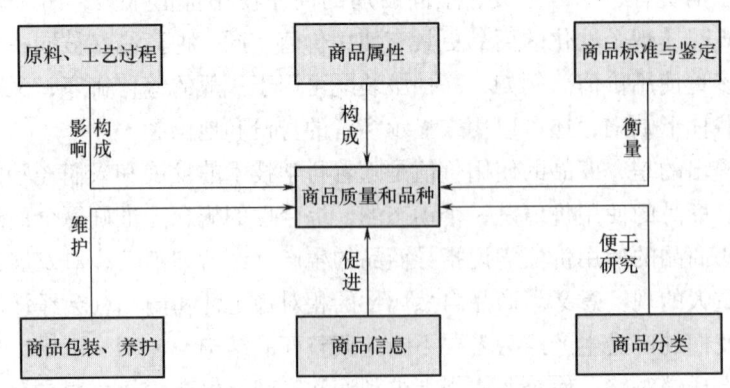

图1-2 商品学研究的基本内容与商品质量的关系

【考试辅导】

（填空）_____是商品学研究的中心内容，商品学的研究对象是_____。

1.2.3 商品学的任务

商品学是为政府和企业对商品从规划开发、生产、流通、消费到废弃全过程实行科学管理和决策服务的一门应用学科，目的是阐明商品质量形成、评价、维护、实现和再生的内外因素及规律，解决与商品质量密切相关的问题，使商品使用价值得以充分实现。也就是说，商品学是围绕商品质量这一中心内容来研究商品的使用价值。由此，围绕使用价值要开展以下几方面的工作：

（1）指导商品使用价值的形成。商品学通过商品资源和商品市场的调查与预测、商品需求分析和材料、外观、构造等商品开发信息的研究，为有关部门实施商品结构调整、商品科学分类、商品的进出口管理与质量监督管理、商品的环境管理、制定商品标准及政策法规、商品发展规划提供决策的科学依据；为生产企业提供商品质量需求和品种需求信息，指导企业生产适应市场需要的商品。

（2）评价商品使用价值的优劣。商品学通过商品检验与鉴定、技术监督与管理等手段，保证商品品种和质量符合规定的标准或合同要求，杜绝假冒伪劣商品进入流通领域，维护正常的市场竞争秩序，保证买卖双方的合法权益，创造公正、平等的商品交换环境。

（3）防止商品使用价值的降低。商品学通过确定适宜的商品包装、保管、运输条件和方法，防止已经形成的商品使用价值受到损失，减少流通领域商品质量的不良变化，达到降低商品损耗，保证流通商品安全的目的。

（4）促进商品使用价值的实现。商品学通过合理的储藏与运输，充分发挥生产与消费联系的作用。一方面通过商品信息和广告等促销手段宣传商品、推销商品；另一方面大力普及商品知识，使广大消费者认识商品、了解商品，促进商品市场交换的完成，实现商品使用价值的转移和让渡。

（5）研究商品使用价值的再生。商品学通过商品废弃物与包装废弃物处置、回收和再生政策、法规、运行机制、低成本加工技术等问题的研究，推动资源节约、再生和生活废物减量以及保护环境的绿色活动。

综上所述，商品学的任务，在于阐明和解决商品流通中的质量及其变化规律，维护商品在流通中的使用价值，保证商品使用价值的实现，积极研究和开发新产品。

【考试辅导】

（判断题）商品学的研究任务是指导商品使用价值的形成维护和实现。（　　）

1.2.4 商品学的研究方法

由于商品的使用价值是商品的自然有用性和社会适用性的统一。因此，商品学的研究方法是按照研究的具体课题，采用不同的形式进行的。

1. 科学实验法

科学实验法是在实验室内运用一定测试仪器和设备，对商品的成分、构造、性能等进行理化分析鉴定的研究方法。这种实验方法，大多在实验室内或其要求的条件下进行，具有良好的控制和观察条件，所得出的结论正确可靠，是分析商品成分、鉴定商品质量、研制新产品的常见方法。这种方法需要一定的物质技术设备，投资较大。

2. 现场实验法

现场实验法是通过一些商品专家或有代表性的消费者群，凭人体感官的直觉，对商品质量做出评价的研究方法。这种方法的正确程度受参加实验者的技术水平和人为因素的影响，但运用起来简便易行。适于很多商品的质量评比，如茶叶、酒类、一些新产品的试穿、试戴、试用等。

3. 技术指标法

技术指标法是一种在科学实验的基础上，对一系列同类商品，根据国内或国际生产力发展水平，确定质量技术指标，供生产者和消费者共同鉴定商品质量的方法。这种方法有利于促进商品质量的提高，但确定各类商品的质量指标是一项复杂而巨大的工程。

4. 社会调查法

商品的使用价值是一种社会性的使用价值，全面考察商品的使用价值需要进行各种社会调查，特别是在商品不断升级换代、新产品层出不穷的现代化社会，社会调查显得更加实际和重要，具有双向沟通的重要作用。社会调查法主要有现场调查法、调查表法、直接面谈法和定点统计法等。

5. 对比分析法

对比分析法是将不同时期、不同地区、不同国家的商品资料收集积累，加以分析比较，从而找出提高商品质量、增加花色品种、拓展商品功能的新途径的方法。流通部门可以利用联系面广、信息来源多的特点，运用对比分析法正确识别商品，促进生产部门改进产品质量，实现商品的升级换代，更好地满足广大消费者的需要。

6. 系统分析比较法

商品的研究还须考虑到商品与环境、商品与人、商品与国民经济的关系，是一个复杂的、系统的工程。单从一个方面或几个方面来研究，有时难免有偏差，只有把商品作为一个小系统，放在社会这个大系统中加以分析、研究和考察，才能得出一个全面的、公正的结论。

1.3 商品学的产生和发展

1.3.1 商品学的产生

商品学最早产生于德国。18世纪初，德国的工业迅速发展，许多工厂将进口原材料加工成出口工业品，从而扩大了原材料与工业品商品的贸易。这就要求商人必须具有系统的商品知识，否则难以胜任贸易工作。因此，当时对商业教育提出了系统讲授商品知识的要求，以提高青年商人的业务素质。18世纪后期，在商人和学者的努力下，德国的大学和商业学院开始讲授商品学课程，并开展商品学研究。商品学这个词就来自德文"Warenkunde"，译成英文为"Commodity Science and Technology"。

德国的约翰·贝克曼教授在其教学和科研的基础上，于1793—1800年出版了《商品学导论》。该书分为两册：第一册主要是介绍商品生产技术方法、工艺学等方面的知识；第二册主要介绍商品的产地、性能、用途、质量规格、分类、包装、鉴定、保管和主要市场等。贝克曼还在该书中指出了商品学作为一门独立学科的任务：研究商品的分类体系；进行商品的鉴定和检验；说明商品的产地、性质、使用和保养以及最重要的市场；叙述商品的制造方法和生产工艺；阐明商品品种的价格和质量；介绍商品在经济活动中的作用和意义。该书创立了商品学的学科体系，明确了商品学的研究内容，贝克曼因此被誉为商品学的创始人。他所创立的商品学体系被称为"贝克曼商品学"或"叙述论的商品学"。目前，人们认为商品学产生于18世纪末，即是以该书的出版时间为依据的。

1.3.2 商品学的发展

18世纪以来商品学相继传入意大利、俄国、日本、中国以及西欧和东欧的一些国家，使商品学得到迅速发展，商品学教育和研究也不断深入广泛。1902年我国商业教育中开始把商品学作为一门必修课。

商品学由德国传入各国后，在其发展过程中产生了两个研究方向：一个是从自然科学和技术科学角度研究商品使用价值，研究的中心内容是商品质量，称为技术论商品学；另一个是从社会科学、经济学角度，特别是从市场营销和消费需求方面研究与商品适销品种和经营质量相关的问题，称为经济论商品学。

随着现代科技和经济的高速发展，商品的"商"和"品"两重性日益受到人们的重视。人们感到，真正的商品学应该由以研究"商"为主的经济型商品学与以研究"品"为主的技术型商品学融合而成。于是从20世纪80年代起，世界商品学开始步入技术型与经济型相互交融的现代商品学时代。

现代商品学围绕商品—人—环境系统，从技术、经济、社会、环境等多方面，运用自然科学、技术科学与社会科学相关的原理和方法，综合研究商品与市场需求，商品与资源合理利用，商品与环境保护，商品开发与高新技术，商品质量控制、质量保证、质量评价及质量监督，商品分类与品种，商品标准与法规，商品包装与商标、标志，商品形象与广告，商品文化与美学，商品消费与消费者保护等技术与经济问题。

1.3.3 我国商品学的发展

中国商品学的发展，经历了一个漫长的过程。在古代，随着商品生产的发展，商品交换的不断扩大，出现了商人和市场。商人为了招揽生意和辨别货物真伪，将散落的关于商品的知识逐步汇集成书。春秋时期的《禽经》、唐朝的《茶经》、宋朝的《荔枝谱》以及明朝的《本草纲目》等，都记载着与商品生产加工与经营相关的知识。其中，公元767年陆羽所著的《茶经》，可称为世界上最早的一部商品学。该书详细论述了茶叶的形状、品质、产地、采制及烹茶方法，进而深入讨论了茶叶品质的评审、用途及保管方法等。

到了近代，由于海外贸易频繁，市场竞争日趋激烈，经营手段随之复杂，客观上需要一批熟悉商品产地、性能与检验的专业人员，清朝末年有人主张创立商学来研究商品交易之道。新中国成立后，随着国民经济的发展，商品学也得到了蓬勃发展。高等财经院校的企业管理、市场营销、对外贸易和经济贸易等专业均开设了商品学课程，出现了多种商品学教材。1995年，中国商品学学会成立，标志着我国商品学已经进入一个崭新的发展时期。

本章小结

商品是用来交换的劳动产品，具有使用价值和价值两个基本属性，以物质形态或其他形态存在于社会，由核心商品、形式商品和附加商品构成了商品的整体。

商品学是研究商品使用价值及其变化规律的科学。商品的使用价值是指对消费者的有用性或效用，商品的使用价值是由商品的属性所决定的，是满足他人和社会的使用价值，并随着科学技术的发展和人们经验的不断丰富，而陆续被发现的。因此，商品的使用价值是一个动态的、综合性的概念。

商品学研究的中心内容是商品质量及与商品质量密切相关的问题。商品学的研究任务是指导商品使用价值的形成、评价、维护、实现和监督，满足人们物质文明和精神文明的需要，不断提高企业的效益。

【案例分析】

克莱斯勒漫步者上市

一个新产品投放市场，要有周密的思考，要知道卖点在哪里。在国内进口车市场向着高档化、大排量方向发展的情况下，克莱斯勒（中国）汽车销售有限公司逆市而动，推出了紧凑型进口轿车——新款克莱斯勒PT漫步者。那么，他的卖点是什么呢？由于近年来国产汽车竞争力增强，使得2.5L以下排量进口车的数量大幅降低，高档化趋势越来越明显。来自海关总署的统计数字显示，进口车市场类型单一，跑车、豪华轿车、SUV占了较大份额，而紧凑型、个性化车型相对较少。曾经，中国消费者眼中的个性化车型是Mini、新甲壳虫，人们喜欢它们，却又止步于它们较高的价格与较低的性价比。可以说，在日趋成熟的中国汽车市场中，既时尚又实用的均衡型轿车还未出现。所以，当时新款克莱斯勒PT漫步者的上市，恰好弥补了这一缺憾。各个汽车厂商如果想占领持续增长的汽车市场，就必须要出奇制胜，推出一些能与国产车互补、有特色的车型。新款克莱斯勒PT漫步者在当时就非常具有竞争力。视觉上的独特性使其个性化发挥得淋漓尽致。同时，豪华精致的内部设计，宽敞多变的内部空间以及如同瑞士军刀般的内部灵活性，使得这款紧凑型轿车在出众的个性风格之外更兼具实用性和多功能性。而澎湃的动力和舒适时尚的内饰，也确保了完美的驾乘体验。

案例思考题

请分析克莱斯勒汽车的产品价值是如何实现的？在中国汽车市场上能否取得成功？

复习思考题

一、名词解释

商品　商品的使用价值　商品学

二、判断对错
1. 消费者购买商品，本质是购买一种需要。（   ）
2. 商品学是研究商品质量变化的科学。（   ）
3. 商品的自然属性相对变化，社会经济属性相对稳定。（   ）
4. 需要动态的、综合性地看待商品的使用价值。（   ）
5. 随着社会经济的发展，商品的"商"和"品"两重性将日益受到人们的重视。
（   ）

三、选择题
1. 商品的使用价值就是商品的（   ）。
   A. 有用性　　　　B. 观赏性　　　　C. 价值性　　D. 交换性
2. （   ）体现了商品生产者之间相互交换的劳动关系。
   A. 商品　　　　　B. 价值　　　　　C. 使用价值　D. 交换价值
3. 下列不属于商品范畴的是（   ）。
   A. 商品质量　　　B. 价值　　　　　C. 使用价值　D. 交换价值
4. 商品的（   ）是商品的自然属性。
   A. 成分　　　　　B. 价值　　　　　C. 外形　　　D. 广告
5. 衡量商品使用价值大小的尺度是（   ）。
   A. 商品成分　　　B. 商品属性　　　C. 商品价值　D. 商品质量
6. 商品学研究的中心内容是（   ）。
   A. 商品质量　　　B. 商品代码　　　C. 商品养护　D. 商品检验

四、简答题
1. 什么是商品的价值和使用价值？两者的关系是怎样的？
2. 商品学研究的对象是什么？为什么说商品学研究的中心内容是商品质量？
3. 商品学研究的具体内容和整体内容各是什么？
4. 商品学的研究任务是什么？

五、实训题
1. 整体商品的构成主要有哪三部分？试举例说明。
2. 实际生活中，由于消费对象不同，对商品使用价值的要求也会有所不同，请举例说明。

第 2 章 商品质量

知识目标

理解商品质量内涵的三个层次，理解影响商品质量的因素，理解商品质量认证制度的意义，了解我国质量认证机构和相应认证及标志

技能目标

能够按照商品质量认证标识，防范和识别伪劣商品

能力目标

能够运用商品质量有关观念，培养质量观念和质量管理意识

课程导入案例

张某于展览会上向一皮衣厂购得2100元的皮衣一件，并看到："当面检验，概不退货"八个字。回来后发现皮衣脱皮，质量不合格。张某要求退货，被拒绝。张某于是向电视台公布，并对皮衣厂进行曝光，使得皮衣厂销售量大减。皮衣厂告张某侵犯其名誉权，要求赔礼道歉，并赔偿经济损失。

问：1. 皮衣厂八个字是否有效？
2. 皮衣厂告张某的侵权是否成立？为什么？
3. 张某是否承担违约责任？为什么？
4. 皮衣厂是否承担产品责任？

分析：

1. 那8个字属于格式条款，也就是霸王条款，是肯定无效的，这条条款免除了商家的质量保证义务，排除消费者进行补救的权利，根据合同法的规定，属于无效的格式条款。

2. 不成立。张某的行为从表面上看造成了皮衣厂的销量减少，但是并不属于侵权行为，而是维护自己权益的合法行为，他有权利采取社会监督的方法来维护自己的权益；从本质上来说，造成皮衣厂销量下降是因为其产品确实存在质量问题，张某的行为与皮衣厂销量下降并没有本质的因果关系。而且张某主观上并没有过错，不存在侵害他人权益的故意或者过失，这种

行为是值得鼓励的行为。张某的行为不符合侵权行为的构成要件,所以不属于侵权。

3. 张某也无需承担违约责任。因为张某跟皮衣厂的买卖合同里,并没有规定张某不得向媒体公布这样的义务,也就不存在违约的问题。

4. 皮衣厂对其生产的产品负有质量保证责任,因此应当承担产品责任,当售出的产品不具备产品应当具备的使用性能,应当负责修理、更换或者退货。

质量是国家、企业以及消费者都十分关心的一个重要问题,质量是一切经济管理工作的永恒主题。商品学研究的中心内容就是商品的质量。传统的、简单的对质量的理解就是,商品质量就是商品好坏、优劣程度的衡量。今天的商品质量的含义已经远远超过了这种简单的理解。

2.1 商品质量的概念及构成

2.1.1 商品质量的概念

商品质量也称为商品品质,根据ISO 8402—1994《质量术语》中的定义,是指商品满足规定或潜在要求(或需要)的特征和特性的总和。这里的规定是指国家或国际有关法规、质量标准或买卖双方的合同要求等方面的人为界定;潜在要求(或需要)是指人和社会对商品的适用性、安全性、卫生性、可靠性、耐久性、美观性、经济性、信息性等方面的人为期望;特征是指用来区分同类商品不同品种的特别显著的标志;特性是指不同类别商品所特有的性质,即品质特性。可以说,商品质量是商品具备适用功能,满足规定和消费者需求程度的一个综合性的概念。

例如,一台电视机不仅要求图像清晰、色彩逼真、伴音优美动听、安全可靠、有一定的使用寿命,还要求外形美观、操作方便、经济实惠、信誉好、牌子响、销售环境和售后服务良好等。

随着科学技术和经济的发展,人们对质量的需求不断提高,质量的概念也随之不断发生变化。具有代表性的质量概念主要有以下几种:

(1)"符合性质量"。即认为质量只是符合标准的要求。这是长期以来人们对质量的理解,但是标准不先进,即使是百分之百符合,也不能认为是质量好的产品,于是质量的概念在满足符合性的基础上又产生了"适用性质量"的概念。

(2)"适用性质量"。它是以适合顾客需要的程度作为衡量的依据,即从使用的角度来定义质量,认为产品质量是产品在使用时能成功满足顾客需要的程度。"适用性质量"概念的发展,说明了人们在质量概念的认识上逐渐把顾客的需求放在首位,但是满足顾客使用需要的产品质量还不一定使顾客满意,于是质量的概念向"顾客满意质量"演变。

(3)"顾客满意质量"。由于顾客(和相关方)满意的"要求"是广义的,它除了适用性外,还包含隐含的要求。如对汽车来说,顾客要求除了美观、舒适、轻便、省油和方便良好的售后服务等外,还有法律、法规方面的要求,如发动机排放物符合排放标准,制动器的安全可靠性高等。

由此可知，质量的概念是从"符合性质量"、"适用性质量"到"顾客满意质量"不断演变的。

【案例分析】

天价马扎

马扎作为家庭使用的一种小型坐具，一般也就值几块钱，贵点的也就十多元。让人惊讶的是，广饶县李鹊镇西水村有个叫刘会文的村民，他做的马扎竟卖出了每个7000元的天价。原来，刘会文所做的马扎使用的是紫檀木、鸡翅木、黄杨木等名贵木料，不仅做工精致，在每个马扎上老刘还精心刻上了不同字体的100多个"寿"字。刘会文把这种马扎称做"百寿图马扎"。据了解，这种工艺品马扎销路很好，每年能卖五六十个，有些还走出了国门，卖到了国外。

该案例说明，商品质量是一个动态的概念，在满足消费者物质享受的同时，还要求能满足消费者的精神享受。

商品质量包括狭义的商品质量和广义的商品质量。狭义的商品质量主要指产品与其规定标准技术条件的符合程度，它是以国家或国际有关法规、商品标准或订购合同中的有关规定作为最低技术条件，是商品质量的最低要求和合格的依据，是由商品的自然属性（商品体本身）决定的，也称自然质量。广义的商品质量指商品适合其用途所需的各种特性的综合及其满足消费者需求的程度，是从商品能否满足消费者的需求出发的角度看商品的适用性，是衡量商品使用价值的各种属性的综合，包括了自然属性、经济属性以及其他社会属性。

商品质量包含三个层次，具体内容如下。

1. 商品质量的核心是满足消费者需求

在买方市场条件下，商品质量必须满足消费者的需要，商品才能实现交换，实现其价值和使用价值。其中包括：

（1）内在特性的满足。内在特性包括商品的可靠性、适用性、安全性、寿命长短等。

（2）外观特性满足。外观特性包括商品的外观造型、色泽、图案等。

（3）经济特性满足。商品的经济性不仅看制造成本，还要看商品寿命期的总成本，其中包括在流通和使用过程中由消费者和社会所承担的费用。

（4）服务质量的满足。指消费者购买商品时所附加的全部服务和利益，包括售前售后的服务。现代市场竞争不仅在于生产和销售什么产品，而且在于提供什么样的附加服务和利益。美国著名管理学家李维特（Levitt）指出："现代竞争并不在于各家公司在其工厂中生产什么，而在于它们能为其产品增加些什么内容——诸如包装、服务、广告、客户咨询、送货以及人们所重视的其他价值。"

2. 商品质量是与商品用途有关的属性参数的综合

商品的使用价值取决于消费者的需要程度和商品的属性，与用途有关的属性构成商品的自然质量。例如，冰箱与其用途有关的技术参数很多，主要项目有冰箱的容积、冷藏室容积、重量、制冷剂充注量、耗电量等，这些项目参数都具体规定了商品应达到的标准数值。

3. 商品质量具有针对性、相对性、可变性

针对性：质量是针对一定的使用时间、使用地点、使用条件、使用对象和一定用途而言的。

（1）使用时间。随着技术的不断进步以及市场竞争的加剧，商品更新换代的速度越来越快，产品生命周期越来越短，对于商品质量的评价不能脱离当时的技术经济条件，不同的条件下，对质量的评价会有所不同。

（2）使用地点。由于不同国家、地区以及不同民族、宗教之间在文化上的差异，使得不同消费者对商品质量的评价产生差异。例如，英国的家庭主妇认为红茶比绿茶质量高，营养价值大。

（3）使用条件。商品质量因使用条件的差异而做出相应调整，以克服不同条件所造成的商品使用性能的差别。例如，在日本国内使用的电视机灵敏度低于我国国产电视机，原因是日本电视发射台普及，而且功率大，所以对灵敏度要求不高。

（4）使用对象。质量的评价还会因人而异，消费者由于年龄、职业、收入、文化、宗教信仰、社会阶层、风俗习惯的差异，对商品质量要求不同。例如，东方人喜欢喝开水，对保温瓶的保温性要求很高，而一些西方人习惯喝凉水，所以，并不十分看重这一质量指标。

（5）用途。同一种商品会有不同的用途，用途不同对商品质量的属性权数会有所不同。例如，小麦粉是面筋多一些质量好呢，还是少一些好？要看其用途，如果做面包，则面筋多可使其在烘烤过程中形成疏松多孔的组织结构，如果用于做饼干，则面筋多了会使口感僵硬。

相对性：质量是相对于同类商品（使用目的相同）的不同个体而言的，因而，它是一个比较的范畴。质量，并非商品本身所固有，而是人们评价商品使用价值的一种尺度，正像尺子本身作为衡量的单位，它只是一个相对的概念而已。绝对的质量是不存在的，只有在比较中才赋予质量的意义。尽管单一个体的商品可在既定技术条件（质量指标）比照下，得出其质量结论，但是，这个技术条件（质量指标）事实上是许多商品个体相比较的结果，在此起到比较参照物的作用。

可变性：商品质量是一个动态的、发展的、变化的概念，会受到社会经济环境及市场竞争等因素的影响。

从社会经济环境来说，社会的发展，经济形势的变化，会使人们对质量的要求随之改变。在经受能源危机时，人们看好那些节油的汽车，似乎节油是汽车质量佳的重要特征；当社会经济复苏，最受青睐的是那些超豪华型轿车。

所以，商品质量绝不是一个静止的概念，它是在不同社会形态下，不同的市场态势下，不同时期生产技术水平和不同消费需求下，商品属性的综合。

【案例分析】

中国广东化工企业每年要通过香港进口 20 亿元机械设备，而我国东北企业基本都能生产这些设备。当时的化工部部长带着这个问题去了广东，他了解到我国机械质量分为特级、一级、二级和三级，广东化工企业经常需要三级设备，但某些质量指标为特级或一级配置，而我国东北企业没有这样的质量配置。但香港代理的国外设备可根据客户需要做各种配置，再加上售后服务差距，使东北企业每年损失 20 亿元收入。

东北企业的产品质量符合国家标准，但不符合客户的质量要求，这种旧的质量观点已不能适应市场经济的要求，结论就是要彻底改变传统质量观念和工作行为。

问题：你认为东北企业应该树立什么样的质量观念，才能减少损失？

2.1.2　商品质量的构成

1. 按表现形式看

在表现形式上，商品质量由外观质量、内在质量和附加质量构成。商品的外观质量主要指商品的外部形态以及通过感觉器官能直接感受到的特性，如商品的式样、造型、结构、色泽、气味、食味、声响、规格（尺寸、大小、轻重）等。商品的内在质量指通过仪器、实验手段能反映出来的商品特性或性质，如商品的物理性质、化学性质、机械性质以及生物学性质等。商品的附加质量主要指商品信誉、经济性、销售服务等。

商品的外观质量、内在质量和附加质量，对不同种类的商品各有侧重。商品外观质量往往可以反映商品的内在质量，并通过附加质量得到更充分的实现。

2. 按形成环节看

在形成环节上，商品质量由设计质量、制造质量和市场质量构成。设计质量指在生产过程以前，设计部门对商品品种、规格、造型、花色、质地、装潢、包装等方面进行设计的过程中形成的质量因素；制造质量指在生产过程中所形成的符合设计要求的质量因素；市场质量指在整个流通过程中，对已在生产环节形成的质量的维护保证与附加的质量因素。

设计质量是商品质量形成的前提条件，是商品质量形成的起点；制造质量是商品质量形成的主要方面，它对商品质量的各种性质起着决定性作用；市场质量是商品质量实现的保证。

3. 按有机组成看

在有机组成上，商品质量由自然质量、社会质量和经济质量构成。自然质量是商品自然属性给商品带来的质量因素；社会质量是商品社会属性所要求的质量因素；经济质量是商品消费时投入方面所要考虑的因素。

自然质量是构成商品质量的基础，社会质量是商品质量满足社会需要的具体体现，经济质量则反映了人们对商品质量经济方面的要求。

2.2　商品质量的基本要求

2.2.1　现代商品质量观

人们对商品质量的认识与理解是随着社会生产和经济的发展而变化的。在商品生产尚不发达，商品供不应求的社会条件下，物质必然占据主导地位。这时商品质量的核心内容是商品的基本性能和寿命，即强调商品的内在质量，如食品的发热量、衣着用品的耐穿和保暖，日用工业品的坚固耐用等。商品生产者和政府的首要任务是尽可能地满足社会总需求，其工作的重心不在质而在量。这种质量观适合当时的经济现状，但商品生产者之间没有竞争和压力，不利于商品经济的发展，更不利于商品质量的提高和人们生活质量的进一步改善。

随着科学技术的进步，商品生产和市场经济的发展，商品交换逐渐由卖方市场转化为买方市场，市场竞争日趋激烈。在这种情况下，人们不再只是满足于基本的物质需要，而是开始追求更高层次的文化精神满足。因此，现代的商品质量观已从最初仅考虑商品的内在质量，发展到越来越注重商品的美学质量、包装质量和市场质量。具体表现在以下五个方面：

（1）商品的内在质量。即商品的实用性能（如化学性能、物理性能、生物性能等）、寿命、安全卫生性等。

（2）商品的外在质量。指商品的外观构型、质地、色彩、气味、手感、表面疵点和包装等。

（3）社会质量。指商品满足全社会利益的程度，如是否违反社会公德、是否造成环境污染、资源是否浪费等。

（4）经济质量。即以尽可能低的价格获得尽可能优良的性能，并在消费中付出尽可能低的使用和维护成本，即物美与价廉的统一程度。

（5）品种。商品不仅要求性能优良，而且应与社会的不同阶层、不同消费水平的要求相适应。

2.2.2 商品质量的一般性要求

（1）适用性。也称使用性能、实用性，指满足一定的用途（使用目的）所必须具备的各种性能（功能），包括具有功能和与需要相符合两个方面，是构成商品使用价值的基本条件。如食品的营养功能、供给热量、保持体温、维持生命和调节代谢等，服装色彩款式与人的年龄、职业、体型、肤色的协调程度等。

（2）安全卫生性。指商品在生产、流通、使用过程中保证人身安全与健康以及环境免遭危害的能力。安全卫生性表现在两个方面：一是使用流通中对人身不致损害；二是对人们的生活环境不致污染，如城市噪声、空调噪声等。

（3）寿命与可信性。寿命一般指使用寿命，也包括储存寿命。对工业品，寿命可用使用时间的长短表示，也有采用里程数、开关次数等表示。可信性是商品顺利完成功能的把握，包括可靠性、维修性和维修保障性。可靠性是商品在规定条件下和规定时间内，完成规定功能的能力。它与商品使用过程中的稳定性和无故障性相关，是评价机电类商品质量的重要指标，可靠性包括耐用性和设计可靠性。维修性指商品在发生故障后能被迅速修好恢复其功能的能力。维修保障性指维修资源能满足商品完好性和使用要求的能力。

（4）经济性。表现在两个方面：一是物美价廉基础上的最适质量，即质优与低制造成本的统一；二是商品价格与使用费用的最佳匹配，避免出现"买得起，用不起"的现象。

（5）美观舒适性。又称审美性，指商品能满足人们审美需要的属性，表现在商品的形态、色泽、质地、结构、气味和品种多样性等。随着生活水平的提高，人们不仅要求商品功能好、价格低，而且对安全和美观舒适提出了较高的要求，商品的审美性已成为提高商品市场竞争力的重要手段之一。

商品质量的一般性要求是根据其用途、使用方法以及消费者的期望和社会需求来确定的。商品的种类很多，各有不同的用途，其质量的基本点也各不相同。一般可根据商品的用途，按吃、穿、用分为食品、纺织品和日用品 3 大类，再分别提出质量方面的基本要求。

2.2.3 食品商品质量的基本要求

食品是人类生活的必需品，是人体发育、健康和工作的物质基础，对食品商品质量的基本要求是具有营养价值，卫生无害性和色、香、味、形俱佳。

1. 具有营养价值

食品的营养价值主要表现在：供给人体热量，形成细胞组织，调节人体各种生理代谢。因此，食品的营养价值包括食品的营养成分、可消化率和发热量 3 项指标。

（1）食品的营养成分。主要有糖类、蛋白质、脂肪、矿物质、维生素和水分等，是食品营养价值的物质基础。不同食品，营养成分不同，其营养功能也不一样。各种粮食、食用油脂和糖类等，是人体热量的主要来源，而蔬菜、水果、肉类、鱼类、蛋类、乳类及其加工制品等副食品，则对人体发育、调节代谢起主要作用。

（2）可消化率。可消化率是指食品在食用后，人体能消化和吸收的程度。食品中所含的营养素，除了水、无机盐、某些维生素和单糖等能够直接被人体吸收外，蛋白质、脂肪、多糖类等必须在消化道内进行分解，将结构复杂的大分子物质变成结构简单的小分子物质，才能被人体吸收利用。植物性食品中的粗纤维、不溶性果胶、本质素等物质，是人体不能消化也不能吸收的物质，但它们对肠壁有刺激作用，有利于食物的消化吸收。从可吸收利用程度来说，动物性食品的营养价值高于植物性食品，动物蛋白质人体消化吸收可高达 90% 以上，而植物蛋白质（大豆蛋白除外）人体消化吸收只有 67% 左右。

（3）发热量。发热量是指食品营养成分经人体消化吸收后，在人体内能够产生的热量。例如，三大营养素每克的发热量分别是：碳水化合物 16kJ，蛋白质 16～18kJ，脂肪 38kJ。一般来说，能量不足，体重减少，严重时会贫血；能量过剩时，体重增加。所以，人体需要从多种食品中获取各种营养成分，以维护健康；人体还应吸收所需热量，以维持正常体重。

2. 食品的卫生无害性

食品的卫生无害性是指食品中不应含有或不超过允许限量的有害物质和微生物等，这是食品商品最基本的质量要求。食品卫生关系到人们的身体健康和生命安全，甚至还会影响到子孙后代，因此食品必须符合有关的卫生规定和标准，若超过规定的卫生要求，其他质量要求也随之失去了意义。食品有害物的来源，通常有食品自身产生的毒素、物质对食品的污染、加工中混入的毒素、保管不善产生的毒素、环境或化学药品造成的污染等。

3. 色、香、味、形俱佳

食品的色、香、味、形是指食品的颜色、香气、滋味、外观形状，它是评定食品新鲜程度、加工精度、品质特点以及质量变化状况等的重要外观指标。这个指标是人们可以从直观上判断的感官指标，是选择食品时首先接触的重要问题。色、香、味、形俱佳的食品，能促进人们的食欲，有助于提高食品的可消化率。巴甫洛夫把食用前引起消化液分泌称为反射性分泌，当食品接触到消化器官后，所引起的消化液分泌称为化学相分泌。两者结合起来就能产生旺盛的食欲，从而使食品中各种营养成分得到比较充分的消化和吸收。

食品的色、香、味、形，也是食品美方面的基本要求，例如，食品具有悦目的颜色、诱人的香气、可口的滋味、赏心的形状，不但能满足人们的味觉享受，而且能同时作用于人的视觉、嗅觉，乃至人的听觉，给人以美的联想，启迪人们的美感，从而产生良好的心理效应。

【小思考】

食品的卫生无害性，是指要求食品中不含有对人体有毒有害的物质，对吗？

2.2.4 纺织品商品质量的基本要求

纺织品是人们日常穿着的生活必需品，并对生活起着美化装饰作用。对纺织品的质量要求也是根据其用途来确定的。纺织品的主要用途是制作服饰，满足人们穿戴的需求，因此，对纺织品质量的基本要求是服用性、耐用性、卫生安全性及审美性等。

1. 服用性

服用性指纺织品适合穿着的各种性能，如纺织品的起毛性、起球性、缩水性、刚挺度、悬垂性和舒适性等。要求纺织品不易起毛、起球，缩水率小，不然会造成纺织品变形和影响外观，同时要求纺织品具有较好的刚挺度、悬垂性和舒适性。刚挺度指纺织品抵抗变形的能力，它能影响纺织品的手感风格和服装的挺括性；悬垂性指从中心提起纺织品后，纺织品本身自然悬垂，产生匀称美观折裥的特性。悬垂性好的纺织品制成的服装很贴体，并能产生美观悦目的线条；舒适性指人体着装后，纺织品具有满足人体要求并排除任何不舒适因素的性能。

纺织品的舒适性表现在触觉舒适性、热湿舒适性和运动舒适性三方面。触觉舒适性主要反映在纺织品和皮肤接触时的粗糙感、瘙痒感、温暖感或阴凉感等触觉感受上。试验研究表明，化纤纺丝过程中纤维黏结的硬头丝或珠子丝等疵点在内衣上将会产生显著的瘙痒感。热湿舒适性指由于人体自身调节热平衡的能力有限，故需要通过穿着适当的服装来进行调节，使衣服内层空间形成舒适的小气候。服装的热舒适性是由服装面料的保温性、透气性、透湿性以及服装的式样与组合等因素决定的，而湿舒适性则是由服装面料的吸湿性、透气性等因素决定的。运动舒适性指由于人体运动的多方面、多角度和大弯曲性，要求纺织品有一定的延伸性，能自由地依顺人体活动。不同种类的纺织品要求延伸性不同，例如，西装的延伸性要求为15%~25%，内衣、运动装等的延伸性要求更高。

2. 耐用性

耐用性指纺织品在穿用和洗涤过程中的抗外界各种破坏因素作用的能力，直接影响到纺织品的使用寿命。耐用性包括断裂强度、断裂伸长率、撕裂强度、耐磨强度、耐疲劳强度、耐日光性、耐热性、染色牢度和耐霉蛀性等。

3. 卫生安全性

纺织品的卫生安全性指纺织品保证人体健康和人身安全而应具备的性质，主要包括纺织品的卫生无害性、抗静电性等。卫生无害性不仅要求纺织纤维对人体无害，还要求纺织品在加工和染色过程中使用的染料、防缩剂、防皱剂、柔软剂、增白剂等化学物质对人体无害。如果这些化学物质残留在纺织品表面，就可能造成对皮肤的刺激。吸湿性差的涤纶、腈纶、氯纶、丙纶等合成纤维容易形成静电。降低静电的方法有两种：一是在纺织品中混入导电纤维；二是将静电剂加入合成纤维内部或固着在纤维表面。

4. 审美性

审美性要求纺织品和服装能满足消费者审美需要，达到精神与物质的统一、技术与艺术的结合。随着时代的发展，审美性已成为消费者购买衣着商品的首选特性。审美性是一种整体美，主要包括内在美和外在美。内在美指纺织品蕴涵的文化内涵；外在美指纺织品呈现的外观、风格、色泽、装饰、图案等所体现的技术艺术性，其中外观包括平整、光滑、纹路以及无疵点等。

2.2.5 日用商品质量的基本要求

日用商品种类繁多，用途极其广泛，不但能满足人们某种使用上的需要，而且还起着美化生活的作用。对日用商品质量的基本要求是适用性、坚固耐用性、卫生安全性、结构合理与外观完好和舒适美观性。

1. 适用性

适用性指满足这种商品重要用途而必须具备的性能，它是构成这种商品使用价值的基本条件和评定其质量的重要方面。例如，钟表要求走时准确；保温瓶必须保温；电视机要求图像清晰、伴音优美动听。

2. 坚固耐用性

坚固耐用性指商品在使用时抵抗各种外界因素对其破坏的能力和对其适用性的影响，它反映了日用商品的耐用程度。例如，皮革、橡胶常用强度和耐磨性来评定其坚固耐用性，电器商品往往用使用寿命、可靠性、可修复性来反映其坚固耐用性。要求商品坚固耐用是消费者的普遍愿望，但对某些商品和不同的消费水平有一定的弹性，只要达到物尽其用即可。

3. 卫生安全性

卫生安全性指商品在使用时，有关保护人身安全和人体健康所需要的各种性质。例如，盛放食物的器皿、化妆品、玩具等商品应具有无毒性和无刺激性；电器商品应具有防人身触电、防引起火灾、防损害人身的安全措施。从现代观念来考虑，卫生安全性还包括不污染环境的低公害性。低公害性又称环境价值，是指商品在流通、消费、废弃和回收等环节，应不造成允许限度以上的环境恶化和污染。不符合低公害要求的商品，无论使用价值多大，也要限制使用，有的将逐步退出市场。在社会环境保护方面，各种有害人们身心健康的商品应限制使用，如管制刀具等。例如，近些年的无氟冰箱、无磷洗衣粉、可降解塑料、低噪声家用电器等商品备受欢迎，就是商品环境效应的一个缩影。

4. 结构合理与外观完好

结构造型主要指商品的形状、大小、部件装配等。例如，结构造型不科学合理，直接影响着日用品的适用性和坚固耐用性。商品的外观疵点不仅严重破坏了商品外观，还直接影响着商品的适用性和坚固耐用性。有些商品的外观疵点还反映了商品的变质情况。

5. 舒适美观性

商品的外观艺术性是通过商品的造型、款式、装饰、色泽、花纹、图案来体现的，它是日用商品美观性的基本要求。商品美观性方面的指标已成为人们评价质量的一个重要组成部分。例如，有些灯具，就其照明和美观来说，后者几乎成了这种商品的主要质量要求。实际工作中也往往由于商品的造型、式样不够新颖，外观不够美观，花纹不恰当，即使它们的适用性和耐用性都很好，也会造成滞销和积压。商品的舒适性指商品造型、选材等满足人体运动生理学的要求，有益于人们的活动和健康。例如，运动鞋类根据运动项目要求和人体运动生理学原理，就有跑鞋、球鞋、登山鞋等。

【案例分析】

上海期货交易所阴极铜质量要求

（1）用于实物交割的阴极铜，必须符合国标 GB/T 467—2010 标准阴极铜的各项规定。其中主成分铜加银的含量不小于 99.95%。

（2）外型及块重。可用于交割的阴极铜应为块状，每块重量在 30~150kg，中心部位的厚度不小于 5mm。

（3）每张仓单的溢短不超过 2%，磅差符合有关规定。

（4）每一仓单的铜，必须是同一生产厂生产的同一牌号、同一质量标准、由同一外形尺寸组成，每捆重量不超过 2.5t，用钢带捆扎紧固。

（5）每一仓单的阴极铜，必须是本所批准的注册品牌，须附有生产者出具的质量证明书。

（6）仓单须由本所指定交割仓库按规定验收合格后出具。

问题：你认为上海期货交易所阴极铜的质量要求是否科学？

商品质量除上述基本要求外，还包括商品经济质量的基本要求，主要有商品成本、使用费用和商品寿命等。对消费者来说，商品成本包括商品价格、运输、安装、配套等费用；使用费用包括水、电、气、煤、油的能耗，维修养护费用，学习操作费用，商品使用后放置与安装占用的地面和空间位置等；商品使用寿命包括商品的自然寿命和社会寿命，一般来说，商品寿命短则意味着商品经济质量低。

商品质量的各项基本要求，并不是独立静止的、绝对的，特别是对某种商品提出具体质量要求时，不仅要根据不同的用途进行具体分析，还必须与社会生产力的发展、国民经济水平以及人们的消费习惯相适应。

2.3 商品质量的度量与评价

2.3.1 常用术语

（1）可用性。指商品在规定的条件下完成规定功能的能力。

（2）可靠性。指商品在规定的条件下和规定的时间内，完成规定功能的能力。

（3）安全性。指商品在制造、储存和使用中，保证人身与环境免遭危害的程度。

（4）维修性。指在规定的条件下使用的商品，在规定的时间内、按规定的程序和方法进行维修时，保持或者恢复到能完成规定功能的能力。

（5）使用寿命。指产品在规定的使用条件下完成规定功能的总工作时间。

（6）储存寿命。指在规定的储存条件下商品从开始储存到规定的失效的时间。

（7）合格。指满足规定的要求。

(8) 不合格。指不满足规定的要求。

(9) 合格品。指满足全部规定要求的商品。

(10) 不合格品。指不满足规定要求的商品。

(11) 缺陷。指不满足预期的使用要求。

(12) 故障。指商品不能在预定的性能范围内工作。

(13) 失效。指商品丧失规定的功能。

2.3.2　商品质量评价方法

商品质量评价的指标体系是指为了全面评价商品质量，选择有代表性的质量特性，并且规定如何根据这些质量特性的重要程度和达到的程度来评价综合质量的体系。

在评价商品质量时，一般选择以下五类有代表性的指标：即反映商品功能的主要指标；商品的安全性指标，比如，电器产品的抗击穿指标、食品的有害物含量等；商品的经济指标，例如，成本、价格等；用户的综合满意程度；商品的市场占有率。

具体的做法是，首先根据评价的目的选择指标，规定权重，然后用加权后求和的方法，计算商品质量的综合指数。一些国家的消费者组织往往采用上述五类指标，对市场流通的不同厂家的同一种产品作出综合评价并排序，供消费者参考。这种方法适用于商业企业对供应商提供的商品进行评价、比较。

[例] 有甲、乙、丙三个企业都生产一种商品，其五类指标的评价以及加权计算后结果如表2-1所示。

表2-1　　　　　　　　　　三种产品五类指标的评分

$Z_i \alpha_i$ 指标	甲	乙	丙	α_i/%
主指标	23	24.5	22.3	20
适用性	40	45.1	48.2	20
可靠性	35.4	32.3	34.7	30
可维修性	15.3	18.9	12.4	20
经济性	17.5	16.8	19.2	10
Z	130.2	137.6	136.8	

商品质量综合指数

$$Z = \sum_{i=1}^{n} \alpha_i Z_i$$

式中：Z_i——各项指标的水平；

α_i——各项指标的权数。

在本例中，$n=5$，$i=1, 2, \cdots, 5$。

从表2-1中的计算结果可见，乙企业产品质量的综合指数为137.6，高于甲和丙两企业的产品。

【课堂训练】

1. 试模仿上面例题，选择一种商品，自己确定五类指标的权重，并通过调查或估计的方法确定五类指标的数值，计算出商品质量的综合指数。

2. 分析这种方法所适合的场合。

我国国家标准也制定了评价我国产品（或一个行业产品质量水平）的指标体系，如图 2-1 所示。

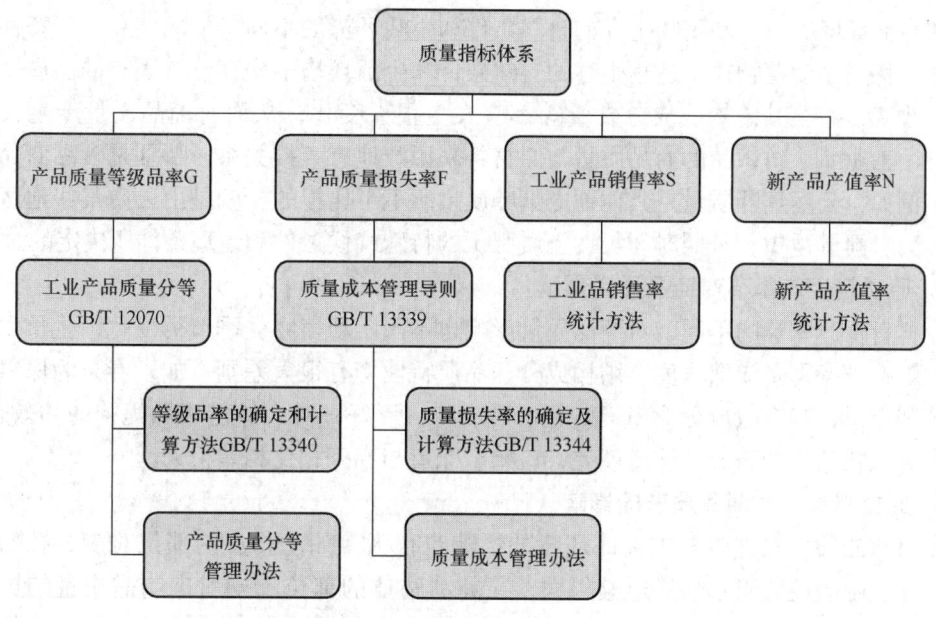

图 2-1 我国产品质量评价指标体系

从图 2-1 可见，根据当代质量观念，评价我国产品质量的综合水平主要从四个方面进行：质量等级、质量损失、适销率和产品更新率。具体的评价方法需要查找相应的国家标准。

2.4　影响商品质量的因素

商品质量是商品生产、流通和消费全过程中诸多因素共同影响的产物，为了能够对商品质量实施控制并得到预想的商品质量，就要分析和掌握这些影响商品质量的因素。

2.4.1　原材料对商品质量的影响

原材料是构成商品的基本材料，是影响商品质量的内在因素。原材料对商品的影响，主要表现在商品的内在质量、外观质量和使用效果方面。内在质量方面的品质特性、性能特点、平滑度等；使用效果方面的耐用性、坚牢度、舒适性、卫生性等。

原材料对商品质量的影响，根据原材料品质、原材料来源等。原材料部位的不同，对商品质量的影响也不同。

原材料的品质是决定商品质量、影响商品内在质量的重要因素。品质优良的原材料，生产出的商品质量自然优良。生产商品用的原材料质量，是由多方面因素决定的，受多方面因素的影响。

1. 原材料产地对商品质量的影响

原材料的品质特性与原材料的产地有直接关系。自然环境、气候条件对动植物的生长、发育影响很大。生物体和生活条件是统一的。任何种类的动植物都有适宜生存的自然条件和生活环境。由于动植物生存的自然条件和生活环境的不同，形成其品质、特性有很大差异。特别是动植物在不适宜生存的自然条件和生活环境下生存，其固有的品质、特性会发生改变，甚至其结构、成分含量等都会发生很大变化，从而对商品质量产生很大影响。日用工业品、纺织品的商品质量与原材料来源产地有直接关系，特别是食品商品更是如此。例如，云南烟叶质量是其他地方烟叶质量所不可比拟的，就是由云南某些地区的高温、气爽、雨量适中、日照时间长、土质肥沃的特殊气候条件和地理条件所决定的。

2. 原材料生产季节对商品质量影响

原材料生产季节的不同，对商品质量影响也不同。动植物受季节的变化，生长发育受到很大影响，特别是成熟程度、结构成分、品质特性均有很大差别。如以春茶为原料制成的绿茶和花茶，其有效成分含量高，色、香、味、形好，对人体健康和提神的功效也大；以老叶为原料制成的茶，则质量就差，口感、味道与春茶相比相差很大。

3. 原材料部位对商品质量的影响

原材料的部位对许多种类商品质量的影响也很大。如动物皮的部位对皮鞋鞋面的硬度、光泽、耐磨度、吸水性等影响很大；又如动物体的部位不同对肉制品质量的影响很大。如纯正的"灯影"牛肉的原料，只能用牛腿胯部的肉制成才是最纯正的，才能达到"灯影"牛肉的质量指标的具体要求。这说明，商品质量直接由原材料部位所决定。

2.4.2 生产制造过程对商品质量的影响

从生产角度来研究影响商品质量的因素，主要从生产制造形成商品质量的过程来研究，包括设计质量、生产质量、监督检验质量和产品包装质量。

1. 产品设计对商品质量的影响

产品设计是依据给定的产品用途，即使用功能、方法、要求进行设计的。商品的使用功能、使用方法、使用效果、外观造型、生产工艺条件的确定以及商品的包装方法等均与产品设计有关。因此，产品设计是形成商品质量的基础。

产品设计是形成商品质量的前提，产品设计包括使用原材料配方、商品的结构原理、性能、外观结构及包装装潢设计等。如电风扇的风量、空调机的制冷量都是由产品设计质量所决定的。如果产品设计质量不好，就会给商品质量留下许多后遗症；设计出了差错，制造工艺再高超，生产操作再精细，也生产不出合格的商品来。

2. 生产工艺对商品质量的影响

生产过程就是产品质量形成过程。生产技术、生产工艺条件是形成产品质量的基础，是影响商品质量的内在因素。对于同品种、同规格、同种用途的产品，如果生产方法不同、生产工艺条件不同，其质量形成过程和质量特征、特性也是不同的。因此，产品加工方法、工艺条件的选择是决定产品质量的关键。许多商品虽然选用的原材料相同，但由于生产、加工方法不同，赋予商品的品质、特性也是不同的，会形成品质、特性截然不同的商品。如茶叶生产，原料是相同的，由于生产、加工方法不同而有红茶、绿茶、乌龙茶之分。红茶是加工过程中经过发酵工艺制成的；绿茶是在加工过程中不经发酵工艺制成的；乌龙茶是在加工过程中采用半发酵工艺制成的。

在商品生产过程中，即使是生产方法相同，如果生产工艺条件不同，形成的产品质量也是不同的；即使是生产方法相同，生产工艺条件相同，但生产技术水平不同，形成的产品质量也是不同的。

3. 生产过程质量管理对商品质量的影响

生产过程中的质量管理是保证产品质量的监督措施，它涉及设备与操作方法、成品检验质量和产品包装质量等。

1）设备和操作方法的影响。设备水平和质量对商品质量也有重要影响。设备的故障常常是出现不合格品的重要原因。设备的自动化和高速化，又可能使发生故障的机会有所增加，特别是故障一旦发生将会波及较大范围。因此，加强设备管理与保养，防止故障发生和降低故障率，是保证商品质量的必要前提。

操作方法不同，质量也会不同。特别是一些食品的加工，同样的原材料，之所以有的班次生产的产品质量好，有的班次生产的产品质量差，恰恰是由于操作方法的差异所造成的。为此，一些对操作方法要求严格的商品，必须制定生产的操作方法标准，以此为依据进行操作并加强管理，则可保证加工产品的质量及其稳定度。

2）成品检验与包装。成品检验是根据商品标准和其他技术文件的规定，判断成品及其包装质量是否合格的工作。对大批量的商品来说，通常重要的质量特征、安全及外观项目要全部检验，其他项目可采用分批抽样或连续抽样的检验方法。对不合格返修的商品仍需重新检验。

商品包装是构成商品质量的重要因素，良好合理的包装不但有利于流通过程中对商品的储存养护、保护商品的质量，而且有利于商品的销售与使用，提高竞争能力，增加商品的价值。

2.4.3 流通对商品质量的影响

商品进入流通领域，运输是商品流转的必要条件。运输对商品质量的影响与运程的远近、时间的长短、运输的气候条件、运输路线、运输方式、运输工具、装卸工具等因素有关。

商品在铁路、公路、水路、航空运输过程中，会受到冲击、挤压、颠簸、振动等物理机械作用的影响，也会受到温度、湿度、风吹、日晒、雨淋等气候条件的影响。商品在装卸过程中还会发生碰撞、跌落、破碎、散失等现象，这不但会增加商品损耗，也会降低商品质量。

商品储存是指商品脱离生产领域，尚未进入消费领域之前的存放。商品储存期间的质量变化与商品的耐储性、仓库内外环境条件、储存场所的适宜性、养护技术与措施、储存期的长短等因素有关。

商品本身的性质是商品质量发生变化的内因，仓储环境条件（日光、温度、湿度、氧气、水分、臭氧、尘土、微生物、害虫等）是商品储存期间发生质量变化的外因。通过采取一系列保养和维护仓储商品质量的技术与措施，有效地控制储存商品的环境因素，可以减少或减缓外界因素对仓储商品质量的不良影响。

销售服务过程中的进货验收、入库短期存放、商品陈列、提货搬运、装配调试、包装服务、送货服务、技术咨询、维修和退换服务等项工作质量都是最终影响消费者所购商品质量的因素。商品销售服务中的技术咨询是指导消费者对复杂、耐用性商品和新商品进行正确安装、使用和维护的有效措施。许多商品的质量问题不是商品自身固有的，而往往是由于使用者缺乏商品知识或未遵照商品使用说明书的要求，进行了错误操作或不当操作所引起的。所以，商品良好的售前、售中、售后服务质量已被消费者视为商品质量的重要组成部分。

2.4.4 使用过程对商品质量的影响

1. 使用范围和条件

商品都有其一定的使用范围和使用条件，使用中只有遵循其使用范围和条件，才能发挥商品的正常功能。例如，家用电器的电源要区别交、直流和所需要的电压值，否则不但不能正常运转，还会损坏商品；若使用条件要求安装地线保护则必须按要求实行，否则不仅不安全，甚至可能发生触电身亡的恶性事故。

2. 使用方法和维护保养

为了保证商品质量和延长商品使用寿命，使用中消费者应在了解该种商品结构、性能特点的基础上，掌握正确的使用方法，具备一定的日常维护保养商品的知识。例如，皮革服装穿用时要避免被锐利之物划破或重度摩擦，且不能接触油污、酸性或碱性物质。收藏保管时宜放于干燥处，悬挂起来，切勿用皮鞋油揩擦，以防止生霉、压瘪起皱以及泛色。

3. 废弃物处理

商品使用完以后，其残体和包装作为废弃物被排放到自然环境中，有些可回收利用；有些则不能或不值得回收利用，也不易被自然条件和微生物破坏分解，成为垃圾充斥于自然界的各个角落；还有些废弃物会对自然环境造成污染，破坏生态平衡，例如，含磷洗涤剂、废弃的塑料制品等。

商品废弃物无法回收利用和对环境的污染是商品环境质量不佳的一种表现。对于商品废弃物首先应分门别类尽量加以回收利用；其次要积极开展综合利用、变废为宝的处理工作；最后应逐步限制和严格禁止可能产生公害的商品生产，努力寻找无害的替代商品，以保护人类的生存环境。

【案例分析】

会爆炸的鸡蛋

张小姐在一家幼儿园工作。某天上午她将自己在家里煮熟的鸡蛋带到幼儿园，并在园内的微波炉进行加热，方便给小朋友们吃。不过热好后，小朋友们没来，她只好自己吃掉。可是在张小姐剥好蛋壳，将鸡蛋放进嘴里时，鸡蛋却突然发生了"爆炸"，"砰"的一声，蛋黄蛋清四处飞溅，场面甚是恐怖，她上下嘴黏膜都被炸烂。事发后，张小姐感到口腔发麻，近4个小时都"合不拢嘴"。医生表示，张小姐伤得比较重，幸运的是没有出现整个鸡蛋在嘴里爆炸的情况，否则后果不堪设想。"好在没有让小孩子吃。"让张小姐不解的是，在对鸡蛋进行加热时，自己曾将蛋壳打碎，为何还会发生爆炸？

大家都知道，不能用微波炉煮带壳的生鸡蛋，还要用牙签一类的尖物戳破鸡蛋黄，否则会发生爆炸。为什么煮熟的鸡蛋在微波炉内没爆炸，反而会在嘴里爆炸？而且这类事件不是个例，许多人经历过类似情况。把煮熟的鸡蛋剥皮后用微波炉加热，加热过程中未出现任何异常，热好后直接食用，就突发爆炸，将嘴唇炸破，有的人还会鲜血直流，有的人甚至会被飞溅的蛋壳扎进眼睛，从而导致眼角膜、视网膜破损，终身失明。

微波炉是通过微波在物体内部互相撞击摩擦产生热量，且是从里向外加热。当内部能量过大，又不能在短时间内从小孔里排出，就容易撑破密闭的薄膜产生爆炸。如果还没有被撑破，你要小心了，因为里面的能量虽不能把蛋壳撑破，但依然很巨大，有个受力点就会释放这些能量，把已经受损的蛋壳冲个粉碎！虽然将鸡蛋壳剥掉，但是鸡蛋除了有一层硬壳，内部还有几层软膜，加热后很容易爆炸。

对于微波炉的使用，是不能加热烘烤密封的食物，否则容易发生爆炸，诸如密封的易拉罐、窄口的瓶子等都不能用微波炉加热，如果不知道这些使用知识，出现状况还以为是微波炉的质量有问题，或者鸡蛋一类的食物有问题。

2.5 伪劣商品

2.5.1 伪劣商品的概念及特征

所谓伪劣商品，是指假冒他人注册商标、产品、包装及其装潢、产地、厂址，假冒认证和生产许可证等质量标志，掺杂使假以及根本不能满足规定要求和需要特征的质量不合格的商品。其主要特征体现在以下几个方面。

1. 假冒商标

假冒商标，是指商品假冒国外名牌和国内名牌的商标。它利用人们既对名牌商品有较强崇拜心理和求购欲望，又对真正名牌商品具体情况缺乏了解的实际情况，擅自制造或以不法手段从厂家套购世界名牌和国内名牌商品商标标志，贴在自己的商品上，冒充世界或国内名牌商品。

2. 仿冒商标

仿冒商标，是指仿冒国外和国内名牌商品的商标标志。它不是在商品上直接采用国内外名牌商品的商标标志，而是使用与国内外名牌商品商标标志相近似的商标标志。仿冒商标标志与真的商标标志并不完全一样，但也不容易被消费者识别。

3. 假冒包装装潢

假冒包装装潢，主要是指假冒国内外商品包装和装潢以及使用虚假说明。这类商品以服装、针织品和化妆品为最多。个别加工者在成批购买原料时，同时购买与被仿制商品配套的装饰物和伪装物，最终仿制成与真品非常相近的商品。

4. 假冒产地

假冒产地，是指在商品包装上不印厂家名称和厂址，或在商品包装极不明显的地方印上含糊不清的厂名和厂址，冒充国外或国内受欢迎地区的商品。这类商品以家电、玩具、服装、皮鞋、旅游鞋为多，并常利用多数消费者不识外文，追求名牌的心理，将包装全部印成英文、日文或拼音字母，有的甚至胡编乱造。

5. **假冒优质产品标志**

假冒优质产品标志，是指在没有获得优质产品标志的商品包装上印有该种标志。获得优质产品标志的商品，说明它已符合优质产品条件。劣质商品制造者就是利用产品的这种荣誉，来欺骗广大消费者。

6. **伪造认证标志**

伪造认证标志，是指在没有取得认证合格的商品包装上印有该种标志。认证是由第三方权威机构对商品质量进行检验，认为符合标准要求，对企业颁发合格证书并允许在商品包装上使用认证标志。劣质商品生产者就是利用产品的这种信誉进行欺骗。

7. **伪造生产许可证**

伪造生产许可证标志，是指对没有取得生产许可证标志的商品，伪造一个生产许可证印在商品包装上。取得生产许可证的产品，说明质量已达到有关标准规定，企业具备保证该产品质量的能力。劣质商品制造者为生产该种产品并向社会推销，常采取这种手段。

8. **商品本身质量低劣**

商品本身质量低劣，是指商品在设计上没有科学依据，或使用不合格的原材料，或生产过程粗制滥造，最终技术指标不合格或安全性能达不到标准要求的商品。

9. **掺杂使假**

掺杂使假，是指违法者采用变更或减少商品的成分、材质等方法，使其不具备该商品所应达到的各项指标，使商品质量严重降低，如仅含10%香油成分的假香油。

10. **以假充真**

以假充真，是指违法者生产经营的商品的全部成分或材质与该商品所标名称不符，使用或食用后果危害极大。如用工业酒精掺水制作的饮用酒等，不但起不到该商品应具有的功能，还可能引起各种疾病，甚至造成中毒身亡。

11. **失效变质**

失效变质，一般是指原合格商品经过一定时间储存，超过规定的保质期和保存期，商品内部已发生物理、化学以及其他变化，完全失去商品原有特性，已经丧失使用价值而不能使用或食用。

12. **以旧充新**

以旧充新，是指经销者将已报废的商品进行一番装修或粉饰，然后仍以新商品进行出售，这种手段具有极大的欺骗性。

2.5.2 伪劣商品的识别

伪劣商品的特征很多，也非常复杂。然而，只要掌握一定规律，认准商品的商标标志，认真查看商品外包装上的标记，注意商品装潢、厂名、厂址，仔细观察商品质量和商品包装，伪劣商品是一定能被识别出来的。一般来说主要有以下几个方面。

1. **从产品包装上鉴别**

根据《产品质量法》第十五条规定，产品或其外包装必须具备以下标志：产品质量检验合格证；中文标明的产品名称、生产厂名和厂址；产品规格、等级、主要成分的名称和含量；生产日期、安全使用期或失效日期；使用不当易造成产品损坏或可能危及人身、财产安全的产品，要有警示标志或中文警示。

名优产品大多具有以上标志，而且包装比较科学、合理，包装材料讲究，装潢、商标印刷精美，套印精确、光泽度好。而假冒伪劣产品因制造粗陋、工序简单，不具备或部分具备以上标志。应该提醒消费者的是，这些标志都以中文体现，全部用外文表述的也属于不合格的产品。

2. 从商标上鉴别

许多名优产品的商标，由于产品的质量信誉好而久负盛名，也往往成为不法分子假冒的对象。假冒注册商标有这样几种情况：一是完全假冒，不但名称一样，而且图案色彩也一样；二是图案相似，名称近似，甚至用同音字，以混淆视听；三是变换商标图案颜色或是图案略有差异，名称不同。以上情况只要引起警惕，仔细观察，是会发现漏洞的。

3. 从标志上识别

商品或其包装上的标志有多种，除了商标以外，还有质量认证标志、生产许可证标志、防伪标志等，在选购商品时应该注意选择有质量标志的商品，并要注意其印刷、制作的是否精细、准确。其中防伪标志是近年来正规厂家使用比较多、防伪效果比较好的一种方法，要注意真品的防伪标志的特征。

4. 利用感官鉴别

感官鉴别就是利用人的感觉器官，即人的视觉、听觉、嗅觉、味觉、触觉等对商品的包装、结构、外观、色泽、气味等方面的识别。感官鉴别又称为"经验识别"。由于此种方法易受感官的敏锐程度和鉴别经验丰富与否的影响，因而其结果难免带有主观性。

【阅读材料】

防伪技术介绍

1. 防伪与防伪技术

防伪：防止以欺骗为目的，未经所有权人准许而进行仿制或复制的措施（GB/T 17004—1997）。

防伪，既是一个古老的话题，又是一个崭新的行业。

至少在3 000多年前的商代，我国就发明了行之有效的防伪技术，符节玺印即为其典型代表。之后，在钱币、字画、工艺品等方面，人们的防伪意识日益增强，防伪的手段如印制棉花签、故意留白等也出现了许多。然而，防伪技术应用于工业产品，却不过二三百年的历史。我国在20世纪80年代才有了商品用全息防伪标志。

防伪技术，它是指"为了达到防伪的目的而采取的，在一定范围内能准确鉴别真伪并不易被仿制和复制的技术"（GB/T 17004—1997）。由此可见，防伪技术是用于识别真伪并防止仿冒行为的一种技术手段，即用于防止伪造或识别真伪的技术措施、产品和技术装备。防伪技术的设置一般包括两方面：一是在产品内在结构上使用高新技术或专门设置增加仿造难度的技术点；二是在产品的包装上加贴防伪标志或增设防伪措施。

由于防伪市场的需求，防伪技术得以迅速发展，在我国已发展成为一个综合光学、生物学、物理学、电子学等多门学科技术的新兴边缘学科。目前，国际国内比较成熟的防伪技术有数十种之多，它们特点各异，防伪效果各有优势。通过综合防伪效果、防伪成本、可操作性各个方面的比较，可以分为电码电话防伪技术、油墨防伪技术、纸张防伪技术、激光全息图像防伪技术、超能核微孔防伪技术、微缩暗记技术等。这些防伪技术比较适合我国的国情，且实际应用中起到了很好的防伪效果，因此在目前的防伪领域被广泛采用。

2. 可记忆型热敏防伪技术

这项技术是1998年推出的一项新型防伪技术。使用这种技术印刷的图案在未识别之前是无色的，当顾客用60度热源接触时，图案显示出来。当热源撤去时，图案不消退，这就是它的记忆性。当再次使用热源加热时，图案消失，此时具有高温退色性能，另外在一定条件下具有无色还原性能等。

3. 漏空破坏型防伪技术

漏空破坏型防伪技术是针对目前一些标志在揭下后完整无损的问题开发而成的。漏空破坏型防伪标志在撕开之前，表面上与其他防伪标志无异样，在撕开时，标志的纸张出现变化，呈不可恢复状态。顾客在撕开标志时，标志表面出现透明的漏空字母，而在包装物表面留下完整的字母，使消费者马上可以识别所贴标志产品的真伪。

本产品具有一次性破坏，不能重复利用，检测不需任何设备、防伪直观等优点。

4. 可逆热敏手感变色及高温变色防伪标志

可逆热敏手感变色及高温变色防伪标志是由特种油墨印刷而成的，由这种油墨印刷而成的标志有低温、高温和手感变色之分，并已形成了系列化产品。其变色机理为油墨在外界温度达到某一温度区间后，油墨内部的化学结构发生变化，从而使标志呈现不同颜色。在用户购买商品时，当用手、额头触摸标志或轻轻地对着呼一口气，标志图案发生变化，从而使用户马上鉴别所购商品的真假。

5. 双层膜防伪标志

双层膜防伪标志属目前国内最新防伪技术，其主要特点是只可一次性使用，并且双层膜上均印刷图案。由于其制作要求高，工艺复杂，涉及化学、工艺、仪器、制造设备等诸多因素，因此技术含量高，防伪效果良好。使用方法是将标志贴于商品上，当顾客购买商品时，可以检测表面的图案或文字，揭下标志（第一层），第二层露出，此第二层由一薄膜构成，上面印刷有图案，第二层防伪膜是不能从商品上揭下来的。当揭下表层后，第一层和第二层将不能再粘在一起。这种防伪产品特别适用于大批量生产的企业。它具有用户识别方便，不可重复利用的特点，其另一特点是一旦此标志贴在商品包装上，则防伪痕迹就永远留在包装物上，由于揭下表层后（两层分离），两层间将不能再黏接，因此包装物将不能重复利用，这就为企业杜绝假冒产品的侵袭起到了保障。这种防伪技术制作复杂，用户检测新颖方便，顾客看到的又是一种全新的防伪技术，对提高商品的档次亦能起到良好的作用。

6. 精密版纹防伪技术

精密印刷防伪是目前钞票上普遍采用的防伪技术，主要因为其制版难度大、印刷要求高，不是一般印刷厂能制作出来的，因此具有良好的防伪效果。另外其美观大方的细密条纹又易于为顾客所识别、鉴定，具有直观、方便的特性，它的使用同时又能给厂家的产品锦上添花，可以进一步提高产品的档次，使产品在防伪的基础上又有华美的装饰作用。

微缩防伪技术是美元上采用的一种防伪技术，这一技术可以在放大镜下看出其组合的字母，是属于二线防伪技术，检测方便、图案隐蔽。工厂可以据此进行市场产品真伪的检测。微缩技术是一种钞票制版技术。制版的精密度更高，也更难。目前国内单位的票据还很少使用这一技术。

微缩字母一般可以在15倍的放大镜下看出，如将微缩字母隐含在某一位置，保密效果会更佳。

荧光防伪技术是目前在人民币、支票（红色油墨发红光）、票据上使用的一种防伪技术，其具有检测方便、隐蔽性好的特性。其检测工具紫外线验钞器可以对其进行方便的检测，而现在商场上每个收银台上均有验钞器。检测工具的普及为消费者的检测提供了方便。根据用户要求使用有色油墨加载荧光防伪（荧光的发色可以是不同的），也可以是无色荧光油墨印刷在防伪标志上（如1980年版的50元、100元人民币的荧光防伪）。

上述三种防伪技术的综合应用大大提高了标志的防伪功能，这三种技术的统一结合既有高档的一面，又有隐蔽的一面；既有一线防伪技术（直观检测），又有二线防伪技术（使用仪器检测），是生产名优产品厂家的优选防伪技术。

7. 光敏防伪技术

这一技术是利用光的照射使防伪图案发生变化，使用户在不用任何检测工具的情况下，对贴防伪标志的产品进行真伪判断。

光敏防伪标志在光的作用下，由无色显示出图案，使消费者立即可识别。同时，当顾客用手盖住图案，几秒钟之后，图案消失。光敏防伪颜色显现与消失在几秒钟内完成，检测迅速方便。良好的隐蔽性与识别的方便性构成这一技术的优势。这一技术又兼具热敏特性，即当在阳光下图案显示出来后，用60℃的热源接触图案，图案立即消失，由此可以使顾客用两种方式对标志进行检测。

2.6 商品质量的管理

2.6.1 商品质量管理概述

商品质量管理又叫商品全面质量管理，它是技术管理、经营管理、人员管理的综合管理工程，是以最经济的手段为用户提供满意的产品与服务，使企业得以进行开发、维持、改进的各项活动，是一项复杂的系统工程。商品质量管理是企业诸多管理工作中一个方面的管理。现代质量管理被认为是一种经营管理思想的革命。商品质量管理的历史发展大体经历了三个阶段。

1. 质量检验阶段

从20世纪初期到40年代，其主要特点是按既定质量标准要求，进行事后把关式的检验；管理对象限于产品本身的质量；管理领域局限于生产制造过程；依靠少数技术检验人员，运用技术检验的方法检查产品的质量。存在的问题是只能做到事后把关，无法在生产过程中起到预防、控制作用；出现的质量问题不能全面分析其原因；进行全部检查在时间和经济上是难于办到的。

2. 统计质量管理阶段

从20世纪40年代到50年代末，其特点是按照商品标准，运用数理统计原理在设计制造的生产工序间进行质量控制，预防产生不合格产品，进行事前监控式检验，管理对象包括产品质量与工序质量，管理领域从生产制造过程扩大到包括设计过程，依靠少数技术部门、检验部门和部分管理部门，主要运用统计学的方法，从20世纪60年代开始一直延续到现在。其特点是把满足用户需要放在第一位，运用数理统计方法为主的现代综合管理手段，对商品的设计、制造、流通、使用的全过程进行防检结合、以防为主，重在分析各项因素对商品质量的影响，管理领域从生产领域扩大到流通领域和消费领域，管理对象上既管产品质量，又管工作质量；不仅保证产品质量，还要使成本低廉、供货及时、服务周到，依靠与商品使用价值形成到实现有关的所有部门和人员来参与质量管理，不仅运用技术手段，而且运用其他一切管理手段，完善商品标准，推行商品标准化活动，做到管理业务、管理技术、管理方法的标准化。

现代质量管理是以全面质量管理TQM为核心的。20世纪60年代初，日本和美国的质量管理专家曾把"质量管理"处理为"Quality Control"，简称QC，引起我国质量领域基本概念理解上的混淆。目前，根据ISO系列国际标准，为便于国际交流时使用通用语言，统一将质量管理处理为Quality Management，简称为QM；把质量控制处理为Quality Control，简称QC；把质量保证处理为Quality Assurance，简称QA。

2.6.2 商品质量管理和相关术语的基本概念

在质量管理工作中，经常使用质量、过程、产品、质量方针、质量目标、质量管理、质量管理体系、质量控制和质量保证等术语。

国际标准化组织（ISO）于2000年发布了ISO9000族国际标准，表述质量管理体系基本原则并规定质量管理体系术语，我国于2000年也发布了国家标准GB/T 19000—2000，对上述术语作了明确的阐述。要做好商品质量管理工作，必须准确把握和理解以下这几个基础术语的概念。

1. **质量**

一组固有特性满足要求的程度。

术语"质量"（quality）可使用形容词如差、好或优秀来修饰。"固有的"（其反义是"赋予的"）就是指在某事或某物中本来就有的，尤其是那种永久的特性。

2. **过程**

一组将输入转化为输出的相互关联或相互作用的活动。

一个过程（process）的输入通常是其他过程的输出。组织为了增值通常对过程进行策划并使其在受控条件下运行。对形成的产品是否合格不易或不能经济地进行验证的过程，通常称之为"特殊过程"。

3. **产品**

有下述四种通用的产品（product）类别：

——服务（如运输）；

——软件（如计算机程序、字典）；

——硬件（如发动机机械零件）；

——流程性材料（如润滑油）。

许多产品由不同类别的产品构成，服务、软件、硬件或流程性材料的区分取决于其主导成分。例如：外供产品"汽车"是由硬件（如轮胎）、流程性材料（如燃料、冷却液）、软件（如发动机控制软件、驾驶员手册）和服务（如销售人员所做的操作说明）所组成。

4. 质量方针

质量方针（quality policy）是由组织的最高管理者正式发布的该组织总的质量宗旨和方向。通常质量方针与组织的总方针相一致并为制定质量目标提供框架，ISO 9000 中提出的质量管理原则可作为制定质量方针的基础。

5. 质量目标

在质量方面所追求的目的。质量目标（quality objective）通常依据组织的质量方针制定。通常对组织的相关职能和层次分别规定质量目标。质量目标需要与质量方针和持续改进的承诺相一致，其实现须是可测量的。质量目标的实现对产品质量、运行有效性和财务业绩都有积极影响，因此对相关方的满意和信任也产生积极影响。

6. 质量管理

质量管理（quality management）即在质量方面指挥和控制组织的协调的活动，通常包括制定质量方针和质量目标以及质量策划、质量控制、质量保证和质量改进。

7. 质量管理体系

在质量管理方面指挥和控制组织的管理体系称为质量管理体系（quality management system）。

8. 质量控制

质量控制（quality control）即质量管理的一部分，致力于满足质量要求。

9. 质量保证

质量保证（quality assurance）即质量管理的一部分，致力于提供质量要求会得到满足和信任。

2.6.3 商品全面质量管理

商品全面质量管理既是一种管理思想，又是一种管理方法。按管理思想来看，全面质量管理强调运用系统科学和行为科学的成果。系统论观点是全面质量管理的主要理论依据之一。它把管理对象看成是由相互作用和相互依赖的若干要素结合而成的有机整体，并从相关性出发，分析影响商品质量因素的内在联系和相互作用。行为科学的激励理论是全面质量管理的又一理论依据。它在质量管理中重视人的因素，以调动人的积极性的方法，完成质量管理的目标。商品全面质量管理具有三个特点：全面管理、全员管理、全过程管理。

1. 对全面质量的经济管理

对全面质量的经济管理，即对商品质量和工作质量同时进行管理，而且把工作质量作为管理的主要内容和工作重点，用工作质量保证产品质量。对质量的经济管理要求做到商品使用价值与价值的统一，质量、品种与经济效益的统一，用最经济的方法生产出用户满意的产品。

2. 由全体人员参加的管理

产品质量是企业各级部门、各级人员工作质量的综合反映，依靠所有人员的共同努力。只有做到全体人员重视产品质量和自身工作质量，发挥每个人的积极主动性，商品质量才能得到保证。

3. 对全过程的管理

从商品市场调研、设计、制造到使用的全过程中，各个环节都有商品质量管理问题。只有组织好各个环节的管理活动，既有明确分工又有密切合作，才能保证和提高商品质量。

从商品全面质量管理的内容和方法来看，全面质量管理工作可分为商品生产质量管理、商品流通质量管理和商品使用质量管理三个方面的内容。商品生产质量管理涉及原材料质量管理、设计质量管理、工艺和设备质量管理、工作质量管理。商品流通质量管理涉及商品检验管理、商品运输管理、商品储存管理和商品销售管理。商品使用质量管理涉及技术服务管理、商品质量跟踪管理、商品信息反馈管理、商品废弃物管理。

2.6.4 商品质量保证

商品的质量保证是企业向消费者和用户提供证据，证明本企业能够提供满足规定要求产品的能力，但不能将质量保证理解为保证产品质量。

在现代质量管理中，由于产品日益复杂，需方向供方订货时，仅靠验收检验，已不能充分证实产品质量是否满足合同规定的要求，这时需要向供方提出质量保证的要求，并写入双方签订的协议中。执行协议时，需方将派出代表对供方的实施情况进行现场检查和评价。

如果有多家需方提出不同的质量保证要求，并派代表到供方生产现场进行检查和评价，显然是不经济的。各家需方的质量保证要求有着主要的共性，可以成为质量保证要求标准化的基础。为了适应供需双方签订质量保证要求的需要，在 GB/T 10300—1989《质量管理和质量保证》系列国家标准中，提出了三种模式的质量保证国家标准。第一种模式是质量体系开发设计、生产、安装和服务的质量保证模式；第二种模式是质量体系生产和安装的质量保证模式；第三种模式是质量体系最终检验和试验的质量保证模式。

质量保证模式是在考虑供需双方需要的基础上选择的一组对供方质量体系的要求，这些要求不是供方质量体系的全部要素和内容，只是一些基本的要求。通过这些基本要求的实施和证明，需方可以相信供方能够持续稳定地生产符合规定质量要求的产品。三种模式可根据具体情况选择其中的一种。

第一种质量保证模式要求最高，从产品设计开始直到服务的全过程，都对供方提出质量保证的要求；第二种模式要求较高，同第一种模式相比，减少了对设计控制的要求；第三种模式要求较低，重点对检验和试验提出质量保证的要求。实际工作中根据产品的复杂程度、成熟程度和由于质量保证所引起的经济成本提高来综合考虑采用哪一种模式。

第一种保证模式适用于新产品鉴定和首次定型批量生产的复杂品，其质量体系要素同第二种质量保证模式相比又增加了两个要素，即设计控制和服务。

第二种质量保证模式使用最普遍，在产品质量认证中也常选用这一种。质量体系要素在全部采纳第三种模式要素的基础上又增加六个要素，即合同评审、采购、需方提供的物资、工序控制、纠正措施、内部质量审核。

第三种质量保证模式多适用于比较简单的产品，共有 12 项质量体系要素：供方领导的责任，质量体系的建立和运行，文件控制，产品标记，检验和试验，检验、测量和试验装备，检验和实验状况，不合格品的控制，搬运、贮存、包装和交付，质量记录，培训，统计技术。

对于质量体系每一项要素进行"要求"和"证实"两部分工作。"要求"是指对该质量体系要素供方应保证达到的要求；"证实"是指需方在对供方该项质量体系要素进行检查、评价时，需要证实的问题举例，即通过供方提供的证据，证实供方确实达到了规定的要求。

【案例分析】

奔驰：严格的品质管理制度

德国的戴姆勒—奔驰汽车公司是德国最大的汽车制造公司，素以生产优质高价的"梅塞德斯—奔驰"汽车著称于世。作为世界上历史最悠久的汽车公司，奔驰公司自1883年创建之日起，就始终处于执世界汽车业之牛耳的地位。一个多世纪以来，世界汽车业几经沧桑，许多汽车公司在激烈的市场竞争中几度沉浮，然而奔驰汽车公司却始终"吉星高照"，这在很大程度上归功于其产品的高品质。

奔驰公司认为，只有全体员工都重视产品品质，产品的品质才有保证。因此，公司十分强调企业精神，强调工人参与，努力营造一种严格品质意识的企业意念。

高品质与员工的高素质是分不开的，因此，奔驰公司十分注意培训技工队伍，仅德国就设有52个培训中心。接受培训的人员主要包括两个方面：一是受基本职业训练的年轻人；二是培训有经验的工程技术人员、商业人员和技术骨干。

受基本职业训练的年轻人经常保持在6 000人左右，他们大部分都具有十年制学校毕业的文化程度，进厂后进行为期两年的培训。在培训过程中，除每周一天的厂外文化学习外，其余时间都在厂内进行车、焊、测等基本理论和实践的训练。学员在结业考试合格后才能成为正式工人。

奔驰公司的工程技术人员、商业人员和技术人员共有9 300多人，占员工总数的2%，他们是公司的骨干力量，公司对他们的再培训是不惜血本的。公司通过举办专题讲座，派员工外出学习，设立业余学校等形式，对他们进行内容丰富的各种再培训活动，平均每年约有2万至3万人参加这类再培训。

奔驰公司对产品的每一个部件的制造都一丝不苟，有时甚至到了吹毛求疵的地步。人们在判断一辆汽车的品质时，大都对外观、性能较为重视，而很少注意它的座位，但即使在这个极少引人注意的部位，奔驰公司也极为认真。例如在制作皮面的座位时，他们首先要选好牛皮。他们曾到世界各地进行考察、选择，确定牛皮品质最好的地区和牛的种类作为他们的牛皮供应点。在确定了供应点以后，奔驰厂要求在饲养过程中要防止牛身上出现外伤和寄生虫，保持良好的卫生状况，以保证牛皮不受伤害。一张$6m^2$左右的牛皮，奔驰厂只用一半，因为肚皮太薄，颈皮太皱，腿皮太窄。此后的制作、染色等都有专门的技术人员负责，直到座椅制成。从制作座椅的这种认真精神，可以推想到奔驰公司对主要机件的制造是如何精细了。

为了保证产品的高品质，奔驰公司的检查制度是十分严格的。即使是一颗小小的螺丝钉，在组装到车上之前，也要先经过检查。生产中的每个组装阶段都有检查，最后经专门技师总查签字，车辆才能开出生产线。许多笨重的劳动如焊接、安装发动机和挡风玻璃等都采用了机器人，从而保证了品质的统一。

由于采取了上述诸多的措施，使得它生产的汽车耐用、舒适、安全，在人们心目中树立起了高品质的形象。

第二次世界大战后，新兴的日本汽车工业迅猛发展，日本车大量冲击欧洲市场，奔驰车在这种情况下，不仅顶住了日本车的压力，而且增加了对日本的出口。尽管一辆奔驰车的价格能买两辆日本车，但奔驰车始终在日本市场保持了一块地盘，在世界汽车市场激烈竞争中求得生存和发展，成为世界汽车工业中的佼佼者，一辆辆头顶"三叉星"商标的戴姆勒——奔驰汽车风驰电掣般地疾驰在世界各国的公路上，显得生机勃勃，前程万里，奔驰以其优越的品质而享誉全球。而它的创始人戈特利布·戴姆勒和卡尔·本茨制造出世界上最早的汽车，因而被誉为"世界汽车之父"。

案例思考题：
1. 结合案例分析影响商品质量的因素。
2. 根据所学知识论述质量在企业发展中的价值。

本章小结

商品质量是指商品满足规定或潜在要求（或需要）的特征和特性的总和。是商品具备适用功能，满足规定和消费者需求程度的一个动态的、综合性概念。商品质量在表现形式上，由外观质量、内在质量和附加质量构成；在形成环节上，由设计质量、制造质量和市场质量构成；在有机组成上，由自然质量、社会质量和经济质量构成。

商品质量的基本要求是根据其用途、使用方法及消费者的期望和社会需求来确定的。食品商品质量的基本要求是具有营养价值，卫生无害性，色、香、味、形俱佳；纺织品商品质量的基本要求是服用性，耐用性，卫生安全性，审美性；日用商品质量的基本要求是适用性，坚固耐用性，卫生安全性，结构合理与外观完好，舒适美观性；商品经济质量的基本要求包括商品成本、使用费用和商品寿命3个方面。

影响商品质量的因素有生产过程的市场调研、开发设计、原材料、生产工艺、成品检验与包装等；流通过程的商品运输、商品储存与养护、销售服务等；消费过程的消费心理与消费习惯、商品使用等。与保证和提高商品质量相对立的商品是伪劣商品。识别伪劣商品不仅要掌握其特征，还要掌握一定的识别方法。

复习思考题

一、名词解释
商品质量　市场质量　商品质量管理　内在质量　外观质量
二、判断对错
1. 商品质量的本质是满足消费者需求的程度。　　　　　　　　　　　　　　（　　）
2. 商品的使用价值主要来源于它的社会质量。　　　　　　　　　　　　　　（　　）
3. 有了商品标准，商品质量就完全有了依据。　　　　　　　　　　　　　　（　　）

4. 产品的设计开发是形成商品质量的前提。( )

三、选择题

1. 在市场经济条件下，( )是企业强化管理的必然趋势。
   A. 体系　　　B. 资源　　　C. 成本　　　D. 质量
2. 产品在规定时间内、规定的条件下完成规定功能的能力是商品的( )。
   A. 性能　　　B. 寿命　　　C. 可靠性　　D. 安全性
3. 商品的内在质量包括( )。
   A. 外表形态、造型结构、花色规格、内外包装
   B. 形态结构、内部结构、造型结构、成分结构
   C. 化学成分、色香味形、机械性质、生物指标
   D. 化学成分、机械性能、物理性质、生物指标
4. 商品标准的有关规定是商品质量的( )技术条件。
   A. 最高　　　B. 最低　　　C. 相同　　　D. 参照
5. ( )是决定商品质量的重要因素。
   A. 原材料　　B. 生产工艺　C. 产品检验　D. 销售服务
6. 吸湿性、透气性是对纺织品质量( )方面的基本要求。
   A. 材料　　　B. 组织结构　C. 机械性能　D. 服用性能
7. 在商品质量形成并固定的过程中，( )具有决定性的意义。
   A. 开发设计　B. 生产工艺　C. 广告宣传　D. 销售服务

四、简答题

1. 什么是商品质量？商品质量内涵的三个层次是什么？
2. 简述影响商品质量的因素有哪些。
3. 试述商品质量管理的历史发展大概经历了哪三个阶段，其演变原因是什么。
4. 什么是全面质量管理？全面质量管理有何特点？
5. 商品质量认证制度的意义是什么？
6. 了解商品质量的有关法律法规。

五、实训题

1. 通过调查，搜集某热点商品质量问题的资料，总结分析问题出现的原因，并提出自己的建议。
2. 通过互联网查询商品质量的有关法律法规，就其中某一法律法规的执行现状进行分析，找出实际工作中存在的问题。

第3章 商品标准与标准化

知识目标

了解商品标准、商品标准化、商品质量监督的概念及重要性

技能目标

能够按照商品标准的种类、分级和代码编制方法,正确区分商品

能力目标

能够运用商品标准的内容与方法对商品进行划分

课程导入案例

一起不符合强制性标准案件的启示

某局接到举报,执法人员对某企业生产的管桩端板的质量进行监督检查。经查该企业生产的管桩端板是按照预制管桩客户的合同要求进行生产的。进一步查询国家的相关标准得知,国家及相关行业标准对于作为管桩部件的端板并没有强制性规定,但国家对预制管桩却有强制性要求。参照预制管桩标准对端板的要求,执法人员对该企业生产的管桩端板进行抽检。经市计量测试所对端板厚度进行测量得知,其中C400型号端板的厚度远远低于标准强制性要求(标准要求C400,钢棒直径7.1mm的管桩端板厚度不得低于16mm)。

在对该案的如何处理上,该局有以下争议:

1. 能否依据管桩强制性标准的要求对其部件端板符合性进行判定?

端板合格与否,一般应当依据端板的标准要求进行判定。管桩部件的端板与管桩是不同的产品,其管桩与端板应当有不同的技术要求。

2. 能否因为管桩生产企业使用的配件端板不符合强制性标准要求,追究管桩生产企业的责任。建筑工程以及建筑构建的质量一直事关百姓人身、财产安全。

3. 该案应当依据《标准化法》处理,还是应当依据《产品质量法》处理?

分析:强制性标准有很多禁止性规定,而强制性标准又是标准化法保障其强制实施的,由此可见,强制性标准的条款应当是法的范畴。另一方面,按照法律颁布先后的顺序,《标准化法》

先，《产品质量法》后，如果依据《产品质量法》处理，必须是依据端板标准对端板进行检验，判定端板不合格方才可以。本案中端板与管桩是相互依存不可分割的，离开管桩标准的强制性要求，对其部件端板合格与否进行判定毫无意义。

因此，(1) 可以依据管桩强制性标准的要求，对其部件端板符合性进行判定。可以依据端板不符合管桩标准的强制性要求，追究端板生产企业的行政责任。

(2) 可以而且应当依据《标准化法实施条例》的相关规定，对管桩生产企业故意依据合同要求，生产不符合强制性标准要求的行为实施处罚。

总之，在建筑工程中，一直存在着使用不合格产品和不符合强制性标准要求的产品潜规则。作为承担行政执法职责的行政执法机关及其执法人员，不断研究如何破解行业潜规则是当前行政执法的重要课题。

3.1 商品标准

3.1.1 商品标准的概念

（1）标准的概念。我国国家标准 GB 3935.1—1996《标准和有关领域的通用术语》对标准的定义为：标准是对重复性事物和概念所做的统一规定。它以科学、技术和实践的综合成果为基础，经有关方面协商一致，由主管部门批准，以特定形式发布，作为共同遵守的准则和依据。

（2）标准的种类。按照标准化对象，通常把标准分为技术标准、管理标准和工作标准三大类。

①技术标准：是对标准化领域中需要协调统一的技术事项所制定的标准。它的范畴较广，具体又包括基础性技术标准、产品标准、工艺标准、检测和试验方法标准、设备标准、原材料与成品标准、安全卫生与环保标准等。

②管理标准：是对标准化领域中需要协调统一的管理事项所制定的标准。按不同层次和适用范围又分为管理基础标准、技术管理标准、经济管理标准和行政管理标准等。

③工作标准：是对工作的责任、权利、范围、质量要求、程序、效果、检查与考核办法等所制定的标准。工作标准一般包括部门工作标准和岗位（个人）工作标准。

目前数量最多的是技术标准。它是从事生产、建设工作以及商品流通的一种共同技术依据。凡正式生产的工业产品、重要的农产品、各类工程建设、环境保护、安全卫生要求以及其他应当统一的技术要求，都必须制定技术标准。

（3）商品标准的概念。商品标准是技术标准中的一种，是对商品质量以及与质量相关的各个方面（如品种、规格、用途、试验方法、检验规则、包装、标志、运输和储存等）所做的技术规定。它是在一定时期内和一定范围内具有约束力的产品技术准则，也是生产和流通部门之间交接验收商品的共同准则。

3.1.2 商品标准的分类

商品标准种类繁多，可以说是一个庞大而复杂的系统。商品标准分类的目的不同，采用的分类标志也不同。

1. 按照商品标准的表达形式分类

按照商品标准的表达形式，可分为文件标准和实物标准。

（1）文件标准。文件标准是用特定格式的文件，通过文字、表格、图样等形式，全面地或部分地表述商品规格、质量、检验等有关方面技术内容的统一规定。目前，绝大多数商品标准都是文件标准。

（2）实物标准。实物标准亦称为标准样品，是指对某些难以用文字准确表达的质量要求（如色泽、气味、手感、质感等），由标准化主管机构或指定部门用实物做成与文件标准规定的质量要求完全或部分（某一方面）相同的标准样品。按一定程序颁发，作为文件标准的补充，它同样作为生产、检验、贸易洽谈、收购定价等有关方面共同遵守的技术依据。如棉花、粮食、茶叶、羊毛等农畜产品，都有分等级的实物标准。有关部门收购时，经常用其与农民交售的农畜产品相对照，借以准确评定其质量和等级。实物标准是文件标准的补充性标准件，一般不单独颁发。

【课堂训练】

商品购销合同中的质量条款是合同中的重要内容，如质量要求、检验的方法、包装存储的条件等。一名业务人员不可能对所有经营的商品都了如指掌。因此，在签订合同时应充分利用商品标准，包括国家、行业、地方以及企业标准，并学会利用实物标准。

2. 按照商品标准的约束程度分

按照商品标准的约束程度，可分为强制性标准和推荐性标准。

（1）强制性标准。又称规范性标准，是指一经批准颁布，在其规定的范围内必须严格贯彻执行，并受国家有关机构监督的标准。它主要是涉及保障人体健康及人身、财产安全的商品。不符合强制性标准的产品，禁止生产、销售和进口。如有违反，由有关部门依法处理、没收商品和违法所得，并处以罚款，造成严重后果构成犯罪的，对直接责任人员要依法追究刑事责任。强制性商品标准应包括：药品标准、食品卫生标准、兽药标准、商品及商品生产、储运和使用过程中的安全标准；通用的商品试验、检验方法；国家需要控制的重要商品的质量标准等。强制性商品标准的范围不是固定不变的，国家根据商品质量情况可颁布重要商品目录，借以控制商品质量。所以强制性商品标准的数目随时间而变化。

（2）推荐性标准。又称自愿性标准，是指强制性标准以外的，自愿采用的标准。国际标准和世界上一些先进国家的标准，都可以视为推荐性标准。由于推荐性标准大多都具有先进性的特点，可以对生产和流通进行指导，所以很多企业也愿意采用，但不具法律约束力。

3. 按照商品标准的成熟程度分

按照商品标准的成熟程度不同，可以分为正式标准和试行标准。

试行标准和正式标准具有同样的效用，同样具有法律约束力，其标准号与正式标准号表示方法相同，只是在封面的右下角注明"试行至×年×月×日"字样。试行标准大多在试行2~3年后，经过讨论修订再作为正式标准颁布。绝大多数标准都是正式标准。

3.1.3 商品标准的分级与代码

1. 我国商品标准的分级与代码

我国建立的是以国家标准、行业标准为主体，地方标准、企业标准为补充的标准体制,主要分为国家标准、行业标准、地方标准及企业标准四级。

(1) 国家标准。国家标准是指对国家经济、技术发展有重大意义,需要在全国范围内统一的标准。主要包括:互相配合、通用技术语言要求;保障人体健康和人身、财产安全的技术要求;基本原料、燃料、材料的技术要求;通用基础件的技术要求;通用的试验、检验方法;通用的管理技术要求;工程建设的重要技术要求;国家需要控制的其他重要产品的技术要求等。

国家标准由国务院标准化行政主管部门编制计划,组织草拟,统一审批、编号、发布。工程建设、药品、食品卫生、兽药、环境保护的国家标准,分别由国务院工程建设主管部门、卫生主管部门、农业主管部门、环境主管部门组织草拟、审批;其编号、发布办法由国务院标准化行政主管部门会同国务院有关行政主管部门制定。法律对国家标准的制定另有规定的,依照法律的规定执行。

国家标准分为强制性国家标准和推荐性国家标准。国家标准的编号,由国家标准代号、国家标准顺序号和国家标准发布年号构成。国家标准代号由大写汉语拼音字母构成,强制国家标准代号为"GB",推荐性国家标准代号为"GB/T"。国家标准顺序号是发布的国家标准的顺序排号。国家标准发布年号为发布该标准年份的四位数字。强制性国家标准表示形式为:GB(强制国标代号)×××××(标准顺序号)—××××(标准发布年号)如"GB 17323—1998 瓶装饮用纯净水";推荐性国家标准的形式为:GB/T××××ׯ××××"GB/T 7725—2004 空调器性能标准"。

国家实物标准的代号为"GBS",其顺序号是由《标准文献分类法》规定的一级类目、二级类目和二级类目范围的顺序号组成,如"GBS X 69055—1996 三花酒"。实物标准是文件标准的补充,实物标准要经常更新。

(2) 行业标准。行业标准是指没有国家标准而又需要在全国某个行业范围内统一的标准,主要包括工业产品标准,技术术语、符号、代号等通用技术语言标准;通用零部件和互换性要求标准等。

行业标准由国务院有关行政主管部门编制计划,组织草拟,统一审批、编号、发布,并报国务院标准化行政主管部门备案。行业标准不得与国家标准相抵触,有关行业标准之间应保持协调统一,不得重复,在相应的国家标准实施后,自行废止。

行业标准的编号由行业标准代号、标准顺序号和年号组成。各行业标准代号如表3-1所示。强制性行业标准的形式为:-(强制性行标代号)××××(标准顺序号)—××(标准发布年号)。如轻工行业标准《QB 2829—2006 螺旋藻碘盐》。推荐性行业标准的形式为:-/T××××—××,如机械行业标准《JB/T 7244—1994 食品冷柜》。

表3-1　　　　　　　　　　　我国行业标准代号

行业标准名称	标准代号	行业标准名称	标准代号	行业标准名称	标准代号
农业	NY	机械	JB	文化	WH
水产	SC	汽车	QC	体育	TY
水利	SL	民用航空	MH	商业	SB

续表

行业标准名称	标准代号	行业标准名称	标准代号	行业标准名称	标准代号
林业	LY	兵工民品	WJ	物资	WB
轻工	QB	船舶	CB	环境保护	HJ
纺织	FZ	航空	HB	稀土	XB
医药	YY	航天	QJ	城镇建设	CJ
民政	MZ	核工业	EJ	建筑工业	JG
教育	JY	铁路运输	TB	新闻出版	CY
烟草	YC	交通	JT	煤炭	MT
黑色冶金	YB	劳动和劳动安全	LD	卫生	WS
有色冶金	YS	电子	SJ	公共安全	GA
天然石油气	SY	通信	YD	包装	BB
化工	HG	广播影视	GY	地震	DB
石油化工	SH	电力	DL	旅游	LB
建材	JC	金融	JR	气象	QX
地质矿产	DZ	海洋	HY	外经贸	WM
土地管理	TD	档案	DA	海关	HS
测绘	CH	商检	SN	邮政	YZ

【小思考3-1】

当不同行业对同一种商品制定了行业标准，如自发小麦粉的行业标准，有商业行业制定的推荐性标准 SB/T 10144—1993，也有粮食行业制定的推荐性标准 LS/T 3209—1993，该以哪个标准为准？

（3）地方标准。地方标准是指没有国家标准和行业标准又需要在省、自治区、直辖市范围内统一的标准，主要包括工农业产品的安全、卫生标准等；农产品及生产管理技术标准；药品、兽药、食品卫生标准等。

制定地方标准的项目，由省、自治区、直辖市人民政府标准化行政主管部门确定后，再编制计划，组织草拟，统一审批、编号、发布，并报国务院标准化行政主管部门备案。法律对地方标准的制定另行规定的，依照法律的规定执行。地方标准在相应的国家标准或行业标准实施后，自行废止。

地方标准的代号是"DB"加上省、自治区、直辖市行政区划代码的前两位数，再加斜线组成。全国各省、自治区、直辖市代码如表3-2所示。强制性地方标准形式为：DB××/（强制性地方标准代号）××××（标准顺序号）—××（年号）。如"DB21"为辽宁省强制性地方标准；推荐性地方标准代号为：DB××/T×××—××，如"DB32/T"为江苏省推荐性地方标准。后面的顺序号和年号与前面所述的国家标准和行业标准相同。

表 3-2　　　　　　　　　　　　我国地方标准代号

名称	代码	名称	代码
北京市	110000	湖北省	420000
天津市	120000	湖南省	430000
河北省	130000	广东省	440000
山西省	140000	广西壮族自治区	450000
内蒙古自治区	150000	海南省	460000
辽宁省	210000	重庆市	500000
吉林省	220000	四川省	510000
黑龙江省	230000	贵州省	520000
上海市	310000	云南省	530000
江苏省	320000	西藏自治区	540000
浙江省	330000	陕西省	610000
安徽省	340000	甘肃省	620000
福建省	350000	青海省	630000
江西省	360000	宁夏回族自治区	640000
山东省	370000	新疆维吾尔自治区	650000
河南省	410000	台湾省	710000

（4）企业标准。企业标准是指限于企业适用的标准。企业生产的产品没有国家标准、行业标准和地方标准的，应当制定相应的企业标准，作为组织生产的依据。对于已有国家标准、行业标准或地方标准的，国家鼓励企业制定更高要求的企业标准，以提高产品的市场竞争力。

企业标准代号的编号方法为：

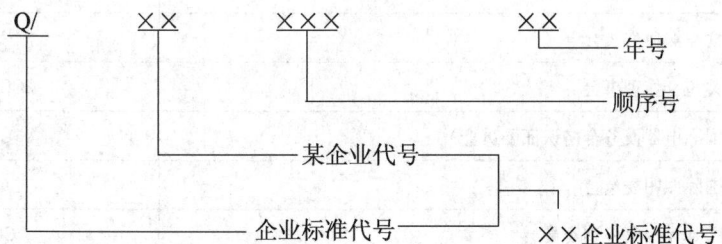

企业标准代码是以"企"字汉语拼音的第一个字母"Q"为分子，分母按中央直属企业和地方企业分别由国务院各有关行政主管部门和地方主管部门规定，其顺序号和年号也与国家标准相同。如"Q/XFJ 346—2004《冰箱用紫外线杀菌灯》"，其中"XFJ"为河南新飞电器有限公司技术标准。企业代号可用汉语拼音或阿拉伯数字或两者兼用组成。例如：Q/WBN21—2002 为安徽芜湖百年将相和食品有限公司的企业标准。

各国经济社会条件不同，商品标准的分级有异。大多数市场经济国家为三级，即国家标准、专业（协会）标准和公司标准；我国1989年的《标准化法》定为四级，多一个"地方标准"。

2. 国际标准及应用

（1）国际标准。国际标准是指由国际上有权威的专业组织制定，并为世界上大多数国家承认和通用的标准。通常是指国际标准化组织（ISO）和国际电工委员会（IEC）所制定的标准以及经国际标准化组织确认并公布的其他国际组织制定的权威标准。

国际标准化组织成立于1947年，是世界上最大的非政府性国际标准化专门机构，是联合国经济社会理事会和贸易发展理事会的甲级咨询机构。它的主要任务是通过制定国际标准、协调世界范围内的标准化工作和进行标准情报交流，在世界范围内促进标准化工作的发展，以利于国际商品交流和互助，并扩大在知识、科技和经济方面的合作。国际标准化组织制定的国际标准，其代码由标准代号"ISO"和顺序号及年份所组成。

ISO××××—××

IEC××××—××

如"ISO 9237—1995 纺织品—织物透气性的测定"。在ISO/IEC中定义中的标准可以是强制性的，也可以是自愿的。在WTO/TBT中标准定义为自愿文件，技术法规为强制性文件。

国际电工委员会正式成立于1906年，是负责电气和电子领域的标准化组织，其主要任务是促进电气化、电子工程领域中标准化及有关方面的国际合作。国际电工委员会制定的国际标准，其代码由标准代号"IEC"及顺序号和年份所组成，如"IEC 347（1982）横向磁道录音机"。

国际标准化组织公布的其他国际组织，见表3-3。

表3-3　　　　　　　　ISO公布的其他国际组织

序号	名称	代号
1	国际计量局	BIPM
2	国际人造纤维标准化局	BISFA
3	食品法典委员会	CAC
4	关税合作理事会	CCC/CCD
5	国际电器设备合格认证委员会	CEE
6	国际照明委员会	CIE
7	国际无线电咨询委员会	CCIR
8	国际无线电干扰委员会	CISPR
9	国际电报电话咨询委员会	CCITT
10	国际原子能机构	IAEA/AIEA
11	国际空运联合会	IATA
12	国际民航组织	ICAO/OSACI

续表

序号	名称	代号
13	国际辐射单位与测量委员会	ICRU
14	国际乳制品业联合会	IOF
15	国际图书馆协会联合会	IFLA
16	国际电信联盟	ITU
17	国际制冷学会	IIR/IIF
18	国际劳工组织	ILO/OIT
19	国际海事组织	IMO
20	国际橄榄油委员会	IOOC
21	国际兽疫防治局	OIE
22	国际辐射防护委员会	ICRP
23	国际法制计量组织	OIMI
24	国际葡萄与葡萄酒局	IWO
25	国际铁路联盟	UIC
26	联合国教科文组织	UNESCO
27	世界卫生组织	WHO/OMS
28	世界知识产权组织	WIPO/OMPI

其他国际组织还有万国邮政联盟（UPU）、联合棉衣组织（UNFAO）、国际羊毛局（IWS）和国际棉花咨询委员会（ICAC）等。

国际标准对丁国际间的贸易往来和科技交流、国际范围的专业化协作、合理利用资源和保护生态平衡等都具有十分重要的意义。积极采用国际标准和国外先进标准早已成为我国重要的技术经济政策。

（2）国外先进标准。主要包括三个方面：一是主要经济发达国家制定的国家标准，如美国国家标准（ANSI）、英国国家标准（BS）、德国国家标准（DIN）、日本国家标准（JIS）等。二是国际上通行的团体标准，如 API 美国石油学会标准、ASME 美国机械工程师协会标准、EIA 美国电子工业标准、LR 英国劳氏船级社《船舶入级规范和条例》等。三是国际上权威的区域性组织制定的标准，如 CEN 欧洲标准化委员会标准、EBV 欧洲广播联盟标准、CENELEC 欧洲电工标准化委员会标准等。

（3）我国采用国际标准状况。国际标准是世界各国协调的产物，反映了国际上较为先进的科学技术和生产水平，它既是沟通国际经济技术合作的桥梁，也是保证国际贸易公平竞争，维持国际市场正常秩序的基本要求和准则，因此，采用国际标准也成了按国际惯例操作的一个重要形式。

我国正处于社会主义市场经济、大力促进生产力发展的初期，为了提高我国企业在国际市场的竞争能力，采用国际标准和国外先进标准是一件非常必要的事情。一方面，能及时了解国际先进技术水平，找出自身存在的差距，以便组织力量进行技术攻关，消灭差距,促进企业的技术进步、新产品开发;另一方面,可以提高产品质量、消除贸易壁垒,避免有些政府或团体采用技术规则和其他标准而人为制造贸易技术障碍;再者,还可以通过采用国际标准和国外先进标准,带动企业内部管理机制的完善,使得企业管理和经济管理水平跃上一个新的台阶。我国采用国际标准等效程度的规定如下:

①等同采用国际标准:指技术内容与国际标准完全相同,不作或稍作编辑性修改。

②等效采用国际标准:指技术内容只有小的差异,编写上不完全相同。

③参照采用国际标准:指根据我国实际情况,对技术内容作了某些变动,但性能和质量水平与采用的国际标准相当,在通用、安全、卫生等方面与国际标准协调一致。

3.1.4 商品标准的内容

商品标准是一种具有法规性的文件,为便于使用和管理,国内外对其封面格式、内容编排以及符号和编号等都有统一规定。商品标准包含的内容很多,一般由概述、正文和补充三个部分组成。

1. 概述部分

商品标准的概述部分,概括地说明了标准的对象、技术特征和适用范围。其主要内容包括封面与首页、目次、标准名称和引言。

(1) 封面与首页。封面列有标准名称、编号、分类号、批准发布单位、发布和实施日期等。合订本内的标准只有首页,首页上的内容与封面相近。

(2) 目次。当商品标准的内容较长、结构较复杂、条文较多时,一般应编写目次。

(3) 标准名称。标准名称一般是由标准化对象的名称和标准所规定的技术特征两部分组成。可用商品名称作为标准名称,也可用商品名称和"技术条件"(或"规范")作为标准名称。

(4) 引言。引言,主要阐述制定标准的必要性和主要依据,历次复审、修订的日期,修订的主要内容,废除和被代替的标准以及采用国际标准的程度。一般不写标题,也不写编号。

2. 正文部分

商品标准的正文部分是商品标准的实质性内容,包括主题内容、适用范围、引用标准、术语、符号、代号、商品分类、技术要求、试验方法、检验规则、标志、包装、运输和储存等方面。

(1) 主题内容与适用范围。该部分简要说明标准的主要内容及其适用范围,有的商品标准在必要时还要明确指出该标准不适用的范围。

(2) 引用标准。主要说明标准中直接引用的标准和本标准必须配套使用的标准,并列出标准的编号和名称。

(3) 术语、符号和代号。标准中采用的术语、符号和代号。在现行国家标准、行业标准中尚无规定的,一般在标准中给出定义或说明。其定义或说明集中写在标准技术内容部分的前面,或分别写在有关章、条的前面。

(4) 商品分类。商品分类,是在商品标准中规定商品种类和形式,确定商品的基本参数和尺寸,作为合理发展商品品种、规格以及用户选用的依据。

商品分类的内容包括商品的种类、结构形式与尺寸、基本参数、工艺特征、型号与标记、商品命名和型号编制方法等。

在商品分类中，为协调同类商品和配套商品之间的关系，常按一定数字规律排列成科学的系列标准化形式。

（5）技术要求。技术要求，是保证商品使用要求而必须具备的技术性方面的规定，是指导生产、流通、使用及对商品检验的主要依据。

列入标准的技术要求，应当是决定商品质量和使用特征的关键性指标，对商品性能无重要影响的次要指标和要求一般不列入标准。列入标准的各项指标应该是测定或鉴定的质量特性。

（6）试验方法。试验方法，是评定商品质量的具体做法，是对商品质量是否符合标准而进行检测的方法、程序和手段所作的统一规定。

试验方法一般包括试验原理、试样的采取或制备、所用试剂或标样、试验用仪器和设备、试验条件、试验步骤、试验结果的计算、分析评定、试验的记录和试验报告等内容。

（7）检验规则。检验规则，是对商品如何进行验收而作的具体规定。它是商品制造厂将商品提交质量检验部门进行检验的规定，也是商品收购部门检查商品质量的依据，其目的是保证商品质量合乎标准要求。

（8）标志、包装、运输和储存。标志、包装、运输和储存，是为使商品从出厂到交付使用的过程中不致受到损失所作的规定。

标志。商品标准一般都有对商品标志的规定，特别是对消费品和涉及卫生、安全和环境保护的商品，要求更加严格。标志一般包括标志在商品及其包装上的位置、制作标志的方法、标志的内容和质量要求等内容。

包装。一切需要包装的商品，在商品标准中都规定有包装的要求。包装要求一般包括包装材料、包装技术与方法，每件包装中商品的数量、重量或体积以及包装的检验方法等内容。

运输。在运输中有特殊要求的商品，常规定有运输要求，其内容主要包括运输方式、运输条件和运输中的注意事项。

储存。根据商品的优点，规定商品的贮存场所、储存条件、储存要求以及贮存期限等。

3. 补充部分

补充部分是对标准条文所做的必要补充说明和提供使用参考的资料。它包括附录和附加说明两项内容。

（1）附录。根据实际需要，一个标准可以有若干个附录，依其性质分补充件和参考件两种。补充件是标准条文的补充，是标准技术内容的组成部分，与标准条文具有同等效力。参考件用来帮助使用者理解标准的内容，如某些条文的参考资料或推荐性方法，标准中重要规定的依据等，它不是标准条文的组成部分，仅供参考。

（2）附加说明。附加说明是制定和修订标准中的一些说明事项，分段写在标准终结符号下面。其内容主要有：标准提出单位、归口单位、负责起草单位和标准主要起草人；标准首次发布、历次修订和重新确认的年月；标准负责解释单位以及其他附加说明等。

3.2 标准化与商品标准化

3.2.1 标准化

标准化是沟通国际贸易和国际技术合作的技术纽带，通过标准化能够很好地解决商品交换中的质量、安全、可靠性和互换性配套等问题。标准化的程度直接影响到贸易中技术壁垒的形成和消除。因此，世界贸易组织贸易技术壁垒协议（WTO/TBT）中指出："国际标准和符合性评定体系能为提高生产效率和便利国际贸易做出重大贡献。"

1. 标准化的概念及含义

GB 3935.1—1996 对标准化的定义是"在经济、技术、科学及管理等社会实践中，对重复性事物和概念通过制定、发布和实施标准，达到统一，以获得最佳秩序和社会效益"。该定义具有以下含义：

（1）标准化是一项活动过程，这个过程由三个关联的环节组成，即制定、发布和实施标准。标准化的这三个环节已作为标准化工作的任务列入《中华人民共和国标准化法》的条文中。《中华人民共和国标准化法》第三条规定："标准化工作的任务是制定标准、组织实施标准和对标准的实施进行监督。"这是对标准化定义内涵的全面清晰的概括。

（2）这个活动过程在深度上是一个永无止境的循环上升过程，即制定标准，实施标准，实施中随着科学技术进步对原标准适时进行总结、修订，再实施。每循环一周，标准就上升至一个新的水平，充实新的内容，产生新的效果。

（3）这个活动过程在广度上是一个不断扩展的过程。如过去只制定产品标准、技术标准，现在又要制定管理标准、工作标准；过去标准化工作主要应用在工农业生产领域，现在已发展到安全、卫生、环境保护、交通运输、行政管理、信息代码领域等。标准化正随着科学技术的进步而不断地扩展和深化自己的工作领域。

（4）标准化的目的是"获得最佳秩序和社会效益"。最佳秩序和社会效益可以体现在多个方面，如在生产技术管理和各项管理工作中，按照 GB/T 19000—2000 建立质量保证体系，可保证和提高产品质量，保护消费者和社会公共利益；简化设计，完善工艺，提高生产效率；扩大通用化程度，方便使用维修；消除贸易壁垒，扩大国际贸易和交流等。应该说明，定义中"最佳"是从整个国家和整个社会利益来衡量，而不是从一个部门、一个地区、一个单位、一个企业来考虑的，尤其是环境保护标准化和安全卫生标准化主要应从国计民生的长远利益来考虑。在开展标准化工作过程中可能会遇到贯彻一项具体标准对整个国家会产生很大的经济效益或社会效益，而对某一个具体单位、具体企业在一段时间内可能会受到一定的经济损失。但为了整个国家和社会的长远经济利益或社会效益，应该充分理解和正确对待"最佳"的要求。

2. 标准化的形式

标准化工作，在整体上看，它是一个对标准化的对象加以优化、简化、统一、协调、扩散、积累和提高的不断循环、上升的过程。标准化的形式是标准化内容的表现方式，是商品标准化过程的表现形态，也是商品标准化的方法。商品标准化有多种形式，每种形式有不同的内容，针对不同的标准化任务，达到不同的目的。商品标准化的形式主要有简化、统一化、系列化、通用化、组合化五种。

（1）简化。简化是指去掉多余、重复、低功能的产品，剔除落后，从而为新的商品类型、品种、规格的出现扫清障碍，进一步提高产品质量水平。

简化一般是在事后进行的，也就是商品的多样化已经发展到一定规模后，才对商品的类型数目加以缩减。

（2）统一化。统一化是指把同类事物两种以上的表现形式归并为一种或限定在一定的范围内，使产品零部件规格、尺寸统一化、标准化，目的是消除由于不必要的多样化而造成的混乱。

统一化有两类，一类是绝对的统一，它不允许有灵活性，如各种编码、代号、标志、名称、单位等；另一类是相对的统一，它的出发点或总趋势是统一，但在统一中还有灵活性，根据情况区别对待。

随着国际分工的深化，以国内市场为界线的生产已经不符合规模经济的要求，零、配件和工艺过程的专业化分工，已使得各国企业间的协作越来越紧密，"万国牌"产品的需要，使得需要统一的对象越来越多，统一的范围越来越广。

（3）系列化。对同一类商品中的一组商品同时进行标准化的一种形式。

系列化是对同一类商品中的一组商品同时进行标准化的一种形式。它是标准化的高级形式。通过对同一类商品发展规律的分析研究，国内外产品发展趋势的预测，结合我国的生产技术条件，经过全面的技术经济比较，对商品的主要参数、型式、尺寸、基本结构等做出合理的安排与规划，以协调同类商品和配套商品之间的关系。因此，也可以说系列化是使某一类商品系统的结构优化、功能最佳的标准化形式。

商品系列化一般包括制定商品基本参数系列、编制商品系列型谱和进行系列设计三个方面。商品的基本参数是商品基本性能或基本技术特性的标志，是选择或确定商品功能范围、规格尺寸的基本依据。商品基本参数系列是将商品的基本参数按一定的规律排列形成的数列，是指导生产厂发展品种、指导用户选用商品的最基本依据。基本参数系列是否合理，不仅关系到这种商品与相关商品之间的配套协调，而且在很大程度上影响企业的经济效益以及社会经济效益。制定基本参数系列包括选择基本参数和主参数，确定主参数和基本参数的上下限，确定参数系列等步骤。主参数是各项参数中起主导作用的参数，它应是商品中最稳定的、能反映商品基本特性的参数。经过技术经济比较，从几个可行方案中选定最优参数系列方案。

商品系列型谱是工业主管部门根据国民经济发展和市场的需要，对国内外同类商品生产发展和需求状况进行分析后，对基本参数系列所限定的商品进行型式规划，把基型商品和变型商品的关系以及品种发展的总趋势，用图表反映出来，形成一个简明的品种系列表。一种商品的系列型谱，是该商品品种发展规划的一种表现形式。它不仅为选择商品发展方向，制定商品技术发展规划，合理安排商品生产以及整顿现有商品、发展变型商品等提供依据，而且还可防止企业盲目设计没有发展前途的品种。系列型谱的形式和内容不尽一致，要按照情况而定。有时型谱还将商品发展方向、设计试制状况、生产情况、近期和远期发展的重点等带方向性的问题，用醒目的符号标志出来，以指导设计和生产。

（4）通用化。通用化是在相互独立的系统中，选择和确定具有功能互换性或尺寸互换性的子系统单元的标准化形式。通用化要以互换性为前提。所谓互换性是指不同时间、不同地点制造出来的商品或零件，在装配、维修时不必经过修整就能任意替换使用的性质。

通用化的一般方法，是在商品系列设计时要全面分析商品的基本系列和变型系列中零部件的共性和个性，从中选择具有共性的零部件定为通用件或标准件；在单独设计某一商品时，尽量采用已有的通用件；新设计零部件时，要充分考虑到能为日后的新商品所采用，逐步发展为通用件或标准件。

（5）组合化。组合化是按照标准化的原则，设计并制造一系列通用性较强的单元，根据需要拼合成不同用途的商品的一种标准化形式。组合化是受积木玩具的启发而发展起来的，所以，也有人称之为"积木化"。

组合化的特征是通过统一化的单元组合为具有某种功能的商品体，这个商品体又能重新拆装，组成新的结构，而统一化单元可以多次重复利用。

在商品设计、生产过程以及商品的使用过程都可以运用组合化的方法。如生产厂家首先选择或设计标准单元和通用单元（组合元），同时预先制造和储存一定数量的标准组合元，根据需要组装成不同用途的商品。

组合化的原则和方法已经广泛应用于机械产品、仪表产品、工艺产品、家具产品等的设计和制造中。在建筑行业也广泛采用组合式建筑结构，计算机软件的开发也运用了这一方法，并都显示出明显的优越性。

3. 标准化的产生与发展

（1）标准化的产生。标准化的最先表现是人类语言的标准化和生产工具的标准化。随着人类进步，生产发展，产生了商品交换。为适应商品交换的需要，计量器具便成为商品交换和商品分配的标尺，这在实际上是应用了标准化。

我国标准化工作的历史，可追溯到公元前221年秦始皇统一六国，建立了我国第一个专制主义的中央集权的封建国家时期。当时施行统一法律、货币、车轨、度量衡和文字。秦统一后，又将原修筑的长城规定为下宽为1.8丈，上宽为1.62丈；烽火台均为正方形，边长为2.4丈，高为3.6丈。说明我国很早就应用了标准化。到汉朝时期标准化已被广泛应用。

（2）标准化的发展。从世界范围看，标准化是伴随着社会化大生产的发展逐步发展起来的。社会化大生产的突出特点是规模大、分工细、协作广泛，为适应生产中相互联系、合作与协作的需要，必须采用一种技术手段使各独立的、分散的生产部门和企业之间保持必要的技术统一，建立稳定的生产协作与合作关系，使相互联系的生产过程形成一个有机联系的整体。标准化正是为建立这种关系实施的技术手段。

1845年，英国的瑟·韦特瓦尔提出了统一螺钉、螺母规格尺寸及互换性的建议，从此标准化开始问世。标准化发展有四个阶段：

第一阶段，19世纪末到20世纪初为现代标准化的初创阶段。1898年，美国成立了"材料实验协会"，开始材料、建筑材料等方面的标准化工作；1901年，英国成立了世界上第一个国家标准团体，即"英国标准协会"；1906年，成立了世界上最早的国际性标准团体，即国际电工委员会（IEC）。这个时期的典型事件是"工序标准化"即泰罗制，由美国工程师费雷德里克·泰罗发明。具体做法是选择企业中最强壮、灵巧的工人，用最快速度进行技术劳动操作，以秒和几分之一秒为单位，记录完成每一操作所用的时间，然后拍成电影，并进行科学分析，去掉不必要的动作，研究出效率最高的合理的操作方法，作为标准操作法，依此确定工人的劳动定额。列宁指出，泰罗制既是"一系列的最丰富的科学成就"，又是"资产阶级剥削的最巧妙的残酷手段"。

第二阶段，第二次世界大战前为标准化在企业内部推广时期。代表事件是福特公司将"T"型车定义为标准产品，实行大量协作生产，实行零部件标准化。

第三阶段，第二次世界大战以后到20世纪50年代为国家标准化阶段。1947年国际标准化组织（ISO）成立，目前世界上已有100多个国家和地区成立了国家和地区性标准机构。

第四阶段，为国际标准化阶段。随着全球经济、贸易一体化的发展和跨国公司的发展，国际标准化工作越来越被重视。在现代工业发展中，由于生产过程系列化迫切要求形成标准化系统。现代标准化的特点是以系统最优化为目标，应用数字方法和电子计算机进行最佳处理，建立起与经济、技术发展水平相适应的标准化体系。

3.2.2 商品标准化

商品标准化的水平是衡量一个国家或地区生产技术和管理水平的尺度，是现代化的一个重要标志。现代化水平越高就越需要商品标准化。

商品标准化是现代技术经济科学体系中的一个重要组成部分，它对于发展社会生产力，促进科技进步，扩大对外经济技术交流，提高社会、经济效益等都有着重要的作用。

1. 商品标准化的概念

商品标准化是指在商品生产和流通的各个环节中制定、发布以及实施商品标准的活动。推行商品标准化的最终目的是达到统一，从而获得最佳市场秩序和社会效益。

2. 商品标准化的内容

商品标准化的内容包括：名词术语统一化、商品质量标准化、商品零部件通用化、商品品种规格系列化、商品质量管理与质量保证标准化、商品检验与评价方法标准化、商品分类编码标准化、商品包装、储运、养护标准化等。

商品标准化是一项系统管理活动，涉及面广，专业技术要求高，政策性强，因此必须遵循统一管理与分级管理相结合的原则，建立一套完善的标准化机构和管理体系，调动各方面的积极性，搞好分工协作，吸取国外标准化的先进经验，才能顺利完成商品标准化的任务。

依据《中华人民共和国标准化法》中的规定，国务院标准化行政主管部门统一管理全国标准化工作，国务院有关行政主管部门分工管理本部门、本行业的标准化工作。

3.2.3 采用国际标准和国外先进标准的原则

在1978年9月我国以中国标准化协会的名义参加了"国际标准化组织"，为加强标准化的国际交流提供了条件，也为扩大我国标准的使用范围奠定了基础。为适应市场经济和国际贸易的需要，我国国家标准积极采用国际标准和国外先进标准。采用国际标准，不仅能给我国的技术、经济的发展带来巨大的经济利益，使生产更加有利，更容易了解市场实际需要，而且容易打破贸易技术壁垒，使我国商品直接进入国际贸易市场。在采用国际标准和国外先进标准时，要从我国经济发展和对外贸易的需要出发，充分考虑我国的资源情况和自然条件，要求技术先进、经济合理、安全可靠、符合我国有关法规政策、正确地确定采用程度，以有利于完成我国的标准体系和适应当前经济发展的需要。

国家标准化管理委员会、国家认证认可监督管理委员会2004年年底举行的"2004年世界标准日研讨会"上传出消息：我国国际标准化活动近年来取得了长足进展，由我国提出和起草的ISO和IEC国际标准草案近70项。其中近40项已被批准为ISO和IEC的正式国际标准。2002年国家标准委提出了今后参与国际标准化工作的奋斗目标，即经过5年努力，参与制定国际标准300～500项，以我国为主起草的或我国标准被采纳为国际标准的要超过50项，力争达到100项。截止到2002年年底，我国已有国家标准20 206项，其中采用国际标准和国外先进标准的占了44.2％。

1. 几个基本概念

（1）采用国际标准。采用国际标准，包括采用国外先进标准，是指把国际标准和国外先进标准的内容，通过分析研究，不同程度地纳入我国的各级标准中，并贯彻实施以取得最佳效果的活动。

（2）等同采用国际标准。等同采用国际标准是采用国际标准的基本方法之一。它是指我国标准在技术内容上与国际标准完全相同，编写上不做或稍做编辑性修改，可用图示符号"三"表示，其缩写字母代号为idc或IDC。

（3）等效采用国际标准。等效采用国际标准是采用国际标准的基本方法之一。它是指我国标准在技术内容上基本与国际标准相同，仅有小的差异，在编写上则不完全相同于国际标准的方法，可以用图示符号"—"表示，其缩写字母代号为eqv或EQV。

（4）非等效采用国际标准。非等效采用国际标准是采用国际标准的基本方法之一，它是指我国标准在技术内容的规定上，与国际标准有重大差异，可以用图示符号"≠"表示，其缩写字母代号为neq或NEQ。

2. 采用国际标准和国外先进标准的原则

（1）采用国际标准和国外先进标准，应当符合我国有关的法律和法规，保障国家安全，保护人体健康和人身、财产安全，保护动植物的生命和健康，保护环境，做到技术先进、经济合理、安全可靠。如采用涉及人体健康和人身财产安全的国际标准必须符合我国法律、法规规定，也不能同我国强制性标准相抵触。

（2）凡已有国际标准（包括即将制定完成的国际标准）的，应当以其为基础制定我国标准。凡尚无国际标准或国际标准不能适应需要的，应当积极采用国外先进标准。

如近几年我国高新技术行业采用国际标准比率比较高，促进高新技术发展和管理水平提高。例如电子行业、邮电行业制定的国家标准采标率达70％；信息技术方面制定的300多个国家标准采标率达到80％，加速了我国高新技术产品同国际接轨，有的技术已达到国际先进水平。

（3）对国际标准中的安全标准、卫生标准、环境保护标准和贸易需要的标准应当先行采用，并与相关标准相协调。

产品的安全、卫生标准和环境保护标准国外特别重视。对家用电器来说，在欧洲国家IEC标准是重要的标准，在美国市场则要求符合UL标准，自行车可以选用美国自行车安全性能标准（CPSC），我国生产的自行车，尾灯和闸不符合美国安全标准，就进不了美国市场。食品卫生是出口商品中很敏感的问题，我国出口到德国的食品，因对方考察我国的生产厂环境，生产工人的个人卫生及车间空气的清洁度，达不到德国国家标准的要求，被取消了注册资格。为了使我国更多的产品参与国际市场竞争，对国际标准中的安全标准、卫生标准、环境保护标准和贸易需要的标准应当优先采用。

（4）采用国际标准和国外先进标准，应当同我国的技术引进、技术改造、新产品开发相结合。

过去我国在引进工作中往往重视设备、不重视技术标准引进。有一化工厂以2 800万美元进口多套设备，交货后发现是次品，但合同中没有规定验收标准，对方不肯承担责任。另一家从美国引进的密度纤维板的成套设备，美方提供了133项设备，在合同中没有一项载明考核设备主要性能的标准和检验标准，导致在试产中连续发生设备事故。有的引进项目，起初不懂得向外商索取标准，当想到需要向外商索取有关标准资料时，外商以属于第三方资料为理由，迫使我方高价购买。

（5）积极参加国际标准化活动和国际标准的制定工作，跟踪国际标准化发展，积极承担国际标准化组织和国际电工委员会专业技术委员会秘书处工作，积极争取把我国标准或提案转为国际标准。

从1988年起，我国被连续选为国际标准化组织（ISO）理事国和技术局成员，国际电工委员会（IEC）执委会成员、副主席，同时参加了ISO/IEC近300个标准化技术委员会的活动，承担着国际标准化组织的钢丝和盘条、航空电器、包装术语、微末分析、电子探针等技术委员会的秘书处工作，也开始承担部分国际标准的起草工作，如《绿茶》和《针灸针》等。我国的国家标准《信息技术通用多八位编码字符集（UCS）体系结构与基本多文种平面》、《纤维光学隔离器总规范》等已被采纳为ISO/IEC的正式标准，此外，我国还有19种电子探针分析标准样品，已列入国际标准化组织标准样品委员会（ISO/REMCO）的标准样品推荐目录，目前，虽然由我国负责起草的国际标准还不多，但它标志着我国的标准化工作和中国标准已经开始走向世界。

3.3 商品标准的制定和贯彻

商品标准的制定、修订和贯彻是商品标准化活动中不可缺少的重要环节。先进合理的商品标准只有被制定出并通过贯彻才能发挥作用。因此，研究商品标准制定、修订和贯彻，找出带有普遍性的东西来指导商品标准的制定、修订和贯彻，具有十分重要的意义。

3.3.1 商品标准的制定

1. 商品标准制定的原则

（1）充分考虑使用要求，维护消费者利益。我国是社会主义国家，社会主义生产和建设的根本目的是不断满足人民日益增长的物质文化需要。因此，制定商品标准必须面向市场，必须考虑广大消费者的实际需要，特别是要充分考虑商品的最终用途和实际使用条件，使商品尽可能做到品种规格对路，使用性能良好，寿命长，外形美观，节能安全，价格合理。

（2）从全局出发，使全社会获得效益。制定商品标准不仅是一项复杂的技术性工作，也是一项具有高度政策性的工作，它关系到国家、企业和广大人民群众的利益。在实践中，每一项标准的制定和贯彻实施，不可能使各有关部门和方面都获得同等的经济效益，有些标准的贯彻实施在给整个社会带来巨大经济效益的同时却在一定时间内给某一部门或某些企业带来经济损失是常见的现象，这就要求局部服从全局。

（3）密切结合自然条件，合理利用国家资源。资源是一个国家发展经济最基本的物质基础，未来的经济发展也要依靠提高资源的利用效率而不是依靠提高资源利用的绝对数量。我国的社会主义现代化建设也应立足于合理利用资源，注意节约和做好稀缺资源的利用，这也是制定、修订商品标准必须遵循的一项原则。与此同时，还必须充分考虑商品的使用要求和工作条件。因为每种商品都是在一定环境条件下使用的，有些商品的性能会受到自然条件的制约。只有密切结合自然条件，才能使商品适应所处环境的使用要求，更好地发挥其使用价值。

（4）技术先进、经济合理和安全可靠。技术先进，是指商品标准中所规定的各项指标和要求应力求反映科学技术的先进成果和生产建设中的先进经验，以促进生产发展，使商品质量和经济效益不断提高。经济合理，是指修订标准的可行性。制定和修订标准的技术应先进，但在经济上也必须是合理的，不应盲目地追求高指标。安全可靠，是指对保障人身、财产安全、人体健康和保护环境方面的要求，制定和修订商品标准时，对此应高度重视，凡涉及安全、健康、卫生和环境保护方面的内容，在标准中应做严格的规定。

（5）积极采用国际标准和国外先进标准。采用国际标准是世界各国技术经济发展的普遍趋势。我国早已把采用国际标准和国外先进标准列为国家的一项重要技术经济政策。采用国际标准和国外先进标准，实质上是一种技术引进，不仅有利于将国外成熟的科技成果拿来应用和推广，促进技术进步，提高经济效益，也有利于消除对外贸易的技术壁垒，增强产品在国际市场上的竞争能力。发展社会主义市场经济，必须与国际市场接轨，国际标准和国外先进标准又代表了国际先进水平。因此，在制定商品标准时，要尽量采用国际标准和国外先进标准，或使其达到同等水平，以有利于提高我国的商品质量和国际市场的开拓。

（6）协调统一，完整配套，军民通用。商品标准应有自己完善的体系，一项孤立的商品标准，并不能完全实现理想的目的。制定商品标准时，必须同时考虑与之密切相关的各种标准。与此同时，还要与有关法律、法规和标准协调一致。在满足使用要求的前提下，凡能军民通用的商品标准都应军民通用，以便于军转民的商品生产和技术开发。

2. 商品标准制定的程序

商品标准的制定是一个复杂的过程，主要包括确定项目、制定工作方案、调查研究、试验验证、起草标准草案、征求意见、审查定稿和审批发布等步骤。

（1）确定项目。根据标准化对象的客观实际需要，制定标准化计划，确定编写标准的项目。

（2）制定工作方案。标准制定工作组根据任务项目制定出具体的工作方案。

（3）调查研究。标准工作组的人员必须深入到具有代表性的科研、生产、管理、流通和使用等单位进行广泛的调查研究，同时，还应了解国外同类商品的状况和发展方向以及相应的国际标准和国外先进标准。

（4）试验验证。通过在不同环境条件、多种生产、使用条件下的测试，可使指标更具有科学性。

（5）起草标准草案。标准制定工作组在对所得资料和数据进行统计分析与综合研究的基础上编写标准草案征求意见稿。

（6）征求意见。标准草案征求意见稿经主管单位审核同意后，应广泛征求生产、使用、科研和流通等方面的意见。通过对意见的处理，将征求意见稿修改为标准草案送审稿。

（7）审查定稿。标准草案送审稿经过标准化技术组织和主管部门审理、审查后，由主持审查单位提出标准草案报批稿。

（8）审批发布。标准草案报批稿由标准化主管部门批准正式发布。

3.3.2 商品标准的贯彻实施

制定商品标准的目的在于贯彻实施，制定的商品标准只有通过贯彻实施，才能取得效益，否则，将会成为一纸空文。

1. 贯彻实施商品标准的意义

（1）只有贯彻实施商品标准才能发挥商品标准的作用。商品标准是实践经验的总结和科学试验的成果。这些成果只有通过贯彻实施才能得到普遍推广和应用，才能促进生产技术的发展和经济效益的提高。

（2）只有贯彻实施商品标准才能对商品标准做出正确评价。制定的任何一项标准，都不可能完美无缺。实践是检验真理的唯一标准，因此，必须通过实践才能对标准质量的高低做出确切的评价。

（3）只有贯彻实施商品标准才能促进商品标准水平不断提高。任何一项标准，在制定时虽然严肃认真，但也不可能使其完美无缺，只有通过实施才能发现存在的问题。对标准中各种问题的反映，是进一步修订标准的宝贵资料。

2. 贯彻实施商品标准的原则

（1）从长远利益考虑。贯彻新的商品标准，常会给企业增加一些负担，或与当前的主要任务有矛盾。贯彻某些商品标准，企业不一定马上获利，甚至可能遭受损失。但从长远来看，贯彻商品标准的好处很多，这就要求既要考虑当前利益，又要考虑长远利益，但应多为长远利益着想。

（2）要顾全大局。某些商品标准贯彻后，从整体考虑，利益很大，但从某一局部看，利益不大甚至可能有一些损失，这就要求局部服从整体。

（3）方便使用。某些商品标准，特别是商品系列标准，由于规格压缩给生产企业带来方便，而用户当时可能感到满足不了使用要求，这就应当采取逐步过渡的方法，以解决两者之间的矛盾，最终还要为用户着想。

（4）区别对待。区别对待是指对不同商品标准要分析具体情况去贯彻实施。

3. 商品标准贯彻实施的过程

贯彻实施商品标准的工作大致可分为计划、准备、实施、检查和总结五个步骤。

（1）计划。贯彻实施商品标准前应制定贯彻商品标准的方案或计划。从总体上分析需要和可能以及影响商品标准贯彻的因素，合理安排人力，具体划分任务，明确职责。

（2）准备。为使商品标准切实贯彻实施，必须做好思想、组织、技术和物质各方面的准备，从而使商品标准贯彻实施顺利进行。

(3) 实施。根据不同情况，可以采取不同方式进行贯彻实施。商品生产部门按标准规定进行商品设计、生产和检验；商品经营部门按标准规定进行采购、检验、验收、储存、供应和销售；标准化组织机构要做好指导和检查工作，发现问题应及时解决。

(4) 检查。对贯彻实施商品标准整个过程的各个环节都要按标准化要求认真检查。

(5) 总结。总结包括技术和方法总结以及对资料的归纳、整理、分析、研究、立卷和归档等，以便为标准修订提供资料。

【拓展知识】

商业企业的标准化工作

标准化，是指在经济、技术科学及管理等社会实践中，对重复性事物和概念，通过制定、发布和实施标准，达到统一，以获得最佳经济秩序和社会效益的全部活动过程。标准化不是一个孤立的事物，而是一个活动过程（主要是制定标准、贯彻标准进而修订标准的过程），而且是一个不断循环、螺旋式上升的运动过程。只有当标准在社会实践中实施以后，标准化的效果才能表现出来。商业企业的标准化工作是整个商品标准化工作的一部分，主要包括执行现有的国家、行业、地方及企业自己的有关标准，特别是要严格执行有关强制性标准和积极采用国际先进标准。同时标准化既是企业科学管理的一项基础工作，也是一种科学的管理手段和方法。

【讨论分析】

标准化在企业连锁扩张中的作用。很多人认为，麦当劳能够在全球发展与扩张，离不开"标准"。也有人提出，我国部分连锁企业在扩张中出现商品、服务等多方面"连而不锁"与标准化工作不到位有关。那么，你如何看待企业在连锁扩张发展中标准的作用？

3.4 商品质量的认证

3.4.1 商品质量认证及其种类

认证（Certification）的原意是指由授权机构出具证明。质量认证也称合格认证。1991年国际标准化组织将其定义为："由第三方确认产品、过程或服务符合特定要求并给予书面保证的程序。"

1991年5月，国务院发布的《中华人民共和国产品质量认证管理条例》（以下简称《产品质量认证管理条例》）第二条对产品（商品）质量认证做如下规定："产品质量认证是依据产品标准和相应技术要求，经认证机构确认，并通过颁布认证证书和认证标志来证明某一产品符合相应标准和相应技术要求的活动。"

上述关于质量认证或合格认证的定义包含四项基本内容：第一，质量认证的对象是产品或服务；第二，标准是质量认证的基础；第三，证明批准认证的方式是合格证书或合格标志；第四，质量认证是第三方从事的活动。

国际上认证活动已开展了多年，对于出口业务来说，是保证进出口商品的质量符合合格要求的基本保证。进行贸易的两国为了保证商品的质量，在进行贸易之前，可通过鉴定双边认证合作协议的方式，委托出口国在其国内加以认证，并互相承认对方出口商品的检验结果，这样可免除由于质量不合格带来的很多麻烦，大大降低了由于质量问题给国家和企业带来的经济损失。

国际上认证形式有多种类型。从认证性质来说，可分为自我认证、用户认证和第三方认证；自我认证是企业根据现行标准对商品进行检验及控制，并向用户保证其产品符合标准的过程。用户认证是用户通过使用、试验、对比和评价，来确认产品符合标准的过程。第三方认证是由生产者和消费者之外的第三方所进行的公正的认证。

根据认证范围可划分为国家认证、区域认证和国际认证。国家认证是由国家认证机构统一组织，对国内产品实行的认证。区域认证是由若干个国家和地区根据自愿的原则自行组织起来，按照共同的技术标准和规范进行的认证。国际认证是参与国际标准化组织的各成员国按照国际标准开展的认证。

从法规性质上看，可分为自愿认证和强制认证。强制认证是政府通过法令形式，对那些关系人身安全和健康的产品要求必须达到相应标准的认证，可称为安全认证。自愿认证是按照现行标准自愿申请认证，适用于质量合格认证。

开展质量认证工作要具备四个条件：①具有较高水平的国际标准、国家标准或专业标准；②具有公认的权威的第三方的质量认证机构；③经认证合格的权威的测试实验室；④具有较高水平的认证工作队伍。质量认证程序为：申请、初审、资格鉴定、认证试验、签订监督协议、控制协议、颁发标志、事后监督、质量认证维持试验、更改质量等级。在事后监督过程中若出现问题就要暂停认证或再认证，甚至取消认证。

3.4.2 商品质量认证制度的发展和意义

3.4.2.1 商品质量认证制度的发展

世界上实行商品质量认证最早的国家是英国，1903年英国工程标准委员会首创世界第一个用于符合标准的标志，即"BS"标志或称"风筝标志"。该标志开始时用于符合尺寸标准的铁路钢轨，后来按英国1922年的商标法注册，成为受法律保护的认证标志，一直使用至今，在国际上享有很高的信誉。

商品质量认证制从20世纪30年代开始发展较快。到50年代，基本上普及到所有工业发达资本主义国家；60年代起，苏联和东欧国家陆续采用；其他第三世界国家，除印度等极少数国家推行早些外，一般是从70年代起实行的。现在，实行商品质量认证制度已经是一种世界趋势，据不完全统计，当今世界至少有60多个国家和地区实行了这种制度。

从20世纪70年代起，商品质量认证工作发展到了一个新的阶段，开始跨越国界，建立起若干区域认证制和国际认证制。如欧洲的电子元器件认证制、欧洲标准化委员会认证委员的合格认证制、国际电子元器件质量认证制、国际电工产品的安全认证制等，使商品质量认证成为国际贸易中消除非关税壁垒的一种手段，促进了国际贸易的发展。

为进一步适应国际商品质量认证的需要，国际标准化组织（ISO）理事会于1970年成立了"认证委员会"，在1985年改为"合格认证委员会"（CASCO）。目前，该委员会的任务由原来单一的合格认证逐步发展到合格认证、实验室认证和质量体系的评定，并制定了 ISO/IEC 第三方认证制相应标准的原则法典，为实行国际商品质量认证制度奠定了基础。

3.4.2.2 商品质量认证制度的意义

商品质量认证制度作为一种科学的质量监督制度已被世界上很多国家所采用，并且收到了很明显的经济效益和社会效益。实行商品质量认证制度的意义在于它是由一个公正的认证机构对商品提供正确、可靠的质量信息，这种制度既符合买方的利益，也符合卖方的利益。具体在对外贸易中，既符合出口方的利益，同时又符合进口方的利益。由于需要和使用这一质量信息的对象不同，商品质量认证有着多种不同的作用。

1. **保证商品质量，提高商品在国际市场上的竞争力**

实行第三方商品质量认证制度是许多国家保证商品质量的一种普遍做法。认证商品不仅在任何一个国家国内都受到欢迎，而且在国际上也享有较高的信誉。特别是实行国际认证的商品，经认证后将会得到各个成员国的普遍承认，取得进入国际市场的通行证，扩大在国际市场上的销售。同时，各国可以利用实行商品质量认证制作为提高商品质量的重要手段。在国际上有很多国家都把商品质量认证所使用的标准提高到国际水平，也有的国家将商品认证分为不同的等级。例如，世界先进水平和国际一般水平，分别使用不同的认证标志，对认证为世界先进水平的商品，各国都有相应的鼓励政策，如提高销售价格、减免某些税收等。

目前，进口国政府都要求每一个出口国家的国家标准化机构对即将出口到本国的商品在出口国家国境内予以认证。也有进口国的认证机构委托出口国代为进行认证检查，还有的国家在进、出口贸易的过程中就签订了有关商品认证的所谓"双边认证合作协议"，互相之间都承认对方出口商品检验的结果。

2. **给生产者和经销者带来信誉和更多的利润**

在商品经销中，赢得用户和消费者的信任是至关重要的。广大用户和消费者熟悉的名牌商品无疑是已经建立了良好的信誉，但是这需要相当长的时间，而且数量毕竟很少。对大多数厂家生产的商品的质量，许多用户和消费者并不了解。实行商品质量认证后，带有认证标志的商品在市场上有竞争力，会受到消费者普遍信任，经销者愿意经营，因而认证商品更容易占领市场和扩大市场。认证商品的这种优势，在买方市场的情况下会更加明显。认证标志对生产企业来说，实际上起着质量信誉证的作用，而质量信誉是利润的源泉。

3. **帮助生产企业建立健全有效的质量保证体系**

建立质量保证体系，就是将所有影响质量要素的因素都采取有效措施管理和控制起来，这是企业保证商品质量能够持续稳定地符合标准规定要求的根本途径。在批准认证之前，认证机构要对企业质量保证体系的有效性进行检查和评定，只有当质量保证体系符合认证机构规定的要求时，才有可能取得认证的资格，这是批准认证的基本条件之一。在实施商品质量认证时，对申请认证企业的质量保证体系进行检查、评定，实质上是由质量专家对企业质量保证体系有效性的一次诊断，即使提出问题较多，未能一次通过，对企业改进质量管理也是有极大帮助的，因此，这是十分难得的机会。可以说，实施认证的过程就是帮助企业建立健全质量保证体系的过程。

4. 节约大量社会检验费用

生产厂家采购生产所需要的原材料、元器件等商品时，往往需要对商品的质量进行检验，这种检验可以利用自己的手段，也可以委托专门的检验机构进行。无论采取哪一种形式都需要花费大量的检验费用。一个生产厂的用户往往是很多的，如果每个用户都在重复着这种检验工作，整个社会开支的检验费将是一个相当可观的数字。第三方认证为节约这笔检验费提供了可能性。一个比较完善的认证制，不仅要对商品进行型式试验，还要检查生产厂的质量保证体系，并进行日常监督。这些工作的结果，完全能够满足各个用户的要求，用户只需利用第三方认证机构提供的质量信息，没有必要再进行重复检验。

5. 各国通过实行强制性安全认证制度有效地保护了使用者的安全与健康

商品的安全性直接关系到使用者的人身安全与健康，因而日益受到世界各国消费者和政府部门的关心、重视。许多国家专门制定了有关商品的安全标准，名目繁多而苛刻，并通过政府的法令宣布对有关人身安全和健康的商品实行强制性安全认证，这类商品必须经过国家指定的认证机构认证，出口和进口的这类商品必须带有特定的安全认证标志，表示它符合国家规定的安全标准和要求。

3.4.3 商品质量认证标志、分类及程序

3.4.3.1 商品质量认证标志

商品质量认证标志就是合格标志。它是由认证机构专门设计并经正式发布的一种专用标志，用以证明某些商品或服务符合特定标准或技术规范，经认证机构批准，使用在合格出厂的认证商品上。认证标志应按有关的法律规定进行注册，受法律的保护，以防止被人冒用。有许多国家的认证标志还进行了国际注册，在国际上被注册过的认证标志就无需在进出口贸易中再签订"双边认证协议"，国际注册的认证在任何一个国家都被认可。

认证标志是一种质量保证标志，其主要作用是可以向消费者和用户传递一种正确的、可靠的商品质量信息。

各国商品质量认证标志一般是以国家标准的代号或标准化机构及认证机构的名称缩写为基础组成的简单图案。

商品质量认证标志在各国使用时都有以下特点：

（1）具有专用性，标志的制作受法律保护，不得随意使用。
（2）给予编号并给予特别的设计，以利于对伪造和其他形式的滥用进行追查。
（3）具有专一性，不允许从一种产品上换到另一种产品上。
（4）在该产品的外形尺寸或型式不允许的情况下，标志可应用于其出售时的最小包装上。

3.4.3.2 商品质量认证的分类

（1）按认证性质，商品质量认证可以划分为安全认证和合格认证。
（2）按认证范围，商品质量认证可以分为国家认证、区域性认证和国际认证。国家认证是指各国对国内产品实行的认证。区域性认证是指由若干个国家和地区，根据自愿自行组织起来，按照共同认定的技术标准，以及一定的规范而进行的认证。国际认证是指参与国际标准化组织（ISO）和国际电工（IEC）认证组织，按照 ISO 和 IEC 的标准开展的认证活动。

目前 ISO 和 IEC 的成员国和地区会员中，基本上都开展了商品质量认证工作，英国为风筝标志，法国为 NF 标志，德国为 VDE 标志，美国为 UL 标志，日本为 JIS 标志，印度为 BIS 标志等，如图 3-1 所示。

图 3-1 主要国家认证标志图案

（3）按认证的约束性，商品质量认证可分为强制性安全认证和自愿性合格认证。凡有关人身安全和健康的商品，必须实行强制安全认证，除此之外的其他商品则自愿实行合格认证，如我国已从 2002 年 5 月 1 日起实施新的强制性产品认证制度（即 CCC，简称"3C"认证）。又如我国 2004 年起，28 类食品生产企业逐步实施食品质量安全市场准入制度，生产企业除必须取得食品生产许可证外，出厂销售的每批产品都必须实施强制检验，并在包装上加贴（印）QS（即质量安全 Quality Safety 缩写）标志。

3.4.3.3　商品质量认证程序

商品质量认证程序如下：

（1）申请认证的企业，要按认证章程规定，向认证机构提交质量认证申请书及附件；

（2）认证机构对申请书及附件进行审查，并派员到企业对质量保证体系进行全面审查，同时提出审查报告；

（3）审查合格后，对商品进行抽样检验，由认证机构认可的检验单位提供商品检验报告；

（4）上述各项合格后，为申请企业颁发认证合格证明文件（包括认证书和认证标志）；

（5）定期对已取得认证的企业质量保证体系及商品质量进行复检和抽查。对国外企业，根据双边协议、多边协议规定的质量要求，可以委托国外认证机构代理；

(6) 对质量保证体系复查及监督检验的商品不符合要求时，要及时采取措施，必要时撤销认证合格证明文件。

3.4.4 中国的商品质量认证

中国商品质量认证起步较晚，1981年建立了中国第一个认证委员会即中国电子元器件质量认证委员会（QCCECC），依据国际电工委员会（IEC）有关规范制定的中国标准，对电子元器件商品进行自愿性认证。1988年12月公布了《中华人民共和国标准化法》以后，中国商品质量认证工作开始纳入法制的轨道。为保证商品质量，提高商品信誉，保护消费者的利益，促进国际贸易和开展国际质量认证合作，中国于1991年发布实施了《中华人民共和国管理条例实施办法》、《产品质量认证委员会管理办法》、《产品质量检验机构管理办法》、《产品质量认证证书和认证标志管理办法》等，使我国的商品质量认证进入一个新的阶段。

2001年4月10日国务院决定将国家质量技术监督局与国家出入境检验检疫局合并，组建中华人民共和国国家质量监督检验检疫总局（正部级，简称国家质检总局AQSIQ），并同时组建国家认证监督管理委员会（ANCA）和国家标准化管理委员会。国家质量监督检验检疫总局是国务院主管全国质量、计量、出入境商品检验、出入境卫生检疫、出入境动植物检疫和认证认可、标准化等工作，并行使行政执法职能的直属机构。设在各省、自治区、直辖市的出入境检验检疫局（旧称商检局）及其分支机构负责管辖本地区的出入境卫生检疫、出入境动植物检疫、进出口商品检验、认证和质量监督管理等工作。

按照国务院授权，将认证认可和标准化行政管理职能，分别交给国家质检总局管理的中国国家认证认可监督管理委员会（中华人民共和国国家认证认可监督管理局）和中国国家标准化管理委员会（中华人民共和国国家标准化管理局）承担。

中国国家标准化管理委员会（中华人民共和国国家标准化管理局），为国家质检总局管理的事业单位。国家标准化管理委员会是国务院授权的履行行政管理职能，统一管理、监督和综合协调全国标准化工作的主管机构。

中国质量认证中心（China Quality Certification Centre，简称CQC）是国家出入境检验检疫局根据《中华人民共和国进出口商品检验法》及其《实施条例》和国务院"三定方案"设立，并经中央编制委员会办公室批准的具有独立第三方公正地位的质量认证机构。

中国商品质量认证采用的是具有国际水平的国家标准和行业标准，以使中国的认证商品在国内外市场上树立"信得过"的形象。各行业认证委员会负责本行业内商品的质量认证；中国方圆认证委员会代表国家实施自愿性合格认证为主的商品质量认证，实施商品质量认证的范围是未建立或不宜建立行业认证委员会的商品。

中国商品质量认证分为强制性安全认证和自愿性认证。实行安全认证的商品必须符合有关强制性标准的要求，根据国家《强制性产品认证管理规定》（国家质量监督检验检疫总局令第5号），国家认监委《关于实施强制性产品认证制度有关问题的通知》，新的强制性产品认证制度于2002年5月1日起实施。由中国质量认证中心（CQC）承担强制性产品认证工作，同时批准68家检测机构从2002年5月1日起在指定的业务范围内承担强制性产品的认证检测工作。

中国商品的认证标志分为方圆标志、中国强制认证标志（CCC）和PRC标志。方圆标志分为合格认证标志和安全认证标志；CCC为中国专用强制认证标志；PRC标志为电子元器件专用认证标志。各类标志见图3-2~图3-7。

图3-2　方圆产品合格认证标志

图3-3　方圆产品安全认证标志

图3-4　CCC安全认证标志

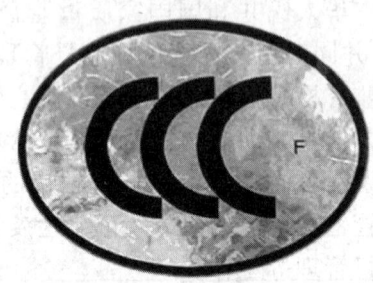

图3-5　CCC消防认证标志

图3-6　CCC安全与电磁兼容标志

图3-7　CCC电磁兼容标志

1992年2月10日原国家技术监督局发布的《产品质量认证证书和认证标志管理办法》和1995年9月21日原国家商检局发布的《进出口商品标志管理办法》对认证标志进行了规定。为加强对产品、服务、管理体系认证的认证证书和认证标志（以下简称认证证书和认证标志）的管理、监督，规范认证证书和认证标志的使用，维护获证组织和公众的合法权益，促进认证活动健康有序的发展，经2004年4月30日国家质量监督检验检疫总局局务会审议通过的《认证证书和认证标志管理办法》已于2004年8月1日起施行，对认证标志管理作出了新的规定。

本章小结

标准是判定质量的准则和依据,为了保证商品质量达到一定的水平,更好地满足消费者的需要,生产和销售商品必须遵循各级标准。

标准是对重复性事物和概念所做的统一规定。它以科学、技术和实践经验的综合成果为基础,经有关方面协商一致,由主管部门批准,以特定形式发布,作为共同遵守的准则和依据。

按照标准的作用和有效的范围,可以将标准划分为不同层次和级别,我国标准分为国家标准、行业标准、地方标准和企业标准四级。

商品标准是一种具有法规性的文件,一般由概述、正文和补充三个部分组成。

标准化是在经济、技术、科学及管理等社会实践中,对重复性事物和概念通过制定、发布和实施标准,达到统一,以获得最佳秩序和社会效益。它包括制定标准、修订标准、贯彻执行标准的全过程。

商品标准化是现代技术经济科学体系中的一个重要组成部分,它对于发展社会生产力,促进科技进步,扩大对外经济技术交流,提高社会、经济效益等都有着重要的作用。

商品质量认证也称商品质量合格认证,是由一个公认的权威机构对企业的质量体系、产品、过程或服务是否符合质量要求、标准、规范和有关政府法规进行鉴别,并提供文件证明的活动。商品质量认证就是合格标志,也是一种质量保证标志,主要向消费者和用户传递正确的、可靠的商品质量信息。商品质量认证有专门的流程。中国的商品质量认证有方圆标志、中国强制认证标志(CRC)和 PRC 标志。

【案例分析】

可口可乐的再定位设计

戴斯格里普斯·哥贝联合公司为可口可乐的新形象进行了设计。设计师从分析老可口可乐所使用的不同标志——水滴、颜色、字体、圆形标志以及瓶形发现,除了瓶子以外,那些标志都采用了相同的明亮度,没有任何一部分被突出出来。而调查的结果却是顾客对其中一些东西更感兴趣。尤其值得一提的是,瓶子的轮廓很能有效地唤起怀旧的情怀,引发人们爽口提神的感觉,并能立刻辨认出来。

可口可乐的红色和其字体是其品牌的有效切入点。可是瓶子的轮廓图案就像耐克的那个折勾一样超越了它的意愿而成为一个象征。设计师们发现"always"一词与圆印章一样蕴含着情感因素。通过重新强调新品牌形象中的这些要素以及飞溅的水滴,设计师们将要素中的情感价值纳入一种新颖、相关的方式。他们在可口可乐经典的包装中加入了"always"(永远的)"delicious"(可口的)、"unique"(独一无二的)以及"refreshing"(提神的)等词,并且重新启用了为人们所熟悉的绿色可乐瓶,以进一步将这些怀旧的氛围具体化。

新设计的因素应用到了 1996 年亚特兰大奥运会上及后来的 98 年世界杯,取得了很大的成功。哥贝的设计师说:"现在可口可乐能更好地根据不同分寸把握其商标了。"

可口可乐的新品牌形象以熟悉的瓶装形象取代了自 1969 年起一直沿用的飘带图案。新品牌的大版本中融入怀旧元素,如"always"等更多描述性的词所产生的效果是向顾客传递爽口感觉的同时也拨动了人们的心弦。这一新品牌形象在 1996 年亚特兰大奥运会期间得到了尝试启用。为体现戴斯格里普斯·哥贝联合公司关于为全球化品牌创立个性形象的理念，广告图案将可口可乐定位于运动迷们的饮品。

问题：商品包装在商品定位中起到的作用是什么？

复习思考题

一、名词解释

商品标准　商品标准化　商品质量认证　质量认证标志

二、判断对错

1. 凡涉及保障人体健康、人身财产安全的商品标准为推荐性标准。（　　）
2. 国际标准属于强制性标准。（　　）
3. 认证标志是质量标志，其作用是向消费者传递正确可靠的质量信息。（　　）
4. 世界各国的安全认证都属于强制性认证。（　　）
5. 有关行业标准之间可以重复。（　　）
6. IEC 是国际标准化组织。（　　）
7. 认证标志一般按有关的法律规定进行注册，并受法律保护，防止被人冒用。
（　　）

三、选择题

1. 方圆认证中心属于（　　）认证机构。
   A. 第一方　　　　B. 第二方　　　　C. 第三方　　　　D. 第四方
2. 产品标准是一种（　　）标准。
   A. 基础　　　　　B. 技术　　　　　C. 管理　　　　　D. 工作
3. 食品卫生相关标准应该是（　　）标准。
   A. 强制性　　　　B. 推荐性　　　　C. 指导性　　　　D. 引入性
4. 我国的商品标准划分为（　　）。
   A. 地方标准　　　B. 国家标准　　　C. 行业标准　　　D. 企业标准
5. 在国际贸易中与标准化和认证有关的贸易壁垒是（　　）。
   A. 关税壁垒　　　B. 贸易技术壁垒　C. 贸易经济壁垒　D. 类关税壁垒
6. QB/T 3856—2007 是（　　）代号。
   A. 推荐性国家标准　B. 推荐性行业标准　C. 企业标准　D. 地方标准
7. 对已有产品国家标准的企业，鼓励制定（　　）国家标准的企业标准。
   A. 参照　　　　　B. 等同　　　　　C. 低于　　　　　D. 高于
8. 采用国际标准时若主要技术内容相同，技术上只有很小差异的是（　　）。
   A. 等同采用　　　B. 等效采用　　　C. 参照采用　　　D. 非等效采用

四、简答题

1. 什么是标准，标准有哪些种类？
2. 我国的标准分为哪几个级别？
3. 商品标准主要包括哪些内容？

4. 什么是国际标准？什么是国际先进标准？

5. 标准为什么要适时进行修订？

五、实训题

1. 教师指定 1~2 种机电商品，要求学生通过查找标准了解这些商品在质量、包装、存储等方面的要求。

2. 到商店考察商品标准，并写出各级标准的标准号和相应的商品。

第4章 商品分类与编码

知识目标

了解商品分类的概念和常用分类标志,掌握商品分类和商品编码的方法。了解常见的商品目录及分类体系以及商业企业经营中商品分类方法,熟悉常见的商品分类和企业的商品结构特点

技能目标

能够按照商品的分类体系,正确区分商品的类别

能力目标

能够掌握商品代码的编制方法,能破译商品的条码

课程导入案例

华联超市商品分类

华联超市经营的商品种类可以达到上万种,如何对这些商品进行管理,既适应陈列及顾客购买的需要,又能提高企业管理效率,这就需要超市对其经营的商品进行细致的分类编组,他们对所经营的商品分类编组如下:

第一大类:冷冻食品类

具体包括以下商品:冷冻家禽、冷冻肉类、冷冻水产品、速冻蔬菜、冷冻制品、熟肉制品、冷饮等。

第二大类:饮料食品类

具体包括以下商品:碳酸饮料、果汁、茶饮料、饮用水、纯奶、奶制品饮料、其他饮料、咖啡类、麦片、胶囊、片类、冲剂、酸奶、其他饮料补品等。

第三大类:糖果糕点类

具体包括以下商品:奶糖、夹心糖、礼盒装糖果、巧克力、果冻、布丁、饼干、夹心饼干、巧克力饼干、膨化食品、薯片、锅巴、微波食品、中式糕点、西式糕点、蛋糕、面包、汉堡、奶油、黄油、自产糕点等。

第四大类:炒货蜜饯类

具体包括以下商品：香瓜子、葵花子、开心果、杏仁、豆子、果仁、松子、榛子、核桃、核桃仁、山楂、陈皮、果皮、梅、葡萄干、应子、芒果、水果干、蜜饯类糕饼等。

第五大类：调味品类

具体包括以下商品：盐、糖、酱油、火锅调料底料、味精、鸡精、醋、糟醉料、炝料、蘸料、淀粉、汤羹料、色拉酱、花生酱、辣酱、麻油、辣油、蚝豉油、沙司、芥末、油等。

第六大类：烟酒茶类

具体包括以下商品：茶叶、白酒、黄酒、啤酒、米酒、葡萄酒、洋酒、果酒、补酒、其他烟、酒、茶类等。

第七大类：软包装食品

具体包括以下商品：肉干类、鱼干类、海苔类、油面筋、肉松、火腿肠、豆腐干、粽子、即食海带、海蜇、肫、其他软包装食品等。

第八大类：酱菜罐头类

具体包括以下商品：酱菜类、果酱、果泥、八宝粥、腐乳、肉制罐头、糟醉食品、猫狗粮、水果罐头、素制罐头、零称酱菜、其他罐头类等。

第九大类：南北货腌腊制品

具体包括以下商品：桂圆、枣类、枸杞、木耳、银耳、菇类、笋类、莲心、百合、虾皮类、鱼制品类、豆类、仁类、海蜇、海带、紫菜、其他南北货、散装南北货、咸蛋、皮蛋、腌腊制品、散装腌腊制品、其他腌腊制品等。

第十大类：洗涤、化妆类

具体包括以下商品：洗衣粉、洗衣液、柔顺剂、专用衣物洗涤剂、洗洁精、消毒液、玻璃清洁剂、厨房清洁剂、浴室清洁剂、地面（板）清洁剂、多用途清洁剂、洁厕用品、家具护理剂（蜡）、皮革护理剂（蜡）、地板蜡、鞋面护理用品、空气清香剂、固体空气清香剂、防霉防蛀用品、蚊香及辅助用品、灭虫、杀虫剂、灭虫、害片（固体）、洗发露、洗发膏、护发用品、发型定型用品、染发、局油剂、浴露、洗衣皂、香皂、特殊用途皂、洗手液、脸部清洁用品、化妆水、润肤霜、润肤露、润肤膏、润肤蜜、润肤油（包括甘油等）、防晒用品、护手（足）霜、花露水（防蚊水）、爽身粉、护理卫生用品、宠物洗涤用品、唇膏、彩装、礼品组合装、其他洗涤化妆类等。

零售企业商品的合理分类，提高了企业管理效率，方便顾客购买。

4.1 商品分类的意义和原则

4.1.1 商品分类的概念与意义

4.1.1.1 商品分类的概念

商品、材料、物质、现象乃至抽象概念等都是概括一定范围的集合总体。任何集合总体都可以根据一定的标志逐次归纳为若干范围较小的单元（局部集合体），直至划分为最小的单元。这种将集合总体科学地、系统地逐次划分的过程称为分类。分类具有普遍性，凡有物、有人、有一定管理职能的地方都存在分类。分类是我们认识事物、区分事物的重要方法。科学的分类，可以把看来杂乱无章的事物条理化，使人们更好地认识世界和改造世界。

商品是一个集合概念,它是由数以万计的具体商品品种集合而成的总体。所谓商品分类(classification of goods),就是根据商品的属性或特征,按照一定的原则和方法,将商品总体进行区分和归类,并建立起一定的分类系统和排列顺序,以满足某种需要。或者说,商品分类是为了一定目的,选择适当的分类标志或特征,将商品集合总体逐级划分为一系列不同的大类、中类、小类、品类、品种、细目直至最小单元,并在此基础上进行系统编排,形成一个有层次的逐级展开的商品分类体系的过程,如表4-1所示。

表4-1 商品分类的类目及应用实例

商品类目名称	应用举例	
商品大类	食品	日用工业品
商品中类	食粮	家用化学品
商品小类	乳和乳制品	洗涤用品
商品品类或品目	奶	肥皂、洗涤剂
商品种类	牛奶	香皂
商品品种	全脂饮用牛奶	硫磺香皂

商品的大类一般根据商品生产和流通领域的行业来划分,既要与生产行业对口,又要与流通组织相适应。商品中类或小类,一般按中、小行业或"专业"来划分。商品品类或品目是具有若干共同性质或特征的多个商品品种的总称。商品的品种指具体商品的名称。商品细目是对商品品种的详尽区分,包括商品的规格、花色、质量等级,可以更具体地反映出商品的特征。

不同国家、不同历史阶段,商品所概括的范围并不完全相同,因此商品分类的层次并不统一。由于各部门对商品进行分类的目的不同,因而商品分类的方法也是多种多样的。

4.1.1.2 商品分类的意义

商品分类既是商品学的重要研究内容,又是商品经营管理的一种手段。随着科学技术的进步和商品生产与交换的不断发展,商品种类日趋增多,商品分类的意义越来越大。

1. 商品的科学分类是实施管理活动以及实现管理现代化的基础

商品的种类繁多、特征多样、价值不等、用途各异,只有将商品进行科学的分类,从生产领域到流通领域的各种计划、统计、核算、税收、物价、采购、运输、仓储、销售等管理活动才能顺利进行,商品统计数据才具有实用价值。

在国际贸易业务中,不同的商品类别,其关税的规定也不同。进出口商品分类的科学性与换汇和税收的关系很大。电子计算机在商品经济管理中的广泛应用,为商品的科学分类、编码提出了更高的要求。目前,在一些发达国家的贸易往来中,都利用了计算机和商品信息系统查询商品的性能、生产国别、厂商、价格、货源量、存放地点、贸易资料等商品信息,以实现商品信息流和物流管理的现代化。在超级市场,对商品进行自动计价结算和盘结,也是依靠科学的商品分类、编码以及商品分类编码管理系统来实现的。因此,商品的科学分类为实现经济管理现代化奠定了基础。

2. 商品的科学分类有利于开展商品研究与教学

由于商品品种繁多、特征及性能各异，它们对包装、运输、储存的要求也各不相同，只有通过对商品的科学分类．将研究对象从个别商品特征归结、综合为某类商品的类别特征，才能深入分析和了解商品的性质和使用性能，全面分析和评价商品质量以及研究商品质量的变化规律，从而有助于商品质量的改进和提高，有利于商品检验、包装、运输、保管和科学养护以及加强流通领域的商品质量保证和防止商品损失损耗。通过商品的科学分类，还有利于对商品品种和品种结构进行研究，从而为商品品种发展和新型商品的开发提供科学的依据。

3. 商品的科学分类有利于标准化实施，也是制定商品标准的依据

通过科学的商品分类，可使商品的名称、类别统一化、标准化，从而可避免同一商品在生产和流通领域的不同部门由于商品名称不统一而造成的困难，便于安排生产和流通，并有利于发展国际贸易以及提高经济管理水平和经济效益。制定各种商品标准时，必须明确商品的分类方法、商品的质量指标和对各类商品的具体要求等，所有这些都应建立在商品科学分类的基础上。

4. 商品的科学分类便于消费者和用户选购商品

在销售环节中，通过科学的商品分类和编制商品目录，能有序地安排好市场供给，合理地安排货架分区和商品摆放，正确地引导消费者识别和挑选，从而方便消费者和用户对商品的选购。

【案例分析】

上海一家零售业巨头抢滩安徽某中等城市，开设分店已3年多时间，生意做得很是红火。分店占据该市步行街繁华地段一座楼宇的一、二、三层，有一点Shopping Mall的味道，底层是休息、餐饮区，二、三层设超市。不要小看超市这两层楼面的经营面积，商品却很齐全，衣、食、住、行、用样样齐全。但耐人寻味的地方不在于超市经营的商品品种是否多，而是在进口和出口的设置上：两层楼面营业区只在二楼设置多个入口，而三楼不设入口，与二楼共用入口，二楼三楼营业区又各自拥有出口。三楼为什么没有自己的入口呢？三楼不需要入口吗？答案在哪里？答案就在商品分类。人们日日必需、时时要消费的各种生活必需品包括日化用品、生鲜食品尽在三楼，而服装、书籍、玩具、音像、家电类等人们购买频数较低的耐用消费品在二楼。人们要上三楼购物，二楼是必经之路。既琳琅满目又陈列有序的商品似乎总在提醒到三楼的顾客"不要脚步匆匆，顺便把我带回去吧！"陪同购物的顾客也大多会在二楼自然而然分流，或去看书，或去玩具陈列处徜徉流连。

问题：这个商场的商品分类，对你有何启迪？

4.1.2 商品分类的原则

商品分类的原则是建立科学商品分类体系的重要依据。为了使商品分类能满足特定的目的和需要，在商品分类时必须遵循以下原则：

（1）必须明确要分类的商品集合体的范围。不同国家、不同历史阶段，由于商品的升级换代，新产品的不断涌现和其他各方面的原因，商品集合体所包括的范围不完全相同。不同行业、不同部门所管理的商品范围也有区别（如内贸和外贸部门商品的范围的不同）。因此在进行商品分类时，首先必须明确拟分类的商品集合体所包括的范围。

（2）必须有明确的商品分类目的。由于各行业、各部门进行商品分类的目的和要求不同，商品分类体系也是多种多样的，不同的商品分类体系有各自特定的分类目的。因此，对商品进行分类时必须明确商品分类的目的。

（3）必须选择适当的分类标志。对商品进行分类时，选择分类标志至关重要。只有分类标志能够满足分类的目的和要求，才能保证分类清楚，具有科学性和系统性。商品的自然属性特征和社会经济属性特征均可作为商品分类的标志。为了保证分类的唯一性和稳定性，必须选择最稳定的本质特征作为分类标志。

4.2 商品分类标志及常见的分类方法

4.2.1 选择分类标志的基本原则

分类标志是编制商品分类体系和商品目录的重要依据和基准。对商品进行分类，可选择的标志很多，在选择分类标志时应遵循以下基本原则：

（1）目的性。必须明确分类的目的和要求，这是商品分类的关键问题。

（2）区分性。必须从本质上把不同类别的商品能明显地区分开，保证分类清楚。

（3）适应性。能划分规定范围内所有的商品，并为不断补充新商品留有余地。

（4）唯一性。在同一类别范围内只能采用一种分类标志，不能同时采用两种或多种分类标志，分类后的每个商品品种（或类组）只能出现在一个类别里。

（5）简便性。必须使商品分类在实际运用中具有易行性，有利于采用数字编码和运用电子电脑进行处理。

4.2.2 常用的商品分类的标志

商品分类的标志按其适用性可分为普遍适用的分类标志和局部适用的分类标志。普遍适用的分类标志是指所有商品种类共存的特征、性质、功能等，例如，所有的商品都有一定的物理形态；都可以按一定的大小比例（尺寸或体积）来划分；都有地理上的原产地，都要经过一定程度上的运输，许多商品还要进行储存；都可按其物质结构和加工程度来区分；在自然界和经济领域循环过程中都占有一定的地位；都由一定的原材料和按一定的工艺方法制成；都可按一定的方法和规定提供给有关的经济部门；都有一种特定的用途和使用方法等。这些分类标志常用作划分商品的大类、中类、小类和品类等高层次类目的分类标志。局部适用的分类标志是指部分商品共有的特征，故也称为特殊分类标志，如化学组成、包装形式、颜色、形状、加工特点、保存方法、收获季节等。这些分类标志概念清楚，特征具体，容易区分，常用于某些商品种类、商品品种以及规格、花色、质量等级、型号等细目的划分。

商品的分类标志很多，很难提出一种对所有商品类目直至品种和质量等级都适用的分类标志，往往在一个分类体系中采用几种分类标志，每一个层次中采用一个适宜的分类标志。下面介绍通常采用的商品分类标志。

（1）以商品的用途作为分类标志。商品的用途是体现商品使用价值的重要标志，也是探讨商品质量和商品品种的重要依据。以商品用途作为分类标志，不仅适合于对商品大类的划分，也适合于对商品类别、品种的进一步详细划分。按商品用途分类，在实际工作中应用最广泛，如现行商品大类划分为生产资料商品和生活资料商品；在生活资料商品中，按吃、穿、用等用途的不同分为食品、衣着用品、日用品、文化用品、家用电器等类别；日用品商品按不同用途又可分为器皿类、玩具类、洗涤用品类、化妆品类；化妆品类则又可以细分，如图4-1所示。按商品用途组成的许多类目名称，如食品、纺织品、医药品、饲料、家庭用品、玩具、文化用品、交通工具、机械等，都已成为固定下来的专门词汇。

以商品的用途作为分类标志，便于分析和比较同一商品的质量和性能，有利于生产企业改进和提高商品质量，开发新的商品品种，生产适销对路的商品；也有利于商品流通企业组织商品流通和经营管理；还有利于消费者按需对口选购商品。但是，这种分类标志不适用于多用途的商品类别划分。

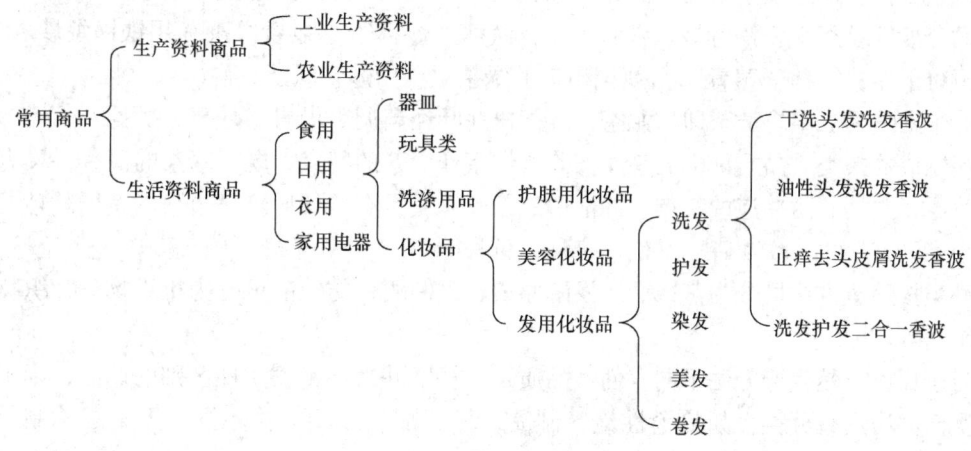

图4-1 商品用途分类

（2）以商品的原材料作为分类标志。商品的原材料是决定商品质量、使用性能和特征的重要因素。由于原材料不同，可使商品具有截然不同的特性和特征，并反映在商品的化学成分、性能、加工、包装、使用条件要求不同上。例如，食品按原料来源可划分为植物性食品、动物性食品和矿物性食品，它们的化学成分和营养价值则有明显的差别。纺织品按原料不同，分为天然纤维织物和化学纤维织物。天然纤维织物又可分为棉织品、毛织品、丝织品和麻织品；化学纤维织物可分为黏胶织品、涤纶织品、腈纶织品等。

以原材料作为分类标志的特点是分类清楚，能从本质上反映出每类商品的性能、特点、使用与保管要求，尤其是对原材料来源较多且性能受其影响较大的商品进行分类比较适用，但是对于由两种或两种以上不同的原材料生产的商品，则不适宜采用此种分类标志，如电视机、电冰箱、小汽车、洗衣机等。

【小思考4-1】

对纺织品，是否只能以原材料作为分类标志？

（3）以商品的生产加工方法作为分类标志。很多商品，即使采用相同的原材料，由于生产加工方法和加工工艺不同，所形成的商品的质量水平、性能、特征等都有明显差异。

因此，加工方法也是商品分类的重要标志。这种分类标志对那些可以选用多种加工方法制造且质量特征受工艺影响较大的商品更为适用，它能够直接说明商品的质量特征和风格。如茶叶按生产方法不同，分为全发酵茶（红茶）、半发酵茶（乌龙茶）、不发酵茶（绿茶）等。

①发酵茶。发酵茶是茶树芽叶经萎凋、揉捻（或揉切）、发酵和干燥等初制工序制成毛茶后，再经精制制成的茶类。其成品茶的干茶颜色乌黑或红褐，汤色及叶底均呈红色，故俗称红茶。红茶又因初制工序的不同分为工夫红茶（按中国红茶传统制造方法进行萎凋、揉捻、发酵、干燥等初制工序制成呈条索状的红茶）、红碎茶（经萎凋、揉切、发酵、干燥等初制工序制成的多数呈颗粒状的红茶）和小种红茶（经萎凋、揉捻、发酵，再用松木烟熏干，带有特殊香气的红茶），其中红碎茶是国际贸易的主要对象。

②不发酵茶。不发酵茶是茶树茶叶经杀青、揉捻和干燥等初制工序制成毛茶后，再经精制而成的茶类。成品茶干茶颜色灰绿、乌绿或青翠碧绿，汤色及叶底呈绿色，故俗称绿茶。绿茶因在制造过程中不经发酵，从而保持了绿色特征。因初制工序采用的方法不同，绿茶又分炒青绿茶（铁锅翻炒杀青和干燥，简称"炒青"）、烘青绿茶（用铁锅翻炒杀青，用烘干机干燥，简称"蒸青"）。我国出口的绿茶主要为炒青绿茶。

③半发酵茶。半发酵茶即乌龙茶，是茶树芽叶经萎凋、做青、炒青、揉捻、干燥等初制工序制成的茶类。品质优良的乌龙茶兼具红茶和绿茶的特点，既有绿茶的清芬，又有红茶的醇厚，并具有耐冲泡的特点，冲泡后的茶叶叶底具有"绿叶红镶边"的特征。乌龙茶品种很多，有乌龙、铁观音、水仙、奇种、色种等。

酒类按酿造方法可分为蒸馏酒、发酵原酒、配制酒；纺织品可分为机织物、针织物和无纺织物等。

对于那些虽然生产方法不同，而产品质量、特征并未产生实质性区别的商品，则不宜采用生产方法进行分类。如热塑性塑料制品，尽管加工成型方法不同，无论是吹制、注射、挤出还是热挤冷压或压铸成型等方法所制得的制品，其质量和基本性能并未产生实质性差别，因此，就不宜用加工方法为标志进行分类。

(4) 以商品的化学成分作为分类标志。很多商品的性能、质量都取决于它们的化学成分。通常单一化学成分的商品极少，大多数是多种成分的混合物。构成商品的成分有主要成分和辅助成分之分，很多情况下，决定商品性质的是主要化学成分，分类时应以主要成分为标志。有些商品的主要化学成分虽然相同，但是由于含有不同的特殊成分，可形成质量、性能和用途完全不同的商品，此时，商品的特殊成分也可以作为分类标志。例如，塑料商品可按其主要成分——合成树脂的种类不同分为聚乙烯、聚丙烯、聚苯乙烯、有机玻璃（聚甲基丙烯甲脂）、赛璐珞（硝酸纤维素）、酚醛、脲醛、密胺（三聚氰胺—甲脂）等；而玻璃则按其所含的特殊化学成分分为钠玻璃、钾玻璃、铅玻璃、硼硅玻璃和铝硅玻璃等；碳素钢则按含碳量的不同，分为低碳钢、中碳钢、高碳钢；化妆品、药物牙膏等也是按其特殊化学成分进行分类的。

按化学成分进行商品分类，能够更深入地分析商品特性，对研究商品的加工、包装、使用以及商品在储运过程中的质量变化有重大意义。化学成分已知且对商品性能影响较大的商品宜采用这种分类标志进行分类，但对于化学成分比较复杂或易发生变化以及对商品性能影响不大的商品，则不适宜采用这种分类标志。

(5) 以商品的外观形态作为分类标志。商品的外观形态包括形状、色泽和表面组织结构等几个方面。许多商品的外观形态能反映其品质特征，而且有些商品的外形还是决定商品用途的重要因素，因此以外观形态为标志，就成为这些商品的主要分类依据。例如，小麦按其麦粒颜色可分为白小麦、红小麦和花小麦：①白小麦的粒色为白色、乳白色或黄白色，磨制的面粉颜色洁白，出粉率高；②红小麦的粒色为深红色或红褐色，磨制的面粉颜色较差，出粉率低；③花小麦是白小麦和红小麦的混合品，又称混合小麦。

(6) 以商品的性质作为分类标志。许多商品的性质与商品的品质特征、用途（或效用）以及储运要求等有密切关系，商品的性质可以作为判断商品品质优劣的质量指标。同样，以商品的性质作为分类标志，可以将商品进行恰当的分类。例如，小麦按粒质软硬分为硬小麦和软小麦。硬小麦的麦粒横截面呈玻璃状透明，含有较多的蛋白质，面团韧性强，是磨制强力面粉的良好原料。软小麦麦粒横断面呈粉状，质地松软，淀粉含量高，总体品质不如硬麦粉，适合制作饼干、糕点等。

(7) 以商品的生产季节作为分类标志。某些农产品和畜产品由于生产季节不同，品质也有所区别，所以可以按照生产季节的不同来进行分类。例如，羊毛按生产季节不同分为春毛、秋毛和伏毛。春毛是春天剪取的羊毛，底绒多、毛质细、油汗多、品质较优。秋毛是秋季剪取的羊毛，毛短、无底绒，光泽较好。伏毛是夏天剪取的羊毛，毛短，品质差。

(8) 以商品的产地作为分类标志。某些商品由于生产地区的自然气候条件、原料质量、培育方式的不同，而使同类产品往往具有不同的品质特征。因此，产地也就成为一些商品的分类标志。例如，工夫红茶习惯上以产地命名，如祁红、滇红、闽红、宜红、川红、宁红、湖红等。我国所产的珍眉绿茶习惯上亦以产地命名，如屯绿、婺绿、遂绿、舒绿、温绿、湘绿、杭绿等。

除了以上常用的商品分类标志外，还有一些其他的分类标志，如：
①按商品的使用期长短，分为耐用性商品和易耗性商品。
②按市场范围，分为地方商品、内销商品、外销商品。
③按商业政策，分为国家指令性商品、国家指导性商品、放开计划管理商品。
④按商品的加工程度，分为原料、半成品、成品等。
⑤按商品生产季节，分为春、夏、秋、冬季商品。
⑥按商品的品质分类，如大米分为籼米、粳米和糯米三类。
⑦按商品的外形分类，如窗用平板玻璃分为普通平板玻璃、磨砂玻璃、压花玻璃、夹丝玻璃、夹层玻璃和钢化玻璃等。

4.2.3 常用的商品分类方法

1. 线分类法及线分类体系

按线分类法所建立起的体系即为线分类体系。图4-2就是一个线分类体系示例。线分类法也称层级分类法，它是将拟分类的商品集合总体，按选定的属性或特征作为划分基准或分类标志，逐次地分成相应的若干个层级类目，并编制成一个有层级的、逐级展开的分类体系。线分类体系的一般表现形式是大类、中类、小类等级别不同的类目逐级展开，如图4-2所示。这个体系中，各层级所选用的标志可以不同，各个类目之间构成并列或隶属关系。

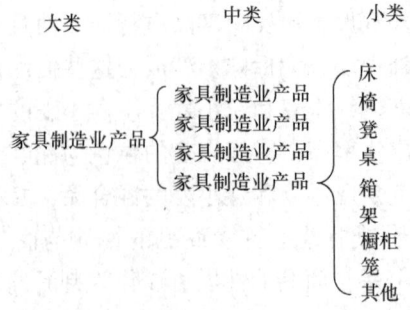

图4-2 线分类体系示例

在选用线分类方法时,一般应遵循下列基本原则:

(1) 在线分类中,由某一上位类类目划分出的下位类类目的总范围应与上位类类目范围相同。

(2) 当一个上位类类目划分成若干个下位类类目时,应选择一个划分标志。

(3) 同位类类目之间不交叉、不重复,并只对应于一个上位类。

(4) 分类要依次进行,不应有空层或加层。

线分类法是商品分类中常采用的方法。线分类体系的主要优点是:层次性好,能较好地反映类目之间的逻辑关系;符合传统应用习惯,既适合于手工处理,又便于计算机处理,但线分类体系也存在着分类结构弹性差的缺点。

2. 面分类法及面分类体系

按面分类法所建立起来的分类体系即为面分类体系。面分类法又称平行分类法,它是把拟分类的商品集合总体,根据其本身固有的属性或特征,分成相互之间没有隶属关系的面,每个面都包含一组类目。将每个面中的一种类目与另一个面中的一种类目组合在一起,即组成一个复合类目。

服装的分类就是按面分类法组配的。把服装用的面料、式样和款式分为3个互相之间没有隶属关系的"面",每个"面"又分成若干个类目。如表4-2所示,标出不同范畴的独立类目,使用时将有关类目组配起来,便成为一个复合类目,如纯毛男式中山装、中长纤维女式西装等。

表4-2 面分类体系应用示例

面料	式样	款式
纯棉	男式	中山装
纯毛	女式	西装
涤棉		猎装
毛涤		茄克
中长纤维		连衣裙

目前,在实际运用中,一般把面分类法作为线分类法的补充。

面分类法所建立起的分类体系结构弹性好,可以较大量地扩充新类目,不必预先确定好最后的分组，适用于计算机管理。它的缺点是组配结构太复杂，不便于手工处理，其容量也不能充分利用。我国在编制《全国工农业产品（商品、物资）分类与代码》国家标准时，采用的是线分类法和面分类法相结合、以线分类法为主的综合分类法。

4.3 商品目录与商品编码

4.3.1 商品目录

（1）商品目录的概念。商品目录是指国家或部门根据商品分类的要求，把全部有关商品按统一的标志进行定组分类后列成的商品名称一览表。

商品目录是以商品分类为依据，因此也称商品分类目录或商品分类集。商品目录是在商品逐级分类的基础上，用表格、符号和文字全面记录商品分类体系和编排顺序的书本式工具。所以从其内容结构分析，商品目录一般是商品名称、商品代码、商品分类体系3个方面信息的有机结合；从其表现形式分析，商品目录是在商品分类和编码基础上，用表格、文字、数码等全面记录和反映相关商品集合总体综合信息的文件。

在编制商品目录时，国家或部门都是按照一定的目的，首先将商品按一定的标志进行定组分类，再逐次制定和编排。也就是说，没有商品分类就不可能有商品目录，只有在商品科学分类的基础上，才能编制层次分明、科学、系统、标准的商品目录。商品目录的编制就是商品分类的具体体现，商品目录是实现商品管理科学化、现代化的前提；是商品生产、经营、管理、流通的重要手段。

（2）商品目录的种类。由于编制目的和作用不同，因此商品目录的种类很多。如按商品用途不同编制的目录有食品商品目录、纺织品商品目录、家电商品目录、化工原料商品目录等；按管理权限不同编制的目录有一类商品目录、二类商品目录、三类商品目录；按适用范围不同编制的目录有国际商品目录、国家商品目录、行业（部门）商品目录、企业商品目录等；按其业务性质商品目录可分为外贸商品目录、海关统计商品目录、内贸商品目录和企业商品目录等。

1）国际商品目录。国际商品目录是指由国际上有权威的各国际组织或地区性集团编制的商品目录，如联合国编制的《国际贸易标准分类目录》、国际关税合作委员会编制的《商品、关税率分类目录》、海关合作理事会编制的《海关合作理事会商品分类目录》和《商品分类及编码协调制度》等。

2）国家商品目录。国家商品目录是指由国家指定专门机构编制，在国民经济各部门、各地区进行计划、统计、财务、税收、物价、核算等工作时必须一致遵守的全国性统一商品目录，如由国务院批准原国家标准局发布的《全国工农业产品（商品、物资）分类与代码》等。

3）部门商品目录。部门商品目录是指由行业主管部门即国务院直属各部委或局根据本部门业务工作需要所编制并发布的仅在本部门、本行业统一使用的商品目录，如国家统计局编制发布的《综合统计商品目录》、原商业部编制发布的《商业行业商品分类与代码》等。部门商品目录的编制原则应与国家商品目录保持一致。

4）企业商品目录。企业商品目录是指由企业在兼顾国家和部门商品目录分类原则基础上，为充分满足本企业工作需要，而对本企业生产或经营的商品所编制的商品目录。企业商品目录的编制，必须符合国家和部门商品目录的分类原则，并在此基础上结合本企业的业务需要，进行适当的归并、细分和补充。如营业柜组经营商品目录、仓库保管目录等，都具有分类类别少、对品种划分更详细的特点。

上述四种商品目录之间，存在着极其密切的关系。国家商品目录要与国际商品目录相协调；部门或企业、单位编制的商品目录既要符合国家商品目录提出的分类原则，又要满足本部门或企业、本单位的需要。因此，一般来说，部门或企业单位商品目录常比国家商品目录包括的商品类型少，但品种的划分更细。

4.3.2 商品编码

商品编码又称商品代码，是指以某种代表符号表示某种或某类商品，符号可以是字母、数字和特殊标记及其组合。

商品分类和商品编码是密切相关的，商品分类是建立商品分类体系和编制商品目录的基础，是商品编码的前提，而商品编码是商品分类体系和商品目录的一个重要组成部分。商品编码是否科学得当直接影响商品分类体系的实用价值。

商品编码可使商品分类体系中名目繁多的商品便于记忆，简化手续，提高工作效率和可靠性，也为计算机自动处理商品信息提供可能。

标准化的商品编码，可以提高商品分类体系的概括性、科学性，有利于商品分类体系的通用化、标准化，为利用计算机对商品信息流和物流进行现代化管理奠定了基础。目前，一些发达国家已经建立了统一的商品分类编码系统，通过计算机实行科学的管理，生产、流通、消费等各个环节可以共享数据库，有效避免了各环节的重复和浪费，提高了物流效率，加速了资金周转，取得了显著的经济效益。

4.3.2.1 商品编码的原则

为保证商品编码的标准化，建立统一的商品分类编码系统，商品编码时应遵循以下原则：

（1）唯一性。每一个编码只能对应于一个编码对象，这种一一对应的关系是编制任何商品目录必须遵守的。

（2）简明性。编制的商品代码应简单、易记、易校验。

（3）系统性。编制的商品代码应能清楚地反映出分类体系的层次结构，体现各种商品之间的逻辑关系，清楚反映出商品在分类体系中的位置。

（4）扩容性。编码结构应留有足够的后备码位，需要增加新类目或删减类目时无需破坏编码结构。

（5）稳定性。编制完成的商品代码应在一定时期内保持稳定，不要轻易变更。

（6）协调性。编制的商品编码应与国家商品分类编码和国际通用商品编码相协调，以利于实现商品信息的交流和信息共享。

4.3.2.2 商品编码的种类及编码方法

商品编码可以按照不同的分类标志，分成各种类型。

按照编码的用途分类，可以分成三类。

1. 商品分类编码

商品分类编码是全部编码中地位最重要的编码，商品核算、经营分析、统计报表等都需要使用商品分类编码进行处理。

2. 商品销售识别码

商品销售识别码包括条形码、店内码、代用码、联销码等，其共同特点是此类编码不能区分商品的自然属性，不能作为经营统计的分类码。

3. 辅助编码

辅助编码包括供应商编码、地区编码、部门代码、仓库代码、库存批次代码、凭证编码、报表编码及操作权限代码等。此类编码与商品间接相关，但往往与企业的经营管理直接相关。辅助编码有时也称管理代码。

商品编码按其所用的符号类型可以分成四种类型。

1. 数字代码

数字代码是用一个或若干个阿拉伯数字来表示商品的代码。数字代码的特点是结构简单，方便实用，便于计算机处理，是目前国际上普遍采用的一种代码。数字代码的编制方法主要有顺序编码法、层次编码法、平行编码法和混合编码法等多种方法。

（1）顺序编码法。就是按照先后次序，依次给商品目录中的类目编上顺序代码。通常采用等长码，即每个代码的数列长度完全一致。这种编码法比较简单，适用于容量不大的编码对象。在编码时可以按照需要，在每个系列留有空位作为后备编码，以便随时增减项目。

（2）层次编码法。就是按照商品分类体系的层级顺序，分别编制对应的数字代码。层次编码法主要对应于线分类法。如中国国家标准 GB 7685—1987《全国工农业产品（商品、物资）分类与代码》就是采用了层次编码法，其整个编码结构分为 4 个层次，由 8 位数字代码组成，从左到右依次是：第一、第二位代码代表商品大类类目，第三、第四位代码代表商品中类类目，第五、第六位代码代表商品小类类目，第七、第八位代码代表商品品种，整个编码结构反映了分类层次的逻辑关系。层次编码法的优点是代码简单但逻辑性强，能准确地反映出编码对象的属性及其相互关系，也便于计算机处理数据，缺点是结构弹性差，为延长编码的使用寿命往往要延长代码的长度，预先留出相当数量的备用码，从而出现代码冗余，因此这种编码方法适用于编码对象变化不大的分类体系。

示例：《全国工业产品（商品、物资）分类与代码》中代码为 01011005 的商品是春小麦。

（3）平行编码法。这是用于面分类法的编码方法，就是每一个分类面确定一定数量的码位，按照各个面的组合产生商品的编码。与层次编码法不同的是平行编码法编制的代码，其各组数列之间的关系是并列平行关系。平行编码法的优点是编码结构有较好的弹性，可以比较简单地增加分类面的数目，必要时还可以更换个别类面，可用全部代码，也可用部分代码，便于计算机处理，适合多种途径检索；缺点是代码过长，冗余度大。

（4）混合编码法。就是层次编码法和平行编码法的合成。混合编码法即把编码对象的各种属性或特征分列出来，某些属性或特征用层次编码法表示，其余的属性和特征则用平行编码法表示。在实践中,编码法和分类法一样,通常不单独使用,这样可以兼取两者的优点,效果往往更加理想。

2. 字母代码

字母代码是用一个或若干个字母来表示编码对象的代码。字母代码可以采用各种字母,最常用的是英文字母,在有些国家也有用拉丁字母和希腊字母的。用英文字母对商品进行分类编码时,应按照字母表的顺序进行,通常用大写字母表示大类,用小写字母表示其他类目。字母代码便于识别和记忆,符合消费者的使用习惯,但不便于计算机处理,由于字母表中的字母有限,当编码对象数量较多时常出现重复现象。因此,字母代码只适用于编码对象数量较少的分类体系,所以,在商品分类编码中很少单独使用。

3. 混合代码

混合代码是由数字和字母混合而成的代码,它兼有数字代码和字母代码的优点,结构严密,具有良好的直观性,符合使用上的习惯。但由于代码组成形式复杂,不利于计算机处理,因此在商品分类编码中并不常使用这种代码。

4. 条形码

条形码的应用非常广泛,下面单列出来详细说明。

4.4 商品条码

商品条码是一种自动识别技术,已成为商品进入国际市场的"通行证"。在商品上采用条码标志已被各国普遍关注,现已在商品采购、销售、储存和运输等各个环节管理中广泛应用。

4.4.1 商品条码技术概述

商品条形码简称商品条码(Bar code),是将表示一定信息的字符代码转换成用一组粗细不同、黑白(或彩色)相间的条、空及对应字符按规则组合起来,用以表示一定信息的图形,如图4-3所示。

图4-3 商品条码实例

商品条码由条码符号、字符代码和空白区三部分组成。条码符号又由安全区、起始区、终止区、信息段和检验区构成。

商品条码的安全区没有任何的印刷符号，通常为白色或原来的背底色，用于提示扫描阅读器准备扫描商品条码；起始区通常为特殊的条码符号，表示标志条码的开始；终止区为条码的末端符号，用于标志条码结束；信息段是表示一定信息的条码，具有一定的编码结构；检验区用来检验信息段条码是否正确，以保证扫描输入的可靠性。

商品条码采用条码符号表示信息，条、空颜色不同，对光线形成不同反射率而产生较大的反差，扫描器用光来扫读条码符号，将光信号转换为电信号，然后由译码器将获得的电信号译成相应的数据代码输入电脑，电脑就会确定出商品的代码、名称、品种和制造厂商等信息。采用这种方法准确度高，错误率仅为三百万分之一；输入速度快，是键盘输入速度的20倍；灵活实用，可自动扫描识别，也可手工键盘输入；易于制作，对印刷技术、设备和材料无特殊要求；经济便宜。识读设备及印刷价格比较便宜。

鉴于以上诸多优点，条码技术被广泛地应用于商业、图书管理、仓储、邮电和工业生产过程控制等领域。

4.4.2 商品条码的产生与发展

条码的研究开始于20世纪初期，1973年美国统一代码委员会选定了IBM公司提出的条码系统，并将它作为北美地区的通用产品代码，简称UPC条码。其后，英国、联邦德国、法国等欧洲12国开发出与UPC条码兼容的欧洲物品编码系统，简称EAN条码，又称国际物品编码。

我国条码研究始于20世纪70年代。到80年代末，条码已应用于一些领域。1988年，中国物品编码中心正式成立。我国于1991年加入国际物品编码协会。同年，我国发布了《通过商品条码》等五项条码国家标准。这些条码标准，既填补了我国标准的空白，又说明我国条码技术已走上标准化道路。目前，我国在多种商品内、外包装和图书刊物上已广泛印有条码标志，在零售业和储运部门也将逐步扩大条码自动售货和现代化仓库管理的范围，不断提高条码技术和条码管理水平。

4.4.3 使用商品条码的益处

在经济全球化、信息网络化、生活国际化、文化本土化的资讯社会到来之时，起源于20世纪40年代、研究于60年代、应用于70年代、普及于80年代的条码与条码技术及各种应用系统，引起世界流通领域里的大变革正风靡世界。条码作为一种可印制的计算机语言，未来学家称之为"计算机文化"。

（1）条码标志是商品进入国际市场参与竞争的"身份证"。在国际市场，给商品打上条码早已成为一种惯例。过去我国许多商品尽管是名特优产品，由于没有条码标记，外销时不能进入超级市场，只能屈身在地摊或三四流的商店出售。而有的外商压价收购后改换包装，打上条码，转手就赢得巨额利润，不仅造成我国的经济损失，还影响我国商品的形象和声誉。近几年来，我国越来越多的商品已采用条码，提高了商品在国际市场上的竞争能力。

【例4-1】101章光毛发再生精的发明者20世纪80年代中期去日本考察，发现享有盛誉的章光101产品只能陈列在货架的最底层，且价格很便宜。

【例4-2】1990年7月,香港商人正式向我国粮油进出口公司提出:从1991年1月1日起,凡进港的货物必须采用国际通用的条码标志(EAN、UPC),否则不得进港。为此我国才开始以出口商品为龙头,推进了我国条码工作的开展。

(2) 实现商品销售自动管理。通过POS系统(销售点管理系统),即商场现金收款机作为终端机与计算机相连,当带有条码的商品通过结算台扫描时,商品条码表示的信息被录入计算机,计算机从数据库文件中查寻到该商品的名称、价格等,并经过数据处理,打印出收据。这样,条码的应用,就为商品的产、供、销的信息沟通和信息交换提供了统一的标志和畅通的渠道,不仅可以实现对商品的分类与集散管理、销售、运输、订货和盘存等自动化管理,而且通过产、供、销信息系统,可以准确、及时地获得所需要的商品信息、物流信息和商流信息。

1)对制造商,便于收集商品情报,及时了解消费趋势,快速回应消费需求。由于使用统一标签,减少重复作业,节省了成本。库存管理和出货、送货工作效率也得到提高。

2)对批发商,可以迅速、精确地处理订货、送货工作,提高服务质量。库存管理也更准确、详细,防止资金积压。

3)对零售商,可以改善整个零售作业,使人为错误降到最低,并提高结账柜台的效率,节省大量人力,防止柜台人员的舞弊。同时可立即提供财务报告,增加货款结账速度,对消费者提供更好的服务,提高顾客的忠诚度。

4)对从业人员,简化了销售作业流程,作业更快速无误,精神愉快不易疲劳。

5)对顾客,会因POS系统准确、方便、结账透明度高而提高对商品的信誉和购物兴趣,缩短排队时间;不用担心数字往计算机里输入时出错;同时自选商品的销售方式,改善了购物环境。

(3) 实现商品信息的电子数据交换。印刷在商品外包装上的条码,像一条条经济信息纽带将世界各地的生产制造商、出口商、批发商、零售商和顾客有机地联系在一起。这一条条纽带,一经与电子数据交换(EDI)系统相连,便形成多项、多元的信息网,各种商品的相关信息犹如投入了一个无形的永不停息的自动导向传送机构,流向世界各地,活跃在世界商品流通领域。如通过全球条码商品信息交换系统,所有生产商、商店和顾客都可以通过计算机联网,借助于条码,获得商品信息,实现电子数据交换和资源共享,从而实现"无纸贸易"。

目前,条码不仅用于商品流通领域,而且广泛应用于生产自动化管理、图书管理、交通运输、邮政业务、仓库管理、工业生产过程等技术领域,已成为现代化管理不可缺少的信息技术手段。例如:在仓库管理中,货物入库、出库、统计、盘点,采用条码阅读器识别货物条码,输入相应数据和指令,电脑就可打印出相应的单据和报表,效率大大提高,实现了精确盘点。

4.4.4 商品条码的形式与种类

条码的主要应用形式有消费单元的条码标识、物流单元的条码标识、系列运输包装箱标识、图书期刊的条码标识等。其中应用最广的是消费单元的条码标识,即通过超级市场、百货商店等零售渠道直接售给最终用户的商品单元。

目前,国际广泛使用的条码种类有国际物品条码EAN码、通用产品UPC码、Code39

码（可表示数字和字母，在各行业内部管理领域应用最广）、ITE25 码（在物流管理中应用较多）、Codebar 码（多用于医疗、图书领域）、Code128 码等。其中，EAN 码是当今世界上广为使用的商品条码，已成为电子数据交换（EDI）的基础；UPC 码主要为美国和加拿大使用。

（1）EAN 码。EAN 码是国际物品编码协会制定的一种商品用条码，通用于全世界。EAN 码符号有标准版（EAN-13）和缩短版（EAN-8）两种（图4-4、图4-5）。我国的通用商品条码与其等效。日常购买的商品包装上所印的条码一般就是 EAN 码。消费单元的 EAN 码分为标准型和缩短型两种结构。

图4-4 商品条码实例

图4-5 商品条码实例

标准型 EAN-13 的字符结构如表4-3 所示。

表4-3　　　　　　　　　　　EAN-13 条码的字符结构

前缀码	厂商代码	商品项目代码	校验字符
690、691、692	$M_1 M_2 M_3 M_4$	$I_1 I_2 I_3 I_4$	C

①前缀码：用于标识商品来源的国家或地区，由国际物品编码协会总部分配和管理。一个国家或地区只能有一个编码组织作为代表加入该协会。中国（港、澳、台另有编码）分配到的前缀码为 690、691、692 和 693。

表4-4　　　　　　　　　　　EAN-13 成员国（地区）和代码

国别（地区）代码	国家（地区）	国别（地区）代码	国家（地区）
00~09	美国、加拿大等北美国家	750	墨西哥
20~29	北美地区内部备用码	759	委内瑞拉
30~37	法国	76	瑞士
40~43	（前）联邦德国	770	哥伦比亚
440	（前）民主德国	773	乌拉圭
460~469	（前）苏联	775	秘鲁
471	中国台湾省	779	阿根廷

续表

国别（地区）代码	国家（地区）	国别（地区）代码	国家（地区）
489	中国香港	780	智利
49	日本	789	巴西
50	英国、爱尔兰	80~83	意大利
520	希腊	84	西班牙
529	塞浦路斯	859	（前）捷克斯洛伐克
54	比利时、卢森堡	860	（前）南斯拉夫
560	葡萄牙	869	土耳其
569	冰岛	87	荷兰
57	丹麦	880	韩国
599	匈牙利	885	泰国
600~601	南非	888	新加坡
64	芬兰	90~91	奥地利
690~693	中国	93	澳大利亚
70	挪威	94	新西兰
729	以色列	955	马来西亚
73	瑞典	959	巴布亚新几内亚

②厂商代码 $M_1M_2M_3M_4$：由 4 位数字组成，是各国或地区的 EAN 组织分配给其成员国的标识代码。

③商品项目代码 $I_1I_2I_3I_4$：正常由 5 位阿拉伯数字组成，表示商品的特征、属性或项目。取得中国物品编码中心核准的商品条码系统成员资格的企业，按照国家标准的规定，在已获得的厂商识别代码的基础上，自行对本企业的商品项目进行编码，一个厂商有权分配 00 000~99 999 共 10 万个商品代码，即可标识 10 万种商品。

注：目前我国发布的 691、692 系列的厂商代码都为 5 位，即商品项目代码仅有 4 位，主要是考虑国内企业品种一般不会超过 1 万，从而可以有更多的企业登记。

④校验字符：由 1 位数字组成，用于计算机自动校验整个代码录入是否正确，通过一定计算而来（按国际物品编码协会规定的方法计算）。

缩短型 EAN-8 条码的字符结构如表 4-5 所示。

表 4-5　　　　　　　　　　EAN-8 条码的字符结构

前缀码	商品项目代码	校验字符
690、691、692	$I_1I_2I_3I_4$	C

商品项目代码 $I_1I_2I_3I_4$ 代表 4 位阿位伯数字，是用缩短码表示的商品项目代码，统一由中国物品编码中心逐一分配给每个适于采用缩短码的商品项目。

国际物品编码协会规定，只有当标准形式的条码所占面积超过总印刷面积的25%时，使用8位数字的代码才是合理的。缩短码不能直接表示生产厂家，所以商品条码系统成员国只有在不得已时才能使用缩短码。我国商品缩短码的使用也有严格的控制。

（2）UPC码。UPC码是美国统一代码委员会制定的一种商品用代码，主要用于美国和加拿大。目前北美地区大部分商品的扫描系统已更新为同时识读UPC码和EAN码的自动化系统。只有销往北美地区的极少数商品仍需使用UPC条码。常用的UPC消费单元有UPC-A和UPC-E两种。UPC-A代码由12位数字构成，也称为标准版的UPC条码，如表4-6所示。

表4-6

编码系统字符	厂商代码	商品项目代码	校验字符
S	$A_1 A_2 A_3 A_4 A_5$	$A_6 A_7 A_8 A_9 A_{10}$	C

S编码系统字符是一位阿拉伯数字，由统一代码委员会分配给每个会员，用以指示后面10位字符表示的商品类型。如"0"和"7"表示规则包装的商品，"2"表示随机重量的商品，只能作为店内码。

$A_1 A_2 A_3 A_4 A_5$为厂商代码，由UCC分配给每个会员。

$A_6 A_7 A_8 A_9 A_{10}$为商品项目代码，由厂商自行分配。

UPC-E是缩短版的UPC，可视为删除UPC-A中的4个或5个"0"得到的，仅用于印刷面积较小时。

（3）39码。39码是一种可表示数字、字母等信息的条码，主要用于工业、图书及票证的自动化管理，目前使用极为广泛。

（4）库德巴（Codebar）码。库德巴码也可表示数字和字母信息，主要用于医疗卫生、图书情报、物资等领域的自动识别。

除以上列举的一维条码外，20世纪90年代发明了二维条码。二维条码作为一种新的信息存储和传递技术，从诞生之时就受到了国际社会的广泛关注。一维条码所携带的信息量有限，如商品上的条码仅能容纳13位（EAN-13）阿拉伯数字，更多的信息只能依赖商品数据库的支持，离开了预先建立的数据库，这种条码就没有意义了，因此在一定程度上也限制了条码的应用范围。二维条码除了具有一维条码的优点外，同时还有信息量大、可靠性高、保密、防伪性强等优点。

二维条码依靠其庞大的信息携带量，能够把过去使用一维条码时存储于后台数据库中的信息包含在条码中，可以直接通过阅读条码得到相应的信息，并且二维条码还有错误修正技术及防伪功能，增加了数据的安全性。二维条码可把照片、指纹编制于其中，可有效地解决证件的可机读和防伪问题。因此，可广泛应用于护照、身份证、行车证、军人证、健康证、保险卡等，许多国家已在身份证或驾驶证上采用了二维条码。在我国部分地区注册会计师证和汽车销售及售后服务等方面，二维条码也得到了初步的应用。

4.4.5 商品条码符号的结构特征

商品条码符号结构都具有以下共同特征：

（1）条码符号的整体形状为矩形，由一系列相互平行的条和空组成，四周都留有空白区。

（2）条和空分别由1~4个同一宽度的深、浅颜色的模块组成。深颜色模块的二进制表示为"1"，浅颜色模块的二进制表示为"0"。

（3）在条码符号中，表示数字的每个条码字符均由2个条和2个空构成，共7个模块。

（4）除了表示数字的条码字符外，还有一些辅助条码符号，用作表示起始、终止的定界符和平分条码符号的中间分隔符。

（5）条码符号可设计成既可供固定式扫描器全向扫描，又可用手持式扫描设备识读的形式。

（6）条码符号的大小可在标准尺寸的基础上有所增减以适应各种合格条码符号及用户对印刷面积的要求，但增减幅度必须依据有关国家标准，假设标准尺寸的放大系数为1.0，则增减条码符号大小的幅度即放大系统必须在0.8~2.0，最好是0.9~1.2。

注：标准尺寸是指放大系数为1.0的条码符号的名义尺寸，与其相应的模块宽度为0.33mm。各部分尺寸如下：

①左、右侧条码字符（包括校验符）：2.31 mm，7个模块。

②起始符、终止符：0.99 mm，3个模块。

③中间分隔符：1.65 mm，5个模块。

（7）供人识别的字符规定采用OCR－B字符。

EAN－13和EAN－8条码符号都有8个组成部分：左侧空白区、起始符、左侧数据符、中间分隔符、右侧数据符、校验符、终止符、右侧空白区。

商品条码是模块组合条码，每个条码字符均由几个模块组成，EAN－13条码的构成如图4－6所示。

图4－6 EAN－13条码符号结构

①左侧空白区：位于条码符号起始符左侧的无印刷符号且与空的颜色相同的区域，用以提示阅读器，准备对条码进行扫描，其最小宽度为11个模块。

②起始符：位于条码符号左侧，表示信息开始的特殊符号，由3个模块组成。

③左侧数据符：介于起始符和中间分隔符之间的表示6位数字信息的一组条码字符，由42个模块组成。

④中间分隔符：在条码符号中间位置，是平分条码号的特殊符号，由5个模块组成。

⑤右侧数据符：中间分隔符右侧的条码字符，表示5位数字信息，由35个模块组成。

⑥校验符：最后一个校验符字符，由7个模块组成，表示校验码。

⑦终止符：位于条码符号右侧，表示信息结束的特殊符号，由3个模块组成。

⑧右侧空白区：位于终止符之外的无印刷符号且与空的颜色相同的区域，其最小宽度为7个模块。

这样，EAN-13条码符号所包含的模块总数为113个。EAN-13条码的前置码不用条码符号表示，不包括在左侧数据符内，左侧数据符是根据前置码所决定的条码字符构成方式（奇排列和偶排列）来表示前置码之后的6位数字的。

EAN-8条码构成与EAN-13的不同之处，主要是减少了表示数据字符的条码字符数量，其结构如图4-7所示。

EAN-8条码的左侧空白区的宽度为7个模块；左侧数据符由28个模块组成，右侧数据符由21个模块组成；起始符、中间分隔符、校验符、终止符及右侧空白区的构成与EAN-13条码相同。EAN-8条码所包含的模块总数为81个。

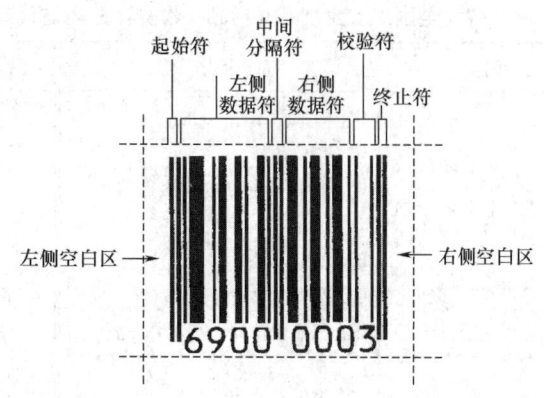

图4-7 EAN-8条码符号结构

4.5 商品分类体系

4.5.1 商品分类体系的概念

商品分类体系是指根据特定的分类目的，通过商品分类、赋予商品代码和编制商品目录等工作后，所形成的相互联系、相互制约的商品品种的集合，也可以说成是详细的商品目录。

建立科学实用的商品分类体系，是进行商品分类的最终目的。在商品生产、流通、贸易统计和信息交流中，都是依据具体的商品分类体系来进行的。不同的目的和要求，将会形成不同的商品分类体系。

4.5.2 常见的商品分类体系

1. 国家标准商品分类体系

国家标准商品分类体系，是指以国家标准的形式对商品、产品及物资进行科学的、系统的分类所建立起来的商品分类体系。

目前，世界上许多国家都建立了国家标准商品分类体系。它便于国民经济计划、统计及各项业务活动的进行；利于实行商品分类编码标准化；有助于建立统一的、现代化的商品信息系统，实现管理现代化，提高经济管理水平。GB 7635—1987标准就是我国所建立的国家标准商品分类体系，它是国民经济统一核算和国家经济信息系统的重要基础，是各部门、各地区进行计划、统计、会计、业务等工作时必须遵循的准则和依据，是信息交流和资源共享的保证。

按 GB 7635—1987 标准，我国生产的所有工农业产品（商品、物资）被分为 99 大类、1 000 多个中类、7 000 多个小类、20 000 多个细类。在 99 个大类中有 12 个大类留空，供增补用。为便于检索，在分类体系中设置了 23 个门类，以英文字母表示其顺序。具体门类和大类的划分，见表 4-7。

表 4-7 《全国工农业产品（商品、物资）分类与代码》（GB 7635—1987）门类和大类

门类	大类	门类	大类
A. 农、林、牧、渔产品	01. 农业产品 02. 林业产品 03. 人工饲养动物和捕猎的野生动物及产品 04. 渔业产品 05. 观赏植物 06. 其他农、林、牧、渔产品	J. 化工产品	31. 无机化学品 32. 化学肥料 33. 化学农药 34. 有机化学品及涂、颜、染料、催化剂、助剂、添加剂和黏合剂 35. 高分子聚合物 36. 信息用化学品 37. 化学试剂 38. 日用化工品 39. 其他化工产品
B. 矿产及竹木采伐产品	07. 煤、石油和天然气 08. 黑色金属矿采选产品 09. 有色金属矿采选产品 10. 非金属矿采选产品 11. 木、竹采伐产品	K. 医药	40. 化学原料药 41. 化学药制剂 42. 中药材 43. 中成药 45. 生物制品
C. 电力、蒸汽供热量、煤气（天然气除外）和水	12. 电力、蒸汽供热量、煤气（天然气除外）和水	I. 橡胶制品和塑料制品	46. 橡胶制品 47. 塑料制品
D. 加工食品、饮料、烟草加工品和饲料	13. 加工食品 14. 饮料 15. 烟草加工品 16. 饲料	M. 建筑材料及其他非金属矿物制品	48. 建筑材料及其他非金属矿物制品
E. 纺织品、针织品、服装及缝纫品、鞋帽、皮革、毛皮及其制品	18. 纺织用纤维加工品 19. 纺织品 20. 针织品 21. 服装及其他缝纫品 22. 鞋帽 23. 皮革、毛皮及其制品	N. 黑色金属冶炼及其压延产品	49. 钢铁冶炼产品 50. 钢材 51. 其他黑色金属冶炼及其压延产品
F. 木材、竹、藤、棕、草制品及家具	24. 木材、竹藤、棕、草制品 25. 家具	P. 有色金属冶炼及其压延产品	52. 有色金属冶炼产品 53. 有色金属压延产品
G. 纸浆、纸和纸制品、印刷品、文教体育用品	26. 纸浆、纸和纸制品 27. 印刷品 28. 文教体育用品	Q. 金属制品	55. 金属结构及构件 56. 工具 57. 金属丝及其制品 58. 建筑用金属制品 59. 搪瓷制品及日用金属制品 60. 其他金属制品
H. 石油制品、焦炭及煤制品	29. 石油制品 30. 焦炭及煤制品		

续表

门类	大类	门类	大类
R. 普通机械	61. 锅炉及原动机 62. 金属加工机械 63. 通用设备 64. 铸锻件及通用零部件 65. 工业专用设备 66. 农、林、牧、渔业机械 67. 建筑工程机械和钻探机械 68. 医疗器械 69. 其他机械产品	U. 电子产品及通信设备	80. 雷达和无线电导航设备 81. 通信设备 82. 广播电视设备 83. 电子计算机及外部设备 84. 电子元件 85. 电子器件
		V. 仪器仪表、计量标准器具及量具、衡器	87. 仪器仪表 88. 计量标准器具及量具、衡器
S. 交通运输设备	72. 铁路运输设备 73. 公路运输设备 74. 船舶及其辅助设备、飞行器	W. 工艺美术品、古玩及珍藏品	90. 工艺美术品 91. 古玩及珍藏品
T. 电器机械及器材	75. 电机 76. 输变电设备 77. 电工器材 78. 家用电器 79. 其他电器装置和设备	X. 废旧物资	92. 废旧物资
		Z. 其他产品（商品、物资）	99. 其他产品（商品、物资）

2. 行业商品分类体系

行业商品分类体系，是指某行业对所生产、经营的商品（产品、物资）进行科学的系统的分类所建立起来的商品分类体系。建立行业商品分类体系，既便于本行业计划、统计和各种业务活动的开展，也有助于本行业信息交流和资源共享，提高经营管理水平。SB/T 10135—1992标准是我国原商业部以推荐性标准的形式建立起来的商品分类体系。SB/T 10135—1992 标准将我国社会商业所经营的商品分为99大类（其中有40大类属收容项目），500多个中类，3 000多个小类，20 000多个品种。

3. 国际贸易商品分类体系

国际贸易商品分类体系，是为满足国际贸易工作要求，对其商品集合体进行分类所建立起来的商品分类体系。建立国际贸易商品分类体系有利于国际贸易中的海关管理、征收关税、商情研究、进出口业务工作、制定贸易政策和进出口贸易管理等。在国际上，目前广泛采用的国际贸易商品分类体系主要是《商品分类及编码协调制度》和《国际危险货物运输规则》。

（1）商品分类与编码协调制度。《商品分类与编码协调制度》（Harmonized Commodity Description and Coding System，HS），简称协调制度或HS制度，是海关合作事会在《海关合作事会分类目录》和《国际贸易标准分类目录》的基础上，协调国际上多种税制、统计、运输等商品分类目录而制定的一部多用途的国际贸易商品分类体系。

该分类体系将国际贸易商品分为21类、97章、1 241节、5 000多个六位数字编码的商品。

①HS 的结构和特点：HS 既是一个6位数的多用途分类目录，也是一个4位数税目为

基础的结构式分类目录。4位数用于海关征税，6位数主要用于贸易统计和分析。

HS对所有的国际贸易商品尽可能详细地进行了分类。HS将商品分为21大类，大类下面再分三大层。第一层为章，共有97章。其中1~24章（1~4类）为农副产品，25~96章（5~21类）为工业产品，第77章留空作为备用章。第二层为品目，共有1 242个品目。第三层为子目，共有5 019个子目。其中工业产品中绝大部分属于机电产品，包括68章（13类）、70章（13类）、73~96章（15~20类）。

②HS的分类原则及分类方法：HS一般把同一工业部门或相关工业部门的商品归于一类，如第15类（73~83章）为贱金属及其制品，第17类（86~87章）为车辆、航空器、船舶及有关运输设备。有些章自立为一类，如第93章（第19类）是武器、弹药及其零件、附件。

一般来说，不同原料的商品列入不同的章。例如，机织物按其原料不同分别归入第50章（丝织物）、第51章（毛织物）、第52章（棉织物）、第53章（麻织物）和第54章（人造丝织物）。金属制品也按其原料不同分别归入第73章（钢铁制品）、第74章（铜制品）、第75章（镍制品）、第76章（铝制品）、第78章（铅制品）、第79章（锌制品）、第80章（锡制品）。

相同原料制成的商品一般编排在同一章内。例如玻璃及其制品在第70章，铝及其制品在第76章，铅及其制品在第78章，在同一章内的商品按照从原料到成品的加工程度依次排列。即原材料—坯件—半成品—制成品。加工程度越深，商品的品目号排得越后。如第76章的"铝和及其制品"按未锻轧铝（76.01）—铝废碎料（76.02）—铝粉及片状粉末（76.03）—铝条、杆、型材及异型材（76.04）—铝丝（76.05）—铝板、片及带（76.06）—铝箔（76.07—76.16）的序列划分为16个品目号。

章与章之间的编排也是这样，加工程度越复杂的商品越往后排。例如活动物排在第1章，鲜肉排在第2章，肉类的保藏品则排在第16章。活树排在第6章，木材排在第44章，木制玩具排在第95章，木制工艺品排在第97章。

由于商品的种类和性质的复杂性，不可能刻板地把所有的商品都按原料分类，尤其对于那些由多种原料组成的商品或加工程度较高的工业品，如精密仪器、光学仪器、航天航空器等，因此许多章是按商品的用途划分的，这时就不考虑其所使用的材料。

为了使人们在商品归类上不发生争议，HS还为每个类、章甚至品目和子目加了注释。这些注释和品目条文一样是确定商品最终归属的依据，被称为"法定注释"，而相对来说，各类、章的标题对商品的归类却没有法定的约束力，仅为查阅的方便而设。了解这一点对正确查阅HS十分重要。例如第22章的标题为"饮料、酒和醋"，而章注释却明确标明"本章不包括以重量计醋酸浓度超过10%的醋酸溶液"（品目29.15）。分析可以看出，HS的分类原则是按商品的原料来源，结合其加工程度、用途以及所在的工业部门编排商品。原料来源是编排的主线条，加工程度及用途为辅线条。主辅线条相辅相成，再加上"法定注释"，就使人们能在HS所涉及的成千上万种商品中迅速、准确地确定商品所处的位置，这也正是HS分类法的科学性和系统性所在。

【补充知识】

海关合作理事会商品分类目录

《海关合作理事会商品分类目录》（Customs Cooperation Council Nomenclature，CCCN）

最早源于1927年万国联盟召开的世界经济会议上，一些国家提出要制定一个共同海关税则目录，到1937年定稿，命名为《日内瓦目录》。第二次世界大战后，西欧国家为恢复经济和发展贸易，成立了欧洲海关同盟研究会，在《日内瓦目录》基础上，草拟了《布鲁塞尔税则目录》并于1959年11月正式生效，1972年，改名为《海关合作理事会商品分类目录》，1978年又经修改，主要用于海关税则的商品分类。

我国海关1985年也采用了CCCN。目前，有150多个国家和地区以它为基础制定本国的海关税收。CCCN的商品分类原则是按商品的原材料，结合加工程度、用途、工业部门来划分商品类目。根据归类原则，所有国际贸易商品被划分为21类、99章、1 011个税目，每一项税目下又分为若干子目。

【补充知识】

联合国国际贸易标准分类

《联合国国际贸易标准分类》（United Nations Standard International Trade Classification，SITC）由联合国统计委员会于1950年制定，1960年、1975年两次修订，1985年第三次修改。

SITC的分类原则是按照商品加工程度，从低级到高级编排的。SITC把所有国际贸易商品划分为10类、67章、261组、1 033个分组。其中，720个分组又细分为2 085个子目，这些子目和未分的分组合计为3 118个基本号。

（2）《中华人民共和国海关进出口税则》和《中华人民共和国统计商品目录》。是以HS为基础，于1992年1月1日起实施的，见表4－8。该税则和目录的商品归类原则和方法与HS完全一致，商品类目也相同，所列商品分为21类、97章，共计有6 000余品目。我国在HS六位数字编码的基础上，又增加到10位，其中第7、8位为我国关税、统计、贸易管理所加的本国子目，第9、10位为各有关部门监督需要所加。

一般地，该税则和目录每年进行部分调整，每4年作一次较大的修订。

表4－8 《中华人民共和国海关进出口税则》和《中华人民共和国海关统计商品目录》

类别	名目
第一类	活动物，动物产品
第二类	植物产品
第三类	动、植物油脂及其分解产品，精制的食用油脂，动植物蜡
第四类	食品、饮料、酒和醋，烟草、烟草及烟草代用品的制品
第五类	矿产品
第六类	化学工业及其相关工业的产品
第七类	塑料及其制品，橡胶及其制品
第八类	生皮、皮革、毛皮及其制品，鞍具及挽具，旅行用品、手提包及类似容器，动物肠线（蚕胶丝除外）制品
第九类	木及木制品，木炭，软木及软木制品，稻草、秸秆、针茅或其他编结材料制品，篮筐及柳条编结品
第十类	木浆及其他纤维状纤维素浆，回收（废碎）纸或纸板，纸、纸板及其制品

续表

类别	名目
第十一类	纺织原料及纺织制品
第十二类	鞋、帽、伞、杖、鞭及其零件,已加工的羽毛及其制品,人造花、人发制品
第十三类	石料、石膏、水泥、石棉、云母及类似材料的制品,陶瓷产品,玻璃及其制品
第十四类	天然或养殖珍珠、宝石或半宝石、贵金属、包贵金属及其制品,仿首饰,硬币
第十五类	贱金属及其制品
第十六类	机器、机械器具、电器设备及其零件,录音机及放声机、电视图像、声音的录制和重放设备及其零件、附件
第十七类	车辆、航空器、船舶及有关运输设备
第十八类	光学、照相、电影、计量、检验、医疗或外科用仪器及设备、精密仪器及设备,钟表,乐器,上述产品的零件、附件
第十九类	武器、弹药及其零件、附件
第二十类	杂项制品
第二十一类	艺术品、收藏品及古物

（3）国际危险货物运输规则。危险货物是指具有燃烧、爆炸性、腐蚀性、毒害等作用的化学品或其他原料。根据危险商品的国际监督统计,在国际海运中,危险货物占整个海运量的50%,所以针对危险物品,又有专门的分类法则——国际危险货物运输规则。

国际危险货物运输规则,是为了满足国际上运输危险货物的要求,而对具有危险性商品进行分类所建立的分类体系。国际海事组织制定的《国际海上危险货物运输规则》,是各国运输危险货物及其包装的国际统一管理规则。我国于1985年参照该规则制定和实施了《海运出口货物包装检验管理办法》。

《国际海上危险货物运输规则》根据危险货物的性质和危险程度,把危险货物划分为9类（表4-9）,共2 500多种。每种危险货物均列有品名、编号、分子式、类别、爆炸极限、闪点、特性、标志、包装和仓储要求等。

表4-9 危险货物类名目

类别	名目
第一类	爆炸品
第二类	压缩、液化或加压溶解的气体
第三类	易燃液体
第四类	易燃固体或物质
第五类	氧化剂和有机过氧化物
第六类	有毒（毒性的）物质或有感染性的物质
第七类	放射性物质
第八类	腐蚀性物质
第九类	杂类危险物

(4)《商标注册用商品和服务国际分类》体系。为了便于世界知识产权组织对商品及服务进行分类以及商标注册和管理,1957年6月15日在法国南部城市尼斯外交会议上正式签订《商标注册用商品和服务国际分类尼斯协定》国际公约,并于1961年4月8日生效。

尼斯协定的成员国目前已发展到43个。尼斯分类表包括两部分:一部分是按照类别排列的商品和服务分类表;另部分是按照字母顺序排列的商品和服务分类表。目前,该分类共包括45类,其中商品34类,服务项目11类,共包含1万多个商品和服务项目。不仅所有尼斯联盟成员国都使用此分类表,而且,非尼斯联盟成员国也可以使用该分类表。所不同的是,尼斯联盟成员可以参与分类表的修订,而非成员国则无权参与。目前世界上已有130多个国家和地区采用此分类表。

《商标注册用商品和服务国际分类表》(又称尼斯分类)一般每5年修订一次,一是增加新的商品;二是将已列入分类表的商品按照新的观点进行调整,以求商品更具有内在的统一性。国际商品分类表自1987年印制成册,经9次修订,第八版于2002年1月1日正式使用。

我国自1988年11月1日起实行世界知识产权组织提供的《商标注册用商品和服务国际分类》,并针对中国的国情实际对商品和服务的类似群组及商品和服务的名称进行了翻译,调整,增补和删减。

本章小结

根据商品的属性或特征,按照一定的原则和方法,将商品总体进行区分和归类,并建立起一定的分类系统和排列顺序,以满足某种需要。或者说,商品分类是为了一定目的,选择适当的分类标志或特征,将商品集合总体逐级划分为一系列不同的大类、中类、小类、品类、品种、细目直至最小单元,并在此基础上进行系统编排,形成一个有层次的逐级展开的商品分类体系的过程。

商品编码,或称商品代号、货号,是在商品分类的基础上,赋予某种或某类商品的代表符号,通常用具有一定规律的阿拉伯数字组成。商品条码(Bar code)是将表示一定信息的字符代码转换成用一组黑白(或深浅)相间的平行线条,按一定规则排列组合而成的特殊图形符号。条码是利用光电扫描阅读设备识读商品并实现计算机数据输入的一种特殊代码。

【案例分析】

零售业商品分类新理念:建立以顾客为中心的商品分类体系

根据商品的材料、品种、生产厂家对商品进行分类是传统商品的分类方法。目前我国零售企业特别是百货店和超市的卖场经营中,按照商品的材料、属性、品牌和制造商对商品进行划分、陈列是一种非常普遍的现象。有人认为,这种现象易造成卖场分类不清、商品陈列分散、不便顾客关联购买和对商品的管理,可以说是一种低效率的商品分类。另外,因为这种分类方法的普遍应用,其结果是造成相当多的百货店和超市卖场布局、商品结构、商品陈列甚至店内气氛上雷同的现象。零售业最基本的经营功能在于为满足消费者的需要和购买的多样选择而对商品进行有效的组织。随着生产力的发展，市场已进入到以消费者为中心的时代，因此，现代零售业在商品组织和管理过程中，必须建立起一整套以顾客为中心的商品分类体系。

问题：你能接受上述观念吗？怎样才能建立起一整套以顾客为中心的商品分类体系？

复习思考题

一、名词解释

商品分类　线分类法　面分类法　商品目录　商品代码　商品条码

二、判断对错

1. 在 EAN 系统中，前缀码为"2"的条形码用于生产厂家的商品。（　　）
2. 国际通用商品条码是 UPC 条码。（　　）
3. 商品分类就是将商品质量分为优等品、一等品或用甲乙丙来表示。（　　）
4. EAN 条码一定是由 13 位数字码及对应的条码符号组成的。（　　）
5. 层次性好是面分类法最突出的优点。（　　）
6. 商品分类与商品编码的关系是编码在前。（　　）

三、选择题

1. 在建立分类体系时，设置收容项目是体现了（　　）原则。
   A. 整体性　　B. 层次性　　C. 包容性　　D. 可研性
2. 在线分类体系中，上位类与下位类之间存在（　　）关系。
   A. 并列　　B. 从属　　C. 独立　　D. 复合
3. 线分类法的主要缺点体现在（　　）方面。
   A. 层次　　B. 逻辑性　　C. 信息容量　　D. 结构弹性
4. 在同一层级范围内只能采用一种分类标志是选择标志时应遵循的（　　）原则。
   A. 目的性　　B. 唯一性　　C. 包容性　　D. 逻辑性
5. EAN/UCC – 13 代码是一种（　　）。
   A. 商品分类代码　　B. 商品标志代码　　C. 系列顺序码　　D. 层次码
6. EAN/UCC – 13 中前缀码代表（　　）。
   A. 商品的产地　　B. 商品条码的注册地　　C. 系列顺序码　　D. 层次码
7. 在 EAN – 13 条码中，中国物品编码中心的前缀码是（　　）
   A. 460　　B. 590　　C. 690　　D. 880
8. 商品目录按其适用范围，可分为（　　）。
   A. 国际商品目录　　B. 国家商品目录　　C. 行业商品目录　　D. 企业商品目录

四、简答题

1. 什么是商品分类、商品目录和商品分类体系？各有什么作用？
2. 常见的商品分类标志有哪些？
3. 常见的商品分类体系有哪些？
4. 什么是商品条码？其结构如何？

五、实训题

1. 实训目标：熟悉商品条码，并分析其结构

实训素材：在本校图书馆，了解图书的条码

实训要求：了解图书的分类方法

2. 某百货商店有三个柜组，分别是文教用品柜组、办公用品柜组和小家电柜组。各柜组经营商品如下：

文教用品柜组：学生用品、计算器、掌上电脑、保险柜、文件夹、胶条、各类笔。

办公用品柜组：乐器、电话、手机、健身器材、打印机、扫描仪。

小家电柜组：收音机、随身听、照相机、相册、胶卷、复读机、助听器、电池、豆浆机、蒸汽熨斗、加湿器。

分析：（1）三个柜组各自经营的商品与柜组名称相符吗？

（2）这样的柜组会给店内管理及顾客选购商品带来不便吗？

（3）怎样分类更合理呢？

第 5 章 商品检验与质量监督

知识目标

了解商品检验检疫的含义，掌握商品的检验检疫方法

技能目标

能够按照商品的检验检疫方法，正确检验检疫商品

能力目标

能够运用商品的检验检疫方法，指导以后的学习与商务活动，提高管理能力

课程导入案例

我国某省进出口公司于 2009 年 11 月 9 日与澳大利亚某公司签订一份由我方公司出口化工产品的合同。合同规定的品质规格是，TiO_2 含量最低为 98%，重量 17.59 公吨，价格为 CIF 悉尼每公吨 1130 美元，总价款为 19775 美元，信用证方式付款，装运期为 2009 年 12 月 31 日之前，检验条款规定："商品的品质、数量、重量以中国进出口商品检验证书为最后依据"。我方收到信用证后，按要求出运货物并提交了单据，其中商检证由我国某省进出口商品检验局出具，检验结果为 TiO_2 含量为 98.53%，其他各项也符合规定。

2010 年 3 月，澳方公司来电反映我方所交货物质量有问题，并提出索赔，5 月 2 日，澳方公司再次提出索赔，并将澳大利亚商检部门 SGS 出具的抽样与化验报告副本传真给我方。SGS 检验报告称根据抽样调查，货物颜色有点发黄，有可见的杂质，TiO_2 的含量是 92.95%。

2010 年 6 月我方公司对澳方公司的索赔作了答复，指出货物完全符合合同规定，我方有合同规定的商检机构出具的商检证书。但澳方认为，我方货物未能达到合同规定的标准，理由是：①经用户和 SGS 的化验，证明货物与合同规定"完全不符"。②出口商出具的检验证书不是合同规定的商检机构出具的，并且检验结果与实际所交货物不符。

后来，本案经我国驻悉尼领事馆商务室及贸促会驻澳代表处从中协调，由我方公司向澳方赔偿相当一部分损失后结案。

本案是涉及国际贸易商品检验问题的典型案例。商品检验是国际货物买卖的一个重要环节，检验条款是买卖合同的一项重要条款，商品检验是买卖双方交接货物、结算货款、处理索赔和理赔的重要依据。本案中的检验条款规定："以中国进出口商品局检验证书为最后依据"，根据该规定，我方出具的某省进出口商检局检验证书不符合合同规定，没有法律效力，视为中方公司未提出商检证明。根据国际贸易惯例，买方有权行使复验权，并以复验结果作为货物品质规格的依据，根据澳大利亚 SGS 出具的商检报告，中方公司交货确实与合同不符，所以应当承担违约责任，赔偿澳方损失。

5.1 商品检验与检疫的内容

5.1.1 商品检验概述

商品检验是指商品的生产方、销售方或者第三方在一定条件下，借助一定的仪器、器具、试剂或检验者的感觉器官等手段和方法，按照合同、标准以及国内国际法律、法规，对商品的质量、规格、重量、数量以及包装等方面进行检验，并做出合格与否和等级判定的业务活动。商品质量检验是商品检验的核心，因此，狭义的商品检验就是指商品质量的检验。

商品检验对生产企业、商业部门、质量监督部门以及消费者，都是一项重要工作。商品检验是保证商品质量、提高商业经营管理水平的一项重要内容。生产企业通过对生产各环节的商品质量检验来保证产品质量，促进产品质量不断提高；商品流通部门在流通各环节进行商品检验，及时防止假冒伪劣商品进入流通领域，以减少经济损失，维护消费者利益；质量监督部门通过商品检验，实施商品质量监督，向社会传递准确的商品质量信息，促进我国市场经济的发展。

商品质量检验是质量保证的重要手段，是企业质量体系要素之一，仅就生产领域来说，其主要作用表现为以下几个方面。

1. 评价作用

企业质量检验根据有关法规和技术标准进行检验，并将检测结果与标准对比，做出合格或不合格的判断，或对产品质量水平进行评价，以指导生产、商品交换和企业经济活动。

2. 把关作用

检验人员通过对原材料、半成品、成品的检验、鉴别、分选、剔除不合格品，并决定该产品是否接收放行，严格把住每一个环节的质量关，做到：不合格的产品不出厂、销售；假冒、次劣产品不进入市场销售。同时，通过检验，对合格品签发产品合格证，也是对内（原材料和半成品）和对外（成品）的一种质量保证。

3. 预防作用

通过入厂检验、首件检验、巡回检验和抽样检验，及早发现并排除原材料、外购件、外协件、半成品中不合格品，以预防不合格品流入下道工序，造成更大的损失。同时，通过对生产过程中质量检验，掌握质量动态，为质量控制提供依据，及时发现质量问题，以预防和减少不合格品的产生，防止大批产品报废的质量事故。

4. 信息反馈作用

通过质量检验，搜集数据，发现不符合标准的质量问题与现场质量波动情况，及时做好记录，进行统计、分析和评价并及时报告企业管理者，反馈给生产、工艺、设计等职能部门，以便采取相应措施，改进和提高产品质量。

5.1.2 商品检验的依据

商品检验是一项科学性、技术性、规范性较强的复杂工作，为使检验结果更具有公正性和权威性，必须根据具有法律效力的质量法规、标准及合同等开展商品检验工作。

1. 商品质量法规

国家有关商品质量的法律、法令、条例、规定、制度等，规定了国家对商品质量的要求，体现了人民的意志，保障了国家和人民的合法权益，具有足够的权威性、法制性和科学性。商品质量法规是国家组织、管理、监督和指导商品生产和商品流通，调整经济关系的准绳，是各部门共同行动的准则，也是商品检验活动的重要依据。质量法规包括：商品检验管理法规、产品质量责任制法规、计量管理法规、生产许可证及产品质量认证管理法规等。

2. 技术标准

技术标准是指规定和衡量标准化对象的技术特征的标准。它对产品的结构、规格、质量要求、实验检验方法、验收规则、计算方法等均作了统一规定。它是生产、检验、验收、使用、洽谈贸易的技术规范，也是商品检验的主要依据，它对保证检验结果的科学性和准确性，具有重要意义。

3. 购销合同

供需双方约定的质量要求，必须共同遵守。一旦发生质量纠纷，购销合同的质量要求，即为仲裁、检验的法律依据。但是，购销合同必须符合《经济合同法》的要求。

【考试辅导】

（简答题）商品检验检疫的依据有哪些？

5.1.3 商品检验的程序

商品质量检验程序一般由定标、抽样、检验、判定、处理五大步骤组成。

（1）定标是指检验前根据合同或标准规定，明确技术要求，掌握检验手段和方法，拟定商品检验计划。

（2）抽样是指按合同或标准规定的抽样方案，抽取样品，使样品对商品批总体具有充分的代表性，同时对样品进行合理的维护。

（3）检验是指在规定要求的环境下，使用一定的检验设备和条件，采用测量、测试、试验等检验方法，检测样品的质量特性。

（4）判定是指通过将检测的结果与合同及标准要求的技术指标进行对照，根据合格判定原则，对被检商品合格与否做出判定。

（5）处理是指对检验结果出具检验报告，反馈质量信息，对不合格商品做出处理。

5.1.4　商品检验的内容

5.1.4.1　包装检验

包装检验是根据购销合同、标准和其他有关规定，对进出口商品或内销商品的外包装和内包装以及包装标志进行检验。

包装检验首先核对外包装上的商品包装标志（标记、号码等）是否与有关标准的规定或贸易合同相符。对进口商品主要检验外包装是否完好无损，包装材料、包装方式和衬垫物等是否符合合同规定要求。对外包装破损的商品，要另外进行验残，查明货损责任方以及货损程度。对发生残损的商品要检查其是否由于包装不良所引起。对出口商品的包装检验，除包装材料和包装方法必须符合外贸合同、标准规定外，还应检验商品内外包装是否牢固、完整、干燥、清洁，是否适于长途运输和保护商品质量、数量的要求。

5.1.4.2　品质检验

品质检验也称质量检验，指运用各种检验手段，包括感官检验、化学检验、仪器分析、物理测试、微生物学检验等，对商品的品质、规格、等级等进行检验，确定其是否符合贸易合同（包括成交样品）、标准等规定。

品质检验的范围很广，大体上包括外观质量检验与内在质量检验两个方面：外观质量检验主要是对商品的外形、结构、花样、色泽、气味、触感、疵点、表面加工质量、表面缺陷等的检验；内在质量检验一般指有效成分的种类、含量、有害物质的限量、商品的化学成分、物理性能、机械性能、工艺质量、使用效果等的检验。

5.1.4.3　卫生检验

卫生检验主要是根据《中华人民共和国食品卫生法》、《化妆品卫生监督条例》、《中华人民共和国药品管理法》等法规，对食品、药品、食品包装材料、化妆品、玩具、纺织品、日用器皿等进行的卫生检验，检验其是否符合卫生条件，以保障人民健康和维护国家信誉。如《食品卫生法》规定：食品、食品添加剂、食品容器、包装材料和食品用工具及设备，必须符合国家卫生标准和卫生管理办法的规定。进口食品应当提供输出国（地区）所使用的农药、添加剂、熏蒸剂等有关资料和检验报告。海关凭国家卫生监督检验机构的证书放行等。

5.1.4.4　安全性能检验

安全性能检验是根据国家规定、标准（对进出口产品，应根据外贸合同以及进口国的法令要求），对商品有关安全性能方面的项目进行的检验，如易燃、易爆、易触电、易受毒害、易受伤害等，以保证生产、使用和生命财产的安全。目前，除进出口船舶及主要船用设备材料和锅炉及压力容器的安全监督检验，根据国家规定分别由船舶检验机构和劳动部门的锅炉、压力容器安全监察机构负责监督检查外，其他进出口商品涉及安全性能方面的项目，由商检机构根据外贸合同规定和国内外的有关规定和要求进行检验，以维护人身安全和确保经济财产免遭侵害。

5.1.4.5　数量和重量检验

商品的数量和重量是贸易双方成交商品的基本计量计价单位，是结算的依据，直接关系到双方的经济利益，也是贸易中最敏感而且容易引起争议的因素之一。商品的数量和重量检验包括商品的个数、件数、长度、面积、体积、容积、重量等。

5.2 商品检验的形式

商品检验的形式很多,这里仅介绍几种主要的形式。

1. 按检验有无破坏性划分

根据检验有无破坏性,分为破坏性检验和非破坏性检验两种形式:

(1) 破坏性检验。指经测定、试验后的商品遭受破坏的检验。

(2) 非破坏性检验。指经测定、试验后的商品仍能使用的检验,也称无损检验。

2. 按检验商品的相对数量划分

根据检验商品的相对数量,分为全数检验、抽样检验和免于检验三种:

(1) 全数检验。全数检验是对被检批的商品逐个地进行检验,也称百分之百检验。其优点是能提供较多的质量信息,给人一种心理上的放心感。缺点是由于检验量大,费用高,易造成检验人员疲劳而导致漏检或错检现象。全数检验适用于批量小,质量特性少且不稳定,较贵重的非破坏性检验,如照相机、手表、彩电、冰箱等。

(2) 抽样检验。抽样检验是按照事先已确定的抽样方案,从被检批商品中随机抽取少量样品,组成样本,再对样品逐一测试,并将检验结果与标准或合同技术要求进行比较,最后由样本质量状况统计推断受检批商品整体质量是否合格的检验。其优点是检验的商品数量相对较少,节约费用,具有一定的科学性和准确性;缺点是提供的质量信息少。适用于批量大、价值低、质量特性多且质量较为稳定,具有破坏性的商品检验,如天然矿泉水、糕点、乳制品。

(3) 免于检验。免于检验是指对生产技术和检验条件较好,质量控制具有充分保证、成品质量长期稳定的生产企业的商品,在企业自检合格后,商业和外贸部门可以直接收货,免于检验。为了鼓励企业提高产品质量,减轻企业负担,扶优扶强,给企业创造一个宽松、良好的外部经营环境,依据国家有关法规,国家质量技术监督局自 2000 年 8 月中旬起,开始实施产品免于质量监督检查工作,到 2006 年 3 月,全国共有 105 大类 2152 家企业的产品获得国家免检资格。获得免检的产品,从即日起可按规定自愿在商品或其品牌、包装物、使用说明书、质量合格证上使用免检标志,并在 3 年内免于各地区、各部门各种形式的质量监督检查。

3. 按商品内外销售情况划分

按商品内外销售情况,有内贸商品检验和进出口商品检验,两种具体形式如下:

(1) 工厂签证,商业免检。工厂生产出来的产品,经工厂检验部门检验签证后,销售企业可以直接进货,免于检验程序。该形式多适用于生产技术条件好、工厂检测手段完善、产品质量管理制度健全的生产企业。

(2) 商业监检,凭工厂签证收货。商业监检是指销售企业的检验人员对工厂生产的半成品、成品及包装,甚至原材料等,在工厂生产全过程中进行监督检验,销售企业可凭工厂检验签证验收。该形式适用于比较高档的商品质量检验。

(3) 工厂签证交货,商业定期不定期抽验。对于某些工厂生产的质量稳定的产品、质量信得过的产品或优质产品,一般是工厂签证后便可交货。但为确保商品质量,销售企业可采取定期或不定期抽验的方法。

(4) 商业批验。商业批验是指销售企业对厂方的每批产品都进行检验,否则不予收货,此种检验形式适用于质量不稳定的产品。

(5) 行业会检。对于多个厂家生产的同一种产品,在同行业中由工商联合组织行业会检。一般是联合组成产品质量评比小组,定期或不定期地对行业产品进行检验。

(6) 库存商品检验。它是指仓储部门对储存期内易发生质量变化的商品所进行的定期检验,目的是及时掌握库存商品的质量变化状况,达到安全储存目的。

(7) 法定检验。法定检验是根据国家法令规定,对指定的重要进出口商品执行强制性检验。其方法是根据买卖双方签订的经济合同或标准进行检验,对合格商品签发检验证书,作为海关放行凭证。未经检验或检验不合格的商品,不准出口或进口。

(8) 公证检验。公证检验是不带强制性的,完全根据对外贸易关系人(进口商、出口商、承运部门、仓储部门、保险公司等)的申请,接受办理的各项公证鉴定业务检验。商品检验机构以非当事人的身份和科学公正的态度,通过各种手段,来检验与鉴定各种进出口商品是否符合贸易双方签订的合同要求或国际上有关规定,得出检验与鉴定结果、结论,或是提供有关数据,以便签发证书或其他有关证明等。

(9) 委托业务检验。委托业务检验是我国商检机构与其他国家商检机构,开展相互委托检验业务和公证鉴定工作。目前,各国质量认证机构实行相互认证,大大方便了进出口贸易。

5.3 商品抽样

5.3.1 抽样的概念

抽样是根据商品标准或合同所确定的方案,从商品被检批中抽取一定数量有代表性、用于检验的单位商品的过程,又称拣样或取样。

通常以一个订货合同为一批,如果同批质量差异较大或定货量很大或连续交货,也可分为若干批。被检验商品中所含的商品总数,叫做批量,以 N 表示;由被检验商品中抽取用于检验的单位商品(样品)的全体,称为样本;样本中所含的单位商品的数量称为样本大小,通常用 n 表示。

抽样应依据抽样对象的形态、性状,合理选用抽样工具与样品容器。抽样的同时应做好抽样记录。抽取的样品应妥善保存,保持样品原有的品质特点。抽样后应及时鉴定。

5.3.2 抽样的方法

抽取具有代表性的样品的关键是确定科学的抽样方法,常用的抽样方法有百分比抽样、简单随机抽样和分层随机抽样三种。

(1) 百分比抽样。从受检的批量商品中,按检验标准或合同规定的数量百分比从中抽取样品，称百分比抽样。此法抽样简便易行，易于操作，对受检批量大的商品较为适用。采用百分比抽样判断为合格的大批量商品质量，比抽样判断为合格的小批量商品质量的平均质量合格率与不合格率要准确得多。因此，检验小批量商品，一般不采用百分比抽样法。

（2）简单随机抽样。简单随机抽样指从批量为 N 的被检批中抽取 n 个单位商品组成样本，共有 C_N^n 种组合，对于每种组合，被抽取的概率都相同的抽样方法。此法通常是利用随机数表或抽签进行抽样。例如，抽取前将被检验的样品逐一编号，编号次序与方法不受任何限制，然后用笔尖在随机数表中任意指定一点，从指定数开始，依次选取与样品相等的号码个数，按选取的号码抽取样品。这种方法的特点是可避免检验员的主观意识的影响，对发现这类商品的共同缺陷较为有效，批量不大的商品可采用此法。但当被检批商品批量较大时，操作起来就较复杂，因此大批量商品适宜采用分层随机抽样。

（3）分层随机抽样。分层随机抽样是把批量为 N 的被检批商品分成 N_1、N_2 直至 N_i 单位商品组成的 i 层，使每层内商品质量尽可能均匀整齐，$N = N_1 + N_2 + \cdots + N_i$，然后在每层内分别按照简单随机抽样法取样，合在一起组成一个样本的抽样方法。这种方法的特点是比较科学，能克服简单随机抽样法可能错过的集中性缺陷，尤其适用于批量较大且质量也可能波动较大的商品。分层随机抽样的样本有很好的代表性，是目前使用最广、最多的一种抽样方法。

5.3.3 抽样检验方法

为了适应各种不同情况的需要，目前已形成许多具有不同特色的抽样检验方法。

5.3.3.1 依质量指标的特性分

商品质量指标依其度量特性可分为计量指标和计数指标两类。商品质量检验的抽样检验方法也分成计量抽样检验和计数抽样检验两类。

1. 计量抽样检验

计量抽样检验是从批量商品中抽取一定数量的样品（样本），检验此样本中每个样品的质量，然后与规定的标准值或技术要求进行比较，由此确定该批商品是否合格的方法。这种方法具有样本较小、可充分利用质量信息等优点，但在管理上较麻烦，需进行适当的计算，因此适用于单项质量指标的抽样检验。GB/T 6378—2002《不合格品率的计量抽样检验程序及图表（适用于连续批的检验）》就属于这类方法标准。

2. 计数抽样检验

计数抽样检验是从批量商品中抽取一定数量的样品（样本），检验其中每个样品的质量，然后统计合格品数，再与规定的"合格判定数"比较，由此决定该批商品是否合格的方法。这种方法具有使用简便并能用于检验商品有多项质量指标的优点，因而应用比较普遍，缺点是质量信息利用较差。GB/T 2828.1—2003《计数抽样检验程序第1部分：按接收质量限（AQL）检索的逐批检验抽样计划》、GB/T 2829—2002《周期检验计数抽样程序及表（适用于对过程稳定性的检验）》都是此类方法标准。

5.3.3.2 依抽样检验的形式分

按照抽样检验的形式可分为调整型和非调整型两类。

1. 调整型抽样检验

调整型抽样检验是由正常、加严、放宽等不同抽样检验方案与转移规则联系在一起而组成的一个完整的抽样检验体系。根据连续若干批商品质量变化情况，按转移规则及时转换抽样检验方案，以维护买卖双方的利益。此类形式适合于各批质量有联系的连续批商品的质量检验。

2. 非调整型抽样检验

非调整型抽样检验其单个抽样检验方案不考虑商品批的质量历史。使用中也没有转移规则，因此较容易为质检人员所掌握，但只对孤立批的质量检验较为适用。

5.3.3.3 依抽样检验的程序分

按抽样检验的程序可分为一次、二次以及多次抽样检验方法。

1. 一次抽样检验方法

该法最简单，只需要抽样检验一个样本就可以作出该批商品是否合格的判断。

2. 二次抽样检验方法

该法是先抽第一个样本进行检验，若据此可判断该批商品是否合格，则终止检验。否则，再抽第二个样本，再次检验后，用两次结果综合在一起判断该批商品合格与否。

3. 多次抽样检验方法

该法的原理与二次抽样检验方法相似，每次抽取样本大小相同，抽样检验次数多，抽样方案由多组样本量和合格判定数与不合格判定数组成。

我国 GB/T 2828—2003、GB 2829—2002 都采用五次抽样检验方法，ISO 2859—1999 采用七次抽样检验方法。

5.3.4 抽样检验方案

样本大小或样本大小系列与接收或拒收商品批的判定规则——判定数组结合在一起，称为抽样检验方案（简称抽检方案）。一次抽检方案是指由样本大小 n 和判定数组（Ac，Re）组成的抽检方案，Ac 为合格判定数，即判定批合格时，样本中所含不合格品数（d，$d \leqslant Ac$）的最大值；Re 为不合格判定数，即判定批不合格时，样本中所含不合格品数的最小值。二次抽检方案是指由第一样本大小 n_1，第二样本大小 n_2 与判定数组（Ac_1，Ac_2，Re_1，Re_2）组成的抽检方案。五次抽检方案则是由第一到第五样本大小（n_1，n_2，n_3，n_4，n_5）与判定数组（Ac_1，Ac_2，Ac_3，Ac_4，Ac_5，Re_1，Re_2，Re_3，Re_4，Re_5）组成的抽检方案。

值得注意的是，长期以来，我国很多企业和部门已经习惯了使用固定百分比抽样的方法。所谓固定百分比抽样，就是无论商品批量的大小，按同样的百分比从商品批中抽取样本，而在样本中可以允许的不合格品的个数是相同的。这种方法不合理的一面，主要是用该方法的结果是因为批量大小的不同而使生产者和购买者的风险不同，其结果是"小批松、大批严"。这一点可以通过数理统计的科学计算加以验证。因此在实际工作中不应该再使用这种不科学的抽样方法，而是应该采用以数理统计为基础的科学抽样方法。

科学合理的抽样不仅是如何抽取样品的问题，还要解决抽取多少样品以及如何确定接受与否的判断问题。而正确地确定抽取多少样品，判断数定为多少必须考虑到生产者的风险和购买者的风险。国际上一般认为将前者定为 5% 后者定为 10% 是比较合理的。基于这一基础，应用数理统计科学的有关理论，人们已经制定了很多科学的抽样标准，如 ISO

2859—1999 以及 GB/T 2828—2003、GB/T 2829—2002。这些标准提供了适用于多种情况下使用的抽样方案。在国际贸易中，很多国家和企业已经要求商品检验的抽样必须使用这类科学的抽样方法。

5.4 商品检验的方法

商品质量检验的方法很多，根据其检验所用的器具、原理和条件，通常分为感官检验法和理化检验法两类，如图 5-1 所示。这两种检验方法在实际工作中，是按照商品的不同质量特性进行选择和相互配合使用的。

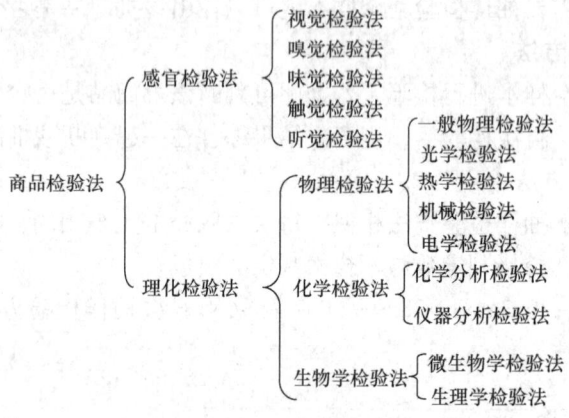

图 5-1 商品检验方法示意图

5.4.1 感官检验法

感官检验法指利用人的感觉器官作为检验器具，对商品的色、香、味、手感、音色等感官质量特性，在一定条件下进行判定或评价的检验方法。这是目前商品流通领域中应用较为广泛的一种检验方法。

感官检验法的范围是商品的外形结构、外观疵点、色泽、硬度、弹性、气味、声音、干鲜程度以及包装物等。感官检验法的优点是不需要仪器、简便易行、快速灵活、成本较低，特别适用于目前还不能用仪器定量评价其感官指标的商品和不具备昂贵、复杂仪器检验的企业、部门和消费者。但感官检验法受检验人的生理条件、工作经验以及外界环境的影响，难免带有主观性，而且检验结果在多数情况下只能用比较性的用词、专业术语和记分法来表示，无法分析商品的内在质量，但它仍具有不可替代性。一般通过组织评审小组，采用一些科学的方法，可以提高感官检验结果的准确性。

按照人的感觉器官不同，感官检验法可分为视觉检验法、嗅觉检验法、味觉检验法、触觉检验法和听觉检验法。

1. 视觉检验法

视觉检验法是利用人的视觉器官来检验商品的外形、结构、颜色、光泽以及表面状态、疵点等质量特性的方法。视觉检验法应用范围最广，凡是能直接用眼分辨的质量指标都可以采用这种检验法。视觉检验法受光线强弱、照射方向、背景对比以及检验人员的生理、心理和专业能力的影响很大，通常应在标准照明条件下和适宜的环境中进行，而且需要对检验人员进行必要的挑选和专门的培训。

2. 嗅觉检验法

嗅觉检验法是通过人的嗅觉器官检验商品的气味，来评价商品质量的方法。广泛用于食品、药品、洗化商品和香精、香料等商品质量检验，同时对鉴别纺织纤维、塑料等燃烧的气味差异也有重要意义。嗅觉检验受检验人员生理条件、检验经验及环境条件的影响很大，所以必须对检验人员进行测试、严格选择和培训。在检验中还应避免检验人员的嗅觉器官长时间与强烈的挥发物质接触，其检验顺序从气味淡向气味浓的方向进行，并注意采取措施防止串味等现象。

3. 味觉检验法

味觉检验法是利用人的味觉器官，通过品尝食品的滋味和风味来检验食品质量的方法。食品的味觉主要有酸、甜、苦、咸、辣、涩、咸等。食品味道和风味的好坏，是决定食品质量高低的重要指标。凡质量正常的食品均具有特有的味道和风味，同一类别的天然食品因品种不同，味道与风味也常有明显的区别。经过加工调制的食品，由于调制方法和使用调料的不同，味道和风味也各异。食品一旦腐败变质，就会改变原有的味道和风味。即使未变质的食品，如味道不佳，质量也会下降。所以对于各种食品的味道和风味必须采用味觉检验法，以区分品质。味觉检验受味觉、味刺激温度和时间等因素的影响。为了顺利采用味觉检验法，一方面要求检验人员必须具有辨别味觉特征的能力，并且被检样品的温度要与对照样品温度一致；另一方面要采用正确的检验方法，遵循统一的规程，如检验时不能吞咽食品，应使其在口中慢慢移动，每次检验前后须用温水漱口等。

4. 触觉检验法

触觉检验法是利用人的触觉器官触摸、按压或拉伸商品，根据商品的光滑细致程度、干湿、软硬、有无弹性、拉力大小等情况来评价商品质量的方法。主要用于检查纸张、塑料、纺织品以及商品表面特性。进行触觉检验时，应注意环境条件的稳定和保持手指皮肤处于正常状态，并加强对检验人员的专门培训。

5. 听觉检验法

听觉检验法是凭借人的听觉器官，根据商品发出的声音来检查商品质量的方法。如检查玻璃制品、瓷器、金属制品有无裂纹或内在的缺陷；评价以声音作为质量指标的乐器、家用电器等商品；评定食品成熟度、新鲜度、冷冻程度等。听觉检验至今尚无法用仪器来替代，其主要原因之一就是人的耳朵灵敏度高且范围广。但听觉检验法和其他感官检验法一样，需要适宜的环境条件，即力求安静，避免外界因素对听觉灵敏度的影响。

【拓展知识】

我国已经公布的主要感官检验标准

GB/T 10220—2012《感官分析 方法学 总论》、GB/T 10221—2012《感官分析 术语》、GB/T 12310—2012《感官分析方法 成对比较检验》、GB/T 12311—2012《感官分析方法 三点检验》、GB/T 12312—2012《感官分析方法 味觉敏感度的测定方法》、GB 12313—1990《感官分析方法 风味剖面检验》、GB 12314—1990《感官分析方法 不能直接感官分析的样品制备准则》、GB/T 12315—2008《感官分析 方法学 排序法》、GB 12316—1990《感官分析方法 "A"—非"A"检验》等。

5.4.2 理化检验法

理化检验法是在实验室的一定环境下，利用各种仪器器具和试剂作为手段，运用物理、化学及生物学的方法来测试商品质量的方法。它主要用于商品成分、结构、物理性质、化学性质、安全性、卫生性以及对环境的污染和破坏性等方面的检验。在商品生产和流通中，理化检验法应用越来越广泛。

理化检验法的特点是能客观、准确地反映商品质量情况，而且能得到具体数据，深入阐明商品的化学组成、结构和性质，也能探明某些商品的内部疵点，对商品质量鉴定具有较强的科学性，较感官检验更为客观和精确。但对检验设备和检验条件要求严格，同时还要求检验员具有扎实的基础理论知识及熟练的操作实验技术。现代检测技术在检验仪器使用上与计算机联用，实现自动控制和数据处理，使理化检验走向快速、少损或无损以及自动化。理化检验根据其原理可分为物理检验法、化学检验法和生物检验法。

5.4.2.1 物理检验法

这是根据物理学原理，应用物理仪器测定商品物理性质的一种检验方法。常见的方法如下。

1. 一般物理检验法

即通过各种量具、量仪、天平及专门仪器来测定商品的长度、细度、面积、体积、厚度、相对密度、黏度、渗水性、透气性等一般物理特性的方法，如棉纤维长度和细度的测定。

2. 光学检验法

光学检验法是通过各种光学仪器来检验商品品质的一种方法。这种方法不仅可以用来检验商品的物理性质，还可用来检验某些商品的成分和化学性质，常见的仪器有显微镜、折光仪、旋光仪、比色计等。例如，利用折光仪测定油脂的折光率，可判断油脂的新陈、掺假或变质；利用旋光仪测定糖的比旋光度，可确定糖中蔗糖的含量；利用比色计测定某些商品的颜色，确定其品质或等级。

3. 热学检验法

指利用热学仪器测定商品的热学特性的一种检验方法。这种方法可用来检验商品的熔点、凝固点、沸点、耐热性、耐寒性等。玻璃和搪瓷制品、金属制品、化妆品、化工商品、塑料制品、橡胶制品以及皮革制品等，它们的热学性质都与商品的质量有关。例如，将玻璃杯置于 $0\sim5$℃水中 5min，取出后即投入沸水中，不炸裂者为合格。

4. 机械检验法

机械检验法是利用各种力学仪器测定商品机械性能的一种检验方法。很多工业品、商品的质量指标，如抗拉力强度、抗压强度、硬度、弹性、塑性、脆性等，都采用这种检验方法。机械检验法所用的仪器很多，常见的有万能试验机、拉力试验机、冲击试验机、扭转试验机、硬度试验机等。例如，皮革的耐磨强度就用耐磨强度试验机测定，试验机上有成垂直相接的黏附皮革式样的直转盘和黏附金刚砂布的平转盘，测定时以 30rad/min 的速度转动转盘，使皮革试样与平转盘上的金刚砂布相摩擦。皮革耐磨强度以磨损 1g 重的试样所用的转数来表示。

5. 电学检验法

电学检验法是利用电学仪器测定商品电学特性的一种检验方法。检验的项目通常有电阻、介电系数、电容、电压、电流强度、静电性等。通过商品的某些电学特性的测定，如电阻电容等的测定，往往还可以间接测定商品的其他特性，如吸湿性等。电学检验法可节省大量的材料，能迅速得出较准确的结果或数据，使用简便。

5.4.2.2 化学检验法

化学检验法是利用化学试剂和各种仪器对商品的化学成分及其含量进行测定，进而判断商品品质是否合格的检验方法。根据其具体操作方法，可分为化学分析检验法和仪器分析检验法两种。

1. 化学分析检验法

化学分析检验法是根据已知的、能定量完成的化学反应进行分析的一种检验方法。依其所有的测定方法的不同，又分为重量分析法和容量分析法。容量分析法是用一种已知准确浓度的标准溶液与被测试样发生作用，最后用滴定终点测出某一组合的含量，如酸碱滴定法。重量分析法是根据一定量的试样，利用相应的化学反应，使被测成分析出或转化为难溶的沉淀，再通过过滤、洗涤、干燥、灼烧等，使沉淀与其他成分分离，然后称取沉淀物的重量，由此计算出被测定成分的含量，如灼烧法测定原料中灰分等。此外，化学分析法还可根据试样重量不同，分为常量分析（试样量100mg以上）、半微量分析（试样量在 $10\sim100$mg）、微量分析（试样量在 $0.01\sim10$mg）及超微量分析（试样量少于0.01mg）。

2. 仪器分析检验法

仪器分析检验法是采用光、电等方面比较特殊或复杂的仪器，通过测量商品的物理性质或物理化学性质来确定商品的化学成分的种类、含量和化学结构以判断商品质量的检验方法。它包括光学分析法和电学分析法。光学分析法是通过被测成分吸收或发射电磁辐射的特性差异来进行化学鉴定的，具体有比色法、分光光度法（原子吸收光谱、红外光谱等）、荧光光度法等。例如，用光量（计）光谱仪可在 $1\sim2$min 内分析出钢中20多种合金元素的含量。电学分析法是利用被测物的化学组成与电物理量（电极电位、电流等）之间的定量关系来确定被测物的组成和含量，具体有极谱法、电位滴定法、电解分析法等。仪器分析检验法适用于微量成分含量分析。仪器分析检验法因具有测定的灵敏度高、选择性好、操作简便、分析速度快的特点而应用广泛。但由于样品前处理费时，仪器价格昂贵，对操作人员要求高，故其应用有一定的局限性。

5.4.2.3 生物学检验法

生物学检验法是食品类、药类和日常工业品商品质量检验常用的方法之一，包括微生物学检验法和生理学检验法两种。

1. 微生物学检验法

微生物学检验法是利用显微镜观察法、培养法、分离法和形态观察法等，对商品中有害微生物存在与否及其存在的数量进行检验，并判断其是否超过允许限度的一种检验方法。这些有害微生物包括大肠杆菌、沙门菌、霉腐微生物、致病性微生物等。它们直接危害人体健康，危害商品的安全储存。微生物学检验法是判断商品卫生质量的重要手段。

2. 生理学检验法

生理学检验法是用来检验食品的可消化率、发热量及营养素对机体的作用以及食品和其他商品中某些成分的毒性等的一种检验方法。检验多用鼠、兔等动物进行试验，通过动物发育、体重的改变来检查食品的营养价值；通过观察动物健康状况变化、动物解剖结果测定有害物质的毒性。只有经过无毒害试验后，视情况需要并经有关部门批准后，才能在人体上进行试验。

【案例分析】

鲜梨的检验

一、感官检验

1. 视觉检验

视觉检验是检验鲜梨好坏的主要方法。

（1）看大小。通过视觉挑选外观形状的大小，不同的品种其果径大小也不同。例如，苍溪雪梨、雪花梨、金花梨等是特大型果；鸭梨、酥梨、黄县长把梨、栖霞大香水梨、山东子母梨、宝珠梨、苹果梨、果酥梨、大东梨等是大型果，而香梨等则是小型果。

（2）看形状。梨的品种很多，成熟时各具本品种应有的形状。大体上有圆球形、长圆形、扁圆形、卵圆形、葫芦形、圆锥形、纺锤形等多种果形。要看果形是否端正，主要是看果实有没有不正常的明显凹陷或突起以及外形偏缺的现象。如果有就是畸形果，品质较差。

（3）看色泽。不同品种的梨成熟时应有较为自然的色泽，主要有黄色、绿色、黄绿色、金黄色、褐黄色和红褐色等。有的品种在果实底色的阳面上还出现不同程度的红晕。色泽越自然，品质越好。

（4）看外观。主要看果实外观是否有病虫害或虫咬以及破损、碰伤程度等情况。外观良好的，品质较好。

2. 味觉检验

品尝是否清脆爽口、鲜甜多汁，判断其成熟情况和品质程度。

3. 触觉检验

手感光滑还是凹凸不平；感知软硬、干瘪等情况；口感清脆、细腻还是粗糙颗粒多。

4. 嗅觉检验

闻着有淡淡的果香，还是无味或有异味。

二、理化检验

1. 物理检验

称量重量，测量直径，测定果实硬度等物理特性。

2. 化学检验

检验可溶性固形物、总酸量、固酸比等化学指标。

3. 生物检验

检验微生物、农药残留、虫害等是否存在或超标。

鲜梨检验中，感官检验为主，理化检验为辅。但随着人们对生活质量要求的提高以及食品卫生安全的重视，理化检验中的生物检验指标逐渐重要起来。

【考试辅导】

（填空）商品检验与检疫的方法包括（　　）和（　　）。

5.5　商品品级

商品根据其质量的优劣程度可以分为若干个等级。我国国家标准 GB/T 12707—1991 对商品的分级工作有指导性的规定,各行业往往根据商品特点的不同指定了行业内商品分级的具体办法。

5.5.1　商品分级概念和原则

品级是依商品质量高低所确定的等级。我国根据商品质量标准(包括实物质量标准)和实际质量检验结果,将同种商品区分为若干等级的工作,称为商品分级。

商品品级通常用等或级的顺序来表示,其顺序反映商品质量的高低。我国国家标准 GB/T 12707—1991《工业产品质量分等导则》规定了我国境内生产和销售的工业产品质量等级的划分和评定原则。

5.5.1.1　产品质量等级的划分原则

GB/T 12707—1991 确定了产品质量等级的划分原则,详细规定了优等品、一等品和合格品的分等条件。

1. 优等品

优等品的质量标准必须达到国际先进水平,且实物质量水平与国外同类产品相比达到近5年内的先进水平。

2. 一等品

一等品的质量标准必须达到国际一般水平,且实物质量水平达到国外同类产品的一般水平。

3. 合格品

按我国现行的一般水平标准(国家标准、行业标准、地方标准或企业标准)组织生产,实物质量水平必须达到相应标准的要求。

依据我国的有关规定,各行业归口部门可根据这些划分原则,按不同产品的技术性能、可靠性、适用性、安全性、经济性等指标,做出具体的分等条件,并管理商品的分级工作。

5.5.1.2　标准对产品质量等级的评定原则

国家标准还对产品质量等级的评定原则进行了具体的规定:

(1)产品质量等级的评定,主要依据产品的标准水平和实物质量指标的检测结果,同时为使产品实物质量水平达到相应的等级要求,企业必须具有相应等级的质量保证能力。目前我国一些企业正在推行"质量管理和质量保证系列标准"(GB/T 19000—2008)。所谓质量保证能力,是指贯彻 GB/T 19000—2008 系列标准,建立质量体系并经过审核被认可的保证能力。也可以用其他方法提高企业的质量保证能力,但需经行业归口部门的承认。

(2)产品质量等级的评定工作,由行业归口部门统一负责。

(3)规定了各等级产品的确认机构,即优等品和一等品等级的确认,须有国家级检测中心、行业专职检验机构或受国家、行业委托的检验机构出具的实物质量水平的检验证明；合格品由企业检验判定。

商品分级工作，既有利于促进生产部门加强管理，提高生产技术水平和产品质量，也有利于限制劣质商品进入流通领域，并且便于消费者选购商品。此外，商品分级也有利于物价管理和监督，促进我国经济健康发展。商品的分级还有利于从整体上综合反映我国工业产品质量水平，有助于推动技术和管理进步，促进产品更新换代和质量提高。

5.5.2 商品分级方法

商品分级的方法很多，主要可归纳为百分记分法、限定记分法和限定缺陷法三类。

1. 百分记分法

百分记分法是将商品的各项质量指标规定为一定分数，其中重要的质量指标所占分数较高，次要的质量指标所占分数较低。各项质量指标完全符合标准规定的要求，其各项质量指标的分数总和为100分。如果某一项或几项质量指标达不到标准规定的要求，则相应扣分，其分数总和就要降低。分数总和达不到一定等级的分数线，则相应降低等级。这种方法在食品商品评级中被广泛采用。

2. 限定记分法

限定记分法是将商品的各种质量缺陷（即质量指标不符合质量标准）规定为一定的分数，由缺陷分数的总和来确定商品的等级。商品的缺陷越多，分数的总和越高，则商品的品级越低。该方法主要用于工业品商品的分级。

3. 限定缺陷法

限定缺陷法是在标准中规定商品的每个质量等级所限定的质量缺陷的种类、数量以及不允许有的质量缺陷。此法多用于工业品商品的评级。

5.6 商品质量监督

5.6.1 商品质量监督的概念与作用

5.6.1.1 商品质量监督的概念

商品质量监督是由国家指定的商品质量监督机构，根据国家的质量法规和商品标准，对生产和流通领域的商品和质量保证体系进行监督的活动。商品质量监督与商品质量管理不同。商品质量监督所要解决的问题，是企业生产经营是否达到既定法规和标准的要求，并在此基础上对企业的质量保证工作实行监督。商品质量监督的职能部门，是由国家授权的法定机构，而商品质量管理主要是企业内部为提高和保证商品质量而进行的一系列工作。人们已意识到，仅靠企业内部的质量管理无法完全保证产品质量，需要全社会宏观质量活动所创造的社会环境激发企业提高产品质量的积极性，如实行质量认证、质量立法、质量监督等活动，这便形成了全社会参与的全面质量管理活动。而质量认证，实际上是质量监督的一种形式。

对商品质量监督的理解，需要把握以下几个要点：

（1）商品质量监督是一种质量分析、评价和保证活动。
（2）商品质量监督的对象是实体，如商品、质量保证体系等。
（3）商品质量监督的范围包括生产、流通、储存和销售整个过程。
（4）商品质量监督的依据是国家质量法规和商品技术标准。
（5）商品质量监督的主体是用户或第三方。

5.6.1.2　商品质量监督的作用

商品质量监督实质上是国家对生产和流通领域的商品质量进行宏观调控的一种手段，具有以下几方面的作用：

（1）商品质量监督是贯彻实施质量法规和商品标准不可缺少的重要手段。
（2）商品质量监督是维护消费者利益，保障人体健康和生命安全的需要。
（3）商品质量监督促使企业强化内部管理，健全质量体系，有利于商品质量管理和更好地实现国家计划质量目标。
（4）商品质量监督有利于提高商品竞争力，促进对外贸易的发展。
（5）商品质量监督有利于解决存在的商品质量问题，维护市场经济的正常秩序。

5.6.2　商品质量监督的种类和形式

5.6.2.1　商品质量监督的种类

商品质量监督根据其主题的不同有国家的质量监督、社会的质量监督与用户的质量监督三种：

（1）国家的质量监督。国家的质量监督，是指国家授权制定第三方专门机构以公正的立场对商品进行的质量监督检查。这种法定的质量监督，是以政府行政的形式对涉及人身安全健康的商品和关系到国家重大技术经济政策的商品实行强制性监督检验的结果。目的是保证国家经济建设的顺利进行和消费者的合法权益不受侵害，维护社会经济生活的正常秩序。监督的结果包括对于监督检验合格，符合国家有关质量法规、技术标准规定要求的商品，允许出厂和进入流通领域；否则不允许出场和销售；国家的商品质量监督，由国家质量技术监督部门进行规划和组织实施。例如，黑龙江省纤维检验局、黑龙江出入境检验检疫局都可组织实施相关商品的质量监督。

（2）社会的质量监督。社会的质量监督，是指社会团体、组织和新闻机构根据消费者和用户对商品质量的反映，对流通领域的某些商品质量进行的监督检查。这种质量监督，是从市场一次抽样后，委托第三方检验机构进行质量检验和评价，将检验结果特别是不合格商品的质量状况和生产企业名单予以公布，以造成强大的社会舆论压力，迫使企业改进质量，停止销售不合格商品，对消费者和用户承担质量责任，实行包修、包换、包退并赔偿经济损失等。中国质量管理协会用户委员会、中国消费者协会、中国质量万里行组织委员会等组织是社会质量监督的组织者和职权的行使者。

（3）用户的质量监督。用户的质量监督，主要是指内外贸部门和使用单位为确保用户所购商品的质量而进行的质量监督。这种质量监督是购买大型成套设备和装置以及采购生产企业生产的商品时，进驻承制单位和商品生产厂进行的质量监督，发现问题有权通知企业改正或停止生产，及时把住质量关，以保证商品质量符合所规定的要求。这种质量监督包括：用户自己派人或委托技术服务部门进驻承制单位实行质量监督；内外贸部门派驻厂人员进行质量监督以及进货时进行验收检验。

作为消费者，也应当学习国家法律和质量法规，提高自身对商品质量的识别能力，不使假冒伪劣产品有可乘之机，一旦发现自己的合法权益受到损害，应及时向质量监督机构或消费者协会投诉，以维护自己的合法权益。

5.6.2.2 商品质量监督的形式

商品质量监督的形式种类很多，可以归纳为抽查型质量监督、评价型质量监督和仲裁型质量监督三种。

（1）抽查型质量监督。抽查型质量监督，是指国家质量监督机构通过对从市场、生产企业或仓库随机抽取的样品，按照技术标准进行监督检验，判定是否合格，从而采取强制性措施责成企业改进质量，直至达到商品标准要求的一种监督活动。抽查型质量监督，一般只抽查商品的实物质量，不检查企业的质量保证体系。抽查的主要对象是涉及人体健康和人身、财产安全的商品、影响国计民生的重要工业产品、重要的生产资料商品和消费者反映有质量问题的商品。其特点主要有以下几个方面。

1）抽查型质量监督是一种强制性的质量监督形式。
2）抽查产品的地点不限，采用随机抽样检查的方式。
3）抽查检测数据科学、准确，对产品质量的判断、评价公正。
4）抽查产品的质量检验结果公开。
5）对抽查检验不合格的单位限期整改。

（2）评价型质量监督。评价型质量监督，是指国家质量监督机构通过对企业的产品质量和质量保证体系进行检验和检查，考核合格后，以颁发产品质量证书、标志等方法确认和证明产品已经达到某一质量水平，并向社会提供质量评价信息，实行必要的事后监督，以检查产品质量和质量保证体系是否保持或提高的一种质量监督活动。评价型质量监督是国家干预产品质量、进行宏观管理的一种重要形式。产品质量认证、企业质量体系认证、环境标志产品认证、评选优质产品、产品统一检验制度和生产许可证的发放等都属于这种形式。其特点主要有以下几个方面：

1）按照国家规定的标准对产品进行检验，以确定其质量水平。
2）对产品生产企业的生产条件、质量体系进行严格审查和评定，由政府和政府主管部门颁发相应的证书。
3）允许在产品、包装、出厂合格证和广告上使用、宣传相应的质量标志。
4）实行事后监督，使产品质量保持稳定和不断提高。

（3）仲裁型质量监督。仲裁型质量监督，是指国家质量监督机构通过对有质量争议的商品进行检验和质量调查，分清质量责任，做出公正处理，维护经济活动正常秩序的一种质量监督活动。仲裁型质量监督具有较强的法制性，这项任务由质量监督管理部门承担，应选择省级以上人民政府产品质量监督管理部门或其授权的部门审查认可的质量监督检验机构作为仲裁检验机构。其特点主要有以下三个方面：

1）仲裁监督对象是有争议的产品。
2）仲裁型质量监督具有较强的法制性。
3）根据质量检验的数据和全面调查情况，由受理仲裁的质量监督部门进行调解和裁决，质量责任由被诉方承担。

5.6.3 商品质量监督管理体制

我国的商品质量监督管理体制采用的是"集中与分散相结合"的模式，在全国形成了一个由多系统组成的质量监督管理网络，包括技术监督系统和专业监督系统的质量监督管理机构和质量监督检验机构。

5.6.3.1 技术监督系统

技术监督系统是指由国务院授权统一管理和组织协调全国技术监督工作的国家质量监督检验检疫总局系统，县级以上地方技术监督部门负责行政区域内的商品质量和管理工作。

为适应我国商品监督检验工作的需要，国家在各省、自治区、直辖市和工业集中的城市都建立了产品质量监督检验机构。其任务是根据标准进行商品质量监督检验；当产销双方对商品质量有争议时执行仲裁检验；管理产品质量认证；组织生产许可证发放和参与优质产品审查工作等。

商品质量监督检验机构主要有四种形式：国家级商品质量监督检验测试中心，主要承担国家指定的商品质量监督抽查检验；各部级行业商品质量监督检验测试中心，负责本行业内部企业的商品质量监督检验；全国各地方商品质量监督检验站、所，可代表国家行使商品质量监督检验权，承担地方商品质量监督抽查检验；各省、市综合检验所，负责各专业检验机构未包括的商品质量监督检验工作。

5.6.3.2 专业监督系统

我国专业监督系统的质量监督管理机构和质量监督检验机构包括外贸、卫生、兽药监察、船舶和锅炉等多个子系统，均根据国家颁布的有关法规，由各行业、各部门相应的质量监督机构行使监督职权。

（1）外贸子系统。国家出入境检验检疫局是我国主管进出口商品检验的行政执法机构。国家检验检疫局以设在各地的进出口商品检验机构监督管理所辖地区的进出口商品检验。

（2）卫生子系统。国务院卫生行政部门主管全国的药品监督管理工作，药品检验所负责药品的质量监督检验工作。各级卫生行政部门负责所管辖范围内的食品卫生监督工作，卫生防疫站负责食品卫生监督检验工作。

（3）兽药监察子系统。各级农牧行政管理机关主管兽药监督管理工作。各级兽药监察机构，协助农牧行政管理机关，分别负责全国和本辖区的兽药质量监督检验工作。

（4）船舶子系统。由国家船舶检验局及其在有关地区设立的船舶检验机构负责船舶的质量监督管理和检验工作。

（5）锅炉子系统。由国家劳动人事部和地方劳动人事部门负责锅炉压力容器的安全监督检验工作。

此外，中国消费者协会、中国质量管理协会等社会团体，也在全国各地设立了质量监督机构。

本章小结

本章主要介绍商品检验的基本知识和方法,包括商品检验的类别、检验内容和检验方法、商品抽样方法及商品品级的确定。特别是介绍的感官检验商品质量的方法,应该掌握,并在实践中具体运用。

商品质量检验是评定商品质量的手段,其主要作用表现为评价作用、把关作用、预防作用和信息反馈作用。

商品检验必须根据具有法律效力的质量法规、标准及合同等开展。商品质量检验程序一般由定标、抽样、检验、判定、处理五大步骤组成。商品检验的内容有包装检验、品质检验、卫生检验、安全性能检验、数量和重量检验。

商品质量检验的方法一般有感官检验法、理化检验法等。

从被检验的商品中按照一定的方法采集样品的过程称为抽样。抽样应该掌握一定的原则和方法。常用的抽样方法有简单随机抽样、分层随机抽样和系统随机抽样。

商品品级是表示商品质量高低优劣的标志。商品品级的划分方法很多,一般有百分法和限定法两种方法。

商品质量监督是由国家指定的商品质量监督机构,根据国家的质量法规和商品标准,对生产和流通领域的商品和质量保证体系进行监督的活动。商品质量监督与商品质量管理不同。商品质量监督所要解决的问题,是企业生产经营是否达到既定法规和标准的要求,并在此基础上对企业的质量保证工作进行监督;商品质量管理主要是企业内部为提高和保证商品质量而进行的一系列工作。而质量认证,实际上是质量监督的一种形式。

复习思考题

一、名词解释

商品抽样　商品品级　商品质量监督　感官检验法　理化检验法　第三方检验

二、判断对错

1. 2008年9月18日起所有食品企业不再享有"免检"资格。　　　　　(　　)
2. 能克服单纯随机抽样可能会漏掉集中性缺陷的是百分比抽样。　　(　　)
3. 检验西瓜是否成熟,常用的检验法是嗅觉法。　　　　　　　　　(　　)
4. 仲裁型质量监督具有较弱的法制性。　　　　　　　　　　　　　(　　)
5. 我国的商品质量监督管理体制采用的是"集中与分散相结"的模式。(　　)

三、选择题

1. 不适宜感官检验的质量指标是(　　)。
   A. 商品成分　　B. 手感　　C. 气味　　D. 弹性
2. 商品质量监督的形式主要有(　　)质量监督三种。
   A. 抽查型　　B. 评价型　　C. 专业型　　D. 仲裁型
3. 商品的(　　)检验是商品检验的中心内容。

A. 重量　　　B. 数量　　　C. 质量　　　D. 含量（有效成分）
4. 第二方检验又称（　　）检验。
   A. 自检　　　B. 卖方　　　C. 验收　　　D. 法定
5. 需要进行全数检验的商品是（　　）。
   A. 牛奶　　　B. 灯泡　　　C. 电器漏电性　D. 服装
6. 商品品级划分时，质量分数越高、质量等级越低的方法是（　　）。
   A. 百分记分法　B. 限定疵点法　C. 限定数量法　D. 限度记分法
7. 对检验变质发霉的商品用（　　）检验方法最有效。
   A. 视觉　　　B. 嗅觉　　　C. 味觉　　　D. 触觉
8. 产品质量认证、生产许可证发放等形式属于（　　）质量监督。
   A. 抽查型　　B. 评价型　　C. 仲裁型　　D. 年检型

四、简答题

1. 什么是商品检验？商品检验主要有哪几种？
2. 什么是感官检验？什么是理化检验？它们各有什么优缺点？
3. 感官检验的常用方法有哪些？
4. 理化检验的常用方法有哪些？

五、实训题

1. 技能题

（1）运用所学知识，结合自己的体验，对所熟悉的某一食品进行质量检验。

（2）商品质量监督与质量管理有何不同？与质量认证呢？

2. 案例分析题

2011年"3·15"的主题锁定"消费与民生"，与百姓民生息息相关的商品消费价格欺诈、假冒伪劣商品、食品安全等问题，备受关注。

2011年午初，大型知名超市家乐福、沃尔玛等涉嫌"价格欺诈"，再次将商品消费欺诈问题抛上了风口浪尖。除了商家的自律之外，消费者如何能够便捷地识别商品的确切价格、商品的真实性与否，避免商品价格欺诈、假冒伪劣，成为摆在消费者面前更切实的问题。

记者采访时发现，超市"价格欺诈门"后，不少消费者在购物时对价格看的尤为仔细，张小姐说："每次到超市要买很多东西，以前都不会看电脑小票。自从知道价格欺诈后，现在购物特别注意看价签，有时还会当场核对电脑小票，避免上当受骗。"

近日，一款叫"Quick拍"的手机扫描软件，开始在广大消费者中流行。安装"Quick拍"软件后，通过手机"随手拍"，就能详细了解商品价格等信息，一目了然。"比如我想买这盒薯片，对着条形码一扫描，手机上就会出现一个界面，可以看到商品的价格，看跟价签是否符合，然后可以放心购买。"市民李先生用手机向记者演示了Quick拍的操作方法，打开手机中的Quick拍软件，借助手机相机，对准条形码扫描，手机上很快就出现一个页面，显示商品名称、商品产地、生产企业、参考售价等信息。

开发Quick拍的北京灵动快拍信息技术有限公司CEO王鹏飞介绍说："Quick拍通过点评功能，提供沟通与交流的平台，帮助其他消费者购买，同时，Quick拍还提供上传产品资料、补充产品资料的功能，极大地方便了消费者及时查询商品信息、参与到商品的监督中来，解决食品安全问题。"

随着智能手机的普及，这种"随手拍"的方式受到众多年轻人的喜爱。通过"随手拍"，让众多消费者亲身参与商品消费的打假、防伪行动，参与到对商家的监督中，成为维护消费者自身权益的便捷之举。

（资料来源：Quick拍助阵3·15，"随手拍"揭穿商品消费欺诈. 中关村在线）

分析：

（1）"3.15"活动属于什么类型的质量监督？

（2）用户怎样参与到质量监督中去？消费者还能通过哪些途径维护自身权益？

（3）质量监督对生产企业和商业企业有哪些影响？

第6章 商品包装

知识目标

了解商品包装的概念和作用,掌握商品包装的常用材料、包装方法基本特点及主要的商品包装标识

技能目标

掌握国家对商品运输包装和销售包装的有关规定

能力目标

能够简单地对商品包装进行评价

课程导入案例

产品包装要跟着消费观念走

在商品越来越丰富的今天,人们的消费观念、消费方式、消费价值观等都发生了变化。一是城乡消费者的消费行为由"量"的消费已逐步提高到"质"的消费。他们的要求不仅注重产品的功能和品牌,而且注重包装产品的包装和作为;二是商业业态的变化。过去买年货、干果、礼品,消费者都在百货店、食品店、商场购买,现今到超市买的比例逐年增加,而超市的食品都以包装食品为主;三是生产者、经营者的营销观念也发生了变化,过去对产品包装不够重视,现今他们一切围着市场转,因为市场已是生产经营者的出发点和归宿。懂得包装是商品质量的组成部分,新颖、美观、迎合消费者心理的包装,不仅能给商品建构高贵的象征,而且增加产品价值,提高产品附加值。

一般来说,消费者购买商品的心理活动,大多是逐渐展开的。首先,他们进店环视五光十色、琳琅满目的商品。一些包装美观的商品,往往在货架上、橱柜里一经展示,就产生了艺术魅力。其次,消费者环视完商品后,对某些商品的包装引起兴趣。同样的盒装、袋装食品,时兴、时尚的包装,加上品牌、质量等因素,往往成为消费者的理想选择。由于包装精美,引发了消费者兴趣,变购买欲望为购买行为。

由此可见,产品包装对拓展国际市场,扩大国内需求,开拓国内市场,拓宽消费领域,鼓励和引导城乡居民消费有很大作用。对工商企业来说更要注意包装策略,注重产品包装对拉动

市场的作用，使人一看包装就可以联想到这是哪个企业所生产的产品。如日本三洋家用电器公司，就是运用包装策略取得成功的；春节的花篮水果，其中有多种水果，这就是多种包装策略。艺术包装策略具有商品美与包装美的艺术价值，能引发消费者购买。还有附赠包装策略，如我国出口的"芭蕾"珍珠膏，在每盒珍珠膏包装盒内附赠一支带珍珠的别针，消费者购满十盒珍珠膏就可得到五十粒珍珠，将它串成一串高雅的珍珠项链。当然，包装也要适应市场的变化，经常改变包装策略，以顺应消费者对包装的时代需求。

（资料来源：国家食品质量安全监督检验中心网站）

6.1 商品包装的概念和功能

6.1.1 商品包装的概念

商品包装指在商品流通过程中为保护商品，方便储运，促进销售，按一定技术方法而采用的容器、材料及辅助物等的总体名称，也指为达到上述目的而采用容器、材料和辅助物的过程中施加一定技术方法等的操作活动。

商品包装的概念包含两方面的含义：一方面是指盛装商品的容器而言，通常称作包装物，如箱、袋、筐、桶、瓶等；另一方面是指包扎商品的过程，如装箱、打包等。

商品包装的概念，反映了商品包装的商品性、目的性和生产活动性。

第一，商品和包装共同组成了统一的商品体。这里，商品包装本身所消耗的社会必要劳动时间所形成的商品包装的价值必然是商品统一体价值的重要组成部分，并且在出售商品时得到补偿。

第二，使用某种材料，按照一定技术方法所形成的包装容器是为了保证在流通和消费领域中实现商品的价值和使用价值，它是一种工具和手段。

第三，商品包装是商品生产过程中的重要组成部分，是生产工艺的最后一道工序。因此商品包装不仅是一种物质形态，而且是一种技术经济活动。

6.1.2 商品包装的功能

人们常说"佛要金装，人要衣装"。商品从生产、流通、销售一直到消费的过程中，包装都起着重要的作用。商品的包装和广告一样，是沟通企业与消费者之间的直接桥梁。良好的包装能增加产品的功能、扩大产品的效用，成为产品不可缺少的一部分。

1. 保护商品品质和数量

保护商品是商品包装的最基本功能。商品从生产领域进入流通领域、消费领域，往往要经过多次不同时间、不同条件下的装卸、搬运、堆码、储存等过程。这期间不可避免的要受到内、外各种因素的影响，例如震动、冲击、压力、碰撞、水分、高低温等因素的影响，产生物理、化学、生化等品质变化，从而引起商品质量的劣变。因此，必须进行科学的防护包装，以增加商品抵抗外界不利因素的影响，以减少商品在储存和运输过程中的破损、挥发、溶化、散失等数量和质量的损失及变化。

2. 便于商品的流通

商品出厂时要经过分派调拨、运输装卸、开箱验收、储存保管、展示销售等一系列流通环节，才能到达消费者手中。只有采用合理的商品包装材料、容器结构、尺寸形状及标志等，才能及时、安全、有效地进行商品流通，同时便于科学计算商品重量和体积，以便合理经济地选择运输工具，科学合理地安排仓容，提高仓库利用率。另外，在收发转运过程中要有利于商品的识别、验收和清点，从而最大限度地提高商品的流通效率，降低运输储存费用。

3. 便于消费者的携带及消费

商品的许多包装是随商品一起出售给消费者的，包装的大小和形态要体现出便于消费者携带、保存和使用的效果。其次，通过商品包装上的说明，还可以有效地指导消费者正确使用商品，对使用中可能出现的问题提出警示，以保证最大限度地发挥商品功能。此外，精心构思设计，装潢美观、大方的商品包装，有时本身就是一件具有保存价值和美学价值的艺术品。

4. 美化商品，促进商品销售

一般商品的包装除了在包装上注明有关商品的性能、特点、用途及使用方法以外，还可以通过造型结构、文字绘画、色彩装潢等起到有效地美化商品的效果，从而在一定程度上刺激了消费者的购买欲望，起到了"无声的推销"的作用，有利于最大限度促进商品的销售。

5. 提高商品的内在价值

商品的包装可以使人们对商品的原有价值有一个重新的认识。商品包装价值是商品整体价值的重要组成部分。随着人们生活水平的提高，人们对商品包装的艺术性要求越来越高。商品也会因其美观大方的包装提高其既定的价值。所以，美观大方、具有艺术效果的商品包装是提升商品内在价值的有效手段。

6.1.3 商品包装的分类

商品包装因商品流通的不同需要和商品本身的不同需要而有不同的种类。为了分析研究不同种类商品包装使用价值的特点，商品包装常按包装的功能、形态、包装的销售市场、包装材料、包装内容物来分类。

1. 按包装功能分类

（1）工业包装。也称运输包装、大包装或外包装，是以运输、保管为主要目的的包装，也就是从物流需要出发的包装，其功能在于保护、定量、便利和效率。

（2）商品包装。也称零售包装、销售包装、小（内）包装或消费者包装，主要是根据零售业的需要，作为商品的一部分或为方便携带所作的包装。商品包装一般以一个商品作为一个销售单元的包装形式，或若干个单体商品组成一个小的整体的包装，包装技术要求是美观、安全、卫生、新颖，易于携带，其印刷、装潢要求较高。商品包装一般随商品销售给顾客，起着直接保护商品、宣传商品和促进商品销售的作用，还可方便商品陈列展销和顾客识别选购。

有些情况下工业包装同时又是商业包装，例如装橘子的纸箱子应属工业包装，连同箱子出售时，也可以认为是商业包装。为使工业包装更加合理并能促进销售，在有些情况下，也可以采用商业包装的办法来做工业包装，如家电用品就是兼有商业包装性质的工业包装。

2. 按包装形态分类

（1）逐个包装。逐个包装是指交到使用者手里的最小包装，是把物品全部或一部分装进袋子或其他容器里并予以密封的状态或技术。

（2）内部包装。内部包装是指将逐个包装的物品归并为1个或2个以上的较大单位放进中间容器里的状态或技术，包括为保护里边的物品，在容器里放入其他材料的状态或技术。

（3）外部包装。外部包装是指从运输作业的角度考虑，为了加以保护并为搬运方便，将物品放入箱子、袋子等容器里的状态和技术，包括缓冲、固定、防湿、防水等措施。

3. 按包装的销售市场分类

按销售市场不同将商品包装分为内销商品包装和出口商品包装。

（1）内销商品包装。内销商品包装是指用于国内市场的商品包装。

（2）出口商品包装。出口商品包装是指用于出口商品的包装。

内销商品包装和出口商品包装所起的作用基本是相同的，但因国内外物流环境和销售市场不相同，它们之间会存在差异。内销商品包装必须与国内物流环境和国内销售市场相适应，要符合我国的国情。出口商品包装则必须与国外销售市场相适应，满足出口国的不同要求。

4. 按包装材料分类

以包装材料作为分类标志，是研究商品包装材料的主要分类方法。

（1）纸与纸板包装。纸与纸板包装是指以纸和纸板为原料制成的运输和销售包装，包括瓦楞纸、纸箱、纸桶、纸盒、纸袋、纸管等。

（2）木材包装。木材包装是指以木材、木材制品为人造板制成的包装，主要包括木箱、木桶、胶合板箱、胶合板桶、木制托盘等。精密仪器、设备、钢管等多用木材包装。

（3）玻璃与陶瓷包装。玻璃与陶瓷包装是指用硅酸盐材料制成的玻璃与土陶烧制而成的包装，主要有玻璃、玻璃管、玻璃杯、玻璃罐、陶瓷缸、陶瓷坛等，用于盛装发酵食品、腌制菜类和腐蚀性强的商品。

（4）金属包装。金属包装是指以金属铁、铝箔、铜、银等制成的包装及包装饰品，主要有金属桶、金属盒、钢瓶等。

（5）塑料包装。塑料包装是指以人工合成树脂为主要材料制成的包装。目前主要的塑料材料有聚乙烯（PE）、聚氯乙烯（PVC）、聚丙烯（PP）、聚苯乙烯（PS）、聚酯（PET）等。由此形成的塑料包装制品主要有全塑箱、塑料桶、塑料盒、塑料袋、塑料纺织袋等。

（6）纤维制品包装。纤维制品包装是指以两种或两种以上材料黏合制成的包装，主要有麻袋、布袋、编织袋、纺织网等。

（7）复合材料包装。复合材料包装是指以两种或两种以上材料黏合制成的包装，主要有铝箔与纸、纸与塑料、塑料与铝箔、塑料与木材、塑料与玻璃等制成的复合包装。

（8）天然动植物材料包装。主要有兽皮包装，竹类、藤类、草类等纺织物包装，如筐、篓、包、袋等。

5. 按包装内容物分类

以包装的内容物作为分类标志，商品包装可分为食品包装、土特产包装、纺织品包装、医药品包装、化工商品包装、化学危险品包装、机电商品包装等。

6. 按包装的防护技法分类

按包装的防护技法，一般可分为防潮包装、防锈包装、防震包装、真空包装、防冻包装、防热包装等。

【考试辅导】

（判断题）商品包装是"无声的推销员"。（　　）

6.2 商品包装材料

6.2.1 商品包装材料的发展

包装材料的发展是随着商品流通的发展而发展起来的。为了满足流通的需要，早期人类采用天然材料作为包装材料，制成如皮囊、筐篓、陶器等包装，来容纳、保存和运输商品。随着科技的发展、生产工艺的改进，机器大工业产品包装逐渐代替了手工业包装，成为现代工业的一个重要分支——包装工业。包装材料也就由天然材料更多地发展为人工工业化材料，如纸质材料、金属材料、玻璃材料和塑料材料。它们已成为现代包装工业的四大支柱材料。

6.2.2 商品包装应具备的性能

从现代包装功能要求来看，包装材料一般应具有以下几方面的性能。

1. 保护性能

保护性能主要是指商品包装能保护内装物，防止其变质、损伤、散失等。包装的保护性能主要取决于包装材料的机械强度、防潮防水性、耐腐蚀性、耐热耐寒性、抗老化性、透光及遮光性、透气性、防紫外线穿透性、耐油性、适应气温变化性、卫生安全性、无异味性等。

2. 加工操作性能

加工操作性能主要指易加工、易包装、易充填、易封合以及适应自动包装机械操作、生产效率高的性能。包装的加工操作性能主要取决于包装材料的刚性、挺力、光滑度、可塑性、可焊性、易开口性、热合性、防静电性等。

3. 外观装饰性能

外观装饰性能主要指材料的质地、光泽、纹理等外观品质，好的装饰性能，有利于美化商品，提高商品的陈列效果，增加商品价值，激发消费者的购买欲。包装的外观装饰性能主要取决于包装材料的透明度、光滑度、印刷适应性及防静电吸尘性等。

4. 方便使用性能

方便使用性能主要指便于开启和取出内装物、便于再封闭的性能等。包装的方便使用性能主要取决于包装材料的启闭性能、不易破裂以及包装容器的结构等。

5. 节省费用性能

节省费用性能主要指经济合理地选择包装材料，体现在节省包装材料、包装机械设备费、劳动费、降低自身重量和提高包装效率等方面。

6. 易处理性能

易处理性能主要指包装材料要有利于生态环境保护，有利于节省资源，体现在易回收、可复用、可再生、可降解、易处置等方面。

6.2.3 主要包装材料的特点与应用

6.2.3.1 纸包装材料与制品

以纸和纸板为材料制成的包装称为纸包装，与其他包装相比较，纸包装具有原料来源丰富、加工容易、性能优良、价格低廉、绿色环保等特点，因此在包装工业中占有十分重要的地位。

纸和纸板是一种古老的包装材料，纸和纸板的制造与应用有着近两千年的历史。东汉（公元105年）时期蔡伦发明了造纸术，当时主要以树皮、破渔网、旧麻片、碎布等为原料，制成了适合书写的纸张，替代了当时作为书写材料的昂贵的丝帛和不易保存的简牍。造纸术从公元610年开始由我国向世界各地传播，受到各国的重视。然而由于当时生产技术的落后，纸和纸板的产量远远满足不了市场的需要，直到工业革命以后，相继发明了烧碱法、硫酸盐法和亚硫酸盐法制浆技术，使造纸原料扩大到木材、禾草类等许多种天然植物，来源广泛、价廉；长网、圆网造纸机代替了过去的手工抄纸，使大规模快速加工生产成为可能。造纸工业的巨大发展，为纸和纸板进入包装工业创造了基本条件。进入20世纪以来，随着造纸技术的进步，对纸和纸板进行涂布、浸渍、改性和复合等一系列深加工，使纸包装的性能更好地满足了商品包装要求，应用领域更加广泛。目前纸和纸板在各种包装材料中已成为用量最大、品种最多、最具广阔发展前景的包装材料，占发达国家整个包装材料的50%。目前世界纸和纸板的产量超过3亿t，人均年消费近50kg，纸和纸板品种一万多种，应用几乎覆盖了文化、包装、生活、技术和工农业生产各个领域，在国民经济和人民生活中占有十分重要的地位。

1. 纸质包装材料的优点

（1）原材料来源广、生产成本低。纸和纸板生产原料为天然植物，来源丰富，适合机械化大规模生产；成本低廉，1t包装纸制成的包装容器可替代 $10\sim12m^3$ 木材制成的包装箱，仅消耗木材 $3\sim4m^3$。

（2）保护性能优良。与其他包装容器比较，纸箱既具有良好的机械强度，又有较好的缓冲性能，隔热、遮光、防潮、防尘，能很好地保护内装商品。

（3）加工储运方便。纸和纸板易于裁切、折叠、黏合或钉接，形成形状各异、功用不同的纸箱、纸盒、纸袋等包装容器，既适合机械化加工和自动化生产，又可以通过手工制造出造型优美的包装；包装前的纸制品可折叠起来储运，节省空间，降低成本。

（4）印刷装潢性能好。纸和纸板表面平整，可以印刷精美图案，利于促销。

（5）安全卫生。纸和纸板包装材料无毒、无味、无污染，安全卫生，不会污染包装内容物。

（6）绿色环保，易于回收处理。纸包装容器可以回收利用，也可以再生造纸，即使丢弃后也能在短期内降解，不会污染环境。

（7）复合加工性能好。纸和纸板与其他材料如塑料、铝箔等复合后包装功能更加完善，能广泛应用于强度要求高、防潮防水、热封以及高阻隔性能包装领域。

正是由于纸包装具有的独特的优点，因此在强调绿色包装和工业可持续发展的形势下，越来越受到人们的欢迎和重视，包装材料中纸包装的用量与比例逐年上升。包装在许多国家特别是发达国家，是重要的产业。随着包装及其印刷技术的进步与发展，对包装纸和纸板的需求量、品种要求会越来越多，质量要求越来越高。

2. 纸质包装的缺点

（1）纸的原材料来自于各种植物，大量原材料获取的结果是地球森林覆盖面积减少，导致一系列生态环境恶化。

（2）在生产加工过程中易造成环境污染。

（3）纸质制品的气密性、防潮性、透明性差，使其在包装应用上受到一定的限制。

【考试辅导】

（填空题）纸和纸板的区别是什么？

6.2.3.2 包装用塑料

塑料是 20 世纪中叶发展起来的新材料，为现代商品包装提供了变革性的材料基础，它的出现大大改变了整个商品包装的面貌，20 世纪 80 年代以后，塑料更是以其巨大的优越性席卷了包装的各个领域。可以说现代包装技术是随着塑料工业的发展而发展起来的。

塑料是可塑造成型的材料，其主要成分是树脂和添加剂。树脂决定各类塑料的物理和化学特性，树脂是塑料的基本成分。塑料树脂能把填料或者有机和无机物黏结成一定形状的物品。塑料树脂是由许多重复单元或链节组成的大分子、高分子，也称聚合物、高聚物。目前世界上生产的高分子化合物大多应用于生产塑料。

1. 塑料包装材料的优点

塑料作为包装材料近期被广泛地应用，它与纸、木材、金属等包装材料相比，具有以下优点：

（1）质轻、机械性能好。塑料的密度一般为 $0.9\sim2.0\text{g/cm}^2$，只有钢的 $1/8\sim1/4$，铝的 $1/3\sim2/3$，玻璃的 $1/3\sim2/3$，按材料单位重量计算的强度比较高。制成同样容积的包装，使用塑料材料将比使用玻璃、金属材料轻得多，这对长途运输将起到节省运输费用、增加实际运输能力的作用。

（2）适宜的阻隔性与渗透性。选择合适的塑料材料可以制成阻隔性适宜的包装，包括阻气包装、防潮包装、防水包装、保香包装等，可用来包装易因氧气、水分作用而氧化变质、发霉腐败的食品等。对某些蔬菜水果类生鲜食品，对包装要求有一定的气体和水分的透过性，以满足蔬菜水果的呼吸作用，用塑料制得的保鲜包装能满足上述要求。

（3）化学稳定性好。塑料对一般的酸、碱、盐等介质均有良好的抗耐能力，足以抵抗来自被包装物（如食品中的酸性成分、油脂等）和包装外部环境的水、氧气、二氧化碳及各种化学介质的腐蚀，这一点较金属有很强的优势。

（4）光学性能优良。许多塑料包装材料具有良好的透明性，制成包装容器可以清楚地看清内装物，起到良好的展示、促销效果。

（5）卫生性良好。纯的聚合物树脂几乎是没有毒性的，可以放心地用于食品包装。但个别树脂的单体（如聚氯乙烯的单体氯乙烯等）如果在用作食品包装容器时含量过高，超过一定浓度时，容易迁移到被包装的食品中，经食品进入人体后有一定的危害作用，如果在树脂聚合过程中尽量将单体控制在一定数量之下，则可确保其卫生性。

（6）良好的加工性能和装饰性。塑料包装制品可以用挤出、注射、吸塑等方法成型，还能很容易地染上美丽的颜色或印刷上装潢图案，塑料薄膜还可以很方便地在高速自动包装机上自动成型、灌装、热封，生产效率高。

正因为具有上述优点，塑料包装得到了突飞猛进的发展，它不仅在减少运输损失，提高经济效益方面有显著的效果，而且在商品的功能方面也有独特的作用。

2. 塑料包装的缺点

（1）在外界作用下会发生老化，有些则带有异味。

（2）发泡沫塑料的生产采用氟利昂发泡会破坏大气的臭氧层，不利于环保。

（3）一般制品的废弃物不可降解，会造成环境污染。

3. 塑料包装材料的分类

（1）按使用程度分。可分为一次性包装、再利用包装等。

（2）按包装对象分。可分为食品包装、药品包装、纺织包装、液体包装、粉状包装、器械包装、危险品包装等。

我国一般是根据塑料包装材料制品形态将其分为六大类：

（1）塑料薄膜。它包括普通薄膜、定向拉伸薄膜、涂布薄膜、复合薄膜等。薄膜可定义为厚度小于0.025cm的软质塑料薄片材。

（2）中空容器（瓶、罐）类。塑料包装制品琳琅满目，有各种中空容器（瓶、罐、桶）、薄膜、捆扎绳、透明片等，其中中空容器作为传统容器的优良替代品，正越来越多地应用于从食品包装到工业品、家庭日用品、药品、家用电器等各种包装。

（3）塑料箱。包括食品周转箱。

（4）编织袋。

（5）塑料带。包括胶合带、捆扎绳等。

（6）泡沫塑料等。

4. 塑料包装材料的应用

塑料包装材料种类很多，不同的材料有不同的适用范围。如聚乙烯塑料广泛用于制造薄膜和包装袋，还可用于制造软管、泡沫材料及涂层等包装材料。由于它具有的优良性能且无毒，所以被用于药物和食品包装。聚氯乙烯塑料（PVC），多用于制造薄膜、包装袋，硬质的可制成各种瓶、杯、盘、盒等包装容器。聚氯乙烯不适宜用作食品包装。聚乙烯醇（PVA）具有耐水、保味、耐油、透气率低的优点，其薄膜对保持食品的新鲜度，防止氧化变色、变质有显著效果。

6.2.3.3　木材

木材作为包装材料，具有悠久的历史。现在虽然出现了许多优质的包装材料，但由于木材具有很多优点，可以就地取材，质轻且强度高，有一定的弹性，能承受冲击和震动作用，容易加工，具有很高的耐久性且价格低廉等，因此，在现今的包装工业中仍然占有很重要的地位。常用的木制包装容器有木箱（包括胶合板箱和纤维板箱）、木桶（分为木板桶、胶合板桶和纤维板桶）。木材作为包装材料虽然具有独特的优越性，但由于保护森林资源、保护环境的需要以及木材价格高等原因，其发展潜力不大。木材也有一定的缺点，如组织结构不匀，易受环境温度、湿度的影响而变形、开裂、翘曲和降低强度以及易腐朽、易被白蚁蛀蚀等多种天然疵病。但是上述缺点，经过适当的处理可以消除或减轻。为了更好地使用和利用木材，充分发挥其优点，就必须对木材的结构与性质有一个基本的了解。

1. 木材的工艺性能

木材在采伐和造材方面较其他材料的炼制方便得多，而且木材容易切削加工，只需使用简单工具，利用榫、胶、钉或与金属元件相连接的方法，即可制成精细的制品。如用木工机械加工，更能又快又好地制得制品。一般木材具有以下主要工艺性质特点：

（1）握钉力。握钉力或称持钉力、裹钉力，是木材优良的工艺性质，因此常用钉、榫等方法连接成木制品。木材握钉力是因木材纤维为钉子所挤压或切断，使木材对钉子产生压力的结果。

（2）抗劈裂性。木材顺纹容易劈裂，是木材的特性。衡量木材的抗劈裂性，通常是以单位长度能承担的最大静力劈裂载荷为依据。木材的抗劈裂性，对握钉力有较大的影响，并对木材砍劈加工带来困难。

（3）弯曲能力。木材的弯曲能力是制造变曲和弧形木质制品的主要依据。木材的弯曲能力主要决定于木材的塑性，以阔叶树的环孔材塑性最好，如橡、榆、水曲柳、山毛杨等树种的弯曲能力最高；散孔材次之，针叶树较差，如红松、白松的弯曲能力较差。

2. 我国主要包装木材的特点

我国的树木种类约有 7 000 多种，适于制材的树木也有 2 000 种以上，而用于包装的主要有以下几种：

（1）红松。红松又名海松或红果松，为我国东北长白山、小兴安岭地区的主要常绿树木，高达 30~40m，胸径可达 4m。红松树干纹理通直，年轮匀窄、明晰。组织结构较强，木质轻软、易干燥、干缩率小，即使在较高温度（110℃）中干燥时也不易开裂和变形。强度中等，握钉力适中且不易劈裂，耐腐朽，容易加工，切削面光滑，易于油饰、胶接，是用途很广的优良木材，一般用于制造包装箱、家具等。

（2）马尾松。马尾松又名青松或枞杨，是盛产于长江流域、珠江流域以及中国台湾等地区的主要常绿乔木，通常高达 30m，胸径可达 1.5m。这种木材组织结构中粗，材质轻硬，纹理通直或略斜而不均匀。木材具有针状大而多的脂道，有显著的松脂气味，抚摸时有油腻感。强度中等，握钉力强，干缩率中或小，干燥时易于粗裂。不耐腐蚀，易受白蚁侵蚀，对于胶接油饰和防腐处理略难于红松。这种木材用途有限，但可以用于制作包装箱。

（3）白松。白松通常指冷松、鱼鳞松（云松），主要产于我国东北地区。这种木材纹理通直，木质较轻，易于加工，颜色呈淡黄色，边材与心材不明显，树脂含量少，易于开裂和腐朽。强度中等，易干燥，干缩率中小。在工业中多用于制作良好的造纸材料和包装用的板材。

（4）杉木。杉木又名杉树，为常绿的乔木。主要分布于长江流域以南及华南、西南等地区。这是一种速生树木，一般一年就可以成材，木质纹理匀直，结构较强，木质较轻软，易干燥，干缩率小，在干燥过程中不易发生缺陷。强度中等，加工容易，韧性很大，横断面很粗糙，纵剖面易起毛，握钉力弱并易沿木纹劈裂。油饰性差，漆后光泽不好，但胶接性良好，耐腐蚀性强，有香气不受白蚁侵蚀，且不易翘曲。一般多用来制作小型包装制品。

（5）桦木。桦木为落叶乔木，产区遍布全国。在稍寒地区生长颇速，其中以东北的白桦和枫桦产量最大，材质最好，使用最广。材色黄褸至浅红褐，有光泽，无特殊气味。纹理通直；结构细致；材质较硬，强度中等；易干燥，不翘裂，干缩率大。但耐寒蚀性差，内部常发生心材腐朽，因此影响其作用。油饰性能良好，胶接性能中等，易于加工和防腐处理，握钉力强，但易劈裂。工业上多用作胶合板材料，也可用来制作包装箱。

（6）椴木。椴木遍布全国，是东北地区重要阔叶树种之一，华北地区生长也很普遍。椴木纹理通直，结构颇细，年轮明晰、宽而匀。材质轻软，强度中至弱。易干燥且不易发生缺陷，干缩率中。不耐腐蚀，但防腐处理容易。油饰性中，胶黏性好，不易干裂，加工容易。多用作中低级胶合板的原料及供美术装饰板用。

（7）毛白杨。毛白杨别名大叶杨、白杨、响杨等。主要分布于华北、西北和华东等地区。白杨纹理直，结构细，木质轻软，正常时易干燥，不翘曲变形。耐久性和强度均强，油饰性、胶黏性均良好，握钉力弱，但不劈裂。在工业上用途很广，是造纸、纤维胶合板的优良原料，还可以制作包装箱、容器及其他小的制品。

6.2.3.4　包装用金属材料

1. 金属包装材料发展概况

1809年，一个名叫尼古拉·阿佩尔的法国人发明食品罐法，但他当时用的是玻璃罐。1814年，一位英国商人发明马口铁容器，开创了金属包装的历史。今天，马口铁容器已经广泛用于食品、饮料、化工、油脂、医药等行业的包装。

20世纪初，人们又发明了用钢桶来取代木桶，开始时钢桶像木桶那样两头小中间大，像一个鼓，但以后逐渐演变为圆柱形。如今钢桶已经成为世界贸易中使用最广泛的运输包装容器之一。仅在美国，每年生产的钢桶超过5 000万个。

在20世纪50年代，美国实现了铝质二片罐的工业化生产，稍后，又发明了铝质易开盖。易开盖和铝罐以及马口铁罐的巧妙结合，把金属容器的发展推向一个新的高峰。如今，用于饮料包装的金属容器占据了最重要的位置。发展最快的是美国，在70年代末期，美国的饮料（包括啤酒）罐的产量已超过1 000亿罐/年，也就是说，每个美国人每天起码要开启一个金属罐。

金属包装材料是传统包装材料之一。金属包装容器从暂时贮存内装物品的机能演变到今天的食品罐头、饮料容器、运输包装等，成了长期保存内装物品的手段，可以说金属容器给人类的日常生活带来了很大的变革和进步。随着现代化的冶金工业的发展，为工农业各部门大量提供各种金属，成为现代化生产的基础，广泛用于工业产品包装、运输包装和销售包装，金属包装容器成为主要的包装材料之一。目前在各类包装材料中，日本和欧洲各国，金属约占14%左右，仅次于纸和塑料包装，占第三位，而美国包装消费金属材料比塑料要多，约占第二位。我国的金属材料约占包装材料总量的8%左右，仅次于塑料包装材料。金属包装材料具有极优良的综合性能，且资源极其丰富，特别是在复合材料领域找到了用武之地，成为复合材料中主要阻隔材料层，如以铝箔为基材的复合材料和镀金属复合薄膜的成功应用就是很好的证明。

2. 金属包装材料的性能特点

金属包装材料的应用虽然仅有一百多年的历史，但发展很快，品种繁多，被广泛用于工业产品包装、运输包装和销售包装，主要是因为金属包装材料有以下性能特点：

（1）金属材料的优点。

①金属包装材料的机械性能优良、强度高。因此金属包装容器可以制成薄壁、耐压强度高，使得包装产品的安全性有了可靠的保障，并便于储存、携带、运输和装卸。

②金属包装材料的加工性能优良，加工工艺成熟，能连续化、自动化生产。金属包装材料具有很好的延展性和强度，可以轧成各种厚度的板材、箔材，板材可以进行冲压、轧制、拉伸、焊接制成形状大小不同的包装容器；箔材可以与塑料、纸等进行复合；金属铝、金、银、铬、钛等还可镀在塑料薄膜或纸张上。因此，金属能以多种形式充分发挥其优良的、综合的防护性能。

③金属包装材料具有极优良的综合防护性能。金属的水蒸气透过率很低，完全不透光，能有效地避免紫外线的有害影响。其阻气性、防潮性、遮光性和保香性大大超过了塑料、纸等其他类型的包装材料。因此，金属包装能长时间保持商品的质量，货架寿命长达三年之久，这对于食品包装尤其重要。

④金属包装材料具有特殊的金属光泽，也易于印刷装饰。这样可使商品外表华贵富丽，美观适销。另外，各种金属箔和镀金属薄膜是非常理想的商标材料。

⑤金属包装材料资源丰富，能耗和成本也比较低。金属包装材料虽然具有以上特性，但也存在不少不足之处。主要是：化学稳定性较差，耐蚀性不如塑料和玻璃，尤其是钢质包装材料容易锈蚀。因此金属包装材料多须在表面再覆盖一层防锈物质，以防止来自外界和被包装物的腐蚀破坏作用，同时也要防止金属中的有害物质对商品的污染，例如金属材料中不同程度地含有重金属离子 Pb、Fe、Sn 等，这些重金属离子能够与商品作用，特别是食品，不仅污染食品，而且这些重金属离子对人体危害较大。

（2）金属材料的缺点。

①化学稳定性较差。在酸、碱、盐和湿空气的作用下，它易于锈蚀，这在一定程度上限制了它的使用范围，但现在应用各种不同的涂料，可以弥补金属的这个缺点。

②经济性较差。即价格较贵，这个缺点也正在通过技术进步而逐渐得到改进。

3. 金属包装材料的分类

（1）钢材。钢材来源较丰富，能耗和成本也较低，至今仍占金属包装材料的首位，包装用的钢材主要是低碳薄钢板。低碳薄钢板具有良好的塑性和延展性，制罐工艺性好，有优良的综合防护性能。钢制包装材料的最大缺点是耐蚀性差、易生锈，必须采用表面镀层和涂料等方式才能使用。按照表面镀层成分和用途的不同，钢制包装材料主要有以下几类：

1）镀锡薄钢板。镀锡薄钢板俗称马口铁，是用量最大的一种金属包装板材。它是在低碳薄钢板上两面镀锡而成。它是制罐的主要材料，大量用于罐头食品、饮料工业，也用来制作其他包装容器。

2）镀铬薄钢板。镀铬薄钢板是 20 世纪 60 年代初为减少价格较高的锡的用量而出现的一种新材料，又称无锡钢板，是在低碳薄钢板上镀铬而成，是制罐的材料之一，可部分代替马口铁，主要用来制作饮料罐。

3）镀锌薄钢板。镀锌薄钢板俗称白铁皮，它是在酸洗薄钢板表面镀上一层厚度为0.02mm以上的锌保护层而成。镀锌板是应用较多的金属包装材料，多用于制造中型和大型工业包装容器。

4）低碳薄钢板。低碳薄钢板俗称黑铁皮，含碳量≤0.25%，低碳薄钢板主要用于制造各种规格的桶型容器、集装箱和捆扎带等。

5）其他钢质包装材料。其他钢质包装材料主要有：掺镍镀锡薄钢板、薄锡铁（LTS）、镀镍铁皮等，也用于各种包装容器的制作。

（2）铝材。铝质包装材料的使用历史较短，只有40年左右。但由于铝具有某些比钢优异的性能，特别是铝资源丰富，铝的提炼方法有了很大的改进，故铝作为包装材料近年发展很快，在某些方面已取代了钢质包装材料，并可与纸、纸板和塑料等加工成复合包装材料。

铝材的主要特点是重量轻、无毒无味、可塑性好、延展性优良；在大气和水汽中化学性质稳定，不生锈，表面洁净有光泽。铝的不足之处是在酸、碱、盐介质中易耐蚀，故表面应须涂料或镀层才能用作食品容器。而且它的强度比钢低，成本比钢高，故铝材主要用于销售包装，很少用在运输包装上。包装使用铝材有以下几种形式：

1）铝板。为纯铝或铝合金薄板，是制罐材料之一，可代替部分马口铁，主要用于制作饮料罐。纯铝板质软、强度低，故较少利用它作包装材料，但也有用它作酒类容器。合金铝板的强度和硬度明显提高，多用于制造罐头容器和包装饮料用罐等。

2）铝箔。采用纯度在99.5%以上电解铝板，经过填充后制成，厚度在0.005~0.20mm。一般包装用铝箔都是和其他材料复合使用，作为阻隔层，提高阻隔性能。

3）镀铝薄膜。底材主要是塑料薄膜或纸张，在其上面镀上极薄的铝层，可成为铝箔的代用品而被广泛地使用。因为是在塑料薄膜或纸张上面镀上极薄的铝层，虽然其阻隔性能比铝箔略差，但耐刺扎性优良，在实用性能方面超过了铝箔。这种镀铝薄膜材料常用于制作衬袋材料。

6.2.3.5 包装用玻璃

玻璃的制造已有5000年以上的历史，最早的玻璃制品主要是玻璃珠等装饰品。公元前1500年，埃及人首先用"砂芯"法制造出玻璃容器。公元前1世纪，发明了用铁管吹制玻璃容器技术，这为玻璃的发展奠定了重要的基础。到了公元17~18世纪，蒸汽机问世，机械工业和化学工业有了很大发展，从而有力地推动了玻璃制造技术的发展，玻璃工业逐步实现了机械化和自动化，玻璃容器因成本降低而广泛用于包装工业。

玻璃由无机材料熔融冷却而成。我国关于玻璃的定义为：玻璃是介于晶态和液态之间的一种特殊状态，由熔融体过冷而得，其内能和构形均高于相应的晶态，性脆透明。

作为包装材料，玻璃具有一系列非常可贵的特性：透明，坚硬耐压，良好的阻隔性、耐蚀性、耐热性和光学性质；能够用多种成型和加工方法制成各种形状和大小的包装容器；玻璃的原料丰富，价格低廉，并且具有回收再利用性能。玻璃材料的不足主要是较低的耐冲击性和较高的密度以及熔制玻璃时较高的能耗。玻璃一直是食品、化学、文教用品、医药卫生等行业的常用包装材料。近十几年来，玻璃包装受到来自纸、塑料、金属等材料的冲击，在包装中所占的比例有所减少，但由于玻璃具备许多其他材料无法替代的优异性能，它仍将在包装领域中占有重要的地位。近些年来，为增加与其他包装材料的竞争力，玻璃包装容器一直在向轻量薄壁方向发展，并取得了一定的成果，研制生产高强度、轻量玻璃瓶仍然是玻璃包装材料的一个重要发展方向。

玻璃包装容器和其他类似包装容器相比，具有以下特点：

（1）晶莹透明，从外面可以清晰地看到里面包装的商品，从而起到展示商品的作用。

（2）化学稳定性好，适于包装食品、饮料、腐蚀性商品、化学试剂、药品等，不致由于包装物的原因使商品变质。

（3）造型易于变化，颜色也可各异，起着装饰或避光作用，同时玻璃容器外表面可用丝网印刷、喷涂色膜、酸蚀霜化等加工而形成美观的外表。

（4）有的玻璃容器可以回收复用，如啤酒瓶、汽水瓶之类。随着复用次数增加，包装的费用大大降低。

（5）易碎、重容比大，使其应用受到一定限制，通常适用于规格较小的包装，一般容量在1L以下。为了克服这一缺点，正在研究开发轻量化及表面增强的新技术，预计随着技术的发展，玻璃包装将呈稳步上升的趋势。

6.2.3.6　包装用陶瓷

陶瓷的传统概念是指以黏土为主要原料与其他天然矿物经过粉碎混炼、成型、燃烧等过程而制成的各种制品。陶瓷制品是人类制造和使用的早期物品之一，距今已有几千年的历史。基于陶瓷制品独特的优异性能，在各种新材料、新工艺层出不穷的今天，陶瓷包装容器仍在现代产品包装中占有重要的一席之地。

按陶瓷制品坯体的结构质地不同，陶瓷制品分为两大类——陶器和瓷器。陶器是一种坯体结构较为疏松，致密度较差的陶瓷制品，陶器通常有一定吸水率，断面粗糙无光，没有半透明性，敲之声音粗哑。瓷器的坯体致密，基本上不吸水，有一定的半透明性，断面呈石状或贝壳状。

陶瓷的原料是黏土及一些天然矿物、岩石等，来源广、费用低。陶瓷耐热性、耐火性与隔热性比玻璃好，且耐酸和耐药性能优良，陶瓷容器透气性极低，历经多年不变形、不变质，是理想的食品、化学品的包装容器。同时，陶瓷容器在成型与焙烧时伴随着不可避免的收缩与变形，尺寸误差较大，因而给自动包装作业带来一定的困难。陶瓷容器的生产多为间歇式，生产效率低。陶瓷容器耐冲击性差，密度也比较大，包装和运输成本也较高。这些问题使陶瓷包装的应用有一定的局限性，但也使陶瓷包装更具手工和自然特色。我国一些地方风味的酱菜、调味品，至今仍然采用古色古香、乡土气息浓厚的陶器包装。采用瓷器包装高档名酒更有独特的东方神韵。由于陶瓷容器在造型、色彩、工艺性等方面具有我国民族色彩，作为包装容器在国内外有广阔市场。

1. 陶瓷原料

陶瓷的主要原料可归纳为三大类，即具有可塑性的黏土类原料、具有非可塑性的石英类原料和能生成玻璃的长石、滑石、钙镁的碳酸盐等溶剂性原料。除此之外，还常常需用各种特殊原料作为助剂，如助磨剂、助滤剂、解凝剂、增塑剂、增强剂等以及作为陶瓷釉料的各种化工原料。

（1）黏土类原料。黏土类原料是陶瓷的三大主要原料之一，包括高岭土、多水高岭土，烧后呈白色的各种类型黏土和作为增塑剂的膨润土等。在细瓷配料中黏土类原料的用量常达 40% ~60%，在陶器和烤瓷中用量还可增多。

①黏土的组成。黏土是多种微细矿物组成的混合体，是一种土状岩石，其粒径多数小于 2μm。主要的黏土矿物都是含水的铝硅酸盐，因此其主要化学成分为 SiO_2、Al_2O_3 和 H_2O，随着地质生成条件的不同，还会含有少量的碱金属氧化物 K_2O、Na_2O，碱土金属氧化物 CaO、MgO 以及 Fe_2O_3 和 TiO_2 等。

②黏土在陶瓷中的作用。

a. 塑化作用。黏土加入水可以变成有可塑性的软泥，将其塑造成各种形状，烧结后变得致密坚硬，这样一种性能构成了陶瓷生产的工艺基础。

b. 结合作用。黏土是形成陶器主体结构和形成瓷器中晶体的主要来源，能赋予瓷器以良好的机械强度、介电性能、热稳定性和化学稳定性。

c. 成瓷作用。黏土是陶瓷坯体烧结时的主体，黏土的熔融温度具有一定范围，在某个温度下，它不能完全熔化，因此在焙烧中能保持一定形状。焙烧后，黏土成为多孔性材料。黏土制品的性能与黏土的成分、原材料颗粒的大小、形状和尺寸分布有密切关系。不同成分的黏土可以制造不同品种的陶瓷制品，如陶瓷、粗陶瓷和瓷器。

（2）石英类原料。自然界中的二氧化硅结晶矿物统称为石英，有多种状态和不同纯度。陶瓷工业中常用的石英类原料有脉石英、砂岩、石英砂等。石英属于瘠性材料（减黏物质），可降低坯料的黏性，对泥料的可塑性起调节作用。在烧成时，黏土因失水而收缩很容易产生龟裂，石英对黏度的降低和加热膨胀性可部分抵消坯体收缩的影响。在瓷器中，大小适宜的石英颗粒可以大大提高坯体的强度，还能使瓷器的透光度和强度得到改善。一般在日用陶瓷中，石英类原料占 25% 左右。

（3）长石类原料。长石的主要成分是钾、钠、钙的铝硅酸盐。长石属于溶剂原料，高温下熔融后可以溶解一部分石英及高岭土分解产物，形成玻璃状的流体，并流入多孔性材料的孔隙中，起到高温胶结作用，并形成无孔性材料。在日用陶瓷中，长石类原料占 25% 左右。

（4）辅助原料。除上述三类主要原料外，有时还加入一些其他填加剂，如烧制骨瓷时要加入动物的骨灰，它可以增加半透明性和强度。碳酸盐类辅料如石灰石、菱镁矿可降低烧结温度，缩短烧结时间，也有增加产品透明度的作用。滑石等含水碳酸镁盐类辅料在降低烧结温度的同时，还能改善陶瓷的性能，如白度、透明度、机械强度、热稳定性。原料中的铁杂质是非常有害的，要预先净化除去。

2. 陶瓷包装的特点与应用

①优点。化学稳定性好，耐酸碱腐蚀，气密性、遮光性强，安全卫生，经济耐用，可制成瓶、坛、罐、缸等多种包装容器。缺点是比重较大，容器笨重，易破损等。

②应用。广泛应用于发酵食品、调味品、蛋制品、腌菜、化工原料等的包装。其中陶瓷瓶是我国酒类商品的传统包装，其造型多样，外观典雅、淳朴，配以相应的装潢，能衬托出名酒的悠久历史文化。

6.3　商品包装技法

商品包装技法是指包装操作时所采用的技术和方法。科学技术的发展使新材料、新技术不断涌现，商品包装技法也得到了空前的发展。从运输和销售两方面分，运输包装技术有防震包装、防潮包装、防霉包装、防锈包装等；销售包装技术有泡罩包装、收缩包装、拉伸包装、真空包装、充气包装、防虫包装、灭菌包装等。

6.3.1　商品运输包装技法

商品运输包装技法是指在运输包装作业时所采用的技术和方法，常用的有以下几种。

1. 一般包装技法

对于不同形态的产品如何进行包装，一个中心问题是如何合理选择内外包装的形态和尺寸。一般包装技法通常包括下列几项：

（1）对内装物的合理置放、固定和加固。在直方体的包装中装进形状各异的产品，必须要注意产品的合理置放、固定和加固。这类方法也可称为技巧。置放、固定和加固得巧妙，就能达到缩小体积、节省材料、减少损失的目的。

（2）松泡产品进行压缩体积。对于羽绒服、枕芯、棉被、毛纺织品等松泡产品，包装时占用容器的容积太大，需要压缩体积。真空包装技法可使松泡产品的体积缩小率达85%，即使对一些服装、毯子，也可达50%左右。真空包装技法的经济效益显著，一般可节省费用15%～30%。

（3）合理选择外包装的形状尺寸。有的商品运输包装件还须装入集装箱，如果包装件与集装箱之间的尺寸配合得好，就能有效地利用箱容，并有效地保护商品。在外包装形状尺寸的选择中，要避免过高、过扁、过大、过重等给流通带来困难。

（4）合理选择内包装（盒）形状尺寸。内包装（盒）形状尺寸，要与外包装（箱）形状尺寸相匹配。同时，还应考虑产品的放置和固定，但它作为销售包装，更重要的是考虑有利于销售，包括有利于展示、装潢、购买和携带等。例如展销包装多数为扁平造型，很少有立方形。

（5）包装外的捆扎。包装外的捆扎对运输包装功能起着重要作用，有时还能起关键性的作用。捆扎的直接目的是将单个物体或独个物件捆紧，以便于运输储存和装卸。捆扎的功用还能压缩容积而减少保管费和运费、加固容器等。

2. 缓冲包装技法

缓冲包装技法又称防震包装技法，是解决所包装物品免受外界的冲击力、振动力等作用，从而防止物品损伤的包装技术和方法。缓冲包装方法一般分为全面缓冲、部分缓冲和悬浮式缓冲三类方法。

（1）全面缓冲。全面缓冲是指产品或内包装的整个表面都用缓冲材料衬垫的包装方法。依据产品不同和缓冲材料不同可分为：

1）压缩包装法。用丝状、薄片状或粒状缓冲材料把产品和内包装填塞加固，这样能把所吸收的冲击振动能量引导到内装物强度最高的部分。这种方法能用于形状复杂的产品。

2）浮动包装法。用块状缓冲材料把产品和内包装固定在其中。这种材料在包装箱内可以位移和流动，并利用材料流动来分散内装物所受的冲击力。

3）裹包包装法。用片状缓冲材料把产品和内包装裹包起来置于外包装箱内。这种方法多用于小件物品。

4）模盒包装法。通常用聚苯乙烯泡沫塑料预制成与产品形状一样的模盒，将产品固定在其中。这种方法适用于小型轻质产品。

5）就地发泡包装。这种方法是采用泡沫体在现场喷入外包装内成型。这种方法能将任何形状的物品包裹住，起到缓冲衬垫作用。

（2）部分缓冲。部分缓冲是指仅在产品或内包装的拐角或局部地方使用缓冲材料衬垫。通常对整体性好的产品或有内包装容器的产品特别适用。此法既能得到较好的效果，又能降低包装成本。

（3）悬浮式缓冲。悬浮式缓冲是指先将产品置于纸盒中。产品与纸盒间直面均用柔软的泡沫塑料衬垫妥当，盒外用帆布包缝或装入胶合板箱，然后用弹簧吊在外包装箱内，使其悬浮吊起。这样通过弹簧和泡沫塑料同时起缓冲作用。这种方法适用于极易受损，且要求确保安全的产品。

3. 防潮包装技法

防潮包装技法是指采用防潮材料对产品进行包封，以隔绝外部空气相对湿度变化对产品的影响，使得包装内的相对湿度符合产品的要求，从而保护商品质量的方法。在具体进行防潮包装时，应注意以下几点：

（1）产品在包装前必须是清洁干燥的，不清洁处应先进行适当的处理，不干燥时应进行干燥处理。所用缓冲衬垫材料应采用不吸湿或吸湿性小的，不干燥时应进行干燥处理。

（2）防潮阻隔性材料应具有平滑均匀一致性，无针孔、砂眼、气泡及破裂等现象。

（3）产品有尖突部，并可能损伤防潮阻隔层时，应预先采取包扎等保护措施。

（4）为防止在运输途中损伤防潮阻隔层材料，应使用缓冲衬垫材料予以卡紧、支撑和固定，并应尽量将其放在防潮阻隔层的外部。

（5）应尽量缩小内装物的体积和防潮包装的总表面积，尽可能使包装表面积对体积的比率达到最小。

（6）防潮包装应尽量做到连续操作，一次完成包装，若要中间停顿作业时，则应采取有效的临时防潮保护措施。

（7）包装场所应清洁干燥，温度应不高于35℃，相对湿度不大于75%，温度不应有剧烈变化以避免发生结露现象。

（8）防潮包装的封口，无论是黏合还是热封合，均须良好地密封。

4. 防锈包装技法

防锈包装技法是在运输储存金属制品与零部件时，为防止其生锈而降低价值或性能所采用的各种包装技术和方法。在进行防锈包装操作时，应注意以下几点：

（1）作业场所的环境应尽量对防锈有利，有可能的话，应进行空气调整，最好能在低湿度、无尘和没有有害气体的条件下进行包装。

（2）进行防锈包装时，特别应使包装内部所容空气的容积达到最小，这能减少潮气、有害气体和灰尘量。

（3）在处理包装金属制品时，不要沾上指纹、留下指汗，否则要妥善地进行处理。

（4）要特别注意防止包装对象的突出部分和锐角部分的损坏，或因移动、翻倒使隔离材料遭到破坏。因此在应用缓冲材料进行堵塞、支撑和固定等方面，要比其他一般包装周密些。

5. 防霉包装技法

防霉包装技法是为防止霉菌侵袭内装商品或霉菌的生长污染商品，影响商品质量所采取的一种防护措施。它对内装商品起到防霉保护的作用。为使商品和包装不利于霉菌的生长，可以在所用的材料上，或选用抗菌性强的材料（如金属材料），或改进材料的配方和工艺方面提高其抗霉性。例如，在塑料中减少有利于霉菌生长的增塑剂、稳定剂等有机物质的重量，或加工时在涂布过程中加入防霉剂，杀死或抑制霉菌的生长。

6.3.2 商品销售包装技法

销售包装技法是指销售包装操作时所采用的技术和方法。目前，商品销售包装的技法有：贴体包装技法、泡罩包装技法、收缩包装技法、拉伸包装技法、真空包装技法、充气包装技法、吸氧剂包装技法、无菌包装技法等。

1. 贴体包装技法

贴体包装技法是将单件商品或多件商品，置于带有微孔的纸板上，由经过加热的软质透明塑料薄膜覆盖，在纸板下面抽真空使薄膜与商品外表紧贴，同时以热熔或胶粘的方法使塑料薄膜与涂黏结剂的纸板粘合，使商品紧紧固定在其中。这种技法广泛地用于商品销售包装。它的特点是：通常形成透明包装，顾客几乎可看到商品体的全部，加上不同造型和有精美印刷的材底，大大增加了商品的陈列效果；能牢固地固定住商品，有效地防止商品受各种物理机械作用而损伤，也能在销售中起到防止顾客触摸以及防盗、防尘、防潮等保护作用；广泛地适用于形状复杂、怕压易碎的商品，如日用器皿、灯具、文具、小五金和一些食品；往往能使商品悬挂陈列，提高货架利用率。

2. 泡罩包装技法

泡罩包装技法所形成的包装结构主要由两个构件组成：一是刚性或半刚性的塑料透明罩壳（不与商品贴体）；另一是可用塑料、铝箔或纸板作为原材料的盖板。罩壳和盖板两者可采取黏接、热合或钉装等方式组合。这种技法广泛地用于药品、食品、玩具、文具、小五金、小商品等的销售包装。按照泡罩形式不同，可分为泡眼式、罩壳式和浅盘式三类。泡眼是一种尺寸很小的泡罩，常见的如药片泡罩包装。罩壳是一种用于玩具、文具、小工具、小商品的泡罩，类似于贴体包装的形式。浅盘是杯、盘、盒的统称，主要用于食品如熟肉、果脯、蛋糕等的包装。泡罩包装技法的优点基本上与贴体包装技法一样：具有良好的陈列效果；能在物流和销售中起保护作用；可适用于形状复杂、怕压易碎的商品；可以悬挂陈列、节省货位；可以形成成组、成套包装。泡罩包装技法还有不同于贴体包装的特点：泡罩包装有较好的阻气性、防潮性、防尘性，用于食品时，清洁卫生，可增加货架寿命；对于大批量的药品、食品、小件物品，易实现自动化流水作业；泡罩有一定的立体造型，在外观上更吸引人。

3. 收缩包装技法

收缩包装技法是将经过预拉伸的塑料薄膜、薄膜套或袋，在考虑其收缩率的前提下，将其裹包在被包装商品的外表面，以适当的温度加热，薄膜即在其长度和宽度方向产生急剧收缩，紧紧地包裹住商品。它广泛地应用于销售包装，是一种很有发展前途的包装技术。其特点是：所采用的塑料薄膜通常为透明的，经收缩紧贴于商品，能充分显示商品的色泽、造型，大大增强了陈列效果；所用薄膜材料有一定韧性，且收缩比较均匀，在棱角处不易撕裂；可将零散多件商品方便地包装在一起，如几个罐头、几盒录音磁带等，有的借助于浅盘，可以省去纸盒；对商品具有防潮、防污染的作用；对食品能起到一定的保鲜作用，有利于零售，延长货架寿命；可保证商品在到达消费者手中之前保持密封，可防止启封、偷盗等。

4. 拉伸包装技法

拉伸包装技法是用具有弹性（可拉伸）的塑料薄膜，在常温和张力下，裹包单件或多件商品，在各个方向牵伸薄膜，使商品紧裹并密封。它与收缩包装技法的效果基本一样，它的特点是：采用此种包装不用加热，适合于那些怕加热的产品如鲜肉、冷冻食品、蔬菜等；可以准确地控制裹包力，防止产品被挤碎；由于不需要加热收缩设备，节省设备投资和设备维修费用，并可节约能源。

5. 真空包装技法

真空包装技法是将产品装入气密性的包装容器，密封前在真空度为 333.22Pa 的情况下，排除包装内的气体，从而使密封后的容器内达到一定真空度，此法也称减压包装技法。真空包装技术的特点是：用于食品包装，能防止油脂氧化、维生素分解、色素变色和香味消失；用于食品包装，能抑制某些霉菌、细菌的生长和防止虫害；用于食品软包装，进行冷冻后，表面无霜，可保持食品本色，但也往往造成折皱；用于轻泡工业品包装，能使包装体明显缩小（有的可缩小 50% 以上），同时还能防止虫蛀、霉变。

6. 充气包装技法

充气包装技法是将产品装入气密性的包装容器内，在密封前，充入一定量惰性（如二氧化碳、氮气等不活泼）气体，置换内部的空气，从而使密封后容器内仅含少量氧气（1%~2%），也称气体置换包装技法。这种技法的特点是：用于食品包装时，能防止氧化、抑制微生物繁殖和昆虫的发育，能防止香气散失、变色等，从而能较大幅度地延长保存期；对于粉状、液状以及质软或有硬尖棱角的商品都能包装；用于软包装时，外观不起折皱而美观；因内部充有气体，不适宜进一步加热杀菌处理；用于日用工业品包装时，能起防锈、防霉的作用。

7. 吸氧剂包装技法

吸氧剂包装技法是在密封的包装容器内，使用能与氧气起化学作用的吸氧剂，从而除去包装内的氧气，使内装物在无氧条件下保存。目前吸氧剂包装技法主要用于食品保鲜、礼品、点心、蛋糕、茶叶等，还用于毛皮、书画、古董、镜片、精密机械零件及电子器材等的包装。吸氧剂包装技法的特点是：可完全杜绝氧气的影响，防止氧化、变色、生锈、发霉、虫蛀等；能把容器内氧气全部除掉，可使商品在包装容器内长时间处于无氧状态下保存；方法简便，不需大型设备。

6.3.3 集合包装

1. 集装系统概述

集合包装又称集装化包装或组合式包装。它是指为了便于装卸、储存、运输和销售,将若干单件物品,通过一定的技术措施组合成尺寸规格相同、重量相近的大型标准化的组合体,这种大型的组合状态称为集装。

集装从包装角度来看,是一种按一定单元将杂散物品组合包装的形态,是属于大型包装的形态。在多种类型的产品中,小件杂散货物很难像机床、构件等产品进行单件处理,由于其杂、散,且个体体积重量都不大,所以,总是需要进行一定程度的组合,才能有利于销售,有利于物流,有利于使用。比如箱、袋等都是杂散货物的组合状态。

杂散货物的组合方式,是随科学技术进步而发展的。在科学不太发达,起重、装卸机具没有普遍采用,装卸工作全要依靠人力进行时,杂散货物的组合包装程度主要受两个因素制约:一个因素是包装材料的限制,包装材料强度和材料自重约束了包装体的大型化;另一个是人力装卸能力的限制。包装必须限制在人的最大体能范围之下。因此,那时的组合体,重量一般在50kg以下。

集装是材料科学和装卸技术两个方面有了突破进展之后才出现的,用大单元实现组合,是整个包装技术的一大进展。

从运输角度来看,集装所组合的组合体往往又正好是一个装卸运输单位,非常便利运输和装卸,因而在这个领域把集装主要看成是一个运输体(货载),称单元组合货载或称集装货载。

2. 集装方式和种类

集装有若干种典型的方式,在各类典型方式的交叉领域还有许多非此非彼的集装方式,因而集装的种类方式很多,但是,一般不做特殊解释所称之集装,主要是指集装箱和托盘。

各种典型的集装方式和它们之间的变形方式如下:

(1)托盘。最典型的是平托盘,其变形体有柱式托盘;架式托盘(集装架)、笼式托盘(集装笼)、箱式托盘、折叠式托盘、轮式托盘(台车式托盘)、薄板托盘(滑板)等。

(2)集装箱。最典型的是普通集装箱,其变形体有:笼式集装箱、罐式集装箱、台架式集装箱、平台集装箱、折叠式集装箱等,许多类集装箱和相应的托盘在形态上区别并不大,但规模相差较大。

(3)集装容器。典型集装容器是集装袋,其变形体有集装网络、集装罐、集装筒等。

(4)集装货捆。集装网络也是货捆的一种变形体。

3. 集装的特点与效果

集装的主要特点是集小为大,而这种集小为大是按标准化、通用化要求而进行的,这就使中、小件散杂货以一定规模进入市场、进入流通领域,形成了规模优势。集装的效果实际上是这种规模优势的效果,主要有以下几方面:

(1)促使装卸合理化。有些人认为,这是集装的最大效果。和单个物品的逐一装卸处理比较,这一效果主要表现在:

第一，缩短装卸时间，这是由于多次装卸转为集装一次装卸而带来的效果。

第二，使装卸作业劳动强度降低，过去中、小件大数量散杂货装卸，工人劳动强度极大，且由于强度大，工作时极易出差错，出货损。采用集装后不但减轻了装卸劳动强度，而且集装对货物的保护作用，可以更有效防止装卸时的碰撞损坏及散失丢失。

（2）使包装合理化。采用集装后，物品的单体包装及小包装要求可降低甚至可以去掉小包装从而在包装材料上有很大节约，包装强度由于集装的大型化和防护能力有增强，也大大提高，有利于保护货物。

（3）由于集装整体进行运输和保管，大大方便了运输及保管作业，便于管理，也能有效利用运输工具和保管场地的空间，大大改善环境。

（4）集装的最大效果，还是以其为核心所形成的集装系统，将原来分立的物流各环节可以有效地联合为一个整体，使整个物流系统实现合理化。物流的现代进展是离不开集装的，可以说集装是物流现代化的重要标志。

6.4 商品包装标识

6.4.1 商品使用说明书

1. 商品使用说明书的重要性

顾名思义，商品说明书是用朴实、通俗易懂的语言对商品的用途、规格、型号、性能、成分、使用方法、保质期限、维护保养等知识进行的说明和介绍，又称产品说明书。

（1）商品说明书是商品的重要组成部分。系统、详细、真实、规范的商品说明书是指导消费者正确使用商品的关键，是为消费者提供服务的重要环节。

（2）商品说明书是消费者的第一任"教员"。尤其是科技含量较高的产品或药品等，商品说明书对消费者消除对商品的疑虑，做出购买决策和科学养护起重要作用。比如有些药品说明书标明"一日服三次，一次两片，饭前服用"，"本品是外用药，不得内服"等；再如一些电器上标明必须适用220V电压。商品说明书都记载着商品的用途、使用条件、使用方法、使用期限、使用和储藏应注意的事项以及该商品的名称、牌号、型号等，这样消费者便可以"按图索骥"，选择自己适用的商品。

（3）商品说明书也是企业对消费者的承诺，是扩大企业知名度的重要工具。法律规定了生产者负有保证产品内在质量的义务，包括明示担保义务和默示担保义务，商品使用说明书便是生产经营者的明示担保义务事项之一，是商家对消费者的一种承诺。商品的生产经营者除了执行国家强制性标准（默示担保）外，还应以商品说明书形式向消费者约定该商品应有的质量、性能，这就意味着必须保证生产出的商品与此约定的内容保持一致，否则，消费者有权要求降价、退货、赔偿损失等。比如，羊毛衫上标明含绒量100%，即俗称"纯羊毛"，尽管含绒量50%的也是羊毛衫，但只要商家做出这种明示，那么也就应当承担所约定的质量义务。如果实际上是混纺的羊毛衫，消费者可以要求降价甚至退货等。

2. 商品使用说明书的编写要求

（1）说明性。即主要采用说明的方法，直接、全面、准确地介绍商品，使消费者透彻地了解商品，一般很少用议论性的语言。

（2）知识性。这是商品说明书的根本价值所在，但又不同于论文、研究报告中的知识性，偏重于实用性，如药品，主要说明药物的原料组成、药理、功能和用法用量等内容，使使用者获得该药的基本知识，并得到正确使用该药的指导。

（3）客观性。即商品本身有多大功能、含什么成分、有几项用途，都必须实实在在写出来，不能随意添加或夸大。

（4）多样性。由于商品本身是多样的，消费者也是多样的，商品说明书也可以是多种多样的。表现在印刷和纸质的多样；形式上不仅用文字，也可以用图画、照片配合文字。

（5）指令性。有些说明书要求消费者必须按一定的程序进行操作和使用，否则会造成使用不便甚至损失，如压力锅的使用等。

3. 商品使用说明书的一般内容

商品类别不同，其说明书的内容也有差异。但从整体上看，商品说明书应包括以下主要内容：商品用途、商品规格型号和主要技术性能参数、商品的化学成分、商品原材料、商品的结构和工作原理、商品的寿命和保质期限、商品的使用方法、商品的运输安装调试方法、商品的维护和保养、安全警告等。

6.4.2 商品运输包装标志

商品运输包装标志指包装物外部的特定记号或说明。包装好的商品只有标志齐全，才能进入物流环节；商品要经过多环节的运动和中转，需要依靠标志来识别、操作和判断内装物的性质。为便于运输、储存和销售，国家对商品包装标志做了统一的规定。

1. 识别标志

识别标志是在运输包装外部制作的特点记号或说明，又叫收发货标志或"唛头"。

识别标志的主要内容有商品分类图示标志及文字说明。前者有约定俗成的图形，后者主要内容有发货人、收货人、件号、目的地、体积和重量、计量单位、产品生产国等。按照包装容器不同，可采用印刷、刷写、粘贴、拴挂等方式。目的是识别货物、实现货物的收发管理。运输包装收发货标志通常印刷在外包装上，其内容如下。

分类标志（代号FL）：用几何图形和简单的文字表明商品类别的特定符号。

供货号（GH）：供应该货物的供货清单号码（出口商品用合同号码）。

货号（HH）：商品顺序编号，以便入库、收发货登记和核定商品价格。

品名规格（PG）：商品名称或代号，标明单一商品的规格、型号、尺寸、花色等。

数量（SL）：包装容器内含商品的数量。

重量（ZL）：包装件的重量（kg），包括毛重和净重。

生产日期（CQ）：商品生产的年、月、日。

生产工厂（CC）：生产该产品的工厂名称。

体积（TJ）：包装件的外径尺寸×宽×高＝体积。

有效期限（XQ）：商品有效期至×××年××月。

收货地点和单位（SH）：货物到达站、港和某单位（人）收。

发货单（FH）：发货单位（人）。

运输号码（YH）：运输单号码。

发运件数（JS）：发运商品的件数。

上述各项标志内容，除一定要有分类标志外，其他各项可合理选用。外贸出口商品根据国外客户要求，以中、外文对照的形式，印制相应的标志和附加标志。

分类标志的图形、收发货标志的字体、颜色、标志方式、标志位置等，在 GB 6388—1986《运输包装收发货标志》标准中均有具体规定，如图 6-1 所示。

图 6-1 商品分类图形标志

2. 指示标志

指示标志是根据商品的某些特性，如怕湿、怕震、怕热、怕冻等，在搬运、装卸操作和保存条件下所提出的要求和注意事项，如"向上"、"小心轻放"等图形或文字。其目的是明示物流或保存中应采用的防护措施，故又称"操作标志"，如表 6-1 所示。

表 6-1　　包装运输指示标志

序号	标志名称	标志图形	含义
1	易碎物品		运输包装件内装易碎品，因此搬运时应小心轻放
2	禁用手钩		搬运运输包装件时禁用手钩

续表

序号	标志名称	标志图形	含 义
3	向上		表明运输包装件的正确摆放位置是竖直向上
4	怕晒		表明运输包装件不能直接照晒
5	怕辐射		包装物品一旦受辐射便会完全变质或损坏
6	怕雨		包装件怕雨淋
7	重心		表明一个单元货物的重心
8	禁止翻滚		不能翻滚运输包装件
9	此面禁用手推车		搬运货物时此面禁放手推车
10	禁用叉车		不能用升降叉车搬运包装件

第6章 商品包装

续表

序号	标志名称	标志图形	含义
11	由此夹起		表明装运货物时夹钳放置的位置
12	此处不能卡夹		表明装卸货物时此处不能用夹钳夹持
13	堆码重量极限		表明该运输包装件所能承受的最大重量极限
14	堆码层数极限		相同包装的最大堆码层数，n 表示层数极限
15	禁止堆码		该包装件不能堆码并且其上也不能放置其他负载
16	由此吊起		起吊货物时挂链条的位置
17	温度极限		表明运输包装件应该保持的温度极限

3. 警示标志

警示标志是用鲜明清楚的图形和文字标示各类危险品，包括爆炸品、氧化品、易燃品等，目的是识别危险货物，暗示应采用的防护措施，以保证物流安全，故又称危险品标志，这类标志应按规定的颜色印刷或标打，如表 6-2 所示。

表 6-2　危险货物包装标志

标志名称	标志图形	标志名称	标志图形
爆炸品	（符号：黑色，底色：橙红色）	氧化剂	（符号：黑色，底色：柠檬黄色）
爆炸品	（符号：黑色，底色：橙红色）	有机过氧化物	（符号：黑色，底色：柠檬黄色）
易燃气体	（符号：黑色或白色，底色：正红色）	剧毒品	（符号：黑色，底色：白色）
不燃气体	（符号：黑色或白色，底色：绿色）	有毒品	（符号：黑色，底色：白色）
有毒气体	（符号：黑色，底色：白色）	有害品（远离食品）	（符号：黑色，底色：白色）
易燃液体	（符号：黑色或白色，底色：正红色）	感染性物品	（符号：黑色，底色：白色）
易燃固体	（符号：黑色，底色：白色红条）	一级放射性物品	（符号：黑色，底色：白色，附一条红竖条）

续表

标志名称	标志图形	标志名称	标志图形
自然物品	（符号：黑色，底色：上白下红）	二级放射性物品	（符号：黑色，底色：上黄下白，附二条红竖条）
遇湿易燃物品	（符号：黑色或白色，底色：蓝色）	三级放射性物品	（符号：黑色，底色：上黄下白，附三条红竖条）
杂类	（符号：黑色，底色：白色）	腐蚀品	（符号：上黑下白，底色：上白下黑）

法律规定，厂家在危险品包装中要有中文警示说明、警示标志，以避免误用或包装不符合要求而造成损害；另外，一些商品本身易碎（如玻璃制品等）、不能倾斜（如电冰箱等）、储运不能倒置等，在储运或使用这些特殊商品时，应注意其警示说明，以保护自身利益。如果应该标明警示标志或说明而未标明的，应视为不合格产品，且行政执法部门有权对生产厂家、销售者予以行政处罚；消费者购买了这种无警示说明的商品，有权要求责任方退货、更换、赔偿损失等。

4. 国际海运标志

联合国政府海事协商组织对国际海运货物规定了国际海运标志和国际海运危险品标志，见图6-2和图6-3。我国出口商品包装可同时使用两套标志。

图6-2 国际海运标志

(1) (橘黄色底印黑色)　(2) (绿色底印黑色)　(3) (黄色底印黑色)

(4) (红色底印黑色)　(5) (黄色底印黑色)

(6) (白底印黑色)　(7) (白底印黑色)　(8) (上半部白底印黑色，下半部黑底白字)

图 6-3　国际海运危险品标志

5. 集装箱标志

国际标准集装箱在其外部都标有规定的标志。这些标志包括：

①箱主代号、顺序号、核对数字。国际标准中集装箱主代号由四位大写的英文字母表示。顺序号又称为箱号，由六位阿拉伯数字组成。核对数是用于检验箱主代号和顺序号在数据传输和记录时是否出错的手段。

②国家代号、尺寸代号、类型代号。

③额定重量（MAX GROSS）、自重（TARE WEIGHT）、载重量（NET WEIGHT）、容积（CU CAP）。

④超高标志（图6-4）。

⑤国际铁路联盟标志（图6-5）。

⑥通行标志。为了集装箱能够顺利地通过或进入其他国家，集装箱上必须贴有规定要求的各种通行标志，主要包括：安全合格牌、集装箱批准牌、防虫处理板、检验合格徽（图6-6）和国际铁路联盟标志等。如果没有通行标志，往往需要办理繁杂的证明手续，延长通过的时间。

【课堂讨论】

作为业务人员，在商品订货、进货或收货过程中，如果需要对商品的包装进行检验，你认为应该检查哪些内容？检查这些内容有什么作用？

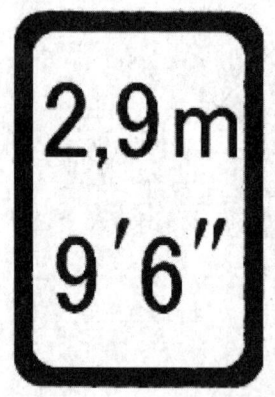  

图 6-4 超高标志　　　　图 6-5 国际铁路联盟标志　　图 6-6 中国船级社的合格徽

【拓展知识】

国家对几大商品销售包装的规定

《预包装食品标签通则 GB 7718—2004》《消费品使用说明 总则 GB 5296.1—2012》；《消费品使用说明 第2部分 家用和类似用途电器 GB 5296.2—2008》《消费品使用说明 化妆品通用标签 GB 5296.3—2008》《消费品使用说明 第4部分 纺织品和服装使用说明 GB 5296.4—2008》

6.5　商标

6.5.1　商标的概念和作用

1. 商标的概念

商标（Trademark）俗称"品牌"（Brand），是指商品生产者或商品经营者为了使自己生产或销售的商品，在市场上与其他商品相区别而使用的一种标志。品牌一般由名称（Name）、符号（Sign）、象征（Symbol）、设计（Design）或它们的组合所构成。

2. 商标的特征

（1）商标具有从属商品经济的属性。商标是商品经济发展的产物，是随着商品生产、交换的发展而出现的商品标志。商标的使用者是商品生产者或经营者，而不是消费者。标志物是商品，而不是物品。标志的目的是出售商品。

（2）商品具有显著性。商品必须具有能够与其他商品相区别的显著特征，使不同厂商的商品能够区别、比较和鉴定。商标是商品生产者或经营者的独特标记，是企业名声、商品信誉和评价的象征。

商标使用的文字、图形或者组合，应当有显著特征便于识别。使用注册商标，应当标明"注册商标"或者注册标记如"注册""R"等。

（3）商标享有专有性。经过注册的商标使用在"一定范围"和"一定质量"的商品上，他人不得冒用或侵权。"专用"、"排他"是注册商标最本质的含义。

（4）商标具有竞争性。商标在消费者心目中形成的形象，反映了商品生产者或经营者的信誉，标志着商品的一定质量。商标在市场竞争中，可以起到广告和推销员的作用，使消费者认商标选购。

3. 商标与品牌的关系

美国市场营销协会对品牌的定义是：品牌是一种名称、术语、符号或设计，或是它们的组合运用，其目的是借以辨认某个生产经营者或某群生产经营者的产品或服务，并使之与竞争者的产品或服务区别开来。

品牌标志和名称是品牌的一个组成部分，但不是品牌的全部。品牌标志是指品牌中可识别但不能用言语表达的部分，包括符号、图案或专门设计的颜色、字体等。品牌名称则是指品牌中可用语言表达的部分。

商标是品牌的一部分，一般是品牌标志和品牌名称。商标是经过法律程序和法律确认的，受到法律保护的品牌。

4. 商标的作用

商标是商品的记号，它代表向消费者提供的一组特定属性、利益、服务、价值、个性及文化。它具有以下作用：

（1）识别商品的不同生产者或经营者。区别不同的商品生产者、经营者是商标最重要、最本质的功能。市场上，同类商品竞争激烈，消费者可以通过商标识别厂家，指"牌"购买。

使用商标可以增加顾客对商品的信任感，如果商品质量发生问题，商标可以使消费者的利益得到保护。

（2）有利于保护企业利益。注册商标受到法律保护，可以防止竞争对手的仿制侵犯。

（3）有利于保持老客户。消费者一旦对某种商品的属性产生偏好以后，就会形成"品牌忠诚"现象，即在相当长的时间内保持对这一品牌的购买选择。

①有利于树立企业形象。品牌总是与企业形象联系在一起的，良好的品牌有利于消费者对企业产生好感。

②有利于经济发展。商标是厂家信誉的一种标志，往往成为消费者选择商品的重要依据。商标信誉的好坏决定了商品的竞争力。优胜劣汰的市场竞争规则，促使企业不断提高商品质量，保证了名优商品的市场占有率。

6.5.2 商标的分类

商标按不同的标准有不同的分类方式，通常以商标的外观结构、用途、商标的使用和商标的管理等作为标志来划分。

1. 按商标的结构划分

商标可分为文字、图形、记号和组合商标。

（1）文字商标。文字商标是指仅用文字（或字母）构成的商标，包括中国文字和少数民族文字、外国文字和阿拉伯数字或以各种不同字（字母）组合的商标。文字商标目前在世界各国使用比较普遍。其特点是比较简明，便于称谓。文字商标通常有三类：一是由带有一般含义的词语组成的商标。例如，"三洋"（电视机），"凤凰"（自行车）等；二是由不带含义的创造性词汇组成的商标。例如，"SONY"（索尼）就是日本一家电器公司在其所生产的磁带、电视机、录音机等产品上使用的商标；三是由两个或几个带有一定含义的词汇简化拼合而成的商标。例如，"上药"（六神丸），即由"上海中药制药厂"简化而来的。文字商标易读、易记，不易混淆，准确度高。但对不识该种文字的受众来说，这些优点就不存在了。文字商标要尽量简短，在不同语系的目标市场，译成该目标市场的文字应易于识读，并且词意能符合当地人们的喜好。

（2）图形商标。图形商标是指由图形组成的商标。因为图形商标不受语言文字的限制，无论任何国家，只要能识别图形就会叫出商标的名称，如"长城"商标，给人一看就有明白的感觉。图形商标不便于称呼，所以单独使用较少。

（3）记号商标。记号商标，是用某种记号构成的商标。记号作为产品的标志起源很早，据史书记载，一万多年前的一些古陶器上就刻有各种记号。古代一些产品有不少用记号标志，就是现在也有简单的记号作为商标的，不过我国商标法没有规定记号商标，但在实践中仍然有人使用。

（4）组合商标。组合商标是由文字、图形或记号组合的商标。如法国一家体育用品公司的"雄鸡"商标文字是"LeCoqSpomf"，意为"雄鸡"，是商标名称，上方印有一只昂首挺立的雄鸡，是品牌标志。这种商标在我国也是普遍采用的形式，如"海尔"商标。组合商标易于识别，便于呼叫，所以容易被人们接受。

2. 按商标的用途分类

可以分为：营业商标、商品商标、等级商标、保证商标、服务商标。

（1）营业商标。它是指以生产或经营的企业名称、标记作为商标，即用商号或厂标作为商标，如中国的"同仁堂"中药、美国的"福特"汽车等。营业商标有特殊的作用，在宣传商品的同时又宣传了企业，有助于提高企业的知名度。

（2）商品商标。它又称"个别商标"，是指为了将一定规格、品种的商品与其他的商品区别开来，在个别商品上使用的商标。如不同规格的轮胎，分别使用"骆驼"、"金鹿"、"工农"牌等商标。

（3）等级商标。等级商标是指同一企业、同一类商品因不同规格、质量而使用的系列商标。

（4）保证商标。保证商标也称证明商标，主要是指专为说明质量而使用的商标。通过提供质量证明，使商品对消费者具有巨大的吸引力，便于打开销路，占领市场，如纯羊毛标志、绿色食品标志、真皮标志。

（5）服务商标。服务商标是用于区别提供不同的服务项目或行业的商标。服务商标在国际分类中，主要有以下8类：广告与实务、保险与金融、建筑与修理、交通、运输与储藏、教育与娱乐、材料处理、杂务。服务商标的表现形式有图形、字母、符号、呼号、乐曲等。

服务商标（服务标记）一般不用于商品流通，不随商品交换，是服务行业或企业所使用的行业标志和企业标志。

3. 按商品使用者划分

可以分为制造商标和销售商标。

（1）制造商标。制造商标是指表示商品制造者的商标，又称"生产商标"。这种商标往往与厂标一致，如日本"日立"电器公司的"日立牌"商标。使用这种商标是为了区别制造者与销售商。

（2）销售商标。它是指销售者（经营者）销售商品而使用的商标，也称"商业商标"，是销售者为了使自己经营的商品与其他经营的商品相区别而使用的商标。这种商标常在生产者实力较弱，销售者享有盛誉的时候使用。世界上著名的大零售商西尔斯、马狮、沃尔玛公司已有90%以上的产品使用公司品牌。

6.5.3 商标设计

（1）商标的构成。各国法律对商标构成的规定不尽相同。如俄罗斯规定，商标构成要素可以是文字、图形、立体组合或其他各种形式。美国商标法规定，任何文字、符号或标志，或者这类事物的组合都可以作为商标的构成要素。目前，有少数国家把包装和容器的特殊式样也列为商标的构成要素，允许注册。由于商标竞争越来越激烈，国外一些厂家在商标设计上千方百计地标新立异，招徕顾客，甚至推出了气味商标、音响商标、电子数据商标、传输商标等。

我国商标法规定，商标由文字、图形或其组合构成，其他形式都不能作为我国商标的构成要素。有一些文字、图形是禁止用作商标的，应避免采用销售国禁用的或消费者忌讳的文字或图形。许多国家禁用地理名称作为商标，因为地理名称往往被认为缺乏显著特征。

（2）设计风格与产品营销。商标设计必须符合商品销售国家和地区的法律规定和风俗习惯，尊重其国家主权和民族特点，这已成为各国企业商标设计的原则。商标设计不单纯是一般工艺美术问题，不能只追求商标的美观与实用，要严密地考虑设计的合法性、使用后的法律后果及其对国际市场营销活动的影响。

目前，商标图形设计已进入大众传播时代，商标设计逐步专业化。各国的商标设计的发展都体现共同的趋势：从最初的标识性记号转向繁复的绘画图案，从具体形象转向文字和抽象的几何图案。企业的商标设计还与产品开发和市场营销密切相关。国外许多企业将商标设计放在企业战略决策位置上，综合考虑各种因素加以规划。

本章小结

商品包装在经济生活中具有重要意义，在生产、流通和消费中具有保护功能、容纳功能、便利功能和促销功能。

以包装在商品流通中的作用分类，分为销售包装和运输包装。销售包装起着直接保护商品、宣传和促进商品销售的作用；销售包装的主要功能是保护商品，方便运输、装卸和储存。

包装的主要材料有纸和纸板、金属、塑料、玻璃陶瓷、竹木、纤维制品、复合材料等。每种材料各有特点和适宜性。

商品销售包装的技法有贴体包装技法、泡罩包装技法、收缩包装技法、拉伸包装技法、真空包装技法、充气包装技法、吸氧剂包装技法等。运输包装包括缓冲包装、防潮包装、防锈包装、防霉包装和集合包装等。

商品包装标志在商品销售包装上表现为商品使用说明或商品标签，在商品运输包装上则表现为商品包装标志。运输包装标志分为收发货标志、包装储运图示标志和危险品货物包装标志三种。商标是商品销售包装上的重要标志，它使商品生产者或经营者自己生产或销售的商品与其他商品相区别开来，这种标志通常用文字、图形或文字、图形的组合图案构成。商标的设计与使用应遵循国家相关的法规。

【案例分析】

打火机事件

2001年10月，在我国顺利完成加入世贸组织的各项谈判时，一个旨在保护欧洲打火机制造商利益的贸易法案也在悄然拟定中，这就是欧盟卫生和消费者保护协会主持制定的《打火机——防止儿童开启要求及测试方法》（简称CR法规）。

检验打火机是否符合CR法规标准的方法，是随机召集100名年龄在51个月以下的儿童，在无人指导的情况下让他们开启被检验的打火机，如果有88%以上儿童难以开启，这批产品才算符合CR规定。要达到CR法规标准，就必须在每个打火机上加装一个安全装置，俗称安全锁。不难想象，如此一来，一要增加生产成本，使我国产品失去价格优势；二会因为使用不便，使部分顾客放弃使用加锁的产品，失去市场。

CR法规虽然看起来冠冕堂皇，无懈可击，但仔细推敲，它违反了世贸组织的有关规则，带有明显的贸易歧视倾向。

首先，一个产品的价格定位，是依据它的生产成本和合理利润，最终的价格定位取决于市场的接受程度和供求关系，跟安全与否无关。但CR法规却把价格作为产品的安全标准而加以限制，显然违反了自由贸易的原则，是一种价格歧视。如果说，打火机对儿童安全有潜在威胁，那世界上任何打火机一旦被儿童接触或被拿去玩耍，都有危险，而不是2欧元以下的才有危险，2欧元以上的就没有危险。

其次，从技术角度讲，温州生产的金属外壳可充气打火机，采用的气胆材料通常为尼龙和聚甲醛，其耐压性能、抗压性能和高温承受性能都超过一次性打火机，同时还有金属外壳保护。而CR法规混淆一次性打火机和金属外壳打火机的区别，笼统地以价格为标准加以限制，是有意混淆概念，造成竞争的不公平。如果单纯从安全角度讲，欧美等国家生产的以汽油为燃料的汽油打火机更有危险性。

案例思考题
1. 结合案例分析各种国际商品标准的理解解释对企业商品销售的影响。
2. 案例对从事生产经营特别是国际化企业的启示是什么？

复习思考题

一、名词解释

商品包装　运输包装　商品包装标志　外包装　缓冲包装　集合包装　指示标志

二、判断对错

1. 精密仪器和纺织服装都适宜使用缓冲包装。　　　　　　　　　　　　（　　）

2. 集装箱不适合装颗粒状或粉末状货物。（　　）
3. 小包装直接接触商品，也称为单件包装。（　　）

三、选择题

1. 在包装材料的限塑时代，（　　）因其成本低、无污染、可回收而备受青睐。
   A. 纸质材料　　B. PE 材料　　C. 金属材料　　D. 木材原料
2. 商品包装的容纳功能所起的作用主要是（　　）。
   A. 保护商品　　B. 形成商品　　C. 促销商品　　D. 消费商品
3. 销售包装已成为商品的无声推销员，体现了商品包装的（　　）。
   A. 保护功能　　B. 容纳功能　　C. 便利功能　　D. 促销功能
4. 真空包装和充气包装是商品销售包装的（　　）。
   A. 材料要素　　B. 造型要素　　C. 技法要素　　D. 装潢要素
5. 使用运输包装的标志，可采用（　　）等方法。
   A. 直接印刷　　B. 粘贴　　C. 拴挂　　D. 刷写

四、简答题

1. 什么是商品包装？商品包装有什么作用？
2. 商品的包装主要有哪些分类方法？分为哪些类别？
3. 常用的商品包装材料有哪些？
4. 商品的包装技法主要有哪些？
5. 商标的概念及作用是什么？

五、实训题

某商品运输包装设计方案

每 5 人分成一组，确定分工，选择某一商品（各组不得重复），对其运输包装进行设计。

要求：要列出运输包装的结构要素，分析该商品属性、对运输包装的要求以及设计要素。

目的：加强学生对某一具体商品的运输包装及其结构要素的认识和合理运用能力，并培养团队合作能力。

成果形式：以小组为单位，撰写"某商品运输包装设计方案"。

第7章 商品储存与养护

知识目标

了解商品储存的一般形式和管理，掌握商品的储存要求和养护方法

技能目标

能够按照商品的储存与养护要求，正确储存和养护商品

能力目标

能够运用所学知识和方法对日常经营商品进行有效的养护

课程导入案例

德国食品保鲜与包装

在德国，食品、农产品的保鲜非常讲究科学性和合理性。无论是肉类、鱼类，还是蔬菜、水果，从产地或加工厂到销售网点，只要进入流通领域，这些食品就始终在一个符合产品保质要求的冷藏链的通道中运行。而且这些保鲜通道都是电脑控制的全自动设备，如冷藏保鲜库全部采用风冷式，风机在电脑的控制下调节库温，使叶菜类产品在这种冷藏环境中能存放 2～5 天。肉类包装则普遍采用真空或充气包装。德国的肉类包装、充气保鲜包装机械的发展速度很快，与真空保鲜包装相比，充气保鲜包装在色泽、渗出液等方面显示出更多的优点。先进的食品保鲜包装技术，对于调剂食品市场需求是极为有利的。

讲到市场需求，就不能不提到德国多特蒙德的批发市场，为了市场的需求，这个市场装备了一整套完全自动化的香蕉后熟系统。香蕉从非洲通过船舶和铁路运到批发市场时是半熟的，批发市场则要根据客户、零售商的订货需要进行后熟处理。在这套控温后熟系统中，除了温度控制外，还有气体催熟剂，后熟期为 3～7 天，具体时间完全控制在批发商的手中。

德国的食品保鲜包装比较科学合理。在瓜果蔬菜的包装方面，只要是块状不易压坏的产品均用小网袋（塑料丝纺织）；对易损坏产品则用透气性良好的硬纸箱包装，叶菜类产品一般平行堆放在箱内；少量的产品采用盒装，包装盒都具有良好的透气性，无明显的结露现象。对肉类则分别有冷冻、真空和充气等包装形式。

上述案例表明，损耗控制涉及超市管理的许多方面，需要采购、仓储和各有关管理部门的共同协作。商品的储存与养护是商品经营的重要工作，通过科学的储存管理和养护措施能有效地降低损耗，保证商品质量。

7.1 商品储存

7.1.1 商品储存的含义

商品储存，是指在商品离开生产过程但尚未进入消费过程的间隔时间内的停留，也就是在流通领域中的停留存放过程，又称商品储备。具体来说，就是在保证商品的质量和数量的前提之下，根据一定的管理规则，在一定的时间内将商品存放在一定的场所的活动，它是物流系统的一个重要的组成部分。商品储存是包含商品库存和商品储备在内的一种广泛的经济现象，是一切社会形态都存在的一种经济现象。

在传统的商业中，商品储存的过程一直被认为是无关紧要的，因为它只会增加商品的成本，而不能产生利润。但是，随着现代物流学的发展，商品储存作为物流系统的重要的组成部分，越来越被众多的学者与物流业者所重视，它在物流的整个过程中发挥着越来越重要的作用。

7.1.2 商品储存的原则、方式及作用

1. 商品储存的原则

商品储存是商品物流中的重要环节，是商品经销部门吸收待销商品的重要手段，它对调节社会生产和消费的矛盾，促进商品生产和流通，保证市场供应具有十分重要的意义。商品储存应坚持以下原则：

（1）确保生产稳定原则。如企业原材料的储存量应能满足生产的正常需要。

（2）确保市场供应原则。通常商业企业的储存量应与市场需求量相一致，并与商品的销售量保持一定的比例。

（3）确保商品质量的原则。商品在储存过程中会发生各种物理和化学变化，甚至发生质变化。因此，商品储存应以确保商品质量为重要前提。

（4）经济核算原则。要综合考虑资金占用、储存费用和商品利润等问题，从而确定合理的储存量，过多会增加资金占用，并加重储存成本。

2. 商品储存的方式

一般按商品的储存性质分为季节性储存、周转性储存和储备性储存三种。

（1）季节性储存。由生产季节与消费时间不一致引起，包括全年生产季节性消费、季节性生产全年消费和季节性消费三种情形。

（2）周转性储存。指流通企业为维持正常经营而进行的储存，其储存量取决于企业的经营能力、资金实力和管理水平等。

（3）储备性储存。又叫国家储备，指防备灾荒、战争或其他应急而进行的物资储备，

一般是涉及国计民生的物资，如粮食、棉花、石油、药品、战备物资等。

3. 商品储存的作用

（1）通过商品储存可以调节商品的时间需求，进而消除商品的价格波动。一般来说，商品的生产和消费不可能是完全同步的，为了弥补这种不同步所带来的损失，就需要储存商品来消除这种时间性的需求波动。比如，人们在日常生活中，对于大米的需求是持续的。但是，大米的生产并不是随时都能进行的，即大米的供给是集中进行的。所以必须通过商品存储来储存一些大米。在不能生产大米的季节供给消费者。而且通过这种有目的性的商品存储，可以防止商品供给和需求之间剧烈矛盾的产生，稳定商品物价。

（2）通过商品储存，可以降低运输成本，提高运输效率。众所周知，商品的运输存在规模经济性。而对于企业来说，顾客的需求一般都是小批量的，如果对于每一位顾客都单独为它们运送货物，那么，将无法实现运输的规模经济，物流成本将是极大的。所以为了降低运输成本，可以通过商品的存储，将运往同一地点的小批量的商品聚集成为较大的批量，然后再进行运输，到达目的地后，再分成小批量送到客户手中，这样虽然产生了商品存储的成本，但是可以更大限度地降低运输成本，提高了运输效率。

（3）通过商品在消费地的储存，可以达到更好地客户满意度。对于企业来说，如果在商品生产出来之后，能够尽快地把商品运到目标消费区域的仓库中去，那么目标消费区域的消费者在对商品产生需求的时候，就能够尽快地得到这种商品，这样消费者的满意度就会提高，而且能够创造出更佳的企业形象，为企业今后的发展打下良好的基础。

（4）通过商品储存，可以更好的满足消费者个性化消费的需求。随着时代的发展，消费者的消费行为越来越向个性化的方向发展，为了更好地满足消费者的这种个性化消费的要求，我们可以利用商品的存储对商品进行二次加工，满足消费者的需求。比如，在商品的储存过程中，可以对商品进行二次包装，或者不同商品的整合，这样就能根据顾客的需求，生产出顾客需要的独一无二的产品。

7.1.3 商品储存的场所

1. 仓库的种类

商品储存的场所一般称为仓库。仓库通常分为库房、货棚和货场三大类。

（1）库房。指专门用来储存商品的房屋。一般用于存放不能雨雪浸淋、风吹日晒，对保管条件要求较高的商品。它们又有以下不同的种类：

①按建筑形式分为平房、多层式库房、地下库房和高层库房等。平房具有搬运方便、库房利用率高、造价低等优点，但占地较多；而多层式库房则相反；地下库房具有隐蔽、安全等特点；高层库房占地少，但造价较高。

②按库房的建筑材料分为砖木结构、钢筋混凝土结构、砖木与钢混结构以及钢结构等。

③按库房的功能分为普通仓库、专用仓库和特种仓库等。普通仓库无特殊的设备要求，用于一般工业品的储存，又称通用仓库；专用仓库是用于储存某类商品的仓库，如茶叶仓库、卷烟仓库、化肥仓库、农药仓库等，以防止相互串味和影响；特种仓库是储存特殊商品的专用仓库，如保温仓库、冷藏库、石油库、氮气仓库、危险品仓库等。

（2）货棚。货棚是用来存放商品的棚子，它是一种简易的仓库，其特点是不需要配备养护设施，适用于存放受自然温湿度影响较小的商品，或不能雨水浸淋但能经受风吹和日晒的商品。货棚一般用于商品的中转或加工中的临时存放。货棚应防止雨雪渗透，两侧或四周必须有排水沟或管道，货棚内的地坪应该高于货棚外的地面，最好铺垫沙石并夯实，一般应该垫高30~40cm。按封闭的程度，货棚又分为敞棚（四面无墙）、半敞棚（一面有墙）和有墙棚（三面有墙）。

（3）货场。货场一般是露天堆放商品的场地，也叫露天仓库。多用于煤炭、砖瓦、沙石、原木、粗制瓷器、金属坯锭等商品的存放。露天堆垛场地应该坚实、平坦、干燥、无积水和杂草，场地必须高于四周地面，垛底还应该垫高40cm。货场多用围墙、铁丝网、篱笆或水沟隔离而成，具有投资少、建造快等特点。

2. 仓库总平面布置

仓库总平面一般可以划分为仓储作业区、辅助作业区、行政生活区，除了上述区域之外，还包括铁路专用线和库内道路。

仓储作业区是仓库的主体。仓库的主要业务和商品保管、检验、包装、分类、整理等都在这个区域里进行。仓储作业区的主要建筑物和构筑物包括库房、货棚、货场、站台以及加工、整理、包装场所等。

辅助作业区内进行的活动是为主要业务提供的各项服务。例如设备维修、加工制造、各种物料和机械的存放等。辅助作业区的主要建筑物包括维修加工以及动力车间、车库、工具设备库、物料库等。

行政生活区由办公室和生活场所组成，具体包括办公楼、警卫室、化验室、宿舍和食堂等。行政生活区一般布置在仓库的主要出入口处并与作业区用隔墙隔开。这样既方便工作人员与作业区的联系，又避免非作业人员对仓库生产作业的影响和干扰。总之，进行仓库总平面布置时应满足如下要求：

（1）方便仓库作业和商品储存安全。
（2）最大限度地利用仓库面积。
（3）防止重复搬运、迂回运输和避免交通阻塞。
（4）充分利用仓库设施和机械设备。
（5）符合安全保卫和消防工作要求。
（6）综合仓库当前需要和长远利益，减少将来仓库扩建对正常业务的影响。

商品储存场地的选址，应综合考虑地址的多方面因素，一方面是水文、气候等自然条件；另一方面是交通运输、水电供应、防火防污染等安全环境条件，以讲求建设综合效益。

7.1.4 商品储存的管理

7.1.4.1 商品的入库管理

1. 商品入库验收

商品的入库验收，实际上是对商品质量的一次严格检查，为保存商品打下一个良好的基础。商品入库验收的主要内容如下：

（1）检验单货是否相符。商品入库时，先点数，再检查单据上所列的产地、货号、品名、规格、数量、单价等，与商品原包装货标标签上所列各项内容是否一致，即使有一项不符，也不能入库。

（2）检验包装是否符合要求。在清点商品数量的同时，还要检查包装，如木箱、塑料袋、纸盒等是否符合要求，有无玷污、残破、拆开等现象，有无受潮水湿的痕迹，包装上的文字图案是否清楚等，如包装不牢固影响堆垛的也不能入库。

（3）检查商品质量是否合格。商品验收时，除察看包装外部情况外，还要适当开箱拆包，察看内部商品是否有生霉、锈蚀、溶化、虫蛀、鼠咬现象等，同时还要测定商品的含水量是否正常、是否超过安全水分率等。对液体商品要检查有无沉淀，有时还需检验商品的内在质量是否合格，有质量问题的商品暂不入货区。

2. 分区、分类管理

储存商品的分区分类，要以安全、方便、节约为原则，在商品性能一致、养护措施一致、消防方法一致的前提下进行管理。分区、分类管理方法一般有如下三种：一是按商品种类和性质进行分区分类管理，具体有分类商品的同区储存和单一商品的专仓专储两种方法，前者适用于同性质的普通商品，后者适用于贵重商品和化工危险品；二是按发往地区进行分类管理，此法适用于储存期不长而进出数量较大的商品，但对化工危险品、性能相互抵触以及运价不同的商品，应分别存放；三是按商品危险性质进行分类管理，此法适用于特种仓库，根据危险品本身具有不同程度的易燃、易爆、毒害等特性进行分类储存管理，以防止互相接触而发生燃烧、爆炸等。

3. 货位选择

这里的货位是指仓库中实际可以堆货的面积，货位的选择是在商品分区分类管理的基础上进行的，分区分类保管是对仓库商品的合理布局，货位选择则是具体落实每批入库商品的储存点。合理选择货位必须遵守商品安全、方便吞吐发运、力求节约库容原则。在选择货位时，既要掌握不同的商品特性，又要认真考虑存货区的温湿度、风吹、日晒、光照等条件是否适应商品性能的储存。对怕潮、易霉、易锈的商品，宜选择干燥或密封的货位；对怕光、怕热、易熔的商品，应选择低湿干燥的货位；对怕冻的商品应选择温度高于0℃的货位；对各种化工危险品，应存放在郊区仓库分类专存；对性能互相抵触和挥发串味的商品，不能同区储存；对外包装含水量过高而影响邻垛商品安全的商品，不能同区储存；在同一货区储存的商品中，应无虫害感染。

4. 商品堆垛

货堆应堆几层高，一是看商品包装容许的层数；二是库房地坪负载范围内不超重；三是库房高度范围内不超高。货垛与墙壁之间的必要距离一般规定为：库房外墙0.3~0.5m，内墙0.1~0.2m；货场间距离不分内外，一般0.8~3m。顶距一般规定为：平房0.2~0.5m，多层建筑库房底层与中层0.2~0.5m，顶层不低于0.5m，灯距不少于0.5m。

堆垛的方法取决于商品性能、包装质量和仓储设备等条件，根据包装形状、批量的大小和仓库的装卸搬运机械化程度不同，大体可分为整体商品堆垛法、货架堆垛法和散商品堆垛法三种。在具体堆垛时，对含水量高、易霉腐变质，但适合通风的商品，在梅雨季节应堆通风垛，堆垛不宜过高；对易渗漏商品，应堆成间隔式行列垛，以便于及时检查；对易弯曲变形的商品，应堆成平直交叉式实心垛等。

地面潮湿是引起商品变质的一个主要原因，因此商品在堆垛时要注意做好地面的防潮工作。底层库房、货棚堆垛商品时，一定要垫底，并用苇席、油毡或塑料薄膜等铺垫隔潮。垛底距地面一般在 30~50cm 之间，以便垛下通风散热。

7.1.4.2 商品的在库和出库管理

1. 环境卫生管理

储存环境不卫生，往往会引起微生物、害虫和鼠类的滋生和繁殖，还会使商品被灰尘、油污、垃圾玷污，进而影响商品质量。因此要经常对库内进行彻底清扫，库外要达到杂草、污水、垃圾三不留。必要时使用药剂消毒杀菌、杀虫灭鼠，以确保商品安全。

2. 商品在库检查

储存商品要发生质量变化是需要一定时间的，不同商品由于性质不同，发生质量变化的时间也是不同的。有的商品在一夜之间全部腐烂变质，有的商品则需要几个月甚至几年的时间才逐步锈蚀或老化，因而要根据不同商品、不同的保管条件，制定相应的抽查检验制度。

商品在库期间，要经常进行定期或不定期、定点和不定点的检查，检查时间和方法应根据商品的性能及其变化规律，结合季节、储存环境和时间等因素掌握。检查时，主要以眼看、耳听、鼻闻、手摸等感官检验为主，必要时可配合仪器进行检查，如发现问题，应立即分析原因，并采取补救措施。如翻堆倒垛、加工整理、施放药剂或采取晾晒、密封通风、吸潮等方法，来改善保管条件，保证商品安全。

3. 仓库温度、湿度管理

商品储存期间，在各种外界影响因素中，以空气温度、湿度的影响最为主要。可以这样说，商品储存中所有的质量变化都与温度、湿度有关。因此，必须根据商品的特性、质量变化规律及本地区气候情况与库内温度、湿度的关系，加强库内温度、湿度的管理，采取切实可行的措施，创造适宜商品储存的温度、湿度条件。

空气温度表示空气的冷热程度，常用符号"t"或"T"来表示。常见的温标有摄氏温标、华氏温标和绝对温标，它们的表示符号为"c"、"F"、"K"。

空气湿度指空气中水蒸气含量的多少或大气的干湿程度。表示湿度大小的方法有水汽压、绝对湿度、饱和温度、相对湿度等。

绝对湿度是指每 $1m^3$ 空气中所含的水蒸气克数。饱和湿度是指在一定温度条件下，每立方米空气中最大限度所能容纳的水蒸气量。空气的饱和湿度随温度的升高而加大，随温度的降低而减少。相对湿度是每立方米水蒸气含量与同温度同体积的空气饱和水蒸气含量之比，说明了空气中的水汽距离饱和水汽量的程度。其表达式为：

$$相对湿度(r) = \frac{实际水汽压(e)}{饱和水汽压(E)} \times 100\% = \frac{绝对湿度}{饱和湿度} \times 100\%$$

仓库温湿度的测定，一般采用干湿球温湿度计。干球为库内气温，根据干湿球温差，转动中间刻有干湿差的表盘，就可读出表盘中的相对湿度，即为库内相对湿度。现在采用指针式温湿度计的为多。

4. 出库商品管理

商品出库必须做到单随货行，单、货数量当面点清，商品质量要当面检验。包装不牢或破损以及标签脱落或不清的，应经复核后交付货主。出库的商品一般应贯彻"先产先出"、"易坏先出"、"接近失效期的先出"，质量不合格、包装不牢固、内有破损、标记不清楚的不出的原则。

【案例分析】

从商品样品室或某仓库中选5~10种商品,按入库验收的要求进行实际操作,完成下面的入库验收登记表,并提出相应的储存管理方案。

表7-1　　　　　　　　　　×库×组入库验收商品登记表

进仓时间	车(船)航次	进仓清单号	验收时间	品名	规格厂牌	单位	数量	批号及有效期	包装情况	件数	抽查件数	数量情况	备注	验收人

7.2　商品养护

7.2.1　商品的质量变化

7.2.1.1　商品的物理机械变化

物理变化是只改变物质的外表形态,不改变其本质,没有新物质的生成,并且有可能反复进行的质量变化现象。商品的机械变化是指商品在外力作用下发生的形态变化。物理机械变化的结果不是数量损失,就是质量降低,甚至失去使用价值。商品常发生的物理变化有挥发、溶化、熔化、渗漏、串味、沉淀、玷污、破碎与变形等。

1. 挥发

挥发是低沸点的液体商品或经液化的气体商品,在空气中经汽化而散发到空气中的现象。挥发速度与气温的高低、空气流动速度的快慢、液体表面接触空气面积的大小成正比关系。液体商品的挥发不仅会降低商品的有效成分,增加商品损耗,降低商品质量,有些燃点很低的商品还可能引起燃烧或爆炸;有些商品挥发的蒸气有毒性或麻醉性,容易造成大气污染,对人体有害;有些商品受到气温升高的影响体积膨胀,使包装内部压力增大,可能发生爆破。常见易挥发的商品有:酒精、白酒、香精、花露水、香水、化学试剂中的各种溶剂、医药中的一些试剂、部分化肥农药、杀虫剂、油漆等。

防止商品挥发的主要措施是加强包装的密封性。此外,要控制库房温度,高温季节要采取降温措施,保持在较低的温度条件下储存商品。

2. 溶化

溶化是指固体商品在保管过程中,吸收空气或环境中的水分达到一定程度时,就会成为液体的现象。常见易溶化的商品有食糖、糖果、食盐、明矾、硼酸、甘草硫浸膏、氯化钙、氯化镁、尿素、硝酸铵、硫酸铵、硝酸锌及硝酸锰等。

商品溶化后，商品本身的性质并没有发生变化，但由于形态改变，给储存、运输及销售部门带来很大的不便。商品溶化与空气温度、湿度、堆码高度有密切关系。对易溶化商品应按商品性能，分区分类存放在干燥阴凉的库房内，不适合与含水分较大的商品放在一起。在堆码时要注意底层商品的防潮和隔潮，垛底要垫得高一些，并采取吸嘲和通风相结合的温湿度管理方法来防止商品吸湿溶化。

3. 熔化

熔化是指低熔点的商品受热后发生软化甚至变为液体的变化现象。熔化除受气温高低的影响外，与商品本身的熔点、商品中杂质种类和含量高低密切相关。熔点越低，越易熔化；杂质含量越高，越易熔化。常见易熔化的商品有，百货中的香脂、蛤蜊油、发蜡、蜡烛；文化用品中的复写纸、蜡纸、打字纸、圆珠笔芯；化工商品中的松香、石蜡、粗萘、硝酸锌；医药商品中的油膏、胶囊、糖衣片等。

商品熔化，有的会造成商品流失、粘连包装、玷污其他商品；有的因产生熔解热而体积膨胀，使包装爆破；有的因商品软化而使货垛倒塌。预防商品的熔化，应根据商品的熔点高低，选择阴凉通风的库房储存。在保管过程中，一般可采用密封和隔热措施，加强仓房的温度管理，防止日光照射，尽量减小温度的影响。

4. 渗漏

渗漏主要是指液体商品发生跑、冒、滴、漏的现象。商品渗漏，除了与包装材料性能、包装容器结构及包装技术的优劣有关外，还与仓储温度变化有关。如金属包装焊接不严，受潮锈蚀；有些包装耐腐蚀性差；有的液体商品因气温升高，体积膨胀而使包装内部压力增大进而胀破包装容器；有的液体商品在降温或严寒季节结冰，也会发生体积膨胀引起包装破裂而造成商品损失。因此，对液体商品应加强入库验收和在库商品检查及温度控制和管理。

5. 串味

串味是指吸附性较强的商品吸附其他气体、异味，从而改变本来气味的变化现象。具有吸附性易串味的商品，主要是因为它的成分中含有胶体物质以及具有疏松、多孔性的组织结构。商品串味，与其表面状况，与异味物质接触面积大小、接触时间的长短以及环境中异味的浓度有关。

常见易被串味的商品有：大米、面粉、木耳、食糖、饼干、茶叶、卷烟等。常见的易引起其他商品串味的商品有汽油、煤油、桐油、腌鱼、腌肉、樟脑、肥皂、化妆品以及农药等。预防商品串味，应对易被串味的商品尽量采取密封包装、在储存运输中不得与有强烈气味的商品同车船并运或同库储存，同时还要注意运输工具和仓储环境的清洁卫生。

6. 沉淀

沉淀是指含有胶质和易挥发的商品，在低温或高温条件下，部分物质凝固，进而发生下沉或膏体分离的现象。常见的易沉淀的商品有：墨汁、墨水、牙膏、雪花膏等。预防商品沉淀，应根据不同商品的特点，防止阳光照射，做好商品冬季保温和夏季降温工作。

7. 玷污

玷污是指商品外表沾有其他脏物、染有其他污秽的现象。商品玷污，主要是生产、储运中卫生条件差及包装不严所致。对一些外观质量要求高的商品，如绸缎呢绒、针织品、服装等要注意防玷污，精密仪器、仪表类也要特别注意。

8. 破碎与变形

破碎与变形是指商品在外力作用下所发生的形态上的改变。脆性较大或易变形的商品，如玻璃、陶瓷、搪瓷、铝制品等因包装不良在搬运过程中，受到碰、撞、挤、压和抛掷而易破碎、掉瓷、变形等；塑性较大的商品，如皮革、塑料、橡胶等制品由于受到强烈的外力撞击或长期重压，易丧失回弹性能，从而发生形态改变。对易发生破碎和变形的商品，要注意妥善包装，轻拿轻放。堆垛高度不能超过一定的压力限度。

7.2.1.2 商品的化学变化

商品的化学变化，是指不仅改变物质的外表形态，也改变物质的本质，并生成新物质的变化现象。商品发生化学变化，严重时会使商品完全丧失使用价值。常见的化学变化有氧化、分解、化合、老化、聚合等。

1. 氧化（包括锈蚀）

氧化是指商品与空气中的氧或其他放出氧的物质接触，发生与氧结合的化学变化。商品氧化，不仅会降低商品的质量，有的还会在氧化过程中产生热量，发生自燃，有的甚至会引发爆炸事故。商品容易发生氧化的品种比较多，例如，某些化工原料、纤维制品、橡胶制品、油脂类商品等。

锈蚀是金属制品的特有现象，即金属制品在潮湿空气及酸、碱、盐等作用下，而被腐蚀的现象。金属制品的锈蚀，会影响制品的质量和使用价值。

2. 分解（包括水解）

分解是指某些化学性质不稳定的商品，在光、热、酸、碱及潮湿空气的影响下，会由一种物质分解成两种或两种以上物质的现象。水解是指某些商品在一定条件下，遇水所发生分解的现象。

3. 化合

化合是指两种或两种以上物质互相作用，生成一种新物质的反应。

4. 老化

老化是指高分子材料（如橡胶、塑料、合成纤维等）在储存过程中，受到光、热、氧等的作用，出现发黏、龟裂、变脆、强力下降、失去原有优良性能的变质现象。易老化是高分子材料存在的一个严重缺陷。老化的原因，主要是高分子物质在外界条件作用下，分子链发生了降解和交联等变化。

5. 聚合

聚合是指某些商品组成中的化学键在外界条件下发生聚合反应，成为聚合体而变性的现象。例如，福尔马林变性，桐油表面结块均是聚合反应的结果。

7.2.1.3 商品的生理生化变化及生物引起的变化

生理生化变化是指有生命活动的有机体商品，在生长发育过程中，为了维持它的生命，本身所进行的一系列变化，如粮食、水果、蔬菜、鲜蛋等商品的呼吸作用、发芽、胚胎发育和后熟等。生物引起的变化是指由微生物、仓库害虫以及鼠类等生物所造成的商品质量的变化，如工业品商品和食品商品的霉变、腐败、虫蛀和鼠咬等。

1. 呼吸作用

呼吸作用是指有机体商品在生命活动过程中,由于氧和酶的作用,体内有机物质被分解,并产生热量的生物氧化过程。呼吸作用可分为有氧呼吸和无氧呼吸两种类型。

无论是有氧呼吸还是无氧呼吸,都要消耗营养物质,降低食品的质量。有氧呼吸会产生热量,随着热量的积累,往往使食品腐败变质。同时,有机体分解出来的水分,又有利于有害微生物生长繁殖,使商品的霉变加速。无氧呼吸则会产生酒精积累,引起有机体细胞中毒,造成生理病害,缩短储存时间。对于一些鲜活商品,缺氧呼吸往往比有氧呼吸要消耗更多的营养物质。

保持正常的呼吸作用,维持有机体的基本生理活动,有机体商品本身会具有一定的抗病性和耐储性。因此,鲜活商品的储藏应保证它们正常而最低的呼吸,利用它们的生命活性,减小损耗、延长储藏时间。

2. 发芽

发芽是指有机体商品在适宜条件下,冲破"休眠"状态而发生的萌芽现象。发芽的结果会使有机体商品的营养物质转化为可溶性物质,供给有机体本身的需要,从而降低有机体商品的质量。在发芽过程中,通常伴有发热、发霉等情况,不仅增加损耗,而且降低质量。因此对这类商品必须控制它们的水分,并加强温湿度管理,防止发芽现象的发生。

3. 胚胎发育

胚胎发育主要指鲜蛋的胚胎发育。在鲜蛋的保管过程中,当温度和供氧条件适宜时,胚胎会发育成血丝蛋、血环蛋。经过胚胎发育的禽蛋,其新鲜度和食用价值大大降低。为抑制鲜蛋的胚胎发育,必须加强温湿度管理,最好在低温储藏或截止供氧。

4. 后熟作用

后熟是指瓜果、蔬菜等类食品脱离母株后继续成熟过程的现象。瓜果、蔬菜等的后熟作用,能改进色、香、味以及硬脆度食用性能。但当后熟作用完成后,则容易发生腐烂变质,难以继续储藏甚全失去食用价值。因此,对于这类食品,应在其成熟之前采收并采取控制储藏条件的办法,来调节其后熟过程,以达到延长储藏期、均衡上市的目的。

5. 霉腐

霉腐是商品在霉腐微生物作用下所发生的霉变和腐败现象。在气温高、湿度大的季节,如果仓库中的温湿度控制不好,储存的棉织品、皮革制品、鞋帽、纸张、香烟以及中药材等许多商品就会生霉;肉、鱼、蛋类就会腐败发臭,水果、蔬菜就会腐烂;果酒变酸,酱油生白膜。无论哪种商品,只要发生霉腐,就会受到不同程度的破坏,严重霉腐可使商品完全失去使用价值。有些食品还会因腐败变质而产生能引起人畜中毒的有毒物质。对易霉腐的商品在储存时必须严格控制温湿度,做好商品防霉工作。

6. 虫蛀

商品在储存期间,常常会遭到仓库害虫的蛀蚀。经常危害商品的仓库害虫有40多种。仓库害虫在危害商品的过程中,不仅破坏商品的组织结构,使商品发生破碎和洞孔,而且排泄各种代谢废物污染商品,影响商品质量和外观,降低商品的使用价值。

7.2.2 影响商品质量变化的因素

引起商品质量变化的因素有内因和外因两类,内因是变化的根据,外因是变化的条件。影响商品质量变化的内因主要是商品成分、结构和性质，这里只是对影响商品质量的外界因素做一些重点探讨。影响商品质量变化的外界因素主要有空气中的氧气、日光、微生物、仓库害虫、空气温度、空气湿度、卫生条件和有害气体等。

1. 空气中的氧气

空气中约含有21%左右的氧气。氧气非常活泼，能和许多商品发生反应并对商品质量变化影响很大。如氧气可以加速金属商品锈蚀；氧气是好气性微生物活动的必备条件，易使有机体商品发生霉腐；氧气是害虫赖以生存的基础，是仓库害虫发育的必要条件；氧气是助燃剂，不利于危险品的安全储存；在油脂的酸败、鲜活商品的分解、变质中，氧气都是积极参与者。因此，在养护中，对于受氧气影响比较大的商品，要采取各种方法（如浸泡、密封、充氮等）隔绝氧气。

2. 日光

日光中含有紫外线、红外线等，它对商品起着正反两方面的作用：一方面，日光能够加速受潮商品的水分蒸发，杀死杀伤微生物和商品害虫，在一定程度上有利于商品的保护；另一方面，某些商品在日光的直接照射下，又会发生质量变化。如日光能使酒类浑浊、油脂加速酸败、橡胶塑料制品迅速老化、纸张发黄变脆、色布退色、药品变质、相机胶卷感光等。因此，要根据各种不同商品的特性，注意避免或减少日光的照射。

3. 微生物

微生物是商品霉腐的前提条件。微生物在生命活动过程中会分泌各种酶，利用它把商品中的蛋白质、糖类、脂肪、有机酸等物质分解为简单的物质再加以吸收利用，从而使商品受到破坏、变质、丧失其使用价值。同时，在微生物异化作用中，在细胞内分解氧化营养物质产生各种腐败性物质排出体外，使商品产生腐臭味和色斑霉点，影响商品的外观，加速高分子商品的老化。

常见危害商品的微生物主要是一些腐败性细菌、酵母菌和霉菌。特别是霉菌，它是引起绝大部分日用工业品、纺织品和食品霉变的主要根源，对纤维素、淀粉、蛋白质、脂肪等物质，具有较强的分解能力。

微生物的活动，需要一定的温度和湿度。没有水分它是无法生活下去的；没有适宜的温度，它也是不能生长繁殖的。掌握这些规律，就可以根据商品的含水量情况，采取不同的温湿度调节措施，防止微生物生长，以利商品储存。

4. 仓库害虫

害虫在仓库里，不仅蛀食动植物性商品和包装，有些害虫还能危害塑料、化纤等化工合成商品。此外，白蚁还会蛀蚀仓库建筑物和纤维质商品。害虫在危害商品过程中，不仅破坏商品的组织结构，使商品发生破碎和孔洞，外观形态受损，而且在生活过程中，吐丝结茧，排泄各种代谢废物玷污商品，影响商品的质量和外观。

商品如受害虫危害，一般损失都相当严重。害虫能适应恶劣环境，一般能耐热、耐寒、耐饥，并具有一定的抗药性；繁殖力强，繁殖期长，产卵量多，有的一年可繁殖几代；食性广杂，具有杂食性。所以，一经发生虫害，就会造成极严重的后果。

5. 空气温度

气温是影响商品质量变化的重要因素。温度能直接影响物质微粒的运动速度：一般商品在常温或常温以下，都比较稳定；高温能够促进商品的挥发、渗漏、熔化等物理变化及各种化学变化；而低温又容易引起某些商品的冻结、沉淀等变化；温度忽高忽低，会影响到商品质量的稳定性。此外，温度适宜时会给微生物和仓库害虫的生长繁殖创造有利条件，加速商品腐败变质和虫蛀。因此，控制和调节仓储商品的温度是商品养护的重要工作内容。

6. 空气湿度

空气的干湿程度称为空气湿度。空气湿度的改变，能引起商品的含水量、化学成分、外形或体态结构等的变化。湿度下降，将使商品因放出水分而降低含水量，减轻重量。如水果、蔬菜、肥皂等会发生萎蔫或干缩变形，纸张、皮革制品等失水过多，会发生干裂或脆损；湿度增高，商品含水量和重量相应增加，如食糖、食盐、化肥等易溶性商品结块、膨胀或进一步溶化，钢铁制品生锈，纺织品、竹木制品、卷烟等发生霉变或被虫蛀等。湿度适宜，可保持商品的正常含水量、外形或体态结构和重量。所以，在商品养护中，必须掌握各种商品的适宜湿度要求，尽量创造商品适宜的空气湿度。

7. 卫生条件

卫生条件是保证商品免于变质腐败的重要条件之一。卫生条件不良，不仅使灰尘、油垢、垃圾、腥臭等污染商品，造成某些外观疵点和异味感染，而且还为微生物、仓库害虫等创造了活动场所。因此商品在储存过程中，一定要搞好储存环境的卫生工作，保持商品本身的卫生，防止商品之间的感染。

8. 有害气体

大气中的有害气体，主要来自煤、石油、天然气。煤气等燃料放出的烟尘和工业生产过程中的粉尘、废气。对空气的污染，主要是二氧化碳、二氧化硫、硫化氢、氯化氢和氮化物等气体。

商品储存在有害气体浓度大的空气中，其质量变化明显。如二氧化硫气体，溶于水能生成亚硫酸，当它遇到含水量较大的商品时，能强烈地腐蚀商品的有机物。在金属电化学腐蚀中，二氧化硫是构成腐蚀的重要介质之一，因此金属商品必须远离二氧化硫发源地。

7.2.3 仓库温湿度管理

仓库温湿度管理对于商品的储存养护具有重要意义，几乎所有商品的质量变化都与空气温湿度有密切关系。为保养维护好商品质量就需要明确和掌握如何正确地控制与调节仓库温湿度，维持良好的商品存储条件，以确保储存商品的安全。

7.2.3.1 空气温湿度的基本知识

1. 空气温度

空气温度指空气的冷热程度，又称气温。仓库温度的控制既要注意库房内外的温度（库温和气温），也要注意储存物资的温度（垛温）。

物体温度的升降，取决于外来热能的多少和该物体比热的大小。热能增加，温度上升；热能减小，温度下降。常用的温度单位是摄氏温度（℃）、华氏温度（°F）和绝对温度（K），它们之间的换算关系为

$$t = (t' - 32) \times 5/9$$
$$t' = t \times 9/5 + 32$$
$$T = 273 + t$$

式中，T、t 和 t' 分别为绝对温度和摄氏温度、华氏温度值。

2. 空气湿度

空气湿度指空气中水蒸气含量的多少，其常以绝对湿度、饱和湿度与相对湿度来表示。

（1）绝对湿度。绝对湿度是指单位容积的空气里实际所含的水汽量，一般用"克/立方米（g/m^3）"来表示。

温度对绝对湿度有着直接影响。在通常情况下，温度越高，水汽蒸发得越多，绝对湿度就越大；相反，绝对湿度就越小。

（2）饱和湿度。饱和湿度表示在一定温度下，单位容积空气中所能容纳的水汽量的最大限度。如果越过这个限度，多余的水蒸气就会凝结，变成水滴，此时的空气湿度称为饱和湿度。

空气的饱和湿度不是固定不变的，它随着温度的变化而变化。温度越高，单位容积空气中能容纳的水蒸气量就越多，饱和湿度也就越大。

（3）相对湿度。空气中实际含有的水蒸气量（绝对湿度）距离饱和状态（饱和湿度）程度的百分比称作相对湿度。也就是说，在一定温度下，绝对湿度占饱和湿度的百分比，其公式为

$$相对湿度 = \frac{绝对湿度}{饱和湿度} \times 100\%$$

相对湿度越大，表示空气越潮湿；相对湿度越小，表示空气越干燥。在仓库温、湿度管理中，检查库房的湿度大小，主要是检测相对湿度的大小。

空气的绝对湿度、饱和湿度、相对湿度与温度之间有着一定的内在联系。在温度不变的情况下，空气绝对湿度越大，相对湿度越高，绝对湿度越小，相对湿度越低；在空气中水蒸气含量不变的情况下，温度越高，相对湿度越小，温度越低，相对湿度越高。

3. 露点

含有一定量水蒸气（绝对湿度）的空气，当温度下降到一定程度时，所含水蒸气就会达到饱和状态（饱和湿度），并开始液化成水，这种现象称作结露。水蒸气开始液化成水时的温度称做"露点温度"，简称"露点"。如果温度继续下降到露点以下，空气中超饱和的水蒸气，就会在商品或其包装物表面凝结成水滴，此现象称为"水淞"，俗称商品"出汗"。

当含有水蒸气的热空气进入库房，遇到冷的物体（如金属、地面），使冷物体周围的空气温度降到露点，则空气中的水蒸气就会凝结在冷物体表面。

7.2.3.2 库内外温湿度的变化规律

1. 大气温湿度的变化

大气的变化即自然气候的变化。大气的变化规律如下：

（1）温度变化的规律。一天之中日出前气温最低，到午后两三点时气温最高。一年之内最热的月份，内陆一般在7月，沿海出现在8月。最冷的月份，内陆一般在1月，沿海在2月。

（2）湿度变化的规律。绝对湿度通常随着气温升高而增大，随气温降低而减小。但绝对湿度不足以完全说明空气的干湿程序，相对湿度更能正确反映空气的干湿程度。

相对湿度的日变化和年变化的一般规律：相对湿度的日变化，主要决定于气温。当气

温升高时，空气中实际水汽量逐渐远离饱和状态，相对湿度减小；当气温降低时，水汽量就逐渐接近于饱和状态，相对湿度增大。在一日之中，日出前气温最低时相对湿度最大，日出后逐渐降低，到午后两三点时达到最低。在一年之内相对湿度最高的月份一般是七、八月。

普通仓库在温湿度的管理上，要充分利用大气温湿度变化的规律，掌握好通风的时间。

2. 库内温湿度的变化

仓库内温湿度变化规律和库外基本上是一致的。但是库外气温对库内的影响，在时间上需要有个过程，同时会有一定程度地减弱。所以一般库内温度变化在时间上滞后于库外，在幅度上小于库外，表现为夜间库内温度比库外高，白天库内温度比库外低。

库内温度的变化与库房密封性的好坏也有很大的关系，同时库内各部位的温度也因库内具体情况而有所差异，工作中要灵活把握。

7.2.3.3 仓库温湿度的控制与调节

为了维护仓储商品的质量完好，创造适宜于商品储存的环境，当库内温湿度适宜商品储存时，就要设法防止库外气候对库内的不利影响；当库内温湿度不适宜商品储存时，就要及时采取有效措施调节库内的温湿度。实际工作中通常采用密封、通风和吸潮相结合的方法。

1. 密封

密封就是把商品尽可能严密地封闭起来，减小外界不良气候对商品的影响，以达到安全储存的目的。

采用密封方法要和通风、吸潮结合运用，如运用得当可以收到防潮、防霉、防热、防溶化、防干裂、防冻、防锈蚀、防虫等多方面的效果。

密封保管应注意的几个事项：密封前要检查商品质量、温度和含水量是否正常，如发现生霉、生虫、发热、水淞等现象就不能进行密封；发现商品含水量超过安全范围或包装材料过潮，也不宜密封；密封的时间要根据商品的性能和气候情况来决定。怕潮、易溶、易霉的商品，应选择相对湿度较低的时节进行密封。

常用的密封方法有整库密封、小室密封、按垛密封、货架密封以及按件密封等。

2. 通风

空气是从压力大的地方向压力小的地方流动的。气压差越大，空气流动就越快。通风就是利用库内外空气温度不同而形成的气压差，使库内外空气形成对流，来达到调节库内温湿度的目的。库内外温度差距越大，空气流动就越快；若库外有风，借风的压力更能加速库内外空气的对流，但风力亦不能过大（风力超过5级灰尘较多）。正确地进行通风，不仅可以调节与改善库内的温湿度，还能及时地散发商品及包装物的多余水分。

按通风的目的不同，可分为利用通风散热（或增温）和利用通风散潮两种。

（1）利用通风散热。有些商品怕热，但对空气湿度要求不严，如玻璃或塑料桶装的化妆品以及其他易挥发的液体商品，在湿度高的季节里，只要库外温度低于库内时，就可以进行通风降温。

（2）利用通风散潮。要根据库内外温度、绝对湿度与相对湿度的对比，在正确判断的基础上才能确定能否通风。由于商品的吸湿性能主要与相对湿度有关，而在一定的湿度下，相对湿度的变化又是由绝对湿度所决定的，因此利用通风来降低库内相对湿度时，必须以绝对湿度为依据来对比库内外情况。当库外绝对湿度低于库内时，才能进行通风。为了散发商品包装苫垫材料的水分或地面潮气而进行的通风，必须有干燥的空气，才能收到预期的效果。因此，应在库内相对湿度大于库外，库外相对湿度最小（最好在70%以下）的条件下进行。

3. 吸潮

在梅雨季节或阴雨天，当库内湿度过高，不适宜商品保管，而库外湿度也过大，不宜进行通风散潮时，可以在密封库内用吸潮的办法降低库内湿度。吸潮方法，常采用去湿机吸潮和吸湿剂吸潮。

去湿机吸潮是用吸湿机把库内的湿空气通过抽风机吸入去湿机冷却器内，使它凝结为水而排出。去湿机一般适宜于储存棉布、针棉织品、贵重百货、医药仪器、电工器材和烟糖类的仓库的吸湿。

吸潮剂吸潮是利用一些具有强烈吸湿性能的物质，吸收空气中的水分而达到去湿的目的。仓库中通常使用的吸潮剂有生石灰、氯化钙、硅胶等。

除上述几种调控温湿度的方法外，还可以用气幕隔潮、空调器调温、加湿器加湿等方法调控温度或湿度。

【考试辅导】

判断对错：只要商品在储存期间发生了质量变化，就会导致商品质量下降吗？（　　）

7.3　工业品商品的养护

工业品商品在储存过程中，由于各种外界因素的作用，会发生多种质量变化，如霉变、虫蛀、老化、溶化（熔化）、挥发、破损与变形等。下面重点介绍关于商品霉变、虫蛀、锈蚀和老化的养护。

7.3.1　商品的霉变及防治

商品的霉变是由于霉腐微生物在商品进行新陈代谢作用，将商品中的营养物质转变成各种代谢物，引起商品生霉、腐烂、产生异味等质量变化的现象。

对商品影响较大的霉腐微生物主要有：细菌、霉菌、酵母菌。细菌主要是破坏含水量较大的动植物食品，酵母菌主要引起含有淀粉、糖类的物质发酵变质，两者对日用工业品也有影响。引起商品霉变的霉腐微生物主要是霉菌，霉菌又有曲霉、毛霉、青霉、根霉之分，霉菌对商品破坏的范围较大。霉腐微生物对商品的危害包括其生长繁殖破坏商品和微生物的排泄物污染商品两种情况。

7.3.1.1　霉腐微生物的生长条件

霉腐微生物的生长繁殖需要一定的条件，当这些条件得到满足时商品就容易发生霉变，这些条件没有满足时商品就不易或不能发生霉变。霉腐微生物的生长需要下列外界环境条件：

(1) 水分和空气湿度。当湿度与霉腐微生物自身的要求相适应时，霉腐微生物就生长繁殖旺盛；反之，则处于休眠状态或死亡。各种霉腐微生物生长繁殖的最适宜相对湿度，因微生物不同略有差异。多数霉菌生长的最低相对湿度为80%～90%。在相对湿度低于75%的条件下，多数霉菌不能正常发育。因而通常把75%这个相对湿度称为商品霉变的临界湿度。

(2) 温度。霉腐微生物的生长繁殖有一定的温度范围，超过这个范围其生长会滞缓甚至停止或死亡。高温和低温对霉腐微生物生长都有很大的影响。低温对霉腐微生物生命活动有抑制作用，能使其休眠或死亡；高温能破坏菌体细胞的组织和酶的活动，蛋白质发生凝固作用，使其失去生命活动的能力，甚至会很快死亡。

霉腐微生物中大部分是中温性微生物，其最适宜的生长温度为20～30℃，在10℃以下不易生长，在45℃以上停止生长。

(3) 光线。日光对于多数微生物都有影响，主要是日光中的紫外线能强烈破坏微生物细胞和酶。多数霉腐微生物日光直射1～4小时就能大部分死亡。

(4) 空气成分。有些微生物特别是霉菌，需要在有氧条件下才能正常生长，二氧化碳浓度的增加不利于微生物生长，甚至导致其死亡。也有一些微生物是厌氧型的，它们不能在有氧气或氧气充足的条件下生存。通风可以防止部分商品霉腐，主要是防止厌氧微生物引起的霉腐。

7.3.1.2 常见的易霉变的商品

霉腐微生物的生长需要一定的条件，由于商品本身的特点，有些商品比较容易构成这些条件，有些商品很难构成这些条件，前者容易发生霉腐后者则不容易发生霉腐。一般来说，含糖、蛋白质、脂肪等有机物质的商品在养护不当时最易发生霉变。常见易发生霉变的商品如下：

(1) 食品类。食品类商品中容易发生霉变的有糖果、糕点、饼干、罐头、饮料、酱醋和香烟等。这些商品的原料、在制品、半成品和成品都易沾染微生物而发生霉变。

此外，食品包装材料和商标纸发霉的情况也并不少见。这不仅影响产品的外观，也影响其内在质量。

(2) 纺织原料及其制品。棉、毛、麻、丝等天然纤维及其制品，在一定的温湿度条件下，很容易生霉。化纤织品也会长霉腐微生物，属于可以发生霉变的商品。

(3) 纸张及其制品。各种纸、纸板及其制品含有大量的纤维素，能够被微生物利用，当温度和湿度适宜时极易发生霉变。

(4) 橡胶和塑料制品。橡胶内含有微生物可以利用的营养成分，同时无论橡胶还是塑料制品，在加工过程中都加入了一些添加剂，其中有些容易被霉腐微生物危害，造成制品霉变。

(5) 日用化学品。在日用化学品中，最易发生微生物灾害的是化妆品。由于其配料中含有甘油、十八醇、单硬脂酸甘油酯、白油及水等，实际成了许多微生物的良好培养基地，是一类很容易发生霉变的商品。

(6) 皮革及其制品。皮革是由蛋白质组成的，表面修饰时又添加了一些微生物可利用的营养成分，一旦温湿度适宜，微生物就会在上面繁殖，从而对皮革及其制品产品严重的破坏作用，因此，在春、夏季节特别是黄梅时节，容易长霉。

（7）工艺美术品。工艺美术品的种类繁多，所涉及的原料很广。例如，竹制品、木制品、草制品、麻制品等。这些原料制造的工艺美术品在运输、储藏过程中都可能发生霉变。

此外，一些文娱和体育用品、光学仪器、电子、电器产品、录音带、录像带、感光胶片、药品等，在适宜的温湿度条件下也容易发生霉变。

7.3.1.3　防霉腐方法

商品的成分结构和环境因素，是霉腐微生物生长繁殖的营养来源和生活的环境条件。因此，商品的防霉腐工作必须根据微生物的生理特性，采取适宜的措施进行防治。首先立足于改善商品组成、结构和储运的环境条件，使它不利于微生物的生理活动，从而达到抑制杀灭微生物的目的。

1. 药剂防霉腐

药剂防霉腐是利用化学药剂使霉腐微生物的细胞和新陈代谢活动受到破坏或抑制，进而达到杀菌或抑菌、防止商品霉腐的目的。药剂防霉腐要和生产部门密切配合。在生产过程中就把防霉剂、防腐剂加到商品中，这样既方便又可收到良好的防霉腐效果。此外，对批量小的易霉腐的工业品商品如皮革制品等，也可在储运时把防霉腐药剂加到商品表面。例如，用于工业品防霉腐的药剂有三氯酚钠、水杨酰苯胺、多菌灵及洁尔灭、福尔马林等，它们常用于纺织品、鞋帽、皮革、纸张、竹木制品及纱线等商品的防霉腐；用于食品的防霉腐药剂有苯甲酸及其钠盐、山梨酸及其钾盐等，常用于汽酒、汽水、面酱、蜜饯、山楂糕、果味露、罐头等食品的防霉腐。防霉腐药剂的选用，应遵循低毒、高效、无副作用、价格低廉等原则，而且在使用时还必须考虑对使用人员的身体健康无不良影响和对环境不造成污染等因素。

2. 气相防霉腐

气相防霉腐是通过药剂挥发出来的气体渗透到商品中，杀死霉菌或抑制其生长和繁殖的方法。这种方法效果较好，应用面广。常用的气相防霉剂有环氧乙烯、甲醛和多聚甲醛等，主要用于皮革制品等日用工业品的防霉。应注意的是，气相防霉剂应与密封仓库、大型塑料膜罩或其他密封包装配合使用，才能获得理想效果。另外，使用中要注意安全，严防毒气对人体的伤害。

3. 气调防霉腐

气调防霉腐是根据好氧性微生物需氧化代谢的特性，通过调节密封环境（如气调库、商品包装等）中气体的组成成分，降低氧气浓度，来抑制霉腐微生物的生理活动、酶的活性和鲜活食品的呼吸强度，达到防霉腐和保鲜目的的一种方法。

气调防霉腐有两种方法：一种是靠鲜活食品本身的呼吸作用释放出的二氧化碳来降低塑料薄膜罩内的氧气含量，从而起到气调作用，叫自发气调；另一种是将塑料薄膜罩内的空气抽至一定的真空度（$8.0 \times 10^3 \sim 2.1 \times 10^4 Pa$），然后再充入氮气或二氧化碳气，从而起到气调作用，叫机械气调。据研究，塑料薄膜罩内的二氧化碳含量达到50%时，对霉腐微生物就有强烈的抑制和杀灭作用。气调还需要有适当低温条件的配合，才能较长时间地保持鲜活食品的新鲜度。气调防霉腐可用于水果、蔬菜的保鲜，近年来也开始用于粮食、油料、肉及肉制品、鱼类、鲜蛋和茶叶等多种食品的保鲜。

4. 低温防霉腐

含水量大的商品尤其是生鲜食品，如鲜肉、鲜鱼、鲜蛋、水果和蔬菜等，多利用低温抑制霉腐微生物繁殖和酶的活性，以达到防霉、防腐的目的。按降低温度的范围，分为冷却和冷冻两种。冷却法又称冷藏法，其温度控制在 0~10℃，此时商品并不结冰。此法适用于不耐冰冻的商品，尤其是水分含量大的生鲜食品和短期储存的食品。冷冻法其温度经过两个阶段的控制，先经过速冻阶段，即在短时间内将温度降到 -25~-30℃，当商品深层温度达到 -10℃时，再移至 -18℃左右的温度下存放。此法适用于长期存放或远距离运输的生鲜动物性食品。

5. 干燥防霉腐

干燥防霉腐是通过各种措施降低商品的含水量，使其水分含量在安全储运水分之下，抑制霉腐微生物的生命活动。这种方法可较长时间地保持商品质量，且商品成分的化学变化也较小。干燥防霉腐有自然干燥法和人工干燥法两种。自然干燥法是利用自然界的能量，如日晒、风吹、阴凉等，使商品干燥的方法。该法经济方便，广泛应用于原粮、干果、干菜、水产海味干制品和某些粉类制品。人工干燥法是在人工控制环境条件下对商品进行脱水干燥的方法。比较常用的方法有热风干燥、喷雾干燥、真空干燥、冷冻干燥及远红外和微波干燥等。该法因要用一定的设备、技术，故费用较高，耗能也较大，在应用上受到一定的限制。

6. 辐射防霉腐

辐射防霉腐是利用放射性同位素（钴-60 或铯-137）产生的 γ 射线辐射状照射商品的方法。γ 射线是一种波长极短的电磁波，能穿透数米厚的固体物，能杀死商品上的微生物和害虫，抑制蔬菜、水果的发芽或后熟，而对商品本身的营养价值并无明显影响。针对不同商品的特性和各种储存目的，辐射防霉腐有低剂量、中剂量和大剂量辐照三种类型。

对于已发生霉腐的商品，为避免进一步变化造成更大的损失，应及时采取措施救治。霉腐商品的救治方法很多，常用的方法有晾晒、烘烤、熏蒸、机械除霉及加热灭菌等，使用时应根据实际情况合理选择。

7.3.2 仓库的害虫与防治

7.3.2.1 仓库内害虫的来源

仓库害虫原本是农业害虫，其主要来源有如下几种渠道：

(1) 商品入库前已有害虫潜伏在商品之中，随商品一起进入仓库。
(2) 商品包装物中有害虫隐藏。
(3) 运输工具的带入。
(4) 仓库内本身隐藏有害虫。
(5) 环境卫生不清洁，有害虫的滋生。
(6) 邻近仓间或邻近货垛储存的具有害虫商品的感染。
(7) 农业害虫的侵入。

7.3.2.2 常见的易虫蛀商品

容易虫蛀的商品，主要是一些由营养成分含量较高的动植物原料加工制成的商品，主要有以下几种：

（1）纺织品，特别是毛丝织品。
（2）毛皮、皮制品，包括皮革及其制品、毛皮及其制品等。
（3）竹藤制品。
（4）纸张及纸制品，包括纸张及其制品和很多商品的纸制品包装物。
（5）木材及其制品。

7.3.2.3　防治虫鼠的方法

储运中害虫的防治工作应贯彻"以防为主，防治结合"的方法。对某些易生虫的商品和原材料，必须积极地向厂方提出建议和要求，在生产过程中，对原材料采取杀虫措施，如竹、木、藤原料，可采取沸水烫煮、汽蒸、火烤等方法杀灭隐藏的害虫。对某些易遭虫蛀的商品，在其包装或货架内投入驱避药剂，如天然樟脑或合成樟脑等。此外，储运中害虫的防治还常采用化学、物理、生理等方法，杀灭害虫或使其不育，以维护储运商品的质量。

1. 化学杀虫法

化学杀虫法是利用化学药剂来防治害虫的方法。在实施时，应考虑害虫、药剂和环境三者之间的关系。例如，针对害虫的生活习性，要选择在其抵抗力最弱的虫期施药，药剂应低毒、高效和低残留，且对环境无污染。在环境温度较高时施药，可获得满意的杀虫效果。化学杀虫按其作用于害虫的方式，主要有熏蒸法、触杀杀虫和胃毒杀虫三种。

2. 物理杀虫法

物理杀虫法是利用各种物理因素，如热、光、射线等破坏储运商品上的害虫的生理活动和机体结构，使其不能生存或繁殖的方法，主要有高、低温杀虫法，射线杀虫与射线不育法，远红外线与微波杀虫法和充氮降氧杀虫法等。

3. 生物防治法

利用害虫的天敌（寄生物、捕食者、病原微生物）来防治害虫以及利用昆虫的性引诱剂来诱集害虫或干扰成虫的交配繁殖等，都属于生物防治方法。

生物农药主要指自然界存在的、对农作物病虫害具有抑制作用的各种具有生物活性的天然物质，包括对这些活性物质进行开发所获得的、对环境安全友好、不易产生抗药性的生物制品以及各种抑制病虫害的真菌、细菌、病毒等病原微生物，生物农药既杀虫又环保。

生物农药最大的特点是以生物群治生物群。最初人们主要依靠"天敌"减少有害生物群密度。近年来，随着"天敌"对害虫致病、寄生的研究进展，已能通过提取这些发挥作用的物质，制成生物农药来防治病虫害，或是使"天敌"能够在体内合成致毒物质等，用作生物农药来防治病虫害。随着最新分子生物学手段的应用，转基因生物农药新品种不断涌现，向更安全和更环保的方向发展，而且产品更新换代速度也在加快。利用生物农药的思路和转基因技术，能够生产出杀虫广、毒性强的微生物菌株，扩大了防治对象，增强了防治效果，只要把其喷洒在害虫上便可达到"以菌治虫"的目的。

使用生物农药杀虫已成为更有效、无化学品污染的防治病虫害新理念。虽然目前生物农药生产成本稍高于化学农药，但它减少了农药用量，又节约了成本，而且还保护环境，值得进一步开发和推广。

4. 防鼠与灭鼠的方法

防鼠与灭鼠要针对鼠类的特性和危害规律，采取防治与突击围剿相结合的方法，要揭其巢穴，断其来路，消其疑忌，投其所好，进行诱捕。防鼠的主要方法是保持库房内外清洁卫生，清除垃圾，及时处理堆积包装物料及杂乱物品，不给鼠类造成藏身的活动场所。灭鼠有多种方法，一般有机械捕杀、毒饵诱杀、生物法、驱除法等。

7.3.3 商品锈蚀的防治

金属在环境的作用下所引起的破坏或变质称金属的锈蚀。金属锈蚀可以分为化学锈蚀和电化学锈蚀。化学锈蚀是金属与环境介质直接发生化学作用而产生的损坏，在锈蚀过程中没有电流的生成。电化学锈蚀是金属在介质中由于发生电化学作用而引起的损坏，其在锈蚀过程中有电流产生。

电化学锈蚀要比化学锈蚀更普遍。金属电化学锈蚀的原理和金属原电池的原理是相同的。即当两种金属材料在电解质溶液中构成原电池时，作为原电池负极的金属就会被锈蚀。根据原电池理论，形成腐蚀电池必须具备三个基本条件：有电位差存在；有电解质溶液；不同电位的金属接触。若能避免、破坏或抑制这三个条件中的任何一个，就可以抑制腐蚀电池的工作，从而起到防止金属发生电化学锈蚀。

7.3.3.1 金属制品锈蚀的原因

就金属锈蚀的原因分析，既有金属本身的因素，也有大气中各种因素的影响。

（1）金属材料本身的原因。金属的化学性质越稳定、金属材料纯度越高，金属的耐锈蚀性就越强。研究得知，集中应力和变形部位，锈蚀速度往往增加，原因是这些部位的电位下降，从而引起电极电位不均而加速锈蚀。

（2）大气中的因素。金属制品锈蚀与外界因素有直接关系，如受温度、湿度、氧气、有害气体、商品包装、灰尘等的影响。空气的相对湿度通常被认为是影响金属锈蚀的最重要因素，它直接影响金属表面上水膜的形成和保持时间的长短。空气的相对湿度越高，金属表面越容易形成电解液膜，金属就越容易被锈蚀。在干燥的空气中金属不会被锈蚀，只有当空气的相对湿度达到一定程度时，金属的锈蚀才突然上升。此时的相对湿度称为金属锈蚀的临界相对湿度。所以，储存金属商品的库房，如能将相对湿度控制在临界相对湿度以下时，储存的金属即使长期存放也难以锈蚀。

温度对金属锈蚀影响很大。当温度剧烈下降时，水蒸气会在金属表面凝成水滴或液膜，从而加速锈蚀。大气温度升高，在其他条件相同的情况下，锈蚀反应的速度也会加快。

7.3.3.2 金属制品的防锈

金属制品的防锈，主要是针对影响金属锈蚀的外界因素进行的。在生产部门，为了提高金属的耐腐蚀性能，最常采用的方法是在金属表面涂盖防护层，如喷漆、搪瓷涂层、电镀等，把金属与促使金属锈蚀的外界条件隔离开来，从而达到防锈蚀的目的。在仓储过程中使用的主要防锈蚀方法是改善仓储条件、涂油防锈、气相防锈和可剥性塑料封存等。

1. 涂油防锈

涂油防锈是流通中常用的一种简便有效的防腐方法。它是在金属表面涂覆一层油脂薄膜，在一定程度上使大气中的氧、水分以及其他有害气体与金属表面隔离，从而达到防止或减缓金属制品生锈的方法。此法属于短期的防锈法，随着时间的推移，防锈油会逐渐消耗，或由于防锈油的变质，而使金属商品又有重新生锈的危险。根据防锈油形成膜的性质，可分为软膏防锈油、硬膜防锈油、油膜防锈油三类。除防锈油外，凡士林、黄蜡油、机油等也可做防锈油脂。

2. 气相防锈

气相防锈是利用挥发性气相防锈剂在金属制品周围挥发出缓蚀气体，来阻隔空气中的氧、水分等有害因素的腐蚀作用，以达到防锈目的的一种方法。这是一种较新的防锈方法，具有使用方便、封存期较长、使用范围广泛的特点。它适用于结构复杂，不易为其他防锈涂层所保护的金属制品的防锈。常用的气相防锈剂有亚硝酸二环己胺、肉桂酸二环己胺、肉桂酸、福尔马林等。

3. 可剥性塑料封存

可剥性塑料是用高分子合成树脂为基础原料，加入矿物油、增塑剂、防锈剂、稳定剂以及防腐剂等，加热溶解后制成的。这种塑料液喷涂于金属制品表面，能形成可以剥落的一层特殊的塑料薄膜，像给金属制品穿上一件密不透风的外衣，它有阻隔腐蚀介质对金属制品的作用，可以达到防锈目的。可剥性塑料中，常用的树脂有乙基纤维素、醋酸丁酸纤维素、聚氯乙烯树脂、过氧乙烯树脂和改性酚醛树脂等。

7.3.4 商品老化的预防

塑料、橡胶、纤维等高分子材料的商品，在储存和使用过程中性能逐渐变坏，致使最后丧失使用价值的现象称为"老化"。老化是一种不可逆的变化，它的特征是商品外观、物理性能、机械性能、电性能、分子结构等方面发生变化。

7.3.4.1 商品老化的内在因素

影响高分子商品老化的主要因素有以下几种：

（1）高分子材料老化的主要原因是材料内部结构存在着易于引起老化的弱点，如不饱和的双键、大分子上的支链等。

（2）其他组分对老化有加速作用。塑料中的增塑剂会缓慢挥发或促使霉菌滋生，着色剂会产生迁移性色变，硫化剂用量增多会产生多硫交联结构，降低橡胶制品的耐氧化能力等。

（3）杂质对老化的影响。杂质是指含量虽然很少，但对制品耐老化性能有较大影响的有害成分，其来源是单体制造、聚合时带入的，或配合剂带入的。

（4）成型加工条件对老化的影响。加工时由于温度等的影响，使材料结构发生变化，影响商品的耐老化性能。

7.3.4.2 商品老化的外部因素

影响高分子商品老化的外部环境因素也有很多，主要有温度、日光、空气中的氧气和臭氧等。

（1）日光。日光中的紫外线是引起高分子材料老化最主要的因素。紫外线会引起高聚物的光化学反应，首先引起表层高聚物的老化，并随着老化时间的推移而逐步向内层发展。因此在大气环境中，材料受光面积的大小和单位面积上所接受的光强度的大小，对材料老化的速度有很大的影响。

（2）热。热是促使高分子类商品老化的重要因素。因为温度升高会使分子的热运动加速，从而促使高分子材料大分子的氧化裂解或交联反应的产生。裂解的结果，使高分子材料的分子量降低，强度、伸长率下降，而交联的结果，使分子量增大，刚性提高等。

（3）氧气和臭氧。氧气是一种活泼的气体，在接近地面的大气层中氧气占空气体积的21%，能与许多物质发生氧化反应，高分子材料的老化，实际上也是在热的参与下或者在光的引发下进行的氧化反应。氧气可以使某些高分子材料的抗张强度、硬度、伸长率等性能产生严重的变化，所以氧气是引发高分子材料老化的又一重要外因。

臭氧对高分子商品的作用与氧气一样，主要起氧化作用，臭氧的化学活性比氧气高得多，因而其破坏性比氧气更大。

7.3.4.3 商品防老化方法

根据影响商品老化的内外因素不同，高分子商品的防老化可采用以下一些方法：

（1）材料改性，提高商品本身的耐老化性能。材料改性的方法很多，应用较多的有：共聚、减少不稳定结构、交联、共混合改进成型加工工艺以及后处理等。

（2）物理防护。抑制或减小光、氧气等外因对商品影响的方法有：涂漆、涂胶、涂塑料、涂金属、涂蜡、涂布防老化剂溶液等。

（3）添加防老剂。能够抑制光、热、氧气、臭氧、重金属离子等对商品老化作用的物质称防老剂。在制品中添加防老剂，是当前国内外防老化的主要途径。防老剂的种类主要有：抗氧剂、紫外线吸收剂、热稳定剂。

此外，加强管理、严格控制仓储条件，也是商品防老化的有效方法。

【阅读材料】

焊条的存储

1. 焊条的保管，要特别注意环境湿度。

焊条必须存放在较干燥的仓库内，建议室温在10°C以下，空气中相对湿度和温度越高，水蒸气分压也就越高，则药皮越容易吸湿。当空气中水蒸气分压≤5mmHg时，药皮吸湿量很小，但一般建议空气中的相对湿度低于60%，并离开地面和墙壁一定的距离（约30cm）。

2. 各类焊条必须分类、分牌号堆放，避免混乱。

3. 运输焊条，堆放过程应注意不要损伤药皮，对药皮强度较差的焊条，如高强钢焊条、不锈钢焊条、堆焊焊条、铸铁焊条等，更要当心。焊条堆放不能太高。

4. 各类焊条存储时，必须离地面高300mm，离墙壁300mm以上存放，以免受潮。

5. 一般焊条一次出库量不能超过两天的用量，已经出库的焊条，必须要保管好。

本章小结

商品储存是指在商品生产出来之后而又没有到达消费者手中之前所进行的商品存储的过程，在储存过程中，对商品所进行的保养和维护工作，称为商品的养护。

商品在储存期间受内外因素的影响，会发生物理机械变化、化学变化、生理生化变化及某些生物活动引起的变化。影响商品质量变化的外界因素主要有空气中的氧气、日光、温度、湿度、微生物和害虫等。

温湿度管理是商品养护中的重要因素。湿度包括绝对湿度、饱和湿度和相对湿度，后两者随温度的变化而变化。不同的商品在储存过程中对温湿度的要求不同，管理者可根据具体情况，采用密封、通风或吸潮等方法进行控制和调节。

工业品在储藏过程中容易引起霉变、虫蛀、锈蚀和老化等变化。霉变是由霉腐微生物引起的。在适宜条件下，细菌、霉菌和酵母菌这些微生物生长繁殖的速度很快，可对商品造成危害。高温可以杀死微生物；低温可以抑制微生物的生长和发育；化学药剂能直接干扰微生物的生长繁殖。在商品霉变防治技术中，要重视日常管理工作，合理使用化学药剂，结合气调、微波等其他防霉防菌技术。

金属锈蚀可以分为化学锈蚀和电化学锈蚀。金属元素的活泼性和金属纯度是影响金属锈蚀的内因，温度、湿度、空气中的有害气体是影响金属锈蚀的外因。仓储金属商品的防锈方法有涂油防锈、气相防锈等。

高分子材料易于老化，其原因主要是由其内部结构决定的。影响商品老化的外因有日光、热、氧气与臭氧等。预防老化的措施有控制环境条件、材料改性、物理防护、添加防老剂等。

食品在储藏过程中容易发生腐败、霉变和发酵等变质现象。食品的防腐和保鲜，一是要维持食品本身最低的生命活力；二是采取各种方式，杀灭或抑制微生物的生长和繁殖。具体的方法有：低温储藏、加热灭菌储存、干藏、化学防腐保鲜、气调储藏、减压储藏、辐射储藏、电子保鲜储藏等。

【案例分析】

化学危险品商品的消防安全防护

化学危险品商品的种类很多，性质也比较复杂，分别具有不同程度的易燃性、助燃性、爆炸性、腐蚀性和放射性等危险特征。在储存危险品的过程中，较剧烈的震动、撞击、摩擦或接触火源、热源、受日光曝晒、雨淋水浸、温度和湿度变化以及与性质相抵触的物品接触都可能引起燃烧、爆炸、中毒、灼伤等灾害事故，因此对化学危险品商品的储存与养护都有特别严格的规定和要求，其中最主要的就是消防安全防护措施。化学危险品的消防安全防护应根据危险品的性质选择不同的措施，从选择库存地点、确定库存条件到发生火灾后的扑救等多方面入手。

1. 仓库选择

储存化学危险品商品的仓库应选择在人烟较为稀少的空旷地带，严格按照各自的特性专库存放。性质相抵触的危险品严禁同库存放；起爆器材与炸药及其他易爆品不得同库存放。

2. 库存环境控制

仓库应具有阴凉、干燥、通风的条件，严格控制库内温湿度，防止日光直接照射，安装避雷设备，电灯使用低压电源并安装防护灯罩或安装防爆式电灯，库区严禁烟火，机动车进入库区要装防火帽。

3. 火灾扑救

万一化学危险品发生火灾，应根据发生火灾的危险品的性质选择适宜的扑救措施。

爆炸品引起的火灾主要用水扑救。

氧化剂起火大多数可用雾状水扑救，也可以分别用二氧化碳灭火器、泡沫灭火器和沙扑救。要注意的是遇水燃烧的商品只能使用干沙和二氧化碳灭火器灭火。

压缩气体和液化气体起火可用沙土、二氧化碳灭火器、泡沫灭火器扑灭。

自燃性商品起火可用大量水或其他灭火器材。

易燃液体起火用泡沫灭火器最有效，也可用干粉灭火器、沙土、二氧化碳灭火器扑救。须注意的是由于绝大多数易燃液体都比水轻且不溶于水，故不能用水扑救。

易燃固体起火一般可用水、沙土和泡沫灭火器、二氧化碳灭火器等灭火。

腐蚀性商品中的碱类和酸类的水溶液着火可用雾状水扑救，但遇水分解的多卤化合物、氯磺酸、发烟硫酸等，绝不能用水扑救，只能用二氧化碳灭火器，有的也可用干沙扑灭。

毒害性商品失火一般可用大量水扑救，液体有毒的宜用雾状水或沙土、二氧化碳灭火器，但其中的氰化物着火绝不能使用酸碱灭火器和泡沫灭火器，因为酸与氰化物作用能产生极毒的氰化氢气体，危害性极大。

放射性物品起火可用大量水或其他灭火器扑灭。

案例思考题

1. 硫酸库房着火用什么灭火器？
2. 化学危险品商品的储存与养护都有哪些特别严格的规定和要求？

复习思考题

一、名词解释

商品储运　商品养护　相对湿度　呼吸和后熟　电化学锈蚀　老化　气调防霉腐

二、判断对错

1. 商品串味属于化学变化。　　　　　　　　　　　　　　　　　　　　　　（　　）
2. 胃毒杀虫法是化学杀虫法的主要方法之一。　　　　　　　　　　　　　　（　　）
3. 糖渍食品易于储藏，因此含糖类的食品，不容易发酵分解。　　　　　　　（　　）
4. 乳酸杆菌在12%～13%的盐溶液中便不能生存。　　　　　　　　　　　　（　　）
5. 酸败是含蛋白质的商品产生的水解反应。　　　　　　　　　　　　　　　（　　）
6. 食品防腐剂中，苯甲酸钠的毒性大于山梨酸钾，应尽量少用。　　　　　　（　　）
7. 气相防霉腐方法可用于食品的防霉腐。　　　　　　　　　　　　　　　　（　　）
8. 速冻食品与缓冻食品一样，容易恢复原状，较好地保持食品的原有品质。　（　　）

三、选择题

1. 林教授定期在家中的钢琴琴箱（木制）底部放瓶水，原因是防止琴箱（　　）。
   A. 霉变　　　　B. 氧化　　　　C. 干缩裂　　　　D. 老化
2. 仅仅改变商品本身的外部形态，不改变商品性质的变化属于（　　）。
   A. 物理变化　　B. 化学变化　　C. 生理变化　　　D. 生物变化
3. 在储运过程中，（　　）环境最容易使商品霉腐。
   A. 低温低湿　　B. 高温低湿　　C. 高温高湿　　　D. 高温低氧

4. 以（　　）为主要成分的商品易发生老化。
   A. 单质　　　　B. 无机物　　　C. 有机物　　　　D. 高分子化合物
5. 金属制品发生腐蚀虽使其表面为暗但其内部并未起破坏作用的是（　　）。
   A. 物理锈蚀　　B. 化学锈蚀　　C. 电化学锈蚀　　D. 无此现象
6. 苹果储存时发生缺氧呼吸的最终产物是酒精和（　　），使其腐烂而变质。
   A. 二氧化碳　　B. 乙醛　　　　C. 水　　　　　　D. 碳水化合物
7. 家畜肉在（　　）阶段具有特殊鲜香味且易消化吸收。
   A. 僵直　　　　B. 成熟　　　　C. 自溶　　　　　D. 腐败
8. 果实的呼吸强度以（　　）最大。
   A. 柑橘类　　　B. 仁果类　　　C. 浆果类　　　　D. 核果类

四、简答题

1. 怎样做好商品入库、在库、出库的管理工作？
2. 商品储运的作用是什么？怎样实现储运的合理化？
3. 怎样对仓库温度进行调节与控制？
4. 商品霉变的原因主要是什么？
5. 在生产过程和储运过程中，防止塑料、橡胶制品老化的措施各有哪些？
6. 防治虫鼠的方法有哪些？

五、实训题

1. 鲜肉制品在储存过程中的质量变化有哪些？怎样延长鲜肉制品的储存期？
2. 新鲜果蔬在储存过程中会发生哪些质量变化？如何针对其特性延长果蔬的保存时间？举例说明。
3. 金属的锈蚀主要有哪几种？发生机理各是什么？储存过程中怎样做好锈蚀工作？

实 务 篇

第8章 食品商品

知识目标

了解食品概念和营养卫生及储藏知识,认识食品知识对工作和生活的重要意义,掌握常见食品的品种、品质特征、感官审评

技能目标

能够运用所学知识对日常经营食品进行质量评价

能力目标

能够运用所学知识和方法对日常经营的食品进行质量评价、储藏管理和咨询服务

课程导入案例

平衡膳食宝塔

中国营养学会为提高全民身体素质,根据我国的实际情况,给我国人民推荐了一个平衡膳食宝塔。平衡膳食宝塔共分五层:

第五层:油脂类,每天不超过25g;

第四层:奶类和豆类食物,每天应吃奶类及奶制品100g、豆类及豆制品50g;

第三层:鱼、禽、肉、蛋等动物性食物,每天应吃125～200g(鱼虾类50g,畜禽肉50～100g,蛋类25～50g);

第二层:蔬菜和水果,每天应吃400～500g和100～200g;

底层:谷类食物,每天应吃300～500g。

这一案例表明,人类为了维持正常的生命活动,保证生长发育和从事生产活动,必须不断地摄取一定量的食物。这些食物中的成分在肌体内消化并通过一系列新陈代谢,使肌

体获取营养，这是人体健康的物质保证。因此，了解食品的有关知识，对工作和生活都具有重要的意义。

食品类商品是最具特色的商品。它的品种繁多，化学成分复杂，质量要求高，与人民生活关系最密切。

8.1 食品营养卫生

食品是指供人食用或饮用的成品和原料以及按照传统既是食品，又是药品的物品，但不包括以治疗为目的的物品。食品的使用价值，是给人体提供营养，或满足人们的某种食品嗜好。

8.1.1 食品的成分及营养

人体为了维持正常的生命活力，需要的营养成分很多，而这些成分人体不能合成和制造，必须从食物中摄取。所以，了解这些成分的类型、功能、来源等，对维持人体健康和延长人体寿命均是至关重要的。

食品中的成分主要是五大营养成分（糖类、蛋白质、脂肪、维生素、矿物质）和水。

1. 糖类

糖类是人体从食物中取得热量最经济和主要的来源，也是构成食品甜味的主要物质。人体摄入的各种成分，除水以外，以糖类的数量最多。但糖类在体内储存较少，约占人体干重的2%，大多数糖类以能量形式被消耗掉。糖类的分子是由C、H、O 3种元素组成的，且$H:O=2:1$，与水的组成相同，故又称之为碳水化合物。糖类按其化学结构的繁简，及分子的大小和能否被水分解，可分为单糖、双糖和多糖三大类：

（1）单糖。它是分子结构最简单而且不能水解的糖类。单糖为结晶物质，一般无色，有甜味和还原性，易溶于水，不经消化过程就可被人体直接吸收利用。其分子式为$C_6H_{12}O_6$,其中以葡萄糖、果糖和半乳糖对人体最为重要。

（2）双糖。它是由两个分子的单糖缩去了一个水分子后得到的化合物，水解后能生成两个分子的单糖。其多为结晶体而易溶于水，不能被人体直接消化吸收，必须经过酸和酶的作用分解成单糖后才能被人体吸收利用。和人们日常生活关系密切的有蔗糖、麦芽糖和乳糖，双糖的分子式为$C_{12}H_{22}O_{11}$。

（3）多糖。它是由若干单糖分子脱去水缩合而成的高分子化合物。一般不溶于水，无甜味。在酸和酶的作用下水解为单糖。多糖有能被人体消化吸收的，如淀粉、糊精、糖元等，也有不能被人体吸收的，如纤维素、半纤维素、果酸等，多糖的分子式为$(C_6H_{10}O_5)$。

医学研究表明，糖类中的纤维素，虽不能被人体吸收，但能促进人体肠胃蠕动和消化腺的分泌，有助于正常的消化和排泄功能，使粪便在肠道中的滞留时间缩短，减少细菌及其毒素对肠壁的刺激。多吃含纤维素的食品（水果，蔬菜等），有利于防止痔疮、阑尾炎、大肠癌症等。据报道，非洲人大多取食富含纤维素的食物，很少患有上述疾病；而欧洲人膳食中纤维素少，患上述疾病较普遍。纤维素还能以某种方式同饱和脂肪酸结合，从而阻止血浆中血胆固醇的形成。糖类一般存在于粮谷类、薯类等植物类食品中，而动物食品中含量较少。

2. 蛋白质

蛋白质是构成生命的基础物质，"没有蛋白质就没有生命现象"。蛋白质是一种高分子化合物，组成蛋白质的主要元素是 C、H、O、N、S 等。由于蛋白质种类不同，其元素的组成与含量也不完全相同，蛋白质中含氮的比例一般均为 16%，故又称之为含氮物。

蛋白质分子结构复杂，其水解后的最终产物为氨基酸，故蛋白质是由许多氨基酸分子缩合而成的高分子化合物。通常人体摄入各种植物、动物蛋白质后，先在体内分解为氨基酸，然后这些氨基酸再合成人体所需的蛋白质。

食品中的天然蛋白质含有 20 多种氨基酸，其中有 8 种（婴儿 9 种）在人体内无法合成或转化，必须从食物中摄取。若食物中缺乏这些氨基酸，人就得不到全面的营养，就会影响肌体的正常发育，因此这些氨基酸被称之为人体必需氨基酸。人体必需的氨基酸有色氨酸、赖氨酸、苯丙氨酸、亮氨酸、异亮氨酸、苏氨酸、蛋氨酸、缬氨酸（婴儿外加组氨酸）等。按蛋白质中所含氨基酸的不同，蛋白质可分为：

（1）完全蛋白质。含有人体所需的全部必需氨基酸，且各种氨基酸的比例适当，符合人体需要的蛋白质。膳食中有了此类蛋白质，就可维持身体健康和促进生长发育，如乳、蛋、大豆、瘦肉、鱼、虾中所含蛋白质。

（2）半完全蛋白质。含有人体所需全部必需氨基酸，但氨基酸的比例不大适合人体需要的蛋白质。其营养价值稍低，若膳食中只有此种蛋白质，则只能维持生命，不能促进人体的正常生长发育，使人体的身高、体重，甚至智力都低于正常水平，如麦、米、土豆、干果中所含蛋白质。

（3）不完全蛋白质。所含必需氨基酸种类不全的蛋白质。若只摄入此类蛋白质，则会危及健康，如玉米、豌豆、肉皮、蹄筋、鱼翅等中的蛋白质。

一般来说，动物性食品比植物性食品中所含完全蛋白质较多。因此，为了获得完全蛋白质，必须发挥蛋白质的"互补作用"，即将两种以上食物混合或先后（相隔不超过 5 小时）食用，则食物中的蛋白质可以相互补充所缺乏的或含量不足的氨基酸，从而提高混合食物中蛋白质的营养价值。发挥蛋白质"互补作用"的原则是：食物的种类要多；食物的种属越远越好，如荤素搭配比单纯素食好；最好混合食用，先后食用时间间隔要短。

3. 脂肪

脂肪是一种高能量的营养成分，也是人体重要的组成部分，是由 C、H、O 3 种元素化合而成的高分子物，但脂肪所含 C、H 的比例高于糖类，而 O 的比例要少。脂肪不溶于水，在酸、碱或酶的作用下可分解为一个甘油分子和三个脂肪酸分子，故又被称为"三酸甘油脂"或"甘油三酸"。甘油对于人体无营养价值，对人体有用的部分为脂肪酸。

（1）脂肪酸的分类。脂肪酸可分为饱和脂肪酸和不饱和脂肪酸。

1）饱和脂肪酸。其碳链上不存在不饱和双键，性能较为稳定。

2）不饱和脂肪酸。其碳链上存在着一个至若干个不饱和双键，性能不稳定，易发生化学反应。

在油脂中，凡含不饱和脂肪酸较多的，常温下呈液态，通常称为油；含饱和脂肪较多的，常温下呈固态，则称为脂，一般植物油在常温下呈液态，含不饱和脂肪酸较多，故营养价值高于动物油。脂肪的消化率与其熔点有关，若熔点低于人体体温，则易吸收，反之则难吸收，即脂肪的熔点越低，消化率就越大。

（2）脂肪的营养功能。提供热能，储藏能量；构成体脂及保护作用；提供必需脂肪酸，调节生理机能；促进脂溶性维生素的吸收。

脂肪中含有30多种脂肪酸，其中有3种是人体必需且人体内不能自行合成的，必须从食物中摄取，称之为必需脂肪酸。必需脂肪酸有3种，即亚油酸、亚麻酸和花生四烯酸，均为不饱和脂肪酸。不饱和的必需脂肪酸，是构成人体细胞膜和细胞内结构的必要成分，对人体有重要的生理功能。一般成人每天需要能产生1 000卡路里热量的必需脂肪酸2g，缺少后会发生皮肤病、鳞屑性皮炎、毛发脱落、抵抗力减弱、伤口愈合慢，婴幼儿则会生长发育迟缓。体内缺少必需脂肪酸，易造成胆固醇与饱和脂肪酸结合，沉积在体内组织器官与血管壁，引起动脉粥样硬化。

需要指出的是，脂肪摄入量过多，会抑制胃液分泌和胃的蠕动，引起食欲不振和胃部不舒服；肠内脂肪过多会刺激肠壁，妨碍吸收功能而引起腹泻；同时体内脂肪过多易得肥胖病。

脂肪的来源主要是动、植物油脂，肥肉和硬果，如核桃、花生、瓜子。部分油料，如大豆、芝麻也是脂肪的部分来源。脂肪吸湿后或在日光和氧的作用下，会发生酸败现象，使脂肪失去食用价值。

4. 维生素

维生素的英文名称为"Vitamin"，来自拉丁文的"Vita"，即"生命"之意，又音译为"维他命"。维生素是人和动物维持生命和生长发育所必需的一类营养物质，是活细胞维持正常生理功能所必需而需要量又极微的天然低分子有机物。

维生素虽不能为人体提供热量，在生理上需要量也很少，但它们对体内营养成分的消化和吸收，对体内能量的转变和正常的生理活动都具有十分重要的影响。当肌体缺乏某种维生素时，就会导致新陈代谢某个环节的障碍，影响正常生理功能，甚至引起"维生素缺乏症"。故缺少哪一种维生素，都会给健康带来危害，但摄入量过多，反而会引起中毒。绝大多数维生素均存在于天然食物中，在人体内不能自行合成，必须从饮食中摄取。

维生素是一类化学性质极不相同的低分子有机物，可以分为以下两类：

（1）脂溶性维生素。其不溶于脂肪和有机溶剂中，多存于食品的脂肪组织中。脂溶性维生素超过人体的需要量，就会在体内储存起来，故其既有缺乏症，又有过多症。脂溶性维生素主要有维生素A及A原、维生素D、维生素E、维生素K等。

（2）水溶性维生素。其溶于水而不溶于脂肪，吸收后在体内储存很少，过量的维生素从尿中排出，故水溶性维生素需随时提供，故其一般只有缺乏症而无过多症。水溶性维生素在许多食品中广泛存在，主要有B族维生素，如维生素B_1、维生素B_2、维生素B_3、维生素B_6、维生素B_{12}、维生素B_{15}和维生素H、维生素P、维生素C等。

目前，已知人体所需的维生素约30种，除某些B族维生素和维生素K能在体内合成外，大多数必须由食品中摄取。我国传统的膳食以谷类和蔬菜为主，动物性食品摄入较少，故容易引起维生素 A、维生素 D、维生素 B_2 的缺乏。不良的饮食习惯会导致各种维生素缺乏，不合理的烹调方法会使食品中的维生素损失或丧失，引起各种维生素缺乏。因此，日常生活中人们应从各个方面努力，确保摄入各类和数量充足的维生素。

5. 矿物质

矿物质属无机成分，又称无机盐，食品经高温煅烧而残留的灰分中所含的各种元素，均称为矿物质。矿物质也是人体所需营养素之一。

矿物质，按其在人体组织中所占的比例大小可分为：①常量元素，含量占 0.01% 以上，如钙、镁、钾、钠、磷、氯、硫等；②微量元素，含量占 0.01% 以下，如铁、碘、铜、锌等；③超微量元素，含量极微，以微克（μg）表示，如铅、汞、金、镭等。

常量元素人体需要得最多。某些微量和超微量元素，虽为人体生理所必需，但超过一定量却有害于健康。矿物质是调节人体生理功能和维持体内酸碱平衡的成分之一。矿物质在人体内含量并不多，约占人体重量的 4%～5%，但对人体有重要作用。

6. 水

水是人体的重要组成部分。水对人体无直接营养，但人的一切生理活动均离不开水。普通成人中的水分含量约占体重的 55%～65%，分布在人体的各组织器官中。人体中如果损失了 20% 的水，便无法维持生命。

（1）食品中的水分。各种食品，都有其特定的水分含量，因此才显示出他们各自的色、香、味、形等特征。水对食品的新鲜度、硬度、流动性、呈味性、保藏性、加工等方面均有重要影响，水也是微生物繁殖的因素。水的溶解力强，大多数有机物均能溶于水中，即使不能溶于水的物质（如脂肪等）也能在适当条件下分散在水中。

（2）食品中水的存在形态。食品中水的存在形态有两种：结合水（束缚水）、自由水（游离水）。

1）结合水（束缚水）。其与食品中的胶体物质（蛋白质，脂肪等）以氢键相结合，受胶体物束缚，一般很少发生变化，其性质不同于普通水。结合水比重大于普通水，不易结冰，冰点为 -40℃；不能溶解可溶性物质；蒸汽压低，在 100℃ 以下不能从食物中分离出来；不能被微生物所利用。当结合水被强行与食物分离时，则食品的风味、质量就会改变。

2）自由水（游离水）。它是食品中不与胶体物质结合的水，以游离状态存于食品细胞内外，可用简单的加热方式把它从食品中分离出来。自由水性质同普通水，冰点为 0℃，100℃ 沸腾，在干燥情况下通过毛细管的作用可以散发而减少；在潮湿环境下可因吸水而增加。能被微生物所利用，食品重量损耗即其所致。含有大量自由水的食物（水果、菜、肉等），在冻结后细胞结构被冰晶所破坏，解冻后组织立即崩溃而放出大量自由水。

由于自由水能给食物中的微生物繁殖提供合适的环境，因而为防止食物的腐败，延长保存期，就要设法减少食品中的自由水的含量，以获得良好的储存效果。通常，人们用水分活度（A_W）直接反映食品储存的安全条件，即：

$$A_W = \frac{P}{P_0}$$

式中，P 为溶液中水的蒸气压，P_0 为纯水蒸气压。由于自由水中含有有机物和无机盐，故 $P < P_0$，即 $A_W < 1$。某些食品适合微生物发育的 A_W 值如表 8-1 所示。

表8-1　某些食品适合微生物发育的 A_W 值

食品名称	A_W	微生物名称
鲜鱼、水果	0.98	
灌肠	0.90	一般细菌
15%盐制品	0.88	酵母菌
含有15%~17%的豆类、米等	0.80	霉菌、金黄色葡萄菌
果酱、某些点心	0.75	好盐性细菌
面粉	0.65	耐干性霉菌
干果、蜜饯	0.60	耐浸透性酵母菌
饼干	0.33	

A_W 的大小反映了食品中自由水可被微生物利用的程度,A_W 越大,越易被微生物利用,则食品易腐败变质,可通过干燥或人工冷藏降低食品的 A_W 值。

【案例分析】

据英国《镜报》报道,该国一名20岁男子由于长期只食用垃圾食品最终因营养不良诱发肝病,流血不止而丧生,这名男子叫斯科特·马丁。马丁除了烤面包片、豆类、薯条和罐装意大利面条之外什么也不吃,而且几乎不吃任何水果。"他只吃种类有限的一些食品,其中麦当劳是他的最爱,他也吃烘豆,只是偶尔。要找他能吃的东西难如登天。"玛格丽特曾反复劝说儿子,希望他放弃不健康的"薯条+烤面包片+烘豆"的饮食结构,但马丁不以为然。糟糕的饮食习惯终于使马丁患上了肝硬化。最终当他的3颗牙齿被感染需要拔除时,医生警告他可能因流血不止或感染而死。牙最终拔了下来,但就像此前警告的那样,医生无法为他止血,悲伤的家人只好无奈地看着这年轻的生命慢慢消逝。

(资料来源:法制文萃.)

问题:看了这篇报道,你认为如何安排日常膳食才能做到科学合理?

8.1.2　食品卫生

食品是人们赖以生存和获得营养的商品,对人体必须是无害的。食品卫生直接关系到人的身体健康和生命的安全。"病从口入",人类的许多疾病与食品污染有一定的关系,因此防止食品污染,保证食品卫生、安全,已成为当前世界范围内关注的重要问题。

天然食品本身所含的有害物质很少,对人体危害不大,但食品从种植、生长到收获,从生产、加工、储存、运输、销售到食用前的各个环节中都有可能使某些有毒有害物质进入食品,从而导致食品的卫生质量降低,对人体造成极大的危害。食品中的有毒有害物质,一般分为两类:一类是有毒物质;另一类是病原微生物。食品中有毒有害的物质,有的来源于食品本身,有的来源于各种污染。

1. 食品自身产生的毒素

有的天然食品,本身就含有毒素,如河豚鱼的肝、血、卵等部位含有河豚毒素;苦杏仁、木薯块根中含有氰苷类毒素;土豆发芽后会产生龙葵素;死亡后的鳝鱼、鳖、河蟹的体内含有组胺毒素等。故食用时一定要加以注意。

【小思考 8-1】
食品中的有毒有害物质均来源于各种污染吗？

2. 食品的各种污染

污染食品的有害物质按其性质大体上可分为生物性污染、化学性污染及放射性污染三种。

（1）生物性污染。食品的生物性污染，是指食品在生产、运输、储藏、销售等各个环节中，受到致病微生物和寄生虫、卵的污染。污染食品的微生物主要是细菌及其毒素、霉菌及其毒素。微生物污染食品后，在适宜的条件下大量繁殖，使食品产生一系列复杂的变化，降低或失去食用价值。某些微生物还可能产生各种危害人体健康的代谢产物即毒素，导致人体患上各种疾病，严重时导致人体死亡。如黄曲霉毒素就是一种常见的霉菌代谢产物，它的毒性极大，会破坏人体肝脏的功能，诱发各种癌症，是人类的大敌。

通过污染食品而危害于人体的寄生虫及虫卵主要有囊虫、蛔虫、绦虫、肝吸虫、肺吸虫、旋毛虫等。病人、病畜排出的带有寄生虫卵的粪便污染水源或土壤，由此再使家畜等动物及水果、蔬菜受到感染或污染，或直接污染食品，导致人类患上寄生虫病。

能造成污染的昆虫主要有粮食中的甲虫、螨类和蛾类以及动物性食品和某些发酵食品中的蝇、蛆等。在储藏条件差、缺少防虫设备时，食品很容易受到昆虫污染，滋生出各种有害物质，使食品的营养价值降低或丧失。

防止食品生物性污染，主要是加强食品的卫生管理和监督，提高食品卫生的科学管理水平，创造一个适宜的食品储藏环境。

（2）化学性污染。指食品在生产、加工、运输、储藏、销售等各个环节中被某些化学有害物质污染，主要有以下三种：

1）农药污染。适当地使用农药，是消灭农作物的病虫害和杂草、保证农产品丰收的一项重要措施。但是，广泛、过量使用农药、化肥、杀虫剂、除草剂、动植物生长剂等致使一些有害成分进入食品中而对食品造成了污染。

农药对食品的污染主要通过如下途径：农药喷洒于农作物后渗入植物体内；农药散落在土壤中后通过农作物根部吸入植物体内；农药污染农作物茎秆和牧草，再做饲料喂养家畜和家禽；农药通过水源进入农作物或人体内。目前，对人体危害最大的农药为有机氯农药，尽管许多国家已停止使用这类农药，但因其不易分解、残效期长而在土壤和人体中积累，故仍可能污染食品。为了防止农药对食品的污染，国家对农药使用的种类和用量都有严格的限制，有效地控制了食品的污染。

2）重金属对食品的污染。重金属是污染食品的又一途径，重金属主要是工业生产中不适当地排出的废气、废水和废渣即工业的"三废"，对人体危害较大的重金属有汞、镉、砷、铅等。

重金属进入人体后，与蛋白质结合形成不溶性盐而使蛋白质变性，使人体出现各种中毒症状。汞化合物会进入人体血液中，并与血红素结合，然后进入脑组织而引起脑中毒，使人乏力、头晕、失眠，肢体末梢、嘴唇、牙根麻木和刺痛，语言不清，视力模糊，记忆力衰退，严重时会导致痉挛而死亡。镉对人体的危害主要是损害肾小管上皮细胞，减弱人体呼吸功能，使钙及其他成分从尿中排出，导致骨钙析出，骨质疏松。砷对人体的危害是破坏体内酶的活性而引起代谢紊乱，从而导致神经系统、微血管及其他系统功能病变。铅对人体的危害主要是对神经系统、造血系统和消化系统造成不良影响。

3）添加剂对食品的污染。食品添加剂是为改善食品品质和色、香、味以及为防腐和加工工艺的需要而加入食品中的化学或天然物质。

由于添加剂多是化学物质，这些物质不一定具有营养价值，有的具有一定的毒性，对添加剂使用不当或采用不合乎卫生要求的食品添加剂会使有害物质进入食品中，如长期大量摄入，可能会产生一定的毒害作用，如防腐剂苯甲酸可引起过敏性哮喘；发色剂亚硝酸盐可与蛋白质代谢的中间产物——仲胺生成亚硝胺，亚硝胺是一种强致癌物。

食品中的添加剂主要有防腐剂、抗氧化剂、发色剂、漂白剂、凝固剂、疏松剂、着色剂、香精等。食品中的添加剂有天然与人工合成两种，对于食品添加剂允许使用的种类，我国有严格的国家标准。

（3）放射性污染。放射性污染的主要来源有两种：一是来自宇宙射线和地壳中的放射性物质，即天然的放射性污染；二是来自核试验及和平利用原子能产生的放射性物质，即人为的污染。目前食品中放射性物质的实际污染情况，以铯^{137}和锶^{90}最为严重。特别是锶^{90}，半衰期较长，多蓄积于骨内，影响造血器官，且不易排出，对人体有严重危害。某些海产动物，如软体动物能蓄积特别危险的锶^{90}。

【案例分析】

绿色食品

绿色食品是指无污染、安全、优质、营养类的食品。绿色食品分为 A 级和 AA 级。食品要冠以"绿色"二字，在生产、加工食品的过程中，必须具备以下条件和要求：

（1）产品和产品原料的生产地必须符合绿色食品的生态环境标准，如大气、土壤、水源需由省级环境检测部门检测。大气质量达到国家一级标准，水源的水质达到国家二级标准，土壤达到国家卫生标准。

（2）农作物种植、畜禽饲养、水产养殖及食品加工必须符合绿色食品的生产操作规程。如农作物栽培过程中，农药和化学肥料的使用量，必须限制在不对环境和农产品质量产生不良后果的用量以内，不使农副产品中毒残留进入人体；食品加工过程中，防止二次污染，不得使用添加剂、化学色素等。

（3）产品必须符合绿色食品质量标准和国家卫生标准。如粮食类，国家卫生标准只检测 10 项指标，而绿色食品要检测农药残留量、重金属含量等 21 项指标。

问题：查阅有关资料，分析比较绿色食品、有机食品、无公害农产品 3 者的特点。

8.2 粮油商品

8.2.1 粮油商品的特征与分类

1. 粮油商品的特性

粮食是人类生存和发展的最基本的生活资料。粮油籽粒在脱离植株之后仍然还保持一定的生命活动。在储藏与经营过程中，要发生生理性、生化性变化，如有氧呼吸、后熟、生芽、陈化等变化。一方面，这些变化对维持粮油商品的新鲜度，改善粮油商品的品质有利；另一方面，这种生命力的维持，又是以消耗粮油商品本身的营养物质为基础的，因此会造成粮油籽粒干物质的损耗，也易引起发热霉变。要做到既能维持粮油籽粒的生命力，为广大消费者提供新鲜可口的粮油食品，又能控制其生命力的活动，保持粮油商品的相对稳定状态，减少粮油损失，这是粮油商品经营工作的重要任务。

2. 粮油商品的分类

粮油商品分类方法很多，一般根据商业经营情况，按粮油植物学科属或主要性状、用途分为7大类：

（1）原粮。原粮，也称自然粮。一般是指经过收割、脱粒，而尚未碾磨加工带有皮壳的粮谷，包括禾谷类、豆类和薯类，也包括甘薯、马铃薯、木薯等。

（2）成品粮。成品粮是将原粮经过加工后脱去皮壳或磨成粉状的粮食，主要包括大米、小麦粉、燕麦粉、黑麦粉、玉米粉、高粱米、小米、黍米、稷米、荞麦粉、薯干等。

（3）油料。油料是指抽取植物油脂的原料，按原料来源分草本油料和木本油料两类。

（4）油脂。油脂即用植物油料制取的油脂。通常按是否可供食用分为食用油脂和非食用油脂两类。

（5）粮油加工副产品。主要指粮食、油料在加工成品过程中分离出的非成品部分。

（6）粮食制品。粮食制品主要指以粮食为主要原料加工制作的食品，一般可分为普通米面制品、方便食品、强化食品、膨化食品、熟食品等。

（7）综合利用产品。综合利用产品主要指利用粮食加工副产品生产的产品。利用粮食加工的副产品可以生产糖、酒、油以及多种化工用品、医药等；利用油料加工的副产品可以生产高蛋白质食品、磷脂类食品以及多种化学用品和医药等。

另外粮食还可以按习惯分为主粮和杂粮、粗粮和细粮、夏粮和秋粮等。

8.2.2 稻谷

稻是禾本科、稻属的作物，稻的果实称为稻谷，稻谷是世界上重要的谷物商品粮之一。

1. 分类

（1）按生长要求的水分条件分类。按水稻生长要求的水分条件分为水稻和陆稻（旱稻）。水稻适于水田生长，陆稻适于旱地生长，水稻比陆稻产量高，食味好。我国栽培的主要是水稻，陆稻栽培面积不到稻谷面积的2%。

（2）按生育期和收获季节分类。按稻谷生育期和收获季节分为早稻、中稻和晚稻。早稻生育期为80~120天，多在7月份收获；晚稻生育期为150~180天，多在11月份收获。两者米粒特征相差较大，早稻腹白较大，硬质粒少；晚稻则腹白较小或无腹白，硬质粒较多，粒质优于早稻。中稻生育期为120~150天，初秋收获，米质介于早、晚稻之间。

（3）按米形和粒质分类。国家标准GB 1350—2009中，稻谷按粒形和粒质分为早籼稻谷、晚籼稻谷、粳稻谷、粳糯稻谷、籼糯稻谷5类。

1) 早籼稻谷。生长期较短、收获期较早的籼稻谷，一般米粒腹白较大，角粒较少。

2) 晚籼稻谷。生长期较长、收获期较晚的籼稻谷，一般米粒腹白较小或无白，角质粒较多。

3) 粳稻谷。粳型非糯性稻谷的果实，籽粒一般呈椭圆形，米质黏性较大、胀性较小。

4）籼糯稻谷。籼型糯性稻的果实，糙米一般呈长椭圆形和细长形，米粒呈白色，不透明，也有呈半透明状（俗称阴糯），黏性大。

5）粳糯稻谷。粳型糯性稻的果实，糙米一般呈椭圆形，米粒呈乳白色，不透明，也有呈半透明状（俗称阴糯），黏性大。

籼稻和粳稻是不同生态类型的稻谷品种，耐寒性差别较大，一般粳稻比籼稻耐寒。籼、粳、糯谷在外形及米粒特征上有许多不同（表8-2）。

表8-2　　　　　　　　　　　籼、粳、糯稻谷特征比较

项目 特征 种类	粒形	茸毛	芒	米外观	饭的胀性	饭的黏性	直链淀粉含量/%
籼稻	长椭圆	稀短	无或短	灰白无光	大	小	25%以上
粳稻	椭圆	密长	常有	蜡白有光透明半透明	小	较大	20%以下
糯稻	长椭圆/椭圆或细长	稀短密长	无或有	不透明/乳白无光	小	大	无

稻谷的国家标准中，各类稻谷允许混有其他类稻谷的限度为5.0%；各类稻谷中黄粒米不超过1.0%；各类稻谷中谷外糙米不超过2.0%。

2. 质量指标

（1）国家标准。国家标准GB 1350—2009规定，各类商品稻谷均以出糙率、整精米率和谷外糙米指标作为定等基础，共分5个等级，并结合杂质、水分含量、色泽气味等进行质量检验。籼稻和粳稻的具体质量指标，如表8-3和表8-4所示。

表8-3　　　　　　　　　　　籼稻质量指标

等级	出糙率/%	整精米率/%	杂质/%	水分/%	色泽、气味
1	79.0	≥50.0	1.0	13.5	正常
2	77.0	≥50.0			
3	75.0	≥50.0			
4	73.0	≥50.0			
5	71.0	≥50.0			

注：水分含量大于表8-3规定的稻谷的收购，按国家有关规定执行。

表8-4　　　　　　　　　　　粳稻质量指标

等级	出糙率/%	整精米率/%	杂质/%	水分/%	色泽、气味
1	81.0	≥60.0	1.0	14.5	正常
2	79.0	≥60.0			
3	77.0	≥60.0			
4	75.0	≥60.0			
5	74.0	≥60.0			

注：水分含量大于表8-4规定的稻谷的收购，按国家有关规定执行。

(2) 项目解释。分为以下几个方面：

1) 出糙率。稻谷出糙率是指稻谷脱胎壳后的糙米质量（其中不完善粒折半计算）占试样重量的百分率。出糙率体现稻谷的主要使用价值。成熟、饱满、壳薄的稻谷，出糙率较高。

2) 不完善粒。不完善粒指未成熟粒、虫蚀粒、病斑粒、生芽粒和霉变粒中尚有使用价值的颗粒。

3) 整精米。糙米碾磨成精度为国家标准一等大米时，米粒产生破碎，其中长度仍达到完整精米粒平均长度的 4/5 以上（含 4/5）的米粒。

4) 谷外糙米。稻谷由于机械损伤等原因形成的糙米粒。

5) 杂质。稻谷中的杂质是指通过 2.0 圆孔筛的筛下物，包括泥土、砂石、砖瓦块及其他无机杂质以及无使用价值的稻谷粒、异种粮粒及其他有机杂质。

6) 色泽、气味。指一批稻谷固有的综合色泽和气味，它是稻谷正常品质的体现。稻谷国家标准中，均要求色泽气味正常。

7) 黄粒米。指胚乳呈黄色，与正常米粒色泽明显不同的颗粒。黄粒米形成的原因是多方面的，微生物作用及粮食陈化中的生化变化等均可引起米粒变黄。黄粒米不但影响商品的外观品质，而且营养品质差，还可能带有真菌毒素。在国家标准中，限制黄粒米的含量不得超过 2.0%。

本标准适用于稻谷的收购、销售、调拨、储存、加工和出口。

【案例分析】

大米的储藏特性

大米不耐储藏。因无皮层保护，胚乳外露，易受外界湿热影响和虫霉危害，陈化速度快。所以，我国在米一般以销定产或短期储藏。含糠粉和碎米多的大米，极易吸湿生霉、发热，特别是夏季加工的大米更难储藏。大米陈化后，外观有明显变化，粒面残留皮层浮起（脱糠）胚部变色，两侧沟统呈白色或灰白色（起筋）、无光泽，有陈米气，蒸煮米饭松散，发酸变苦等。

问题：针对大米储藏特性，讨论大米安全储藏的措施。

8.2.3 小麦

1. 小麦分类

(1) 按播种期分类，可分为冬小麦和春小麦。

1) 冬小麦。秋后播种，来年夏季收获，生长期一般为 180~280 天。冬小麦的粒形多为短圆丰满，麦毛较细，腹沟较浅，皮色较淡，工艺品质好。

2) 春小麦。春季播种，当年夏季或秋季收割。春小麦粒形较瘦长，腹沟较深，麦毛较长，皮色较深，工艺品质较差。

(2) 按粒质分类，可分为硬质麦和软质麦。横向切开后，胚乳呈玻璃状部分占该粒 1/2 以上的称硬质麦，不足 1/2 及以下的称软质麦。硬质小麦的皮薄易脱落，麦毛短细不明显，出粉率高，蛋白质含量高，筋力大；软质小麦的皮较厚、麦毛粗长且明显，出粉率低，蛋白质含量低，筋力小。

(3) 按粒色分类，可分为白麦和红麦两类。白麦种皮为白色、乳白色或黄白色，一般种皮较薄，出粉率高，品质较好。红麦种皮为深红色或红褐色，种皮较厚，出粉率较低，品质较差。

（4）根据小麦的皮色、粒质和播种季节分类。国家标准 GB 1351—2008 规定，根据小麦的皮色、粒质和播种季节分为 9 类：①白色硬质冬小麦和春小麦，即种皮为白色或黄白色的麦粒不低于 90%，角质率不低于 70% 的冬小麦或春小麦；②白色软质冬小麦和春小麦，即种皮为白色或黄白色的麦粒不低于 90%，粉质率不低于 70% 的冬小麦或春小麦；③红色硬质冬小麦和春小麦，即种皮为深红色或红褐色的麦粒不低于 90%，角质率不低于 70% 的冬小麦或春小麦；④红色软质冬小麦和春小麦，即种皮为深红色或红褐色的麦粒不低于 90%，粉质率不低于 70% 的冬小麦或春小麦；⑤混合小麦，即不符合上述各条规定的小麦；⑥其他类型小麦分类方法另行规定。

2. 质量指标

（1）国家标准。国家标准 GB 1351—2008 规定，各类小麦按容重分为 5 等，低于 5 等的小麦为等外小麦。等级指标及其他质量指标如表 8-5 所示。

表 8-5　　　　　　　　　　　小麦质量指标

等级	容重/（g/L）	不完善粒/%	杂质/%		水分/%	色泽、气味
			总量	其中：矿物质		
1	≥790	≤6.0	≤1.0	≤0.5	≤12.5	正常
2	≥770	≤6.0				
3	≥750	≤6.0				
4	≥730	≤8.0				
5	≥710.0	≤10.0				

注：水分含量大于表 8-5 规定的小麦的收购，按国家有关规定执行。

（2）小麦赤霉病粒超过 4.0% 的，单立赤霉病项目，按不完善粒归属。小麦赤霉病粒超过 4.0% 的，是否收购由省、自治区、直辖市规定。收购超过规定的赤霉病麦，要就地妥善处理。

（3）黑胚小麦由省、自治区、直辖市规定是否收购或限量收购。收购的黑胚小麦就地处理。

（4）卫生检验和植物检疫按照国家有关标准和规定执行。

（5）项目解释。从容重、小麦不完善粒、杂质、色泽、气味等几个方面考虑。

1）容重。容重指小麦籽粒在单位容积内的质量，以克/升（g/L）表示。容重是小麦质量的综合标志，在同一种类、籽粒大小相同的小麦中，籽粒成熟度高、健康饱满、结构坚实、水分较低的小麦容量大，则出粉率高，工艺品质好；反之，则容重小，出粉率低，工艺品质差。但小麦的蛋白质含量与其容重并不存在必然联系，所以容重作为小麦的分等标准，并不反映小麦的内在品质。

2）小麦不完善粒。小麦不完善粒包括虫蚀粒、病斑粒、霉变粒、生芽粒和破损粒等伤及胚或胚乳的麦粒。

3）杂质。杂质指通过直径 1.5mm 圆孔筛的筛下物，包括矿物质（指砂、车煤渣、砖瓦块及其他矿物质）及无使用价值的小麦粒，生芽粒中芽超过本颗粒长度的小麦粒，毒麦、麦角、小麦线虫病、小麦腥黑穗病等麦粒，异种粮粒及其他杂质。

4）色泽、气味。色泽、气味指一批小麦的综合色泽、气味。

本标准适用于我国商品小麦的收购、销售、调拨、储存、加工和出口。

3. 小麦的储藏

（1）储藏特性。一般小麦的后熟期为 2~2.5 个月，在后熟期间，小麦的呼吸强度大，生理旺盛，呼吸作用释放的热量和水分较多，在粮堆上层易出现"出汗"、发热和生霉现象。

小麦耐高温能力强，一般水分在 17% 以下的小麦，在温度不超过 54℃ 时暴晒，发芽率不会下降，由于促进了工艺成熟，磨出的面粉品质反而有所提高。另外，小麦耐低温能力也很强，水分不超过 18% 的小麦，在 -15℃ 的低温下储藏半年之多仍能保持其原有品质。小麦这种较强的耐温变能力，为小麦采用低温防霉和高温杀虫提供了理论依据。

但是小麦无外壳保护，皮层较薄，组织松散，并含有大量的亲水物质，胚部外露，其吸湿性很强。同时，小麦的籽粒结构和营养素对大多数储粮害虫比较适合，而且小麦收获、入库正值高温季节，害虫繁殖旺盛，因此小麦收获入库时最易受虫害感染，应加强管理。

（2）储藏措施。包括以下几个环节：

1）严格控制水分。严格控制小麦入库水分，做好防潮工作是小麦安全储藏的主要环节，小麦的相对安全水分如表 8-6 所示。小麦收割脱粒后要充分暴晒，再行入库。入库后则应做好防潮工作。

表 8-6　　　　　　　　　小麦的相对安全水分标准表

温度/℃	0	5	10	15	20	25	30
相对安全水分/%	18	17	16	15	14	13	12

2）趁热入库密闭。在盛夏高温季节，选择晴朗、高温的天气将小麦晒至 500℃ 左右，延续 2 小时以上，趁热入库，密闭储藏。此法不但治虫、防治蛾类效果好，而且能促进小麦后熟。

3）低温密闭。需要长期储藏的小麦，入库时若小麦水分在安全标准以内，无虫、无霉，可及时采取密闭储藏，待秋凉以后对小麦进行通风冷冻，使小麦温度降至 10℃ 左右，春暖前趁冷密闭。此法能使小麦安全度夏，有利于保持小麦的原有品质。

4）自然缺氧，双低储藏。利用小麦后熟期长的特点，对粮质好的小麦，入库后及时采用自然缺氧储藏或"双低储藏"，可收到良好的防虫防霉效果。

5）加强粮情检查。小麦入库后要加强检查，及时散温散湿，发现害虫活动，及时做杀虫处理。在梅雨季节应着重防潮方面的检查，防止小麦吸湿生霉。

8.2.4 玉米

1. 玉米的分类

（1）按播种期分类，有春玉米、夏玉米、秋玉米和冬玉米 4 种。东北、西北以及南方的高山区因气温低，主要生产春玉米；华北及长江流域各省，气温较暖，多生产夏玉米；广西、广东、云南南部气温高，一年四季都有玉米种植。总之，我国以夏玉米最多，其次是春玉米。

（2）按种皮颜色分类，国家标准 GB 1353—2009 规定根据玉米种皮颜色分为黄玉米、白玉米和混合玉米 3 类，以黄玉米为最多。黄玉米是种皮为黄色，并包括略带红色的黄色玉米；白玉米是种皮为白色，并包括略带淡黄色或粉红色的白色玉米；混合玉米是混入本类以外玉米超过 5.0% 的玉米。玉米的特殊品种由省、自治区、直辖市另定标准。

（3）按粒型和粒质分类，有硬粒型、马齿型、半马齿型、糯质型、粉质型、甜质型和爆裂型等类型。目前在生产上大面积种植的有以下几类，如表 8-7 所示。

表 8-7　　　　　　　　　　　小麦的相对安全水分标准表

类型	形态	角质胚乳部位	粉质胚乳部位	其他
硬粒型	粒小、坚硬有光泽，顶部圆形	顶部及四周	中央	食味香甜宜食用
马齿型	粒大顶端凹陷	籽粒两侧	顶部及中央	食味较次宜制粉
糯质型	粒小、坚硬，断面呈蜡状	胚乳全部		有黏性可代糯米粉
半马齿型	粒型大小复杂、顶端稍凹陷	两侧多，顶部少	顶部及中央	食用或制粉

2. 质量指标

（1）国家标准（GB 1353—2009）规定玉米质量指标，如表 8-8 所示。

表 8-8　　　　　　　　　　　玉米质量指标

等级	容重/（g/L）	杂质/%	不完善粒/%		水分/%	色泽、气味
			总量	其中：生霉粒		
1	≥710	≤1.0	≤5.0	≤2.0	≤14	正常
2	≥68					
3	≥660					

注：水分含量大于表 8-8 规定的玉米的收购，按国家有关规定执行。

（2）项目解释。分为以下几个方面：

1）容重。容重指粮食籽粒在单位容积内的质量，以克/升（g/L）表示。

2）不完善粒。不完善粒指受到损伤但尚有使用价值的颗粒，包括下列几种：①虫蚀粒，指被虫蛀蚀，伤及胚或胚乳的颗粒；②病斑粒，指粒面带有病斑，伤及胚或胚乳的颗粒；③破损粒，指籽粒破损达本颗粒体积 1/5（含）以上的颗粒；④生芽粒，指芽或幼根突破表皮的颗粒；⑤生霉粒，指粒面生霉的颗粒；⑥热损伤粒，指受热后外表或胚显著变色和损伤的颗粒。

3）杂质。杂质指通过规定筛层和无使用价值的物质，包括下列几种：①筛下物，指通过直径3.0mm圆孔筛的物质；②无机杂质，包括泥土、沙石、砖瓦块及其他无机物质；③有机杂质，指无食用价值的玉米粒、异品种粮及其他有机物质。

4）色泽、气味。色泽、气味指一批玉米固有的综合色泽和气味。

3. 玉米的储藏

（1）储藏特性。玉米胚大，结构松散，含有较多的糖分、脂肪和蛋白质，所以在储藏过程中，极易吸湿、生虫、发霉、酸败变苦；夏季收获的玉米原始水分大，成熟度不均匀，不实粒，易受机械损伤，更易吸湿、发霉、"点翠"。针对上述特点，玉米必须采取适当的储藏方法。

（2）储藏措施。储藏措施有带穗储藏和粒储两种。

1）带穗储藏。玉米收获后，在农家储藏中可采用穗藏法，即用木架、高粱秆等物构成有苫盖的围囤（又叫玉米楼），里面堆放玉米穗。这种方法通风降水快，且对虫霉危害有一定保护作用。在北方干燥低温地区比较适用。

2）粒储。粒储是玉米储藏的主要措施，具体做法如下。①分级储存。玉米入库时要做到分级储存，严格执行干、湿分开，有虫、无虫分开，好、次分开；对水分大、有虫的危险粮及时干燥降水和杀虫。②低温密闭储藏。玉米收获后尽量利用暴晒或用机械烘干进行降水处理，入库后趁寒冷的冬天采用自然通风或机械通风等措施进行冷冻降温散湿，在春暖前进行低温密闭储藏，一般可安全度夏。③严防虫霉。玉米入库后，要加强管理，切实做好隔热防潮工作，并要加强粮情检查，发现玉米有"出汗"、"点翠"或散发甜酸味等异常现象时，要查明原因及时处理，发现害虫危害要及时采取过筛除虫或化学熏蒸杀虫等措施进行处理。

8.2.5 食用植物油

食用油脂分为植物油脂和动物油脂。食用植物油脂产品又可分为原油和成品油。原油即指未经精炼等工艺处理的油脂（又称毛油），不能直接用于食用，只能作为加工成品油的原料。成品油则是指经过精炼加工达到了食用标准的油脂产品。成品油分一级、二级、三级、四级4个质量等级，分别相当于原来的色拉油、高级烹调油、一级油、二级油。规定转基因、压榨、浸出产品和原料原产国必须标明，以维护消费者的知情权和选择权。芝麻油（香油）、花生油、大豆油、菜籽油、葵花籽油属高级食用油，都有包装，色泽透明，无腥辣气味和异味，加温时烟极少。

1. 花生油

从花生仁中提取的油脂称为花生油。花生油淡黄透明，芳香味美，是一种优质食用油。商品花生油质量国家标准见GB 1534—2003。

花生油含不饱和脂肪酸80%以上（其中含油酸41.2%，亚油酸37.6%）。另外还含有软脂酸、硬脂酸和花生酸等饱和脂肪酸19.9%。花生油的脂肪酸构成比较好，易于人体消化吸收。另外，花生油中还含有甾醇、麦胚酚、磷脂、维生素E、胆碱等对人体有益的物质。经常食用花生油，可防止皮肤皱裂老化，保护血管壁，阻止血栓形成，有助于预防动脉硬化和冠心病，还可以改善人脑的记忆力，延缓脑功能衰退。

花生油的皂化价是188～197，碘价是94～96，属于不干性油。在工业上可用于生产香皂和高级硬化油，也可作其他工业用油，但因花生油食用价值高，所以较少用于工业。

2. 大豆油

从大豆中提取的油脂称为大豆油。大豆油一直是东北、华北地区消费者的主要食用油。近十几年来，世界大豆生产发展迅速，豆油约占食用植物油总量的1/3，居各种动植物油脂的首位。大豆油质量的国家标准见 GB 1534—2003。

大豆油中含棕榈酸7%～10%，硬脂酸2%～5%，花生酸1%～3%，油酸22%～30%，亚油酸50%～60%，亚麻油酸5%～9%。大豆油的脂肪酸构成较好，含有丰富的亚油酸，还含有多量的维生素 E、维生素 D 以及丰富的卵磷脂，对人体健康均非常有益，人体消化吸收率高达98%，所以大豆油也是一种营养价值很高的优良食用油。但是，大豆油的色泽较深，有特殊的豆腥味，热稳定性较差，加热时会产生较多的泡沫。

大豆油的皂化价是188～195，碘价是120～137，属半干性油。在工业上，主要用于生产甘油、润滑油、油漆、合成树脂等。

3. 菜籽油

菜籽油简称菜油。毛菜油呈深黄略带绿色，具有令人不快的气味和辣味。精炼菜油澄清透明，颜色淡黄，无异味。菜籽油质量的国家标准见 GB 1536—2004。

菜籽油中含花生酸0.4%～1.0%，油酸14%～19%，亚油酸12%～24%，芥酸31%～55%，亚麻酸1%～10%。从营养价值方面看，具有利胆功能。其脂肪酸构成不平衡，亚油酸等人体必需脂肪酸含量不高，含大量芥酸，所以营养价值比一般植物油低。另外，菜油中还含有少量芥子苷，经常吃未精炼的毛菜油，对人体健康有一定影响。如菜油与富含亚油酸的油配合食用，能提高营养价值。

菜籽油的皂化价是167～180，碘价是97～108，属于半干性的油。菜油含大量芥酸，含芥酸多的油脂熔点较高，在工业上有特殊的用途，如适合做机械的润滑油、机械制造工业的淬火用油和金属防腐剂等。菜油还是橡胶工业的良好添加剂，是生产尼龙、聚酰胺纤维、醇酸树脂、聚酯、肥皂、药膏等的重要原料。从用途上看，高芥酸油的经济价值明显高于低芥酸菜油。

4. 芝麻油

芝麻油种子含油量，居食用植物油料之首，一般为50%～53%，最高的超过60%。用压榨法制取的芝麻油称为麻油或大槽油，呈黄色，香味较淡。用水代法制取的芝麻油又称小磨麻油、香油，呈黄棕色，具有特殊的香味。水代法的主要工艺流程有炒芝麻、磨糊、加开水搅拌、震荡出油和油水分离等几个环节。

芝麻油含油酸36.9%～50.0%，亚油酸36.8%～49.1%，花生酸0.4%～1.4%，其消化吸收率达98%。芝麻油中不含对人体有害的成分，含有特别丰富的维生素 E 和比较丰富的亚油酸，还由于含有天然抗氧化剂——芝麻酚，所以化学性质较稳定。同时由于芝麻的存在使芝麻油带有诱人的香味。尤其是小磨麻油比大槽油香味更浓，是人们非常喜欢的一种食用植物油，生食、熟食皆可，为上等烹饪油、调味油和凉拌油。所以芝麻油是食用品质好，营养价值高的优良食用油。

芝麻油的皂化价是185～197，碘价是102～117，属半干性油，在工业上是生产生漆、肥皂、香精的上等原料。

5. 葵花籽油

葵花籽油未精炼时呈淡琥珀色，精炼后呈清亮透明的淡黄色，滋味纯正，特别是炒籽榨出的油，其香味可与小磨麻油媲美。

葵花籽油含饱和脂肪酸 7.5% ~ 12.5%，油酸 21% ~ 34%，亚油酸 57.5% ~ 6.2%，其中油酸与亚油酸的含量比例受产地气候条件影响极大。葵花籽油的不饱和脂肪酸含量高，人体消化吸收率为 96.5%，熔点低。葵花籽油适用于做色拉油、蛋黄酱油，含有丰富的亚油酸，有显著降低胆固醇、防止血管硬化和预防冠心病的作用，国外把它称为高级营养油或健康油。

葵花籽油的皂价是 186 ~ 194，碘价是 122 ~ 136，属于半干性油，可用于生产人造奶油、优质涂料、油墨、液体肥皂、蜡烛及香料等。

【小思考 8-2】
在食用植物油中，花生油的营养价值最高吗？

8.3 饮料和乳制品

8.3.1 乳制品

乳是营养丰富的食品，含有人体生长发育及代谢所必需的营养成分，所含营养价值几乎全部能被人体消化吸收，被人们称作完全营养食物。世界卫生组织也把人均乳品量列为衡量一个国家人民生活水平的主要指标。

一个人每天喝两杯牛乳，即 500mL，能获得优质蛋白 16.5g，脂肪 17.5g，糖 22.5g，钙 600mg，维生素 A 约 20 国际单位，维生素 D 约 10 国际单位，维生素 B_1 约 0.5mg，维生素 B_2 约 0.8mg；能满足人体每天需要的动物蛋白质约 50%、热能约 30%、钙约 50% 以及可满足每天所必需的氨基酸。

乳是乳畜生产犊（羔）后由乳腺分泌的一种具有乳胶特性的生物学液体，色泽呈白色或略带黄色，不透明，味微甜并具有特有的香味。乳有牛乳、羊乳、马乳等，最常见的是牛乳。

1. 乳的基本成分及其性质

乳主要由水、蛋白质、脂肪、乳糖以及以钙为主的矿物质和一些维生素组成。乳的基本组成为：水 87.5% ~ 89%，总乳干物质（乳固体）11.0% ~ 13.0%。其中脂肪 3% ~ 5%，乳糖 4.5% ~ 5%，蛋白质 3.3% ~ 5%，无机盐（灰分）0.6% ~ 0.75%。

牛乳含有以下 5 大营养成分：

（1）蛋白质。蛋白质是牛乳的重要营养物质，鲜牛乳的蛋白质含量为 3.4%，主要包括酪蛋白、乳清蛋白和脂肪球膜蛋白 3 种。乳蛋白的消化吸收率一般为 97% ~ 98%，属完全蛋白质。牛乳中还含有人体必需的 8 种氨基酸，且比例适当。一个人每天摄入 500g 牛乳，就可以拥有每日推荐量的全部必需氨基酸。它能供给机体营养，执行保护功能，负责机械运行，控制代谢过程，输送氧气，防御病菌的侵袭，传递遗传信息。

（2）乳脂肪。牛乳中脂肪含量约占 3.6%，且呈乳糜化状态，以极小脂肪球的形式存在，均匀地分布在乳汁中，易被人体消化吸收。摄入人体后可经胃壁直接吸收，这对婴儿的生长特别有利。乳脂肪是一种消化率很高的食用脂肪，能为人体提供能量，保护机体。乳脂肪不仅使牛奶具备特有的奶香味，还含有多种脂肪酸和少量磷脂，脂肪酸中的不饱和脂肪酸和磷脂中的卵磷脂、脑磷脂、神经磷脂等都具有保健作用。

（3）乳糖。乳糖是牛乳中特有的碳水化合物，含量为4.9%左右，较人乳（7%左右）少，其他食物中不含乳糖。乳糖的营养功能是提供热能和促进金属离子如钙、镁、铁、锌等的吸收，调节胃肠蠕动和消化腺分泌等作用，对于婴儿智力发育非常重要。另外，钙的吸收程度与乳糖数量成正比，丰富的乳糖含量能起到预防佝偻病的效果。

乳糖是经乳糖酶分解成单糖后被人体吸收的。婴儿在出生时体内含有很多乳糖酶，以后逐渐减少。因此，如果人体长期不喝牛奶，就会造成消化道内缺乏乳糖酶，这时饮用牛奶后就会发生乳糖不耐受症，引起腹泻。解决的办法有：在乳品加工过程中利用乳糖酶使乳中乳糖预先分解；改一次饮用250g为一次饮用100g，即少量多次饮用。

（4）无机盐。牛乳中含无机盐0.7%左右，以钙、磷、镁、钾、钠为多。牛乳中含有丰富的钙，每100g牛乳中含120mg钙，且钙磷比例适当，有利于钙的吸收，所以牛奶是钙质的最好来源。如果每天饮用250g牛奶，就可以补充300mg左右的钙，达到推荐供给量的35%，这对解决中国人膳食钙缺乏具有重要意义。此外，牛乳中含碱性元素多于酸性元素，有助于调节体内酸碱平衡。

（5）维生素。维生素对维持人体正常生长及调节多种机能具有重要作用，人体是不能自行合成维生素的，必须从食物中摄取，而牛乳中含有几乎已知的所有维生素，如维生素A、维生素D、维生素E、维生素K、维生素B_1、维生素B_2、维生素B_{12}、泛酸等。

所以，牛乳营养成分全面，营养价值高，是一种良好的滋补食品。

2. 乳的消毒

供直接饮用的全乳汁，亦称为生乳。生乳可能含有病原体，因此市场上销售的鲜乳都进行了消毒处理，常用的消毒方式有以下3种：

（1）煮沸消毒法。此法将乳直接煮沸即可，不需要特殊设备。但对乳的理化性质改变较大，营养成分损失较多。

（2）瓶装蒸汽消毒法。将生乳装瓶内加盖后，置蒸笼内加热消毒。加热的时间视设备条件而定。加热至80~85℃，维持15min，或蒸汽上升时起再加热10min即可。此法简单可靠，还可避免消毒后再污染。

（3）巴氏消毒法。其操作方法有多种，设备、时间和温度各不相同，但都能达到消毒的目的。一般可分为：①低温长时间消毒法，是将牛乳置于62~65℃下保持30min；②超高温短时间消毒法，是将牛乳置于130~150℃下加热3s。

乳的消毒一般可使乳中的细菌含量减少到最低程度，但仍残留耐热的微生物，因此不能长时间储存。

3. 乳的质量要求

衡量乳的质量指标主要有3个方面：一是感官指标；二是理化指标，主要取决于总干物质，如表8-9所示；三是微生物指标，要求尽可能减少微生物，如表8-10所示。

表 8-9　　鲜乳的理化指标

项目	指标
相对密度	1.28~1.032
脂肪/%	≥3.00
酸度/°T	≥16
汞/（mg/kg）	≤0.01
六六六/（mg/kg）	≤0.10
滴滴滴/（mg/kg）	≤0.10

表 8-10　　鲜乳的生物指标

项目	指标
细菌总数（个/mL）	≤3000
大肠菌群（最可能数）（个/100mL）	≤90
致病菌	不得检出

牛乳质量感官鉴别可从色泽、状态、气味、滋味4方面入手。①色泽。正常的新鲜牛乳应呈乳白色或稍带微黄色，如果牛乳色泽灰白发暗，或带有浅粉红色、黄色斑点，则说明牛乳已经变质或掺杂质。②状态。正常的新鲜牛乳是均匀的乳浊液，有一定黏度，无上浮物和沉淀，无凝块、杂质；如果发现牛乳呈稠而不匀的溶液状，或上部出现清液，下层有豆腐脑状物质沉淀在瓶（袋）底，说明牛乳已变质。③气味和滋味。正常的新鲜牛乳应有一种天然的乳香，其香味平和、清香、自然、不强烈。此香来源于乳脂肪，香气的浓淡取决于乳脂肪含量的多少，如果是部分脱乳脂肪的牛乳，其乳香味稍淡薄。新鲜的牛乳不应有酸味、鱼腥味、饲料味、酸败臭味等异常气味。

鉴别牛乳的新鲜度，最简易的方法是：往盛清水的碗内滴几滴牛乳；如果乳汁凝固沉淀，说明是新鲜牛乳；如果乳汁浮在水面上且分散开，说明其质量差。鲜牛乳呈乳白色或微黄色的均匀胶态流体，无沉淀、无凝块、无杂质、无淀粉感、无异味；具有新鲜牛奶固有的香味。将牛奶倒入杯中晃动，奶液易挂壁。滴一滴牛奶在玻璃上，乳滴成圆形，不易流散。煮制后，无凝结和絮状物。

生鲜牛乳微生物的来源是牛体污染、外界污染、疾病。牛体污染指挤乳的环境（牛舍空气、垫草、尘埃以及乳牛本身的排泄物）、清洗程度、乳房的污染；外界污染指空气质量、挤乳用具和盛乳容器、饲料的污染，以及挤乳的手、蚊子、苍蝇带来的污染；疾病主要指乳腺炎。常见的微生物包括细菌、酵母、霉菌等。

4. 乳粉

乳粉是以牛乳为原料经过杀菌、蒸发水分，而后干燥成脱水粉粒状的乳制品。成品呈极淡的黄色，含有少量水分，用水冲调后基本上和鲜乳相同。

（1）性质。比鲜乳耐存放，保存期限少者几个月，多者可达几年；便于携带，运输方便；成品乳粉体积仅为鲜乳的1/8左右，重量也大大减轻；食用方便，冲调便利，可随时冲饮。

（2）种类。由于加工方式和原料处理的不同，乳粉可分为下列几种：全脂乳粉，以鲜乳直接加工而成；脱脂乳粉，将鲜乳中的脂肪分离出去，再用脱脂乳加工而成；全脂加糖乳粉，在鲜乳中添加20%的蔗糖或乳糖加工而成；婴儿乳粉，在鲜乳中添加儿童所需的营养成分而成。

（3）质量要求。全脂乳粉的感官指标应为淡黄色粉状，颗粒均匀，无结块，颗粒均匀，无异味。若乳粉出现苦味、腐败味、发霉等异味，应做废品处理。各项指标中，水分应小于3%，脂肪应大于25%，溶解度应大于97%，含铅量小于0.5×10^{-6}（百万分之一），含铜小于4×10^{-6}，含汞小于0.01×10^{-6}，菌落总数不大于50 000个/g，大肠菌群不大于90个/100g，致病菌不得检出。

脱脂乳粉的感官指标应为浅白色。色泽均匀，有光泽，干燥粉末无结块，具有脱脂消毒牛乳的纯香味，无其他异味。凡出现苦味、腐败味、发霉等异味，应做废品处理。各项指标中，水分应小于4%，脂肪不少于1.5%，溶解度应大于97%，含铅量小于0.5×10^{-6}，含铜小于4×10^{-6}，含汞小于0.01×10^{-6}，菌落总数不大于20 000个/g，大肠菌群不大于40个/100g，致病菌不得检出。

8.3.2 酒类商品

酒是一种含有酒精的饮料，与人民的生活关系密切。自古以来，人们就以酒作为饮料。酒是我国广大人民长期以来习惯性的消费品，适量饮酒有益于健康，过度饮酒则有害于健康。同时，酒也是一种高税商品，在国民经济中也有重要作用。

我国有悠久的酿酒历史，远在五千年前龙山文化时期，就已经开始酿酒。我国的酒类品种繁多，质量优异，载誉中外。1952年，我国评出了著名的"八大名酒"，即茅台、汾酒、泸州老窖特曲、西凤酒、金奖白兰地、玫瑰香红葡萄酒、味美思酒等。

（1）酿酒的基本原理。酿酒是用含糖的原料，加水分解后，逐步地转化为单糖，然后在不同的酵母所分泌的酶的作用下，引起酒精发酵，从而得到具有色、香、味、形的产品。酿酒的原理可分为如下两个步骤：

1）淀粉的糖化作用。利用曲霉菌或谷物的芽所分泌的淀粉酶，将淀粉水解为糊精、麦芽糖、葡萄糖的过程。糖化过程可表示为：

$$(C_6H_{10}O_5)n + nH_2O \xrightarrow{\text{淀粉酶}} nC_{12}H_{22}O_{11}$$

$$C_{12}H_{22}O_{11} + H_2O \xrightarrow{\text{麦芽糖酶}} 2C_6H_{10}O_5$$

糖化过程一般需要4~6小时，糖化后的原料即可用来进行酒精发酵。

2）酒精的发酵作用。淀粉在淀粉酶的作用下转化为葡萄糖后，进入发酵阶段。发酵是利用酵母菌所分泌的酒化酶系统，将葡萄糖转化为酒精的过程，可表示为：

$$C_6H_{10}O_5 \xrightarrow{\text{酒化酶}} 2C_2H_5OH + 2CO_2 + \text{热量（24千卡）}$$

但是在发酵过程中，不可能像公式表示的那么简单，而是会生成不少中间产物，正是这些微量的中间产物，才使酒具有特殊的风味。

（2）酒的分类。酒按不同标准划分如下。

1）按生产方式分。有蒸馏酒、发酵原酒、配制酒。①蒸馏酒。原料经发酵后，用蒸馏的方法使酒糟和酒液分离而制得的酒。其酒精含量较高，刺激性较大。世界上蒸馏酒有6种，除我国的白酒外，还有白兰地、伏尔加、威士忌、朗姆酒、金酒。②发酵原酒。又称压榨酒，原料经发酵后用压榨的方法直接使酒糟和酒液分离得到的酒。其酒精含量低，且保留了原料的风味和营养，刺激性小，如黄酒、啤酒、果酒。③配制酒。采用成品酒或食用酒精，与糖料、香料、药料等，按一定比例配制而成的酒，酒精含量因品种不同而异。未加药材的称为露酒，加入药材的称为药酒。

2) 按酒精含量分。酒精是酒的主要成分。酒度是指20℃时，酒精与酒体的容积百分比。如100mL酒，含酒精38mL，则其酒度为38°。①高度酒。酒度40°以上，如白酒。②中度酒。酒度为20~40°，如露酒、药酒。③低度酒。酒度20°以下，如啤酒、黄酒、果酒。

3) 按商业习惯分。有白酒、啤酒、黄酒、果酒、露酒、药酒等。其中葡萄酒、果露酒和药酒统称为色酒。

(3) 白酒。白酒是以含糖或含淀粉的物质为原料，经糖化、发酵、蒸馏等工艺而制成的一种蒸馏酒，是我国传统的饮用酒。生产工艺独特，品种繁多。

1) 白酒的原料。酿造白酒的主要原料有含糖和含淀粉的原料、辅料、酒曲、酒母、水等。含糖和含淀粉的原料主要是谷物、薯类等，如高粱、玉米、大米、白薯、野生原料。辅料主要是一些农副产品。

酒曲是淀粉原料的糖化剂，酒曲中存在的酒化菌，能把淀粉水解为单糖，同时有一定的发酵作用。不同的酒曲，不仅关系到原料的出酒率，同时对酒的风味也影响很大。目前常用的主要有大曲、小曲、麸曲等。大曲酿造的酒浓郁多香，但成本较高；小曲酒一般香味淡薄；而麸曲酒成本最低，但不如大曲酒风味好。酒母是酒的发酵剂。水对白酒的影响极大，必须符合生活用水的卫生标准。

2) 白酒的主要成分。白酒的主要成分有酒精、酸、醛、酯等。①酒精。为酵母发酵葡萄糖的产物，有强烈的口味，对嘴唇有烧灼感，还有一点爽快的香气，其含量的高低决定了白酒刺激性的强弱。过高的酒度口感辛辣；过低则滋味淡薄；酒度适中，口感醇和。②酸。白酒中各种脂肪酸的总量，是重要的呈味物质。含酸过少，口味寡淡，后味短；含酸过多，酸味露头，掩盖甜味，口感粗糙；含酸适中，酒味醇厚。一般含酸在 0.05g/100mL 以下。③醛。主要是乙醛。微量的乙醛使酒香突出，但醛有较强的刺激性和辛辣味，饮后易引起头晕，有害于健康，故含量越少越好。④酯。白酒中的酯，已分析出的有30多种，是白酒中重要的呈味物质。白酒香型的划分，就是取决于酯的成分。⑤高级醇。又名杂醇油，指碳原子多于酒精的醇类。它们是酒的芳香组分之一，又是酯的前驱物质，但若含量过多，使酒有刺鼻气味和苦涩味，饮后头晕，为恶醉之本，有害于人体健康。⑥甲醇。为一种无色液体，在人体内氧化成甲醛，是有毒的成分，尤其对视神经危害极大（100mL 甲醇就会使人失明）。⑦铅。主要来自酿造设备容器，对人体有害，一般不能超过 1×10^{-6}。

此外，白酒中还含有氰化物等，国家对上述成分均有限定标准。

3) 白酒的香型。我国的白酒，尤其是名酒和优质酒，由于酿造原料、工艺、设备不同，形成了不同的香气特点，一般分为如下几类。①酱香型。酱香突出，香气幽美，酒体醇厚，口味绵长，香气扑鼻，饮后空杯，香气犹存。主体香为挥发性的酚类化合物，代表品种茅台。我国这类酒较少，如四川的郎酒、湖南的武陵酒等。②浓香型。窖香浓郁，清洌甘爽，绵柔醇厚，香味协调，尾劲余长。主体香为乙酸乙酯和适量的丁酸乙酯，代表品种泸州老窖特曲。这类酒适合我国人民的消费习惯，故品种较多，如五粮液、洋河大曲、古井贡酒等。③清香型。清香纯正，口味协调，醇甜柔和，余味犹尽。主体香为乙酸乙酯和乳酸乙酯，代表品种汾酒。此外还有六曲香、河南宝丰酒等。④米香型。米香突出，香气清淡，入口柔绵，略有爽口的苦味。主体香气成分以乳酸乙酯为主，乙酸乙酯稍低，代表品种桂林三花酒。此为小曲酒的香型。⑤其他香型。又称兼香型，同时兼有两种以上主体香的白酒。这种酒的闻香、口香、回味香各不相同，具有一酒多香的风格，代表品种为贵州的董酒，陕西西凤酒也属于此类，品种较少。

4) 白酒的感官指标。有色泽、香气、滋味等。①色泽。无色透明，清亮，无悬浮物，无沉淀物。②香气。可分为溢香、喷香和留香。酒中芳香成分溢散于杯口附近的空气中，用嗅觉可直接辨别香气高低及特点，此即溢香（闻香）；白酒入口后，酒中芳香成分受口腔温度的影响，使香气充满口腔，此即喷香，一般白酒很少有喷香，只有名酒和优质酒才有较好的喷香，以五粮液最为突出；酒中的芳香成分较多时，酒虽咽下，口中还留有余香，此即留香，茅台酒的留香为突出，素有余香绵绵之称。总之，白酒应有醇香，即其本身特有的酒香。③滋味。白酒的滋味要求纯正，无异味，无强烈的刺激性，浓厚、醇和、纯净、回甜。

白酒的特点是易挥发、易燃烧，储存时要注意。白酒中由于酒精含量高，故不容易变质，越储越香。

(4) 啤酒。啤酒是以大麦芽为主要原料，经糖化、发酵而酿造成的含有低度酒精和二氧化碳的发酵原酒。其营养丰富，含有人体必需的全部氨基酸及维生素等，发热量大，易消化吸收，在世界营养食品会议上被列入营养食品行列，有"液体面包"之称，是一种对人体有益的低度酒。

啤酒的原料主要有大麦芽、酒花、啤酒酵母、水及辅料等。酒花是一种植物，给啤酒以特殊的香气和爽口的苦味，促进麦汁的澄清，提高啤酒的稳定性，增加啤酒的泡沫持久性。

1) 啤酒中的主要成分有：水，90%左右；酒精成分含量较少，一般为2%～5%；含有较多的浸出物，浸出物主要是一些营养物质，如糖类、蛋白质、酸类、矿物质等；此外还含有二氧化碳等。二氧化碳使啤酒清凉爽口，饮后能帮助体内热量散发，且使啤酒产生泡沫。

2) 啤酒的度数和种类。啤酒的度数同其他酒不同，它不是指酒精的含量，而是指原麦汁浓度，即啤酒的麦芽辅料糖化后液体中含糖的浓度，如12度的啤酒是用含糖量12%的原麦芽汁发酵而成的，其酒精含量为3.5%左右。

啤酒可按如下标准分类。①按度数（原麦汁浓度）分。低浓度啤酒，原麦汁浓度7～8度，酒精含量2%，用料少，成本低，稳定性差，多做清凉饮料；中浓度啤酒，原麦汁浓度10～12度，酒精含量2.9%～3.7%，稳定性较好，储存期较长，是啤酒中的大宗商品；高浓度啤酒，原麦汁浓度14～18度，酒精含量4.1%～4.5%，用料多，成本高，品质好，口味醇厚，耐用储存。②按颜色分。淡色啤酒，又称黄啤酒，浅黄色，稍带绿头，此酒符合我国人民的消费习惯，为我国的大宗产品；深色啤酒，又称黑啤酒，其生产工艺与黄啤酒基本相同，只是酿造中加入了部分黑麦芽、焦香麦芽和少量的糖，其为咖啡色，有光泽，具有大麦芽的焦香味，麦汁浓度高，固形物多，滋味醇厚，主要用于出口，深受欧美国家的消费者厚爱，我国仅有少量生产。③按是否杀菌分。鲜啤酒，又称生啤酒，是未经杀菌的新鲜啤酒，酒中含有活的酵母菌，维生素多，口味鲜美，营养价值高，但稳定性较差，保管期短，一般为5~7天，适于产地销售；熟啤酒，经过高温杀菌（巴氏杀菌）的啤酒，稳定性好，保管期长，但风味不及鲜啤酒鲜美，颜色较深。④按包装分。有瓶装啤酒（生熟两种）、桶装啤酒（多为生啤酒）、罐装啤酒（多为熟啤酒）等。

3）啤酒的感官指标。①透明度，啤酒要求酒液透明，有光泽，无悬浮、沉淀物，无失光现象；②色泽，淡色啤酒为淡黄色，稍带绿头，色泽越浅越好，深色啤酒为咖啡色，有光泽；③泡沫，啤酒注入杯中，立刻有泡沫升起，泡沫应洁白、细腻、厚实、持久；④香气和滋味，啤酒应有显著的酒花的香气和爽口的苦味，不得有酸味或其他异味，深色啤酒有大麦芽的焦香味，入口醇厚、柔和、清爽。

4）啤酒的储藏。啤酒是一种含酒精较低的饮料酒，且酒中含有较多的营养物质，故不易储存，易受杂菌感染或由于理化作用而发生质量变化，轻者失光，重者出现浑浊和沉淀现象，严重时不能饮用。因此，啤酒应避光低温储藏，生啤酒一般适宜温度为5~10℃，最高不超过15℃；熟啤酒一般为5~20℃，一般不超过25℃。温度越高，储存期越短。啤酒的储存期限一般为：生啤酒5~7天，熟啤酒3~9个月。

（5）黄酒。又名老酒、料酒，是以大米、糯米或黍米等谷物为原料，经蒸煮、糖化、发酵、压榨等工艺而酿造成的低酒度的发酵原酒。黄酒含有丰富的营养成分，营养价值高。除饮用外，还可用在烹调方面提味去腥，也可用做中药药引，是我国特有的传统饮用酒。黄酒的主要原料是米，如粳米、糯米、黍米等，此外还有酒曲和酒药、酒母、水等。

1）黄酒的主要成分。①酒精。其含量高低与黄酒的风味有关，也与其保存期限有关，普通黄酒中含酒精约11%~18%。②酸。其与黄酒滋味、香气均有关系，含酸量一般在0.4%左右为好。③糖。其含量的高低和酒的甜味及酒体的黏稠度有关，不同的黄酒，糖分要求有很大差别。此外，黄酒中还含有甘油、氨基酸、维生素等成分。

2）黄酒的种类。我国的黄酒主要有以下几种：

按地区分为4种。①绍兴黄酒。为我国历史悠久的名酒，以产于浙江绍兴而得名。因其以鉴湖之水为酿造用水，故又称为鉴湖名酒；因陈年老酒质量最佳，当地群众习惯称为老酒。绍兴黄酒以糯米、麦曲、酒药等为原料酿造而成，酒液清亮有光，香气浓郁芬芳，口味鲜美、醇厚，独特风格极为显著，不同品种的色、香、味各有独特之妙。主要品种有加饭酒、元红酒、善酿酒等。②福建黄酒。以糯米或粳米为原料，以红曲为糖化发酵剂酿造而成。其气味芬芳，滋味醇厚，糖度、酒度、酸度配合得恰到好处，有独特的风味，饮后余味绵长，经久不息。以福建沉缸酒和福州老酒最著名。③山东黄酒。我国北方黄酒的代表。以黍米为原料，以米曲霉酿制的麸曲为糖化发酵剂制得。其中以即墨老酒最为著名，其色黑褐明亮，其液盈盏不溢，其味醇和郁馨，其功舒筋活血。酒度12度，糖8%。④吉林清酒。其是一种改良黄酒，是日本的特产，在我国吉林省、黑龙江都有生产。其以大米为主要原料，以纯种培养的米曲霉和清酒酵母为糖化发酵剂制成，酒度一般为16~17度，淡黄色，清澈透明，味浓醇，略带甜味，滋味纯正。

按酒的含糖量分为3种：①干黄酒，含糖2%以下；②半干黄酒，含糖2%~10%；

③甜黄酒，含糖10%以上。

3）黄酒的色、香、味。①从色泽上看，大多数的黄酒，具有黄中带红的颜色，清亮，有光泽。但黄酒的色泽也因品种不同而异，有红褐色、黑色等。②从香气上看，黄酒的香气十分复杂，具有药香、酒香和曲香的综合香，以浓郁、爽冽为优，不带任何外来的气味。③从滋味上看，黄酒滋味应是酸、甜、苦、涩、辣5味调和，醇厚稍甜，无异味。

4）黄酒的储藏。黄酒一般采用陶质酒坛包装，其有利于黄酒的陈酿和酯化作用，黄酒在适宜的条件下，储藏得越久，品质越好。储藏黄酒最好选择温度变化较平稳的地下库房或酒窖，这样能促进黄酒的陈酿，温度最好保持在 $-5 \sim 20°C$。由于黄酒中含有较多的营养成分，故储存后有时会出现少量沉淀，这是正常现象，并非变质。

（6）葡萄酒和果酒。以葡萄或其他果实为原料，经发酵而酿造成的含有低度酒精的发酵原酒。

1）葡萄酒和果酒的原料。主要有：果实，要求完全成熟；糖，绵白糖或白砂糖；白兰地或食用酒精；酵母和水。

2）葡萄酒和果酒的主要成分。主要有：酒精，其含量的高低，决定酒的刺激性强弱，一般为12%~18%；酸，直接影响酒的香气和滋味；糖，决定酒的甜度的大小；单宁，使酒有爽口的风味；此外还有色素、浸出物等。这是一种富含营养的饮料酒。

3）葡萄酒和果酒的类型。①葡萄酒以葡萄为原料，是经发酵酿造而成的低度的发酵原酒。按颜色可分为红葡萄酒和白葡萄酒。红葡萄酒用果皮带有色素的红葡萄制成，含有果皮的色素，酒色有深红、鲜红或宝石红，口味甘美，香气芬芳，酒度14~18度；白葡萄酒，用白葡萄或去皮的红葡萄酿造而成，呈淡黄色或金黄色，酒液清澈透明，口味纯正，酸甜爽口，酒度12度左右。②果酒以各种果实为原料发酵而成。按原料来源分为山楂酒、苹果酒、柑橘酒、杨梅酒、荔枝酒、菠萝酒等，有干、甜之分。

4）葡萄酒和果酒的感官指标。从色泽上讲，应该有原料果实的自然色泽或接近于原料果实的色泽；从清浑状态上看，酒液应清亮，透明，有光泽，无悬浮物；二氧化碳现象，这是鉴别汽酒的一个指标，要求起泡要细致、连续、持久；从香气上看，果酒的香气是由多种物质以一定比例关系所形成的，既有酒香，又有果香，要求最大限度地突出果香；从滋味方面讲，果酒品种繁多，滋味复杂，其与酒度、酸度、糖度、单宁及色素的浓淡、谐调等均有关系，总的要求是甜酒甜而不腻，干酒干而不涩，酸甜可口，谐调醇和，无异味，保持果酒的自然风味。

5）葡萄酒和果酒的储藏。葡萄酒和果酒应储藏于清洁通风之处，避免阳光直射，温度一般为 $8 \sim 16°C$，储藏时间越短越好。

（7）配制酒。配制酒是以成品酒或食用酒精为酒基，加入一定的香料（包括香草、鲜花、果实、果皮、芳香物的根、茎、叶及兽骨、药材等）或香精，再配以色料、糖类等配制而成的一类酒。

1）配制酒的原料。主要有：成品酒或食用酒精；天然或人造香料；天然或人造色素；甜味料；水及其他，如有机酸、甘油等，用以调节风味。

2）配制酒种类。配制酒，按其配制原料的不同，可分为露酒和药酒两种。

露酒是以白酒、食用酒精、葡萄酒或黄酒为酒基，加入一定比例的香料、糖料和食用色素等配制而成的具有水果风味的饮料酒。配制后要储存一段时间，让各种成分相互溶合在一起，使酒味和谐而柔和。露酒因香料来源不同而区别为两类：一类是天然香料配制的，以果汁、果皮、鲜花为香料制成，具有天然果实的色、香、味，常见的有橘子酒、山楂酒、青梅酒等。另一类是以人工合成的香精为原料配制，虽然香气较浓，但没有营养价值，用量过多对身体无益，如樱桃酒等。露酒一般属于中度酒，糖分含量较多，口味浓甜。在光照下色素会发生变化而脱色，需避光储藏。

药酒是用白酒、葡萄酒或黄酒为酒基，再配合中草药、糖类等制成的。药酒可分为两类，即滋补性药酒和治疗性药酒。滋补性药酒是在酒中配制各种药材，如人参、鹿茸等，既可作为饮用酒，又有滋补的作用，如人参酒、龟蛇酒、鹿尾酒主要是以酒精提取药物中的有效成分，以提高药物某种疾病的功效，一般由医药商店经销，如跌打损伤酒等。

【小思考 8-3】
饮酒有害于人体健康吗？

8.3.3 饮料

饮料是以水为基本原料，采用不同的配方和制造方法生产出来，供人们直接饮用的液体食品。饮料中含有大量的水分，能补充人体所需的水分，是人体获取水分的途径之一。

饮料一般可分为含酒精饮料和无酒精饮料，无酒精饮料又称为软饮料。我们这里所说的饮料主要指软饮料。

软饮料是经过包装的，乙醇含量小于 0.5% 的饮料制品。据原料和产品形态的不同，软饮料多达 9 大类：碳酸饮料、果汁饮料、蔬菜汁饮料、乳饮料、植物蛋白饮料、瓶装饮用水、固体饮料、特殊用途饮料以及其他饮料等。

1. 碳酸饮料

碳酸饮料是在一定条件下充入二氧化碳气的饮料制品，一般由水、甜味剂、酸味剂、香精香料、色素、二氧化碳及其他原辅料组成。

碳酸饮料主要起清凉解暑作用，为嗜好性饮料，一般没有营养价值。但是不同产品有不同的特点，有的确有补充维生素、电解质等作用。根据产品的原料成分和口味的差异，碳酸饮料分为以下 5 类：

（1）果汁型。原果汁含量不低于 2.5% 的碳酸饮料如橘汁汽水、橙汁汽水、菠萝汁汽水或混合果汁汽水等，由于含有一定量的果汁，不仅可以消暑解渴，还有一定的营养作用，是营养价值较高的一种碳酸饮料，现在我国市场上果汁型碳酸饮料产品较少。

（2）果味型。以果香型食用香精为主要赋香剂，原果汁含量低于 2.5% 的碳酸饮料，如橘子汽水、柠檬汽水等，主要有雪碧、芬达、非常柠檬、非常苹果等产品，以年轻人消费为主。

（3）可乐型。含有焦糖色、可乐香精或类似可乐果和水果香型的辛香、果香混合香型的碳酸饮料。无色可乐不含焦糖色。主要产品有可口可乐、百事可乐、非常可乐等产品，以年轻人消费为主。

（4）低热量型。以甜味剂全部或部分代替糖类的各型碳酸饮料和苏打水，主要有健怡可乐、苏打水等产品，适合老年人、肥胖人饮用。

（5）其他产品。包括含有植物抽提物或非果香型的食用香精为赋香剂以及补充人体运动后失去的电解质、能量等的碳酸饮料，如姜汁汽水、运动汽水等，适合运动后饮用。

碳酸饮料最主要的作用是清凉解渴，一般没有太多的营养价值。碳酸饮料对人略有刺激，但口感好，饮用后具有清凉爽口的感觉。

2. 果汁饮料

果汁饮料指用新鲜或冷藏的水果为原料，经加工制成的饮料制品，可分为原果汁、浓缩果汁、原果浆、水果汁、果肉果汁、高糖果汁、果粒果汁等。

（1）原果汁。又叫100%果汁，用新鲜水果榨取而成，不加水也不加糖。饭店、饮料店中一般为现榨现卖，瓶装商品原果汁通常采用冷冻原果汁再分装或用浓缩果汁加水复原成100%果汁制成。100%果汁一般都是含水分较多的鲜果品种，不可能是山楂、酸枣等。这类饮料口味不甜，有天然果品的香气、滋味，同时最大限度地保留了鲜果中的各种营养成分，属高档果汁饮品。

（2）浓缩果汁。它是在原果汁的基础上浓缩，去掉原水分制得的果汁。例如，把原果汁浓缩4倍制得的浓缩果汁，饮用时再加4倍水就是100%果汁。

（3）原果浆。原果浆是把水果的可食部分打浆，保留果肉制成，如芒果原浆、香蕉原浆、杏原浆等。原果浆通常作为饮料的加工原料。

（4）水果汁、果肉果汁。指对于芒果、山楂等不能制100%原果汁的果品，为最大限度地反映其饮料特征，把原果汁浓度调整到40%左右，同时添加一定量的香精和糖而制成的饮料。

科学家经过长时间研究发现，果汁能增强免疫力，减少生病，延缓衰老。果汁不仅让我们大饱口福，还为身体提供健康不可缺少的天然化合物，包括果糖、酶、矿物质、有机酸、胡萝卜素、蛋白质和维生素。长期服用果汁会使消化系统、膀胱和呼吸系统患癌症的危险降低一半，有时还能有效防止动脉硬化和冠状机能不全。果汁饮料的热量不高，含有大量人体所需的维生素、胡萝卜素、膳食纤维等微量元素和矿物质，有抗氧化、助消化和增加体能的作用，既能避免肉类等能量食物摄入过多，促进消化，又对动脉硬化、高血脂、冠心病等慢性病有调节作用。

但果汁饮料不是水果，更不能代替水果。虽然里面有很多营养物质，但也缺少一种重要的成分，就是水果中的粗纤维。而且，果汁中的糖分很高，睡前喝容易让血液黏稠度升高，会增加心脑血管病的风险，而且对血糖控制十分不利。

3. 蔬菜汁饮料

蔬菜汁饮料是一种或多种新鲜蔬菜汁、发酵蔬菜汁加入食盐或糖等配料，经脱气、均质及杀菌后所得的各种蔬菜汁制品，具有一定的营养。用新鲜或冷藏蔬菜（包括可食的根、茎、叶、花、果实、食用菌、食用藻类及蕨类）等加工制成，包括蔬菜原汁饮料和蔬菜汁饮料。

（1）蔬菜原汁饮料。用机械方法将蔬菜加工制得的汁液中加入食盐、糖液等调制而成，如番茄汁。

（2）蔬菜汁饮料。在蔬菜中加入水、糖液、酸味剂等调制而成，可直接饮用。含有两种或两种以上蔬菜汁的蔬菜饮料称为混合蔬菜汁饮料。

蔬菜汁饮料除能消暑解渴外，还富含维生素和矿物质，而且含有一些对人体组织有利的特殊植物化学素，具有一定的营养保健功能。近年来，随着对引起生命衰老的自由基学说研究的不断深入，揭示出果蔬具有减弱或清除自由基反应的某些作用及生理意义。这类饮料适合各种人群，但糖尿病人须注意含糖量。

4. 乳饮料

乳饮料是以鲜乳或乳制品为原料经发酵或未经发酵，经加工制成的制品。

（1）配制型乳饮料。以鲜乳或乳制品为原料，加入水、糖液、酸味剂等调制而成的制品，成品中蛋白质含量不低于1%称乳饮料，蛋白质含量不低于0.7%称乳酸饮料。

乳饮料生产周期短，工艺较简单，不需发酵，只要将各种配料混合均匀，成均一状态的乳浊液即可。乳酸饮料除具有牛奶的高蛋白营养外，由于添加了果汁酸味剂等还具有酸甜适口的特点。它的保质期一般是6个月。

（2）发酵型乳饮料。以鲜乳或乳制品为原料，经乳酸菌类培养发酵制得的液中加入水、糖液等调制而成的制品，成品蛋白质含量不低于1%称乳酸菌乳饮料，蛋白质含量不低于0.7%称乳酸菌饮料。

乳酸菌饮料配料中一般不加酸味剂，但制品却酸甜适口。这是由于在生产过程中，原料里接种了乳酸杆菌、嗜热链球菌或乳链菌等，经过一段时间的发酵，乳酸菌分解剂用了原料中的一部分糖，产生一定量的乳酸和其他一些带有香味的物质。因此，乳酸菌饮料除与乳酸饮料一样富有蛋白营养、酸甜适口外，还具有香味柔和的特点。它的生产工艺比配制型的乳酸饮料复杂，生产周期也长得多。

目前，市场上出售的乳酸菌饮料分两个类型：一种是具有活性的乳酸菌饮料，简称活性乳；另一种是非活性乳酸菌饮料，也就是通常所说的乳酸菌饮料。

所谓活性乳，就是在乳酸菌饮料中含有活的乳酸菌。按要求每毫升活性乳中活乳酸菌含量不应少于10万个。当人们饮用了这种饮料后，乳酸菌便沿着消化道到大肠，由于它具有活性，乳酸菌在人体的大肠内迅速繁殖，同时产酸，能有效地抑制腐败菌和致病菌的繁殖和成活，而乳酸菌则对人体无害。所以，经常饮用活性乳，对人体的健康大有裨益。活性乳中由于含有大量活的乳酸菌，因此在储存和销售过程中，都要求低温，一般为$-10 \sim 2℃$。密封包装的活性乳的保存期为15天。在低温下，乳酸菌的活性受到抑制，菌株增殖缓慢。如果活性乳的环境温度升高，乳酸菌就会大量繁殖，同时产酸产气，达到一定程度时，由于产气的结果，会使包装胀破或包装瓶（指塑料瓶）胖瓶。这样，活性乳的酸度便会增加，破坏了它的酸甜适口性，降低了它的商品价值，以致不为消费者所接受。

乳酸菌饮料一般不具有活性。该饮料在生产时虽然接种了乳酸菌，而且发酵过程中，乳酸菌得到了大量繁殖，并产生了适量的乳酸，产品仍然酸甜适口、芳香宜人。但是，由于生产厂家为便于运输和销售，经常在产品装瓶密封后，再用加热的方法进行无菌处理。这样，乳酸菌饮料中的活菌亦被杀灭，变成了非活性乳酸菌饮料。这就是市场上出售的乳酸菌饮料。这种饮料可以在常温下（25℃）储存和销售，保存期不少于3个月。

乳饮料由于只含有少量的乳成分（一般乳成分只占5%左右），主要是水、糖、酸等，因此它的营养价值低于牛奶和酸奶。这类饮料具有一定补充营养物质的作用，但主要作用还是解渴。

5. 植物蛋白饮料

植物蛋白饮料是用蛋白质含量较高的植物的果实、种子或核果类、坚果类的果仁等为原料，经加工制得的制品。成品中蛋白质含量不低于0.5%，包括以下4种：

(1) 豆乳类饮料。以大豆为主要原料,经磨碎、提浆、脱腥等工艺制得的浆液中加入水、糖液等调制而成的制品,如纯豆乳、调制豆乳、豆乳饮料。

(2) 椰子乳(汁)饮料。以新鲜、成熟适度的椰子为原料,取其果肉加工制得的椰子浆中加入水、糖液等调制而成的制品。

(3) 杏仁乳(露)饮料。以杏仁为原料,经浸泡、磨碎等工艺制得的浆液中加入水、糖液等调制而成的制品。

(4) 其他植物饮料。以核桃仁、花生、南瓜子、葵花子等为原料,经磨碎等工艺制得的浆液中加入水、糖液等调制而成的制品。

植物蛋白饮料的主要营养成分是植物性蛋白,能提供能量和蛋白质,其中豆乳(纯豆乳)的营养价值最高。由于大豆中大部分可溶性营养成分都在豆乳中,豆乳中蛋白质含量高于牛乳。与牛乳相比,豆乳中油脂的不饱和脂肪酸含量高,并且不含有胆固醇。豆乳中还含有丰富的矿物质,特别是铁的含量较高(高于牛乳),但钙的含量较低,适合中老年肥胖人群。杏仁饮料有润肺作用,核桃饮料含磷脂有健脑作用。

6. 瓶装饮用水

瓶装饮用水是密封于塑料瓶、玻璃瓶或其他容器中不含任何添加剂可直接饮用的水。包括以下两种:

(1) 饮用天然矿泉水。从地下深处自然涌出的或经人工发掘的未受污染的地下矿泉水,含有一定量的矿物盐、微量元素或二氧化碳;在通常情况下,其化学成分、流量、水温等动态数值在天然波动范围内相对稳定。此类饮料允许添加气体二氧化碳。

(2) 饮用纯净水。以符合生活饮用水卫生标准的水为水源,采用蒸馏法、电渗析法、离子交换法、反渗透法及其他适当的加工方法,去除水中的矿物质、有机成分、有害物质及微生物等加工制成的水。

对于瓶装饮用水,社会各界褒贬不一。一般认为,纯净水不宜长期饮用。因为在加工过程中,一方面去除了对人体有害的微生物、有机物和某些有害物质;另一方面也去除了对人体健康有益的微量元素和矿物质,儿童、孕产妇不宜长期饮用。

7. 固体饮料

固体饮料是以糖、食品添加剂、果汁或植物提取物等为原料,加工制成粉末状、颗粒状或板块状的制品,成品水分不高于5%。用水冲溶后具有色、香、味与品名相符的制品。固体饮料分为蛋白型固体饮料和普通型固体饮料。蛋白型固体饮料如豆晶粉、麦乳精、豆奶粉等;普通型固体饮料如速溶咖啡、菊花晶、速溶茶粉等。固体饮料以食用方便、卫生、独特的风味、品种多样等优势备受消费者青睐。

8. 特殊用途饮料

特殊用途饮料是通过调节饮料中天然营养素的成分和含量比例,以适应某些特殊人群营养需要的制品,包括以下3种:

(1) 运动饮料。这类饮料中营养素的成分和含量能适应运动员或体育锻炼人群的运动生理特点。特殊营养需要,并能提高运动能力。运动饮料含有的电解质能很好地平衡人体的体液,如佳得乐、劲跑、维体等。

(2) 营养素饮料。营养素饮料是添加适量的食品营养强化剂,以补充某些人群特殊营养需要的制品,如脉动、激活等。

（3）其他特殊用途饮料。指为适应特殊人群的需要调制而成的制品，如低热量饮料等。

9. 其他饮料

其他饮料指除上述几种类型以外的软饮料。

（1）果味饮料。果味饮料指在糖液中加入食用香精、植物提取液、酸味剂、甜味剂等调制成的，原果汁含量低于5%，可直接饮用的制品，如橘味饮料、柠檬味饮料等果味饮料浓浆经稀释后饮用。

（2）非果蔬类的植物饮料类。指用非果蔬的植物的根、茎、叶、花、种子以及竹木自身分泌的汁液，经调制加工制成的制品。

（3）其他水饮料。它包括：由符合生活饮用水卫生标准的水为水源，经纯化处理（或未经纯化处理）后，添加或通过一种特定装置，以使水中含有一定量的有利于人体健康的微量元素或矿物质的水；用天然矿泉水调制加工而成的制品。

8.4 茶叶和水果

8.4.1 茶叶

茶叶、咖啡、可可是世界性的3大饮料。而茶叶作为饮料，历史最悠久，饮用地区最广，产量最大。

1. 茶叶的主要成分

茶叶的成分不仅决定茶叶的质量，还与饮茶的功效有密切联系，主要有如下几种。

（1）多酚类化合物。又名茶多酚、茶单宁、茶鞣质，是以儿茶素为主体的酚类化合物。纯茶多酚为白色粉末，在空气中有酶参加时易氧化为棕色树胶状物，称为根皮鞣红；在无酶时，缓慢氧化成棕黄色，并无光泽（陈茶）。茶水放几天后，表面有一层油状物，也是茶多酚氧化而成。茶多酚溶解度与温度成正比，温度越高，溶解度越大，水浸出物越多，故用开水来泡茶。其略呈碱性，并有收敛性涩味（类似于柿子），茶汤是中性的，因其与碱中和所致。一般有茶多酚铁会生成墨绿色沉淀，使茶汤呈淡黑色，故不能用铁制的容器来泡茶，否则会使茶水发黑、发暗，失去明亮光泽。茶多酚能与蛋白质结合生成鞣酸蛋白，易被人体消化吸收，因其增加了蛋白质的韧性，如茶蛋，故喝茶能帮助消化。茶多酚能与所有的生物碱结合，形成白色晶体沉淀，而后随粪便排出体外，故其具有解毒、杀菌作用，喝茶可解除烟毒（尼古丁）。茶多酚含量一般为红茶16%~17%，绿茶11%~18%。含分子量小的茶多酚茶味纯，质量好，故嫩茶质量好。

（2）咖啡碱。茶叶中的生物碱有咖啡碱、可可碱、茶碱等几十种，其中以咖啡碱为主，咖啡碱在1820年最早在咖啡中发现，1827年又在茶叶中发现。它被定名为茶素，因其在咖啡中含量较多，故仍称为咖啡碱。

咖啡碱为白色丝状长针形晶体，加热后即成蒸气（升华始于120℃，终于180℃），难溶于冷水，溶解度同温度成正比（16℃时为1.35g/100mL，而65℃时为4.55g/mL），其无臭、味苦，有辛辣味，刺激口腔黏膜，但因茶汤中含量甚微（2%~4%），故一般显示不明显。咖啡碱在嫩茶中含量较高，其有如下功能：刺激神经中枢，促进大脑皮层产生兴奋；加强血液循环，促进新陈代谢；提神解倦，镇定神经；增强人体肌肉伸缩功能和心脏、肾脏功能；由于其刺激性，喝茶能使人上瘾。

（3）芳香物。又名茶香精，为柠檬黄色的油状体，是酯类、酚类、醛类、酸类、酮类、醇类等有机物的混合物，有浓烈的茶香，易挥发。

芳香物在茶中含量不多，但其对茶叶香气起主要作用，是评价茶叶的一个重要指标。幼芽嫩叶制成的茶含芳香油较多，随着叶片的生长，芳香油逐渐转化为树脂，故粗芽老叶制成的茶芳香油较少。芳香油易挥发，温度越高挥发越快，所以泡茶时要加盖，防止芳香油的挥发。

（4）氨基酸。茶叶中氨基酸的含量一般在2%~5%，因品种不同而异，一般高级茶多于低级茶，绿茶多于红茶。氨基酸具有强心、利尿、扩张血管、松弛支气管和平滑肌肤的作用。同时也为茶叶中的重要呈味物质，与茶叶的香气有直接关系，能使茶汤更鲜美，滋味更丰满；有的氨基酸在用热水冲泡后，会与糖类物质发生化合作用，发出诱人的香气。

（5）维生素。茶中还含有较多的维生素，如维生素A、维生素B、维生素C、维生素D、维生素E等，其中维生素C含量最丰富，它能防止坏血病，促进脂肪氧化，排除胆固醇，从而治疗因血压升高而引起的动脉硬化。红茶中的维生素C含量约10mg/100g，绿茶大多数在150~200mg/100g；其次是B族维生素，如维生素B_1，维生素B_2等，维生素B_1能维持神经、心脏及消化系统的正常功能。

（6）其他成分。茶中还含有糖、色素、矿物质等，特别是含氟较多；而且含具有较强吸收异味的成分，即棕榈酸和高级萜类。根据它的性质，可以制成花茶，但也易使茶叶发生串味现象。

2. 茶叶的种类

从茶树上采摘下来的茶叶，经过不同的方法加工，可以制成各种具色、香、味、形和独特风格的成品茶。根据加工方式的不同，茶叶可分为5大类，即红茶（全发酵茶）、绿茶（不发酵茶）、青茶（半发酵茶）、花茶和紧压茶（再制茶）等。

（1）红茶。这是一种全发酵的茶叶，是利用茶多酚在酶的作用下氧化变红的原理制作而成的。在制茶过程中，先将鲜叶萎凋，蒸发水分，促进酶的活性，而后揉捻，将叶片卷曲成条索状，破坏鲜叶细胞，使茶汁流出，在酶的作用下氧化变红（发酵），去掉苦涩味，且使绿叶变红，形成特有的色、香、味、形，而后烘焙使茶叶停止发酵且干燥。其特点是红叶红汤，干茶色泽乌黑油润，冲泡后汤色红艳明亮，香气浓烈，滋味醇厚。红茶有如下几种：

1）工夫红茶。它是我国特有的传统产品，以做工精细而得名。其一般外形紧结，色泽乌润，香气浓烈，滋味甜润，水色鲜红明亮，叶底匀嫩鲜红。多冠以产地名称，著名的有祁红（安徽祁门）、滇红（云南西双版纳）、宜红（湖北宜都）、川红（四川）、湖红、杭红等。

2）小种红茶。我国生产最早的红茶，是福建省的特产。主要特点是烘干时用松木烟熏，故茶中含有一股浓厚的焦枣香，茶条壮实，叶质肥厚，色泽油润乌黑，水色红浓，滋味爽口。大多用来外销，加入牛奶和白糖共饮。

3) 碎红茶。一种国际规格的商品茶。在加工中经充分揉捻、切碎，其外形整齐一致，色泽乌黑，滋味浓厚，水色红浓，具有"强、浓、鲜"的口味特点。由于质地较碎，故一冲即能饮用，符合西方人消费习惯，多用于出口。

（2）绿茶。它是一种不发酵的茶叶，鲜叶经过杀青，酶被破坏，防止了茶多酚的氧化，保持了鲜叶的绿色。

杀青，即在绿茶初制时采取高温处理，制止酶对茶多酚的氧化，从而达到绿茶色绿汤青的品质要求。绿茶杀青的方式有蒸杀青和炒杀青两种。蒸杀青是我国的传统杀青方法，其优点是干茶、叶底和汤色较翠绿，但香气欠佳，滋味较涩；炒杀青绿茶香气高锐，滋味鲜爽。我国目前绿茶绝大部分都采用炒杀青。

绿茶色绿汤青，滋味清鲜，香气浓郁，即有"干绿、汤绿、叶底绿"三绿特点，根据干燥方式不同，有如下几种：

1) 炒青绿茶。炒青绿茶是干燥时用铁锅炒制的茶。外销绿茶与内销扁茶多属此类。其火候较高，茶叶条索紧结，水色和叶底翠绿，香气清锐，滋味醇厚，耐冲泡。由于炒法不同，外形有圆、扁、曲、直等形状，是绿茶中品质较好的茶叶。

圆炒青外形呈圆形颗粒状，如珠茶、白茶、火青茶等。其中珠茶圆珠紧结，形似绿色的珍珠。扁炒青外形扁平光滑，如龙井、旗枪、大方等。其中龙井就以"色绿，香郁，味甘，形美"著称。长炒青是长条形的炒青绿茶，经过精制后称为眉茶，是我国主要的出口绿茶。特种炒青属高级炒青，主要有碧螺春、雨花茶、信阳毛尖等。

2) 烘青绿茶。烘青绿茶是干燥时用烘笼烘干的茶，主要用于内销和制作花茶，有普通烘青和特种烘青两种。普通烘青色泽较黄绿，条索紧结差，用来窨制花茶。特种烘青绿茶采摘细嫩，做工精细，其外形较为舒展，水色黄绿明亮，香气清锐，滋味鲜美，叶底细嫩，属质量优异的烘青茶，品质较炒青茶稍次。著名品种有黄山毛峰、蒙顶茶（"扬子江中水，蒙山顶上茶"）、六安瓜片、信阳毛尖、君山银针等。

3) 晒青茶。晒青茶是在阳光下晒干的茶，有普通晒青、特种晒青。普通晒青采用一般工艺而成，成品茶质量稍次，香气少，多以产地命名。一般多作为紧压茶的原料。特种晒青工艺特殊，不经揉捻及锅炒，萎凋后直接干燥而成。成品茶披满白毫，呈白色，是福建特产，主销海外侨胞。

（3）青茶（乌龙茶）。青茶属于半发酵茶，为我国特有的产品，综合了红绿茶的加工技术而成。先取红茶的加工技术，经过摇青，叶与叶相碰，互相摩擦，使叶缘细胞破损而发酵变红，后取绿茶的加工方式。高温炒青破坏酶的活性，使叶中心不能发酵保持绿色。其品质介于红、绿茶之间，外形条索粗大松散，色泽青；灰有光，水色清澈，棕黄带红色，具有绿茶的清芬香气和红茶的醇厚香气，叶底中央呈绿色，边缘为朱红色，有"绿叶红镶边"之称。

青茶主要产地为福建、广东、我国台湾3省，是一种侨销茶，内销以广东、闽南为主，著名品种有铁观音、水仙茶、岩茶等。

（4）花茶。又名香片，是我国的特产。用干燥的茶坯，加鲜花窨制而成的再制茶。茶坯原料主要是绿茶中的烘青茶，也有少量的炒青茶、乌龙茶和红茶，主要产地为福建、苏州、广州、广西、安徽等地。

花茶窨制，是利用茶叶中含有的高分子的棕榈酸和萜类化合物有较强吸收异味的特性，使茶坯吸收鲜花的香气，茶香和花香混合，泡饮时清香鲜爽，滋味浓厚，既有茶香又有花香。水色清澈明亮，叶底细嫩匀净。

窨花是使茶叶吸收鲜花香气的过程，是把茶坯和鲜花拌和堆放在一起，促使茶叶吸收鲜花的香气。往往一次窨花不能达到要求，就需多次窨花，最多可达7窨之多，次数越多香气就越持久。只有品质好的茶坯，才能经得起多次窨花，否则就会失去茶香而只有花香。

花茶品种较多，多以鲜花命名，如茉莉花茶、玫瑰花茶、柚花茶、玳玳花茶、珠兰花茶、桂花茶等。各种花茶具有不同的香气，以茉莉花茶质量最优。而不同地区制出的茉莉花茶风味也不同，以苏州的茉莉花茶香清而烈、福州的茉莉花茶香浓而长最著名。

（5）紧压茶。紧压茶即各种块状茶，是一类改变茶叶形态，使其压制成型的再制茶。其目的是压缩体积，便于储运，供边疆少数民族地区用，也有的作为侨销茶。

紧压茶的原料一般为晒青茶和红茶的毛茶和副脚茶（红茶末），经蒸茶压制而成，其有各种砖茶（红砖、青砖、茯砖、米砖等）、沱茶、饼茶等，成品硬度高，需用力砍下后捣碎煮制后饮用。

3. 茶叶的储藏

（1）茶叶的特性。茶叶是季节性生产而长年消费的商品，故必须做好储藏工作。茶叶吸湿及吸味性强，很容易吸附空气中水分及异味，若储存方法稍有不当，就会在短时期内失去风味，而且越是名贵茶叶，越是难以保存。通常茶叶在储放一段时间后，香气、滋味、颜色会发生变化，原来的新茶叶滋味消失，陈味渐露，故必须针对其特性采取相应的储藏措施。

影响茶叶变质、陈化的主要环境条件是温度、水分、氧气、光线和它们之间的相互作用。温度越高，茶叶外观色泽越容易变褐色，低温冷藏（冻）可有效减缓茶叶变褐及陈化。茶叶中水分含量超过5%时会使茶叶品质加速劣变，并促进茶叶中残留酵素的氧化，使茶叶色泽变质。引起茶叶劣变的各种物质的氧化作用，均与氧气的存在有关。光线照射对茶叶会产生不良的影响，光照会加速茶叶中各种化学反应的进行，叶绿素经光线照射易褪色。

由此可见，降低储存环境温度，阻隔茶叶与氧气的接触，防止光线直射等均可减缓茶叶的变质。

（2）茶叶的储藏方法。茶叶应储存于干燥、通风、避光、清洁之处，不能和有异味的商品同库存放；库内温度一般控制在30℃以下，相对湿度低于60%，并尽量缩短其储藏期限。

现代科学技术在防止茶叶陈化方面也得到了应用，如抽氧充氮、避光冷藏法。预先将茶叶水分干燥至4%~5%，装入不透气的容器中，进行抽氧充氮密封，并储藏在专用的茶叶冷库（-10~-5℃）中。由于茶叶处在无氧、干燥、无光、低温的条件下，茶叶的陈化基本上可以制止。用这种方法储藏的茶叶，经3~5年仍能保持原来的色、香、味特性。

8.4.2 水果

水果是指能够直接供人食用的植物性果实、种子等，如苹果、梨、桃等是植物的果实，松子、核桃等是植物的种子。

1. 水果的成分

水果是日常生活必不可少的营养物质，含有人体所需的各种物质。其主要成分如下：

(1) 水分。新鲜的果实中，水分占有很大的比重。水果含水量的多少，因品种不同而异，一般在80%~90%。西瓜、葡萄、草莓含水量高达90%以上；山楂、香蕉含水量在65%~75%；而瓜子、果仁含水量仅3%~4%。

正常的含水量是衡量水果新鲜程度的一个重要的质量指标。水果越是鲜嫩多汁，其质量也就越高，如失去了正常的含水量，就会使水果萎缩而降低品质。但是水果中水分过多，也给储存带来不便。

(2) 维生素。维生素是水果中含量丰富的成分之一。水果中含有多种维生素，如维生素A、维生素C及少量的B族维生素，是人们膳食中维生素，特别是维生素C和维生素A的主要来源。

水果中维生素A和维生素C的含量随其种类不同而异。维生素A主要含在动物性食品中，水果中主要是含有维生素A原（即胡萝卜素），一般具有绿、黄、橙等色泽的水果中均富含胡萝卜素，如杏、葡萄、柿子、柑橘、黄桃等。含维生素C丰富的水果有鲜枣（270~600mg/100g）、山楂（89mg/100g）、猕猴桃（62mg/100g）、柑橘（40~60mg/100g）等。

(3) 矿物质。矿物质在水果中含量约在0.2%~3.4%，如在仁果类中为0.3%~2.8%，核果类中为0.4%~1.8%，浆果类中为0.2%~2.9%，柑橘类中为0.3%~0.9%。

矿物质是水果中重要的营养素之一，水果中的矿物质大多为钾、钠、钙等成分，此外还有硫、磷、镁等，易被人体所吸收，并且生理上是碱性物质，可以中和体内积存的酸性物质，以保持体内的酸碱平衡，调节人体的生理机能。另外，水果中由于喷洒农药，会有一些残留的砷、铅等微量元素，食用时要注意清洗。

(4) 碳水化合物。其是水果中干物质的主要成分，包括糖、淀粉、纤维素和半纤维素。

1) 糖类。其是决定水果营养和风味的主要成分。水果中含的糖主要是葡萄糖、果糖和蔗糖等，对人体最有营养的是葡萄糖和果糖。水果种类不同含糖量也不相同。

水果中含糖较少的是柠檬（0.5%），含糖较多的是葡萄（可20%以上），而苹果则含6%~10%，西瓜为5.5%~12%。水果的含糖量与其成熟度有关。一般说来，成熟度越高，含糖量越高，甜度也越大，但果仁类水果则正好相反。

水果中的糖经长期储存，因水果本身的生理活动，会逐渐降低，甜味就会变淡。因此，常用糖酸比值变化作为鉴别水果风味的指标。

2) 淀粉。在未成熟的果实中一般都含有淀粉。但随着水果的成熟，淀粉就会逐渐分解成糖，有的水果如葡萄和柑橘成熟后不含淀粉，所以储存后甜味不会增加，苹果和梨成熟后仍残存1%~1.5%的淀粉，经1~2个月的储存后淀粉完全转化成糖，从而使甜味增加。水果中含淀粉较多的是香蕉（18%）、栗子（44%）。

3）纤维素和半纤维素。在水果中纤维素的含量约 0.2% ~ 4.1%。它与其他碳水化合物不同，在植物体内一旦形成，就不再参与物质的代谢过程，纤维素和半纤维素聚合起来，就形成了水果内的石细胞，使肉粗糙而有砂粒状物质。因此，纤维素含量少的水果，肉质细嫩，食用品质好；反之则口感粗糙。纤维素和半纤维素对人体无营养价值，但其能促进人体胃肠的蠕动，帮助消化，防止便秘。

（5）有机酸。其广泛地存在于水果中，同水果的滋味有密切关系，与糖形成糖酸混合的特殊风味。水果中的有机酸主要是苹果酸、柠檬酸和酒石酸，通称为果酸。各种水果含酸量不等，如苹果、柑橘、葡萄等含酸较多，而梨、桃、香蕉等含酸较少。同一品种的水果，未成熟的含酸较多，成熟后含量减少，甜味加浓。水果储存后含量还可能减少，会影响水果的风味。

另外，水果中还含有果胶质、鞣质、色素、芳香物质等。

2. 水果的种类

水果一般按果实的构造不同分类。

（1）仁果类。果实由果皮、果肉和五室子房构成，种子室为薄膜状，内生长有种仁，故称仁果，如苹果、梨、山楂等，较为耐储存。

（2）核果类。其果实由外果皮、内果皮和种子构成，外果皮较薄，中果皮肥厚，是食用的果肉部分，内果皮形成木质硬壳，内包有种子，故称为核果，如桃、杏、枣等。

（3）浆果类。果实形状较小，果肉成熟后呈浆状，如葡萄、草莓、猕猴桃、香蕉、荔枝等。

（4）坚果类。其是以种仁作为食用的部分。果实的特征是外覆木质或革质硬壳，成熟时干燥而不裂开，也称为壳果类，如核桃、板栗、松子等。

（5）柑橘类。其果实大多由外果皮、中果皮、柑络、中心柱和种子构成。外果皮呈较坚韧的革质状态，中果皮包括经络，内果皮成 6 ~ 12 个瓣瓣，瓣内分化成许多肉质化的小瓣囊，果汁含在其中，是可食用部分，如柑、橘、橙、柚、柠檬等。

（6）复果类。其果实由整个花序组成，其食用部分是它的花序轴、苞片、花托和子房，如菠萝、菠萝蜜等。

（7）瓜类。其果实由花托、外果皮、中果皮、内果皮、胎座和种子构成。主要有西瓜、甜瓜，其中内果皮、胎座是西瓜的可食用部分，而中果皮和内果皮则是甜瓜的可食用部分。

（8）其他。一些草本植物和水生作物的果实和根也可作果品来食用，如甘蔗、荸荠等。

本章小结

食品是指供人食用或饮用的成品和原料以及按照传统既是食品又是药品的物品，但不包括以治疗为目的的物品。

食品中所含的成分主要是 5 大营养素（糖、蛋白质、脂肪、维生素、矿物质）和水，它们对人体有重要作用，合理摄入，可保证人体健康。

食品必须对人体安全、卫生。在食品生产、加工、储运等环节中，有多种因素有可能对食品造成污染，使食品中含有对人体有毒有害的物质。故必须针对食品中有毒有害物质的来源，采取各种有效措施，做好食品的储藏工作，确保食品的安全卫生。

随着人民生活水平的提高，乳、酒、饮料、水果、茶等已成为人们日生活中常见的和重要的消费品，本章主要介绍了粮油和上述食品的种类、成分、品质特征、感官品评、选购食用、储藏方式等，掌握了这些知识和技能，有利于搞好食品的经营管理，指导消费，促进商品使用价值的有效实现。

复习思考题

一、名词解释

维生素　不饱和脂肪酸　青茶　含乳饮料

二、判断对错

1. 维生素对人体来说，摄入越多越好。（　）
2. 非必需氨基酸即人体不需要的氨基酸。（　）
3. 食品中有毒有害物质均来源于各种污染。（　）
4. 小麦容重越大，品质越好。（　）
5. 12°啤酒中含酒精量为12%。（　）
6. 青茶具有绿叶红镶边的特点。（　）

三、填空题

1. 食品中的3大产热营养素是指糖类、_____和_____。
2. 矿物质按其在人体中含量不同可分为常量元素、_____和_____3大类。
3. 玉米粒储藏的具体做法是低温密闭储藏、_____和_____。
4. 酿酒的基本原理可分为_____和_____。

四、选择题

1. 以下能被人体直接吸收的物质是（　　）。
   A. 淀粉　　　B. 蛋白质　　　C. 蔗糖　　　D. 葡萄糖
2. 不属于粳糯稻特性的是（　　）。
   A. 黏性大　　B. 糙米呈椭圆形　C. 黏性小　　D. 呈半透明状
3. 茅台酒的香型属（　　）。
   A. 浓香型　　B. 清香型　　　C. 酱香型　　D. 米香型
4. 黄山毛峰属（　　）。
   A. 炒青茶　　B. 晒青茶　　　C. 烘青茶　　D. 珠茶

五、简答题

1. 食品污染的途径有哪些？
2. 简述食用油脂的种类及其生理功能。
3. 乳制品有哪些种类？
4. 简述酿酒的基本原理和酒的种类。

5. 乳饮料和乳有何区别?
6. 茶叶中含有哪些成分？有哪几种类型？

六、实训题

1. 技能题

感官品评白酒、啤酒、茶叶、饮料和水果的质量。

2. 实习题

调查市场上粮油、酒类和茶叶的销售和消费情况，并加以分析。

第9章 日用工业品商品

知识目标

了解和熟悉日用工业品中的塑料制品、陶瓷与搪瓷制品、玻璃制品等的原料特性、主要品种、质量特性、生产加工工艺和质量检验要求

技能目标

能够按照商品的特性要求，正确对商品进行使用、维护

能力目标

能够运用商品的特性要求，合理使用提高管理能力

课程导入案例

辽宁日用百货商品成消费投诉重灾区

新华网沈阳7月1日电（记者初杭）日用百货商品成为辽宁上半年消费投诉的重灾区。记者1日从辽宁省工商局12315投诉举报中心了解到，2013年上半年，辽宁各级12315投诉举报中心共受理消费者维权投诉9 374件，其中服装、家具等日用百货商品投诉占全部商品投诉总量的30%，居于各项投诉之首。

据介绍，在工商部门受理的5 425件商品消费投诉中，服装、鞋帽、家具、床上用品等日用百货投诉有1 636件，占商品消费投诉的30%；手机等通信用品、家用电器、装饰材料分列其后，分别为791件、778件、609件。此外，在3 949件服务消费投诉中，电信服务占投诉总量的22%，其次是洗浴、洗涤、美发等服务投诉。

辽宁省工商局相关负责人表示，目前我国对鞋类、服装等日用百货产品没有统一的"三包"规定标准，导致相关商品消费纠纷多发。为避免陷入消费纠纷，消费者选购相关商品时应就质量、退货等问题与商家做出先行约定；选购商品时应保存标签、吊牌的相关资料，以便发生纠纷时可以作为证据，能及时维护自身权利。

资料来源：2013 – 07 – 01 新华网

9.1 塑料制品

塑料是19世纪后半期出现的,进入20世纪后在合成树脂基础上蓬勃发展起来的新兴材料。目前,比较成熟的塑料品种已有四十多种,通过理化方法改性而得到的品种则难以计数,一些新品种还在不断涌现。塑料制品在日用工业品市场中起着举足轻重的作用。

9.1.1 塑料的组成与分类

9.1.1.1 塑料的组成

塑料是一种具有可塑性的材料。可塑性就是指经过加热或加压可制成各种形状制品的特性。广义上说,像石蜡、玻璃、铜、铝等材料都可算作"塑料"。但是现代意义的塑料一般是指以合成树脂为基本成分的高分子有机化合物,在一定温度和压力下制成的型材或制品,而且在常温下保持形状不变的材料。通常塑料未成型之前称为合成树脂,成型之后即称塑料制品或制件。塑料的主要成分如下。

1. 合成树脂

树脂有天然与合成之分。天然树脂如松树分泌的一种乳液、昆虫分泌的虫胶以及沥青等,但其数量十分有限。合成树脂是以煤、电石、天然气等为基本原料,从中得到有价值的乙烯、丙烯、丁二烯、乙炔、苯、甲苯等,再用这些原料进行化学合成,制成高分子的树脂状物质。它在常温常压下一般是固体颗粒或粉末。

合成树脂是塑料的主要成分,一般含量在40%~100%,它决定着塑料的类型、化学性质和物理性能。

2. 塑料助剂

助剂又称辅助剂或添加剂,是为了改善塑料性能,使其适应不同的成型方法、不同用途、不同使用条件而加入的不同种类和数量的辅助物质。塑料助剂在塑料中所占比例很小,但对塑料的成型加工和制品的质量水平有重要的影响。常用的有以下几种:

(1) 增塑剂。增塑剂是一种能降低塑料的流动温度,使其在成型时增大流动性,成型后增大弹性、柔软性和延伸性的一种物质。常见的增塑剂有邻苯二甲酸酯类、膦酸酯类及二元酸酯类等。

(2) 稳定剂。又称防老化剂。塑料中加入稳定剂的目的,是防止或减缓塑料在加工、储存和使用过程中发生老化变质。常见的稳定剂有光稳定剂、热稳定剂和抗氧化剂三类。

(3) 发泡剂。发泡剂是一类可使高聚物在加工过程中产生微细孔或蜂窝状结构,从而增加塑料的弹性、减小相对密度、降低导热性的化合物。

(4) 着色剂。据统计,80%以上的塑料制品是通过添加着色剂美化的。着色剂分为染料和颜料两大类。

(5) 润滑剂。润滑剂是一类能增加塑料加工过程中的流动性,使制品易于与模具分离,从而提高塑料制品的表面光洁度的物质。

(6) 抗静电剂。抗静电剂是一种能消除或防止塑料表面静电的物质。大多数塑料具有良好的绝缘性,其表面摩擦产生的静电不易消除,极易吸附尘埃,以致影响塑料制品的外观和加速塑料老化,还可能引起放电而造成着火爆炸事故。

（7）交联剂和固化剂。能使塑料改性的一类物质称为交联剂，如有机过氧化物，能产生游离基，使大分子间产生交联，以提高聚合物的强度、耐油、耐热、耐压缩等性能，达到改变塑料性能的目的。固化剂的作用是促使热固性塑料在成型时，能很快地完成树脂的交联反应而从线型结构转化为体型结构，如在酚醛模塑粉中加入固化剂六次甲基四胺等。增强材料和填料塑料中一般含有相当量的填料，其作用是降低生产成本，改善树脂性能。例如：玻璃纤维就能增强玻璃钢的强度；木粉加入酚醛树脂能变其脆性为坚硬，加入云母可改善其电性能，而加入石棉则能提高其抗酸性和耐热性。通常把能提高塑料性能和扩大其应用范围的填料称为增强材料。

9.1.1.2 塑料的分类

塑料的分类方法很多，常见的可按塑料的用途、结构、可燃性、卫生性等进行分类。

1. 按塑料的用途分类

（1）通用塑料。通用塑料指用途广、产量大、价格相对低的一类塑料。其一般占塑料总量的80%以上，多为民用，如聚乙烯塑料、聚丙烯塑料、聚苯乙烯塑料等。

（2）工程塑料。工程塑料指适用于工程构件、机械零部件、化工设备等方面的塑料。这类塑料要求有较好的机械强度和耐热性等，如聚酰胺塑料、聚甲醛塑料、ABS塑料等。

2. 按塑料的成型性能分类

（1）热固性塑料。热固性塑料是将线状高分子结构转变成网状高分子结构（体型）而固化制成的塑料。其成型前加热初期具有一定的可塑性，成型后由于网状交联的形成便会固化而失去塑性，再加热只能发生分解或碳化而不再软化变形，因此其废旧制品无回收再利用价值。常见的热固性塑料有酚醛塑料、脲醛塑料、密胺塑料等。

（2）热塑性塑料。热塑性塑料是用线型高聚物制造的塑料。其特点是成型后受热能逐渐软化熔融，趁熔融状态又能塑成一定形状而冷却固结成型。加工过程中一般只有物理变化而保持化学本性，并且该过程可以反复进行多次。因此热塑性塑料的废旧制品可以回收再利用。常见的热塑性塑料有聚乙烯塑料、聚丙烯塑料、聚氯乙烯塑料、聚苯乙烯塑料等。

3. 按构成塑料的树脂类型分类

主要有聚乙烯塑料、聚氯乙烯塑料、聚苯乙烯塑料、聚丙烯塑料、聚甲醛塑料、聚酰胺塑料、硝酸纤维塑料、醋酸塑料、脲醛塑料和酚醛塑料等。此分类方法突出了塑料的主要成分，也反映了塑料的基本性质，是一种较常见的分类方法。

除了以上分类，还可按塑料的可燃性程度划分为易燃性塑料、可燃性塑料和难燃性塑料；按塑料的毒性可分为无毒塑料和有毒塑料等。

9.1.1.3 塑料制品的成型加工

塑料制品的成型加工，是指根据塑料的性能，利用可以实施的方法，将塑料制成具有一定形状而又适合某种用途产品的过程。一般分为成型、修饰和装配三个部分，其中以成型最为主要，是一切塑料生产所必经的步骤。

1. 成型工艺

塑料制品成型加工之前，一般需经过预加工和模具准备。然后根据不同的制品要求，通常有一步注射成型、挤压成型、压延成型和吹塑成型四种方法。

2. 修饰

修饰也称表面加工，通常采用镀金属、注塑模贴和表面喷涂三种方法。其目的是改善塑料表面性能，使塑料制品更加新颖美观，并提高塑料制品的使用价值。

3. 装配

装配是将各个成型部件连接成完整的塑料制品的过程，如用两个半球黏合成一个空心球等。其主要方法有：

（1）热熔黏合法。它是利用电热、气热或摩擦热将塑料黏合面加热熔融，然后以足够的压力使其黏合在一起的加工方法。

（2）溶剂黏合法。它是利用一定的溶剂溶解塑料黏接部位，然后以一定的压力使其黏接在一起的加工方法。

（3）胶黏剂黏合法。它是利用胶黏剂把两种不同的物件黏合在一起的方法。

以上三种方法，前两种多用于热塑性塑料的黏接，第三种多用于热固性塑料的黏接。

9.1.2 塑料的代表性品种与制品

到目前为止已投入工业生产的塑料约有300多种，主要的有几十个品种，其中产量最大、用途最广的有六大品种：聚乙烯塑料、聚氯乙烯塑料、聚苯乙烯塑料、聚丙烯塑料、氨基塑料和酚醛塑料。这六种塑料占塑料总量的80%以上。

9.1.2.1 聚乙烯塑料（PE）

聚乙烯未着色前呈乳白色半透明状，属热塑性塑料。它无毒，耐酸碱，性质柔软而轻（相对密度0.92~0.96），放在水中能够浮起，有蜡一样的手感，不怕碰摔和挤压。聚乙烯塑料主要由聚乙烯树脂和少量稳定剂和着色剂组成，是目前用途最广泛、用量最大的塑料。

聚乙烯树脂是由成千上万个乙烯分子聚合而成。聚乙烯大分子链柔顺性好，极易结晶。在常温下聚乙烯由晶区和具有弹性的无定形区交错构成，晶区使聚乙烯树脂具有一定的硬度和强度，无定形区则使其具有一定的柔韧性和弹性。由于生产工艺不同，聚乙烯分为高密度和低密度两种。

高密度聚乙烯的密度为0.95左右，用低压法生产。其性能特点为：半透明状，有刚性，具有一定耐冲击性，可制作型材等较刚硬的制品，绝缘性好。适用于加工各种瓶和桶等容器、家具、管材、绳索等。

低密度聚乙烯的密度为0.92左右，用高压法生产。其性能特点为：透明，结晶度低，机械强度小于高密度聚乙烯，化学稳定性好。适用于制造薄膜制品、管材、中空容器、电线包覆层及一些软性的日用品。

9.1.2.2 聚氯乙烯塑料（PVC）

聚氯乙烯于1930年投入工业化生产。由于它具有原料来源广、价格低廉、性能优良和用途广泛等特点，产量曾为世界塑料王国之冠，此后因聚乙烯的快速发展，才使其产量居第二位。

聚氯乙烯树脂的原料是氯化氢和乙炔，过去大都以电石和食盐为原料制得。自石油化工发展以来，转向利用石油气中的乙烯与氯气反应制得。

聚氯乙烯塑料具有很多优良性能，如较好的机械强度、抗化学性、电绝缘性、耐腐蚀性和难燃性。它的不足之处就是热稳定性差（使用温度宜在 5～45℃），低温下会变硬变脆，受热 140℃ 以上则开始分解出氯化氢气体，且韧性、抗冲击性能不够理想，满足不了某些机械制品的要求。

聚氯乙烯树脂中掺入不同量的增塑剂，可以分硬质和软质聚氯乙烯制品。

（1）硬质聚氯乙烯制品具有较高的机械强度，还具有一般金属管所没有的许多特殊优点：不怕酸碱腐蚀，可代替贵重的不锈钢材和其他耐腐蚀材料，用以输送腐蚀性流体；相对密度小（1.3～1.4），相当于钢的五分之一，比铝管还轻一半，又因为管子内壁光滑，摩擦阻力小，较同样粗的钢管流量多 30%；管子表面色泽明亮，可借助着色不同区别管路，安装后不需涂油防锈处理。所以广泛用于做管材和板材、建筑的结构材料，在化工、石油、纺织、采矿、电气、食品加工、供水排水等工业部门都可使用。

（2）软质聚氯乙烯制品含有 30%～50% 的增塑剂，质地柔软，具有良好的弹性、透光性、不透水性和耐酸碱性，主要用以制作各类薄膜（农用、包装用和防雨材料）、人造革、电线和电缆的绝缘包皮及各种软管和日用塑料商品。

9.1.2.3 聚丙烯塑料（PP）

聚丙烯的工业化生产始于 1957 年，时间虽短但已在塑料中初露锋芒，发展十分迅速。由于它的原料——丙烯来源于石油废气，数量多、价格便宜、性能优异，至今在全世界的产量已位于聚乙烯、聚氯乙烯、聚苯乙烯之后的第四位。

聚丙烯塑料的性能也主要取决于其主要成分聚丙烯树脂。聚丙烯大分子由丙烯以不同的立构型聚合在一起，根据聚丙烯侧链甲基的空间排列分为无规立构、间规立构和等规立构三种形式。目前生产的聚丙烯 95% 都是等规立构，其聚丙烯主链上的甲基都朝着一个方向伸展。

聚丙烯树脂的分子结构决定了其具有如下的性能特点：无色、无味、无毒，透明、结晶度高；相对密度小，仅 0.90～0.91，是目前最轻的塑料，能漂浮在水中；耐热性能高，在沸水中不软化不变形，可耐 120℃ 的高温，在 80℃ 下寿命可达 40 年；耐化学腐蚀（耐酸碱性）和耐油性能良好；机械强度（硬度、强度和抗冲击强度）比聚乙烯高。不足之处是不耐低温，在低温下弹性逐渐消失，抗冲击强度较差，长期光照易老化、染色性差。

聚丙烯塑料应用广泛，由于耐高温，可进行蒸煮，适宜制作医疗器械和餐具；由于具有良好的化学性能及抗弯曲性，可制作防腐管道、化工容器、电缆、接头、汽车和自行车等零部件，还可制作电视机、半导体、电风扇等部件；聚丙烯塑料中加发泡剂可制作低发泡板材，代替木材制作家具；还特别适宜制作包扎绳索、装重物的编织袋、渔网等；聚丙烯纤维可制作工作服，如各种棉型制品、滤布、运动用品等。

9.1.2.4 聚苯乙烯塑料（PS）

聚苯乙烯是投入工业化生产较早的热塑性塑料之一，1920 年德国人发现了大规模生产苯乙烯的方法，并开始聚苯乙烯的生产。目前的产量居塑料制品第三位。

聚苯乙烯塑料由乙烯与苯经聚合而制得。透明具有光泽，透光率仅次于有机玻璃，容易着色；耐酸碱性好，但不耐日光，耐油性差；几乎不吸水，且在水中形状尺寸也不起变化；刚性好，表面硬度大，但脆性大，怕碰又怕摔；电气性能好；软化点低，在 75～100℃，最高使用温度不能超过 80℃，否则会变形，达到 180℃ 会成为黏稠液体。聚苯乙烯无毒、无味，制作成凉杯、盘，光洁漂亮，还可制造收音机外壳、台灯、纽扣、梳子等日用品；加入发泡剂可制成轻质的泡沫塑料，用作建筑工业的隔音、隔热、防震、防湿材料；通过共聚改性，可制造安全帽、电话和家具等。

9.1.2.5　ABS塑料

ABS塑料是由丙烯腈（A）、丁二烯（B）和苯乙烯（S）联结共聚而形成的热塑性塑料。其大量生产于20世纪50年代，是受欢迎而且发展迅速的一种有代表性的耐冲击性的塑料。

由于三种构成成分各自发挥其长处，保证了ABS塑料具有良好的性能：丙烯腈使ABS具有良好的化学稳定性和表面硬度，丁二烯使ABS具有一定的韧性，苯乙烯使ABS具有良好的加工性和染色性。ABS塑料无毒、不透明、具有一定光泽；有一定刚性，且机械性能均衡，抗冲击能力即使在低温下也不降低；加工性好，但在紫外线作用下易发生老化，不宜在露天环境下长期使用；有良好的电气性能；耐酸碱，但可溶于酮或烃类。

ABS塑料是重要的塑料之一，已在机械、电气、纺织、化学、汽车、飞机、船舶等制造工业以及儿童玩具各方面广泛得到应用，尤其ABS的电镀制品貌似金属，提高了表面硬度，不易老化，可制作各种家用电器外壳、家具等。

9.1.2.6　有机玻璃塑料（PMMA）

一提玻璃，自然想到它又硬又脆，但有一种碰而不碎，比普通玻璃还要透明的玻璃就是"有机玻璃"，它是一种用塑料做的玻璃。

有机玻璃是甲基丙烯酸甲酯的聚合物，是用丙酮、甲醇、氰化钠、硫酸等经化学反应生成甲基丙烯酸甲酯单体，再经加工聚合制得的。

有机玻璃具有以下性能特点：透明度优越，表面光泽好，能透过93%的普遍光线和76%的紫外线，比无机玻璃（透光率分别80%～90%和60%）优越；无毒、质轻、脆性小、耐冲击；耐酸碱和油脂，耐-60～50℃的低温；易加工成型，可制造形状复杂的制品。

有机玻璃的不足之处是耐热性差，超过100℃即软化变形、损坏，宜在80℃以下使用；受潮后透明度降低，遇火可以燃烧。同时，表面硬度不理想，耐磨性差，容易擦伤划痕，因此在使用中要防止坚硬物件触及磨划。

有机玻璃是高级装潢材料。它可用于车船、飞机的舷窗或风挡玻璃，也可用于制作仪表外壳、光学仪器、眼球和假肢。日用工业品中的纽扣、发卡、伞柄、眼镜架、文具、标本等也采用有机玻璃。

9.1.2.7　纤维素塑料

纤维素塑料包括硝酸纤维和醋酸纤维等品种，其主要原料为棉花、木材等天然纤维素，由于原料的限制，这类塑料的发展不快。

硝酸纤维素塑料（CN）的俗名是"赛璐珞"，是最老的塑料品种。远在1868年人们就利用天然纤维素与樟脑制成了它。赛璐珞的主要成分是硝酸纤维素（70%～90%）与增塑剂樟脑（20%～30%）及其他助剂，经热处理而得到的热塑性塑料。它具有质轻、弹性好、强度较高、韧性好等特点，其表面平滑、富有光泽，是制造日用工业品、文教用品、儿童玩具等产品的材料，还可制成各色透明或不透明、夹色或珍珠花纹状的制品。它的缺点是化学稳定性差，易燃烧和老化，必须避免直接受热和日晒。

醋酸纤维素塑料（CA）是在硫酸等脱水剂存在的条件下，与酸酐反应制成三醋酸纤维素，再进一步酯化形成的。它的特点是透明、着色好、耐冲击、具有一定的阻燃性、耐折叠、不易老化、吸水率较大等。醋酸纤维素塑料广泛应用于电器外壳、手柄、汽车方向盘、笔杆等。

9.1.2.8 酚醛塑料（PE）

酚醛塑料俗名电木，是20世纪初经化学合成的第一个树脂，在热固性塑料中资历最老，其产量在世界塑料大家族中居第六位。

酚醛塑料是用苯酚和甲醛制成的。苯酚又名石碳酸，有特殊气味，煤炭干馏产生煤焦油，从煤焦油中提炼出石碳酸。苯酚有毒，腐蚀性也强。甲醛在常温下是气体，有难闻的刺激味，它的水溶液称为福尔马林，是一种消毒剂。甲醛一般用甲醇作原料，甲醇也叫木精。

酚醛树脂大分子呈线性结构，在成型过程中加入10%的六次甲基四胺的固化剂并加热至160℃时，便固化成为网状结构的不溶不熔树脂。该树脂脆性大，因此往往加入特制的细木粉作为增强材料，并配以适量的润滑剂制成模塑粉，再加热加压就可制得电木。

酚醛塑料一般色泽深暗，耐热也耐寒，不易变形，表面硬度大而光滑，但脆性大；机械性能好，化学稳定性好，对各种溶剂和油类具有较强的抵抗力，电绝缘性能优异。尺寸稳定，价格低廉。适用于制成电器插座、开关、仪表外壳、汽车刹车板、箱体配件和各种日用商品的手柄等。不足之处是韧性小，填充木粉的制品有吸水性，有一定毒性，不宜存放食品。

9.1.2.9 密胺塑料（MF）

密胺塑料是三聚氰胺甲醛塑料的俗称，是氨基塑料的一种。它是用三聚氰胺甲醛树脂为主要成分，再加上一定量的填料、助剂制成模塑粉，然后在一定压力和温度下模压制得的塑料制品。

密胺塑料无毒、无味，易于清除污渍，外观和手感极似瓷器，纯树脂可制成似玻璃的全透明塑料，具有较高的强度、表面硬度和抗冲击强度，耐磨性也较强，耐热性和耐水性均好，可在沸水中消毒，烟头的余火也不会将其烫焦，并可任意着色，透光性强、光泽好，加工性能好，还耐酸碱，不易燃烧。

密胺塑料常用来制造各种餐具，如杯、盘、碗筷，还可制成似玻璃的装饰贴面板、灯罩等。密胺塑料制品的价格较高。

9.1.2.10 脲醛塑料（VF）

脲醛塑料是由脲醛树脂与填料制成，其填料为纤维素木浆，是氨基塑料的一种。脲醛树脂多呈白色，制品中树脂含量高则透明度高，一般为半透明状，其外观如玉，故称电玉制品。

脲醛树脂是由脲素和甲醛缩聚而成，其比重比一般树脂大，具有优良的耐压和曲折强度，表面极硬；着色范围广，耐光、耐油、耐弱碱和有机溶剂，不易燃烧，化学稳定性比电木差；但较易吸水、不耐酸和热，在水中煮时会析出有毒性的甲醛。

脲醛塑料用于制作发卡、盒、琴键，也可制作地板、电器开关、插头等。

9.1.3 塑料制品的质量要求

日用塑料制品的质量，主要是指制品的外观及物理机械性能，对部分制品，还应该考虑其化学性能或卫生要求。

9.1.3.1 塑料制品外观质量要求

塑料制品的外观质量检验主要是采用人的感觉器官,即眼看、手摸或标尺测量等来确定等级。一般要求外形完整、无残缺、表面光洁平滑、无皱纹裂痕、无小孔麻点等。对有色制品还要求光泽均匀,无杂色,尤其是透明制品,必须除杂彻底,有一定的透明度和泽度。当然,具体制品还有具体的要求,如表9-1所示。

表9-1　　　　　　　包装用聚乙烯吹塑薄膜外观质量要求

指标		一级品	二级品
水纹和云雾		不明显	较明显
气泡、穿孔及破裂		不允许	不允许
杂质 (个/m²)	>0.6mm	不允许	不允许
	0.3~0.6mm	≤5	≤8
	分散度(个/10cm×10cm)	≤3	≤5
鱼眼和僵块 (个/m²)	>2mm	不允许	不允许
	0.6~2mm	≤20	≤20
	分散度(个/10cm×10cm)	≤5	≤8
条纹 开口性 平整度		不明显 易于揭开 不允许有活褶,无明显暴筋,端面有卷绕基本整齐	较明显 易于揭开 有少量活褶,暴筋较明显,端面基本整齐

9.1.3.2 塑料制品的物理机械性能要求

塑料制品的物理机械性能、化学性能等内在质量,都需要采用一定测量仪器,按国家规定的方法进行测试,以评定制品的等级。不同的塑料,其物理机械性能表示方法不尽相同。表9-2为包装用聚乙烯吹塑薄膜的物理机械性能要求。内在质量一般从以下几个方面进行检测:

表9-2　　　　　包装用聚乙烯吹塑薄膜的物理机械性能要求

指标	指标要求	
	厚度<0.05mm	厚度≥0.25mm
拉伸强度(纵、横向)(kg/cm²)(0.1MPa)	≥100	≥100
断裂伸长率(纵、横向)(%)	≥140	≥250
直角撕裂强度 kg/cm(980N/m)	≥40	≥40

1. 相对密度

每种塑料制品都有一定范围的相对密度值,可根据相对密度不同设计不同用途的制品。如吊水用的水桶,一般要求相对密度大于水,以便吊水时易沉入水中,这样可选择所用树脂的种类和配料比。

2. 拉伸强度

是指单位面积的塑料,在规定时间内,被拉伸时所承受的压力,其单位为 kg/cm^2。

3. 断裂伸长率

是指试样被拉断时所伸长的长度与原长的百分比。伸长率越大，说明制品的韧性越好、弹性越大。

4. 硬度

指塑料抵抗其他硬物体压入的性能。一般地，硬塑料测定布式硬度，软塑料测定邵氏硬度。

5. 耐磨性

塑料的耐磨性包括摩擦系数、磨耗和极限 PV 值三项指标。日用塑料制品一般只测定磨耗。磨耗是塑料在摩擦过程中微粒从摩擦表面不断地被分离，引起尺寸不断变化的机械破坏过程。磨耗量的大小表示塑料的耐磨程度。

6. 冲击程度

冲击程度是指试样受冲击破断时单位截面上所消耗的功（kJ/m^2）。冲击强度代表塑料抵抗冲击载荷的能力。

9.1.4 塑料的鉴别

塑料的种类很多，不同类型的塑料制品，在性能和保养方法上有所不同，必须加以鉴别。具体的鉴别方法很多，有简易快速的外观鉴别法、燃烧鉴别法，也有通过一定仪器设备的显色反应的鉴别法、溶解鉴别法、密度鉴别法、熔点鉴别法、红外线吸收光谱鉴别法、紫外线光谱鉴别法等。表 9-3 是主要塑料制品的鉴别特征。

表 9-3　　　　　　　　　　主要塑料制品的鉴别特征

分类	品名	学名	外观效果	机械性能	沸水中（100℃）	盐水中（20℃）	燃烧性 速度	燃烧性 火焰色	燃烧性 气味
热固性塑料	电木	酚醛塑料	黑色与深色	硬、脆	不变形	沉	难燃	无火焰但变焦	苯酚臭味
热固性塑料	电玉	脲醛塑料	鲜艳光亮	硬、脆	不变形但变色	沉	难燃	无火焰但变焦	尿臭味
热固性塑料	密胺	密胺塑料	鲜艳光亮	硬	不变形不变色	沉	难燃	无火焰但变焦	甲醛刺激味
热塑性塑料	赛璐珞	硝酸纤维	透明彩色 鱼鳞石纹	柔韧有弹性	很软	沉	速烈	白光	樟脑气味
热塑性塑料	醋酸纤维	醋酸纤维	鲜艳彩色 透明	柔韧有弹性	很软	沉	慢燃	黄缘边、冒火光	醋味
热塑性塑料	硬性塑料	聚苯乙烯	极透明、鲜艳彩色	敲有金属声、硬、脆	软	浮	易燃	焰橙黄、烟黑且浓	苯乙烯臭味
热塑性塑料	聚乙烯	聚乙烯	深如蜡、有彩色缺光	极柔韧有弹性	很软	浮	易燃	焰尖黄、底部蓝、烟少	石蜡味
热塑性塑料	聚氯乙烯	聚氯乙烯	透明或彩色	柔软如皮	很软	沉	难燃	焰尖黄、底部绿、烟白	氯化氢
热塑性塑料	有机玻璃	聚甲基丙烯酸甲酯	极透明、也有颜色	柔软不耐磨	软	沉	易燃	焰蓝白、无烟	水果香味

9.2 陶瓷与搪瓷制品

我国生产和使用陶瓷制品历史悠久,最早的陶器出现在1万年前,汉代已发展到将陶器与瓷器分开,唐朝的"唐三彩"成为传世珍品。到了15世纪便开始铜坯搪瓷(景泰蓝)生产,1916年上海开始用钢片制坯生产搪瓷制品。陶瓷和搪瓷成为人们日常生活中的重要商品。

9.2.1 陶瓷制品

陶瓷制品一般由内部的坯体和覆盖在坯体表面的釉所组成。坯体使制品有一定的形状和主要性质,釉是一种覆盖于坯体表面类似于玻璃质的薄层,有增强机械性能、绝缘性、抗腐蚀性和表面硬度、光洁度等作用,同时还可装饰制品的表面。

9.2.1.1 陶瓷制品的原料

制作陶瓷坯体的原料主要由可塑性原料、减黏性原料和熔剂原料三部分组成。可塑性原料主要是高岭土和黏土;减黏性原料常用的是硅石和长石;熔剂原料常用的是长石。此外还有花岗石、霞石、白云石和方解石等。

制釉原料与坯体基本相同,主要是长石、硅石、黏土等,其化学成分为二氧化硅、三氧化二铝、氧化钙、氧化铁、氧化镁、碱金属氧化物、氧化锌,还有少量锆石英、碳酸钡、二氧化锡、二氧化钛、二氧化锆、锑化物、氟化物、磷酸盐、着色剂等辅料。制造时,可根据需要选择一种或一种以上的氧化物作釉料的主体原料。

9.2.1.2 陶瓷制品的制造工艺

陶瓷制品的制造包括坯料制备、坯体成型及干燥、烧制、施釉和装饰等步骤。

(1) 坯料包括可塑坯料和注浆坯料两种。可塑坯料用于可塑成型,注浆坯料用于注浆成型。

(2) 坯体成型也分为可塑坯体成型和注浆坯体成型。前者有手捏与雕塑等;后者有空心注浆成型和实心注浆成型。

(3) 干燥的方法有自然干燥和人工干燥。干燥后的坯通常还需要进行修理。

(4) 烧制有一次烧成,也可采用二次烧成。二次烧成是先将未上釉的坯体进行初烧(称为素烧),然后施釉再烧(称为釉烧)。烧制都使用匣钵盛装坯体以入窑烧成。

(5) 施釉是将生坯或素烧的坯体进行清洁处理后上釉,以确保坯釉之间的熔合。

(6) 装饰可使陶瓷制品更加美观。有整件装饰、彩绘、艺术釉和照相装潢等多种方法。

9.2.1.3 陶瓷制品的种类

(1) 按坯体所用的熔剂种类,分为黏土质陶、石灰陶、长石质陶、混合质陶。

(2) 按用途可分为美术陈设用、厨具、炊具、卫生用具、文具用品及其他用品陶瓷。

(3) 按烧成后的外表特征分类,分为透明釉、不透明釉、无色釉和色釉。

(4) 按彩绘的表现技法分类,分为釉下彩、釉上彩、贵重金属彩和其他彩等。

【小知识】

唐三彩属于美术陈列品,它产于河南洛阳及陕西等地,是唐代陶器和陶俑上的一种多彩釉以及有这种釉色的陶制品。

所谓三彩,是在白色陶胎上涂以黄、赭、绿、蓝和紫色等,以黄、绿和白为主,因盛产于唐代,故称之。但三彩是表示多色,并不是在一件器物上只限于三种色釉。釉色以蓝色和紫色较多,也较名贵。唐三彩色调富丽、图案优美,主要产品有唐马、骆驼、仕女、乐伎、武士俑、炉、壶、罐及台灯、花瓶、烟缸、茶具等日用品。

9.2.1.4 陶瓷制品的质量鉴别

陶瓷制品的质量由内在质量和外观质量组成。

(1) 内在质量主要指瓷坯质地是否致密,瓷化程度和吸水率是否合格,铅、镉溶出量是否低于限量等。如根据国标 GB 3532—1983 规定,日用细瓷器产品的吸水率不得超过 0.5%,将瓷盘、瓷碗类中型产品从 200℃ 投入 20℃ 水中热交换一次不裂,白度不得低于 65 度(特殊者除外),与食品接触面的铅溶出量不大于 7×10^{-9},镉溶出量不大于 0.5×10^{-9}。

(2) 外观质量主要指产品表面的色泽、装饰、结构和允许的常见缺陷的程度。结构应符合设计要求,重心稳定,盖子大小与壶口吻合,主件与副件配合间隔符合要求。色泽要求釉色光润、色泽纯正。装饰要求花纹清晰、色彩协调、布局和谐、绘制精良。瓷坯要求质地致密、坚硬,瓷化完全,轻敲发出清脆悠扬的金属声。

9.2.2 搪瓷制品

搪瓷制品是在金属坯胎上涂搪瓷釉,再经熔烧,使瓷釉与坯体烧结而得到的制品。

9.2.2.1 搪瓷制品的原料

搪瓷制品的原料主要分为金属材料和搪瓷釉两部分。

金属材料主要采用薄钢片,也称钢板、铁皮。钢板的厚度以"号"来区别,号数越大,钢片越薄。通常以 27~31 号为宜。

搪瓷釉又称珐琅,是用多种矿物质原料经高温熔制而成的硼硅酸盐玻璃状物质。它既能保护金属坯胎不受腐蚀物侵蚀,又能美化制品。根据性能和在坯体上涂搪的部位不同,可分为底釉、面釉、彩釉、边釉四种。

(1) 底釉呈黑色,涂于金属坯体上,起连接面釉和坯体的作用。

(2) 面釉呈白色,涂于底釉上,面釉有良好的乳浊性和光泽,能提高制品的耐磨性和耐化学侵蚀性。常用的有钛面釉和锑面釉两种。

(3) 彩釉又称美术釉,用于装饰制品表面,涂制各色图案。

(4) 边釉专门用于涂制品边沿的釉,要求结实、耐碰,有蓝、红、黑、绿等色,其中蓝色边釉性能最好。

9.2.2.2 搪瓷制品的制造工艺

搪瓷制品的制造包括制坯、制釉、搪烧和饰花四大工艺。

(1) 制坯是薄钢片加工成型的过程,包括切片、成型、剪卷、压光和焊接。

(2) 制釉是按要求选好瓷釉原料并制成瓷釉浆的过程,包括配料、熔制、冷激、研磨、老化等工序。

（3）搪烧是将老化好的瓷釉浆搪涂在坯体上，经高温煅烧，使瓷釉与坯体结合产生瓷层，它包括脱脂、调浆、搪涂、刮边、打印与烘干、滚边、烧成、整形和检修工序。有的制品需要搪烧多次才能得到成品。

（4）饰花是利用彩色瓷釉在素色成品上勾画出各种图案，使搪瓷制品更加绚丽多彩的过程，有手工绘画、喷花、贴花、照相、印花、洒花等方法。

9.2.2.3 搪瓷制品的种类

（1）按用途分为饮食用、洗涤卫生用和其他用三类。

（2）按色彩分为全白色制品（里外均为白色）、素色制品（里面白色、外面豆绿色）、彩色制品（里外皆彩色，但无图案）、冰花制品（里为白色、外面有细小的麻点）、单面彩花制品（里面喷花、外面豆绿色）、双面彩花制品（内外皆喷花）等。

（3）按制品的口径分为阔边制品和狭边制品。

9.2.2.4 搪瓷制品的质量鉴别

搪瓷制品的质量评定由理化性能和外观质量两方面组成。

（1）理化性能主要体现在密着性（瓷釉与坯体间附着力的大小）、耐热骤变性、耐酸碱性、无毒性、光泽和白度等方面。这些性能的要求在国标中均有具体规定，并有相应的测试方法。

（2）外观质量主要指产品表面的色泽、装饰和允许的常见缺陷的程度。要求色泽光亮、表面光滑、涂搪均匀、装饰花纹清晰、色彩协调、具有艺术性。

由于搪瓷制品的生产工艺复杂、工序繁多，因此极易造成制品缺陷，包括影响使用寿命和外观的缺陷。

9.3 玻璃制品

玻璃制品具有一系列优良的性质和实用价值，它透明而质硬，有很高的化学稳定性和一定的耐热性，可以用多种加工方法，制成各种形状和规格的制品，因而在工业、科学研究、日用生活领域获得广泛的应用。

9.3.1 玻璃的成分

玻璃是由二氧化硅和多种金属氧化物，按一定的比例配合，经高温熔融、冷却而形成的透明或不透明的无定型无机物，它是硅酸盐材料的一种。

9.3.1.1 玻璃的主要成分

组成玻璃的成分较复杂，其基本成分是二氧化硅和各种金属氧化物。不同化学成分的玻璃性质不同。一般的玻璃其化学成分可用下列通式表示：$XR_2O \cdot YRO \cdot ZSiO_2$。式中，$R_2O$ 为一价金属氧化物，如 Na_2O、K_2O 等，含量占 14%～16%；RO 为二价金属氧化物，如 CaO、MgO、BaO、PbO、ZnO 等，含量占 11%～13%；SiO_2 的含量占 71%～75%。玻璃各主要原料如下：

（1）石英砂或砂岩是提供 SiO_2 的主要原料。

（2）硼砂或硼酸是提供 B_2O_3 的主要原料。

（3）长石或黏土是提供 Al_2O_3 的主要原料。

（4）纯碱或芒硝是提供 Na_2O 的主要原料。

（5）碳酸钾或硝酸钾是提供 K_2O 的主要原料。

（6）石灰石或碳酸钙是提供 CaO 的主要原料。

（7）白云石或菱镁矿是提供 MgO 的主要原料。

（8）硫酸钡或碳酸钡是提供 BaO 的主要原料。

（9）红丹或黄丹是提供 PbO 的主要原料。

（10）锌白（又称锌氧粉）是提供 ZnO 的主要原料。

为了改善玻璃的使用性能或使其具有某种特性，有时还需加入其他成分。如增加二氧化硅的含量并相应减少碱性氧化物的含量，玻璃的耐热性和化学稳定性会提高；增加氧化铅含量（30%左右），玻璃的光泽和透明性会得到提高，加工性能也会改善。

9.3.1.2 玻璃的辅助成分

玻璃的辅助成分是指能使玻璃具有某些特性或加速熔制而且用量较少的原料。根据作用的不同分为助熔剂、澄清剂、乳浊剂、脱色剂、着色剂等。助熔剂常用的有硼砂、硼酸、萤石等；澄清剂是为了消除玻璃在熔制中产生的气泡而加入的物质，常用的有硫酸盐、食盐、铵盐等；乳浊剂是使玻璃产生乳白色的物质，有氟化物、磷酸盐等；脱色剂是用来消除或减弱原料中铁氧化物所造成的蓝绿色的物质，有物理脱色剂与化学脱色剂之分；着色剂有离子着色剂和胶体着色剂，离子着色剂如二氧化锰、锰酸钾等能使玻璃呈紫色，氧化亚钴、三氧化二钴使玻璃呈天蓝色等，胶体着色剂如三氧化金形成胶体使玻璃呈玫瑰红色，硫酸铜形成的铜胶体使玻璃呈血红色，氯化银形成的银胶体使玻璃呈黄色等。

9.3.2 玻璃的制造工艺

常用玻璃制品要经过配料、熔制、成型、退火、后加工与装饰等工艺。

（1）配料。配料是将经过干燥、粉碎、磨细、过筛、电磁除铁后的原料，按照玻璃制品性能的要求所计算出的原料配方，进行精确称量，然后在混合机中均匀混合而成为配合料的过程。

（2）熔制。熔制就是将配合料在窑内高温熔融成为符合成型要求的玻璃液的复杂过程。一般分为五个阶段：

1）硅酸盐形成阶段。在800～900℃温度下发生分解和化合，变成由硅酸盐和二氧化硅组成的不透明烧结物，并放出大量气体。

2）玻璃液形成阶段。继续加热到1200～1250℃，烧结物熔融成为透明体—玻璃液，其成分不均匀，且有大量气泡。

3）玻璃液澄清阶段。将玻璃液继续加热至1400～1500℃，其黏度降低，气泡全部排出。

4）玻璃液均化阶段在热对流中，玻璃液内的条纹和结石消除，其化学成分逐渐趋向一致，变为均匀的体系。

5）玻璃液的冷却阶段使玻璃液的温度降低到具有成型时必需的黏度。

（3）成型。成型是将玻璃液转变为具有一定形状的制品的过程。它可分为人工成型和机械成型两类成型方法。人工成型有人工吹制、自由成型、人工拉制、人工压制等；机械成型有压制、吹制、拉制和压延等。

（4）退火。退火是将成型后的制品置于退火炉中，加热到一定温度并延续一定时间，然后让其缓慢冷却，以消除或减少玻璃制品在成型时产生的应力的过程。

（5）后加工与装饰。后加工与装饰是让制品外表美观、增加艺术感而进行的各种处理。

1）后加工主要有磨口、烘口、磨底、棱边加工、研磨抛光等。
2）装饰包括喷砂、磨花、雕刻、饰花、蒙砂、彩饰等。

【小知识】

钢化玻璃

玻璃经过钢化处理会使机械强度和热稳定性提高。钢化处理的方法有物理法和化学法。

物理法是将玻璃制品均匀加热到接近软化的温度后，快速冷却和淬火，使制品的外层形成压应力层，内层成为张应力层，从而增大强度和热稳定性。

化学法是利用离子交换方法改变玻璃表面的组成状况，使玻璃的强度和热稳定性增高。它又有低温型处理和高温型处理两类工艺。

9.3.3 玻璃的性质

玻璃的性质是评定玻璃制品质量最重要的因素。玻璃的性质随玻璃成分的不同而异，其基本性质包括以下几个方面：

（1）机械性质。它决定玻璃的坚固耐用性，包括强度、硬度、脆性等。

（2）热学性质。指制品在使用中经受冷热变化的能力，包括导热性、热稳定性、热膨胀性等指标。

（3）光学性质。主要指玻璃的透射性和折光性。

（4）化学稳定性指玻璃抵抗酸、碱、水、水汽和其他气体以及各种化学因素作用的能力。

总体来说，玻璃是一种脆性材料，化学稳定性好，具有良好的光学效果，是电的不良导体。其耐压强度高，硬度也高，但抗折强度和抗张强度不高。为了改善其机械性能，可采用多种方法如退火、钢化、表面处理与涂层、微晶化、与其他材料制成复合材料等。

9.3.4 玻璃制品的分类与用途

1. 按玻璃的化学成分分类

（1）钠玻璃。也称普通玻璃，其主要成分为二氧化硅占72%，氧化钠占15%。它的机械强度、热稳定性、化学稳定性皆较差，但易于熔制加工，价格低廉，广泛应用于一般窗玻璃、包装瓶和低档日用品。

（2）钾玻璃。也称硬质玻璃，与钠玻璃成分上的主要区别是以氧化钾代替了氧化钠，并提高了二氧化硅的含量。其硬度、光泽度较高，强度、耐热性和化学稳定性均比钠玻璃高，多用于制造化学仪器和精致的日用品。

（3）铅玻璃。又称晶质玻璃、光学玻璃或重玻璃。其主要成分为二氧化硅约为68%，氧化铅占15%~35%。铅玻璃具有很强的折光性和光泽度，硬度较低，易于装饰加工，最适于制造光学仪器、磨刻艺术品和高级日用品。

（4）硼硅玻璃。其主要成分为二氧化硅占80%，氧化硼占14%。它具有很高的耐热性和化学稳定性，较好的强度、光泽和绝缘性，用于制造优质理化实验仪器、烹调器皿、电气器具和保温瓶胆、温度计等。

（5）石英玻璃。又称"玻璃王"，其成分几乎全是二氧化硅。它有透明和不透明两种，透明者以水晶为原料，不透明者以纯净石英砂为原料。它具有极高的耐热性和化学稳定性、较高的强度、耐磨性和绝缘性，主要用于耐高温的装置和仪器。

（6）铝硅玻璃。主要成分是二氧化硅和氧化铝。它具有很高的耐热性、化学稳定性和强度，多用于制造直接用火焰加热的烹饪器皿。

（7）光色玻璃。也称变色玻璃，其成分中含有卤化银胶体光敏剂。它具有被光照射后变暗或着色，停止光照后又恢复原态的特性，用于制作变色眼镜、光开关、全息照相和装饰材料等。

2. 按玻璃的用途分类

（1）器皿玻璃是以制造盛装物品为主要目的的日用玻璃，如各种瓶罐、茶具、糖缸、保温瓶等。

（2）建筑玻璃。主要用作门窗及装饰的平板玻璃、压花玻璃、空心玻璃、夹丝玻璃和装饰玻璃等。

（3）仪器玻璃指具有较高强度和化学稳定性的用于各种仪器仪表的玻璃。

（4）光学玻璃是具有高度透明和折光性的玻璃，用于显微镜、照相机等。

（5）特种玻璃指具有某方面特殊性能，专供某种特定用途的玻璃。有安全玻璃，如汽车挡风玻璃；医用玻璃，如包装维生素等药品的防紫外线的容器玻璃；光、电磁等高科技玻璃，如激光玻璃、选择性吸收玻璃等。

9.3.5 玻璃制品的质量要求

玻璃制品的质量通常从规格、结构、色泽、耐温急变性、化学稳定性、透光性及外观缺陷等方面进行考察。

（1）规格。指玻璃制品的尺寸、重量、容量的要求。由于品种太多，无统一的国家标准。

（2）结构。指玻璃制品的形状、主附件的配合情况等。

（3）色泽。无色玻璃制品应透明、洁净，富有光泽；有色玻璃制品应色泽鲜艳、悦目，深浅一致。

（4）耐温急变性。可根据我国专业标准ZBY22004—1990测定。将试样在2℃左右的冷水中放置5min，取出后立即用沸水冲试，不炸裂者为合格品。玻璃炊具、咖啡壶的耐急温差应大于200℃。

（5）化学稳定性。长期与水或水蒸气接触的玻璃制品应有很好的化学稳定性。在常温下，玻璃对绝大多数化学品都有一定的抵抗能力，但长期受大气和雨水的侵蚀时，表面也会失去光泽，出现油状薄膜、斑点，使透明性降低。

（6）透光性。可通过测定透光率来判断。

(7) 外观缺陷。经常出现的外观缺陷有砂粒、斑痕、气泡、口不圆、装饰不良等，这些缺陷有时还影响制品性能。

本章小结

塑料制品在人们生活中越来越重要，塑料是以合成树脂为主要原料的高分子化合物，由于树脂种类不同，其制品的性能特点以及用途也不同。塑料制品的种类繁多，结构和性质较复杂，日用塑料制品的质量要求主要是指对制品的外观和物理机械性质方面提出的要求，对于部分制品，还要考虑其化学性能或卫生性能的要求。

陶瓷是由黏土及长石、石英等天然原料经混合、成型、干燥、烧制而成的耐水、耐火、坚硬的材料和制品的总称，主要包括陶器、瓷器等。陶器与瓷器有以下区别：洁白、质坚、半透明。凡是具有以上三点者为瓷器，不具有者为陶器。由于陶瓷品种很多，每种产品都有各自的检验规程，主要检验项目是外观质量和理化性能，铅、镉溶出量是陶瓷制品的重要安全卫生指标，尤其是彩瓷制品对铅、镉溶出量有严格的限量。在选用时应注意陶瓷制品的安全卫生。

日用玻璃制品具有光泽好、透明度大、色泽鲜艳、易于洗涤和抗腐蚀性强、原料来源多、制品易于成型、价格低廉等优点。由于玻璃化学组成复杂，其制品的物理机械性能、化学性能及光学性能等也有所不同。日用玻璃制品质量的基本要求主要有：具有正确的规格和形状，必要的坚固性和耐热性，外观美观、图案清晰、卫生安全等。

【案例分析】

鉴别塑料袋的毒性

目前，塑料袋应用的范围十分广泛，而对食品进行包装的塑料袋，我们尤其要注意它的质量。塑料袋一般是由两种塑料薄膜制成：一类是由聚乙烯、聚丙烯和密氨等原料制成的；另一类则由聚氯乙烯制成。前者无毒，后者有毒，不能包装食品。塑料袋有无毒性可用下列简便方法鉴别。

水中检测法。首先把塑料袋放入水中，无毒塑料袋放入水中后，可浮出水面，而有毒塑料袋则不向上浮。

手触检测法。用手触摸塑料袋，有润滑感者无毒，否则有毒。

抖动检测法。用手抓住塑料袋一端，用力抖一下，发出清脆声者无毒，反之则有毒。

火烧检测法。可以把塑料袋剪去一条边，用火烧，有毒的不易燃烧，无毒的遇火容易燃烧。

请结合实物进行鉴别实验。

复习思考题

一、名词解释

陶瓷　塑料　玻璃

二、判断对错

1. 硼玻璃就是硼酸盐玻璃。（　　）
2. 玻璃制品不会发霉，储存在潮湿的环境中没有问题。（　　）
3. PC 塑料是有毒的，会析出双酚 A，应禁止用于水杯、奶瓶等器具。（　　）
4. 钢化玻璃和玻璃钢是一种东西，都是玻璃制品。（　　）

三、选择题

1. 属于热固性塑料的有（　　）。

A. PE　　　　B. MF　　　　C. PS　　　　D. CN

2. 普通玻璃是（　　）。

A. 钠钙玻璃　　B. 钾钙玻璃　　C. 铅玻璃　　D. 有机玻璃

3. 塑料的缺点主要有（　　）。

A. 质量轻　　B. 尺寸稳定性差　　C. 易老化　　D. 化学稳定性差

四、简答题

1. 什么是塑料？它是怎样组成的？
2. 常用塑料有哪些主要品种？它们各有什么特性和用途？
3. 热固性塑料有哪些品种？它们各有什么特性和用途？
4. 陶瓷与搪瓷制品的质量要求各有哪些？
5. 玻璃的主要成分是什么？有什么质量要求？

五、实训题

实训目标：掌握各种玻璃的特点。

实训素材：各种不同种类的玻璃。

实训要求：掌握其特点与用途。

第 10 章 家用电器

知识目标

了解家用电器的分类、结构、工作原理以及安全方面的标准和要求

技能目标

掌握家用电器商品的质量要求与检验、选用和维护

能力目标

能够运用所学知识和技能，对家用电器商品进行质量鉴别，选购调试和咨询服务

课程导入案例

智能家居声控家电成新看点

近日，记者从中科院语音研究所了解到，在接下来的"十一"国庆家电大战中，装有语音识别的家电很可能各显神通高调入市。而各大家电企业近年来围绕着智能家电产品的革新和竞争，也在悄然升级。

业内人士指出，下半年家电企业的智能化之争将成业界新看点。7月8日，四川长虹和中科院声学所联合宣布，中国首款复合型智能语音芯片研发成功。据介绍，智能语音处理芯片是国内首块拥有自主知识产权的智能语音处理芯片。该芯片突出优势在于在语音识别的基础上，融合了多方面的语音增强功能，能实现远距离语音采集，实现6m距离内的直接远讲。该种语音芯片的投入研发，是为了运用其家电产品而形成竞争优势。

上述报道表明，家电电器商品还在不断发展，能够给客户带来更多便利享受的智能家电是家用电器今后发展的方向。

10.1 家用电器概述

10.1.1 家用电器的分类及特点

1. 家用电器的概念

家用电器是指用于家庭和类似家庭使用条件的日常生活用电器。

2. 家用电器的分类

（1）按工作原理分类。可分为电子器具、电动器具、制冷器具、电热器具和照明器具。

①电子器具。指将电能转换为声音或图像，以电子元件为基础，通过电子技术完成各种功能的家用电器，如收音机、电视机、VCD、DVD、手机、电脑、MP3、MP4等。

②电动器具。指将电能转换为机械能，由电动机带动工作部件完成各种功能的家用电器，如洗衣机、电风扇、吸尘器等。

③制冷器具。指消耗电能进行热交换，通过制冷装置造成适当低温的家用电器，如电冰箱、空调器、冷饮机等。

④电热器具。指以各种电热元件完成电能到热能的转换，实现加热功能的家用电器，如电熨斗、电暖器、电热饮具等。

⑤照明器具。指使用电光源实现电能到光能转换的家用电器，如各类灯具等。

（2）按用途分类。可分为视频器具、电声器具等12类。

①视频器具。主要用于收看电视节目、录制播放图像节目、生活片断等，如电视机、录像机、摄像机、影碟机、MP4、家庭影院等。

②电声器具。主要用于家庭收放电台节目，录制播放音乐等，如收录机、组合音响、复读机、MP3、激光唱机等。

③空调器具。主要用于调节室内温湿度，加速空气流动，改善室内环境等，如空调器、电风扇、空调扇、负离子发生器、加湿机等。

④冷冻器具。主要用于食品的冷冻和冷藏，如电冰箱、冷冻箱、冷饮器等。

⑤清洁器具。用于个人卫生和环境卫生的清洁，如洗衣机、吸尘器、电熨斗、淋浴器等。

⑥整容保健器具。主要用于个人容貌的整理和保健，维持人体健康，保持机体活力等，如电吹风、电动剃须刀、美容器、电动按摩器、电针灸等。

⑦厨房器具。主要用于食品加工、烹制和食品饮具洗涤消毒等，如电饭锅、微波炉、电磁灶、电水壶、抽油烟机、洗碗机、消毒柜、榨汁机等。

⑧取暖器具。主要用于生活取暖和空气加热，如电暖器、暖手器等。

⑨文化办公用品。主要用于家庭学习、办公、通信，如家用电脑、手机、电话机、传真机、打印机等。

⑩娱乐器具。主要用于业余消遣娱乐，如电动玩具、电子游戏机、电子乐器等。

⑪照明器具。主要用于室内外照明及艺术装饰，如各种灯具及配件。

⑫其他器具。不能归入以上各类的家用电器，如电子钟表、电子门锁、防盗电器、数码相机等。

3. 家用电器的特点

（1）家用电器一般在有电能的条件下才能正常运转作用。

（2）家用电器一般都要带电工作和操作，因此安全性是这类商品的首要指标。

（3）家用电器结构比较复杂，要求电器元件可靠性高，要达到质量需要的规定值。

（4）家用电器既是家庭用品，又是美化家庭环境的装饰品，要求造型美观、装饰新颖、色调柔和、外形结构合理。

（5）家用电器要求寿命长、可靠性高。

（6）家用电器要求耗电少、经济费用低。

（7）家用电器的安装、使用和维护都直接影响着家用电器的质量。

10.1.2 家用电器安全标准概述

家用电器产品安全标准，是为了保证人身安全和使用环境不受任何危害而制定的，是家用电器产品在设计、制造时必须遵照执行的标准文件。严格执行标准中的各项规定，家用电器产品的安全才有可靠的保证。

安全标准涉及的安全方面，分为对使用者和对环境两部分。

1. 对使用者的安全

（1）防止人体触电。严重触电会危及人身安全，如果一个人身上较长时间流过大于自身的摆脱电流（IEC报告，60kg体重成年男子为10mA，妇女为7mA，儿童为4mA），就会摔倒、昏迷和死亡。防触电是产品安全设计的重要内容，要求产品在结构上应保证用户无论在正常工作条件下，还是在故障条件下使用产品，均不会触及到带有超过规定电压的元器件，以保证人体与大地或其他容易触及的导电部件之间形成回路时，流过人体的电流在规定限值以下。据统计，每年我国因触电造成死亡人数均超过3 000人，其中因家用电器造成触电死亡人数超过1 000人。因此，防触电保护是安全标准中首先应当考虑的问题。

（2）防止过高的温度。过高的温度不仅直接影响使用者的安全，而且还会影响产品其他安全性能，如造成局部自燃，或释放可燃气体造成火灾；高温还可使绝缘材料性能下降，或使塑料软化造成短路、电击；高温还可使带电元件、支承件或保护件变形，改变安全间隙引发短路或电击的危险。因此，产品在正常或故障条件下工作时应当能够防止由于局部高温过热而造成人体烫伤，并能防止起火和触电。

（3）防止机械危害。家用电器中像电视机、电风扇等，儿童也可能直接操作。因此对整机的机械稳定性、操作结构件和易触及部件的结构要特殊处理，防止台架不稳或运动部件倾倒。防止外露结构部件边棱锋利、毛刺突出，直接伤人，还要能保证用户在正常使用中或作清洁维护时，不会受到刺伤和损害。例如产品外壳、上盖的提手边棱都要做成圆角，电视机、收录机的拉杆天线顶端要安装一定尺寸的圆球，用来保证既清楚可见，不易误刺伤人，又能传递不致压刺伤人的压力。

（4）防止有毒有害气体的危害。家用电器中所装配的元器件和原材料很复杂，有些元器件和原材料中含有毒性物质，它们在产品发生故障，发生爆炸或燃烧时可能挥发出来。

常见的有毒有害气体有一氧化碳、二硫化碳及硫化氢等，因此，应该保证家用电器在正常工作和故障状态下，所释放出的有毒有害气体的剂量要在危险值以下。

（5）防止辐射引起的危害。辐射会损伤人体组织的细胞，引起机体不良反应，严重的还会影响受到辐射人的后代。家用电器中电视机显像管可能产生 X 射线，激光视听设备会产生激光辐射，微波炉会产生微波辐射，这些都会影响到消费者的安全，因此在设计这些产品时应使其产生的各种辐射泄漏限制在规定数值以内。

2. 对环境的安全

（1）防止火灾。起火将严重危及人们的生命财产安全。据统计，北京市每年平均因家用电器引发火灾 66 起。由于使用劣质"热得快"，造成触电、火灾时有发生。由于劣质电热毯引发火灾每年达 700 起，烧毁民居、商店损失达数千万元，因此家用电器的阻燃性防火设计十分重要。在产品正常或故障甚至短路时，要防止由于电弧或过热而使某些元器件或材料起火，如果某一元器件或材料起火，应该不使其支承件、邻近元器件起火或整个机器起火，不应放出可燃物质，防止火势蔓延到机外，危及消费者生命财产安全。

（2）防止爆炸危险。家用电器有时在大的短路电流冲击下会发生爆炸，电视机显像管受冷热应力或机械冲击会产生爆炸。安全标准要求，电视机显像管万一发生爆炸，碎片不能伤害在安全区内的观众，安全区是指正常收看位置（最佳收看距离约为屏幕高度的 4～8 倍）以及离电视接收机更远的地区。

家用电器的使用寿命是由其设计寿命决定的。各种家用电器的功能、使用环境和使用率不同，决定了它们的使用寿命各有差异。除设计、工艺和材料等因素外，使用寿命受实际使用环境的影响。恶劣的使用环境和不正确操作，会影响家用电器的局部或整机使用寿命，如受潮、经常骤冷骤热，强烈震动等都对家用电器使用寿命产生影响。

当一件家用电器接近使用寿命时，由于整体老化会不断出现故障，从安全和经济角度，应尽早弃旧更新。

由于家用电器是关系到安全的产品，必须首先制定和贯彻实施安全标准，以保证产品质量，切实保护广大消费者人身和财产安全，还要将我国家用电器产品打入国际市场，促进对外贸易。我国各类家用电器均参照国际电工委员会（IEC）出版物制定了安全标准，如 GB 4706.1—2005《家用和类似用途电器的安全　第 1 部分：通用要求》，对各类家用和类似用途电器安全通用要求做出了规定。在该标准基础上，根据各类家用电器的性能，制定不同的安全特殊要求标准，达到保护用户使用安全的目的。如 GB 4706.1—2005～GB 4706.49—2005《家用和类似用途电器的安全特殊要求》中所含的一系列标准，就是根据电熨斗、食物搅拌器、电水壶、电炒锅、自动电饭锅、真空吸尘器、电热毯、电热垫、电热褥、电动剃须刀、电推剪、电动按摩器、快热式电热水器、储水式电热水器、家用电冰箱和食品冷冻箱、电烤箱、面包烘烤器、华夫烙饼模、皮肤及毛发护理器、电池驱动电动剃须刀、电动机—压缩机、电池充电器、液体加热器、微波烹调器、室内加热器、洗衣机、洗碟机、电风扇和调速器、吸排油烟机、电磁灶等家用和类似用途电器的安全，制定的该产品安全特殊要求标准。这一系列标准都是针对某一特定产品的特殊安全要求，结合一定时期内，各个产品的具体使用情况，对通用安全标准中有关章、条、款、项的内容进行补充、增加和更换。凡在特殊安全标准中未作补充、增加和替换的章、条、款、项，应该执行通用安全标准中相应的章、条、款、项的规定，即安全特殊要求必须与通用要求配合使用。

10.1.3 家用电器的基本安全要求

家用电器都是在通电后才能工作,而且大多数家用电器使用的都是220V交流电,属于非安全电压。此外,有的家用电器,例如电视机本身会产生1万伏以上的高压,人体一旦接触这样高的电压,发生触电,就会有生命危险。还有的家用电器中某些元器件存在着爆炸危险,如显像管等。所谓安全性就是指人们在使用家用电器时免遭危害的程度。因此,安全性是衡量家用电器的首要质量指标。在上述的国家标准GB 4706.1—2005《家用和类似用途电器的安全 第1部分:通用要求》中,要求家用电器必须有良好的绝缘性能和防护措施,以保护消费者使用的安全。例如,规定了防触电保护,过载保护,防辐射、毒性和类似危害的措施。上述标准还规定了家用电器的设计和制造,应保证在正常使用中安全可靠地运行,即使在使用中可能出现误操作,也不会给使用者和周围环境带来危害。

家用电器安全防护分为两大类:一类是按防触电保护方式分;另一类是按防水程度分。

1. 几个基本概念

为阐明家用电器5种防触电保护方式,先介绍几个基本概念。

(1) 基本绝缘。施加于带电部件对电击提供人基本防护的绝缘。它是指在电器中的带电部件上,用绝缘物将带电部件封闭起来,对防触电起基本保护作用的绝缘,如套有绝缘材料的铜、铝等金属导线。从结构上,这种绝缘都置于带电部件上,直接与带电部件接触。

(2) 附加绝缘。在基本绝缘万一损坏时,为对电击提供保护而另外施加于基本绝缘的独立绝缘,如电热毯、电热丝外包覆的塑料套管。

(3) 双重绝缘。由基本绝缘和附加绝缘构成的绝缘系统。同时具有基本绝缘和附加绝缘起防触电保护作用的绝缘,一旦基本绝缘失效时,由附加绝缘起保护作用,如电视机电源线就采用双重绝缘。

(4) 加强绝缘。在GB 4706.1—2005规定的条件下,提供与双重绝缘等效的防电击等级,而施加于带电部件的单一绝缘。它提供的防触电保护程度相当于双重绝缘,但它是一种单独的绝缘结构,可以由几个不能像基本绝缘或附加绝缘那样单独试验的绝缘层组成。

2. 按防触电保护方式分类

(1) 0类电器。依靠基本绝缘防止触电的电器。它没有接地保护,在容易接近的导电部分和设备固定布线中的保护导体之间,没有连接措施。在基本绝缘损坏的情况下,便依赖于周围环境进行保护的设备。一般这种设备使用在工作环境良好的场合。近年来对家用电器的安全要求日益严格,0类电器已日渐减少,老式单速拉线开关控制的吊扇是0类电器。

(2) 0Ⅰ类电器。至少整体具有基本绝缘和带有一个接地端子的电器,电源软线中没有接地导线、插头上也没有接地保护插脚,不能插入带有接地端的电源插座。老式国产波动式电动洗衣机大多是0Ⅰ类电器。只备有接地端子,而没有将接地线接到接地端子上,使用时由用户用接地线将机壳直接接地。

(3) Ⅰ类电器。除依靠基本绝缘进行防触电保护外,还包括一项附加安全措施,方法是将易触及导电部件和已安装在固定线路中的保护接地导线连接起来，使容易触及的导电部分在基本绝缘失效时，也不会成为带电体。例如，国产冰箱都是Ⅰ类电器。

（4）Ⅱ类电器。不仅依赖基本绝缘，而且还具有附加的安全预防措施。一般采用双重绝缘或加强绝缘结构，但对保护接地是否依赖安装条件，不作规定。例如，国产电热毯大多是Ⅱ类电器。

（5）Ⅲ类电器。这类电器是依靠隔离变压器获得安全特低电压供电来进行防触电保护的。同时在电器内部电路的任何部位，均不会产生比安全特低电压高的电压。

国际电工委员会（IEC）出版物中的安全特低电压，是指为防止触电事故而采用特定电源供电的电压系列。这个电压的上限值，在任何情况下，两个导体间或任一导体与地之间，均不得超过交流电（50~500Hz）有效值50V。

我国规定安全特低电压额定值等级为42V、36V、24V、12V、6V，当电器设备采用了超过24V的安全电压时，必须采取防止直接接触带电体的保护措施。目前使用的移动式照明灯多属Ⅲ类电器。

3. 按防水保护程度分类

按防水保护程度可将电器分为普通型器具、防滴型器具、防溅型器具、水密型器具、家用电淋浴器、快速式电热水器。部分房间用空调器属于防溅型电器，吸尘器有普通型、防溅型电器两种，部分电热毯也有做成水密型电器，标志为IPX0~IPX7。

10.1.4 家用电器的安全供电

家用电器供电是单相三线制低压供电系统，引入家庭的是其中一根相线和零线，这种系统采用保护接零措施是行之有效的方法。要使这种接零保护措施可靠的前提之一，是零线要重复接地。国际电工委员会（IEC）规定，在从专用配电变压器至建筑物入口处的一段线路中，工作零线和保护零线可以共用，并在入户前要接在建筑物的接地体上，进户后另拉一条保护零线，即将零线分为工作零线和保护零线，新建建筑物都应采用这种保护接零方法，并选用符合国际标准规定的电器装置，电流强度在10A以下应选用扁三极插头（座）。

对大多数民用旧建筑，零线没重复接地，也没另设一根保护零线，有人采用将家用电器外壳接向自来水管、暖气管等自然接地体上的保护接地方法。（注意：千万不可接在煤气管上，否则有可能发生爆炸！）由于水管连接处常有铅油、麻线等物填充，使接地电阻超过允许值（4Ω）。当家用电器中电源有一相碰壳时，因接地电阻较大，熔断器不能熔断，会使金属外壳长期带电，潜伏使用者触电的危险。因此，在接零系统中不应单纯采用这种保护接地措施，将这种保护接地方法与漏电保护器合用，能有效地防止触电事故，当有微小漏电流时，漏电保护器能使电路在0.1s内切断。在上述保护接地中，虽然自来水管等接地体接地效果有时并不好，但只要有较小漏电流产生，都能使漏电保护器动作，迅速切断电源。漏电保护器在国外已普遍采用，我国制定了有关规程和国家标准，即将普遍推广，使我国家庭的安全用电得到保证。

我国为解决民用建筑配电方式与家用电器用电安全要求不相适应的矛盾，决定在新建民用建筑内实行单相三线制供电方式，并在旧建筑物加固、大中修和改造翻建时，加设专用保护线，将原有单相两线制改为单相三线制配电线路。同时，积极推广漏电保护器。生产和销售的漏电电流动作保护器必须保证质量及安全可靠,符合 GB 6829—2008《剩余电流动作保护器的一般要求》,经认证合格后,供电部门才准于安装使用。

10.1.5 家用电器的电磁兼容

由于家用电器大量普及,造成电磁环境日益恶化,各种家用电器在工作时产生的电磁骚扰日益严重。所谓电器兼容就是家用电器在工作时产生的电磁干扰值要有一定的限制,至少不能超过无线电通信设备和长途电讯设备以及其他仪器设备按规定用途正常运行的允许水平;另一方面家用电器对外界电磁骚扰具有足够的内在抗扰度,使其能按预定条件正常运行。为此,在国内外家电产品标准中对由于低频传导、低频辐射、高频传导、高频辐射以及静电放电等现象产生的电磁骚扰都规定了发射限制及相应的抗扰度要求。在国际贸易中,电磁兼容和电器安全认证已经作为取得市场准入的两个必要的先决条件,如欧盟宣布从 1997 年 1 月 1 日起,凡未通过电磁兼容和电器安全认证,未获取 CE 标志的电工、电子产品不准进入欧盟市场。

控制和减少电磁污染,已成为全球保护环境的重要内容之一,而提高电子设备承受电磁干扰的能力已成为电子设备设计、开发、生产、使用和维护中关注的焦点之一。为此,国际电工委员会(IEC)中的电器设备(包括网络)电磁兼容技术委员会(TC77)及国际无线电干扰特别委员会(CISPR)于 20 世纪 90 年代陆续发布了一系列电工电子产品的电磁兼容标准,许多国家都直接引用或转化为本国或行业标准并在电工电子设备生产、使用中广泛采用。为使电工电子产品具备良好的电磁兼容性,各工业发达国家还广泛采用了电磁兼容认证制度。

我国是电工电子设备的生产大国,也是销售大国,在我国实施电工电子产品的电磁兼容认证是抵制劣质电工电子产品进口,维护消费者合法权益的需要,也是提高我国电工电子设备在国际市场上竞争力的保证。国家质量技术监督局于 1999 年 10 月成立了中国电磁兼容认证委员会,下设中国电磁兼容认证中心,并于 2000 年 3 月对国内生产彩电、冰箱、电脑的 40 家企业开展了首批电磁兼容认证。对以强制性国家标准为检测依据的,实施电磁兼容安全认证,对以推荐性国家标准为检测依据的进行电磁兼容合格评定,凡认证、评定合格的产品,可加贴 CEMC 合格标志。国家质量技术监督局还发布了实施电磁兼容认证的第一批产品目录,包括声音和电视广播接收机及有关设备;声音和电视信号的电缆分配系统设备与部件;信息技术设备;家用和类似用途电动、电热器具;电动工具及类似电器;电源;照明电器;车辆、机动船和火花点火发动机的驱动装置;金融及贸易结算电子设备;安防电子产品;低压电器等十大类。

当前市场上假冒伪劣进口家电比较多,主要问题是未经安全性能鉴定,无商检标志,国内组装冒充原装,更换进口商品国别和原产地等。市场抽查发现多起以欧美、日本等一些工业发达国家的大型跨国公司在东南亚等发展中国家生产的产品,冒充这些国家本土生产的产品。这在组合音响、录像机、影碟机、空调器、彩色电视机等家用电器产品中尤为突出。

另外在一些沿海口岸城市,大批国外旧的彩色电视机、空调器等通过不法渠道流入市场,这些国外洋垃圾将会造成我国消费者的经济损失和安全隐患。我国市电供电电压为 220V,而这些旧家电供电电源使用电压大多为 110V,只是增加了一个制作粗劣的环形变压器，就用我国220V电压作为供电电源，又未经任何安全测试，极易引发火灾和触电等事故。而且，这些旧进口家电一旦发现故障，维修配件的供应没有保证，消费者即使在购买时少花了一点钱（与购新品相比），但一发生故障，损失更大。

根据近年来消费者投诉情况，家用电器中问题最多的是那些既不是国产，又不是正规渠道进口的家电产品。这些产品主要是在东南亚生产，装配好后又拆开，当作散件运进我国，再在国内组装。因为整机进口，海关税很高，单位体积内的运输容量也少得多，进口部件费用相对较低。显然通过正规渠道进口的部件不可能太多，大量的散件可能是通过非正规渠道进来的，用这些散件组装的整机有可能存在较多的问题。

10.2 电子类家用电器

电子类家用电器品种很多，组合音响和彩色电视机是它们的典型品种，也是电子类家用电器学习、研究的代表性品种。

10.2.1 组合音响

组合音响是收、唱、录、放等功能齐全的高保真重放系统，但是这种组合并非简单的机械性拼装，而是包括电路在内的重新设计和组合。

通常组合音响由调谐器、双卡录音座、立体声电唱盘、激光电唱盘（激光唱机）、图示均衡器、功率放大器和高保真音箱等几大部分组合而成。它能够如实地反映声音信号的本来面目，并使人有亲临音乐会现场的感觉。

1. 组合音响的分类

（1）按结构特点分类。组合音响根据结构特点不同分为分体式和一体式两种。分体式组合音响把各个部分分成独立的单机，每个单机一般只能完成一种相应的功能，各单机的外形尺寸基本相同，可分层叠放，各单机之间用专用导线连接；而一体式组合音响，除了音箱单独分开外，其他各个部分都组合在同一机箱内。

（2）按式样分类。根据组合音响的式样可分为台式和落地式两种。台式组合音响体积较小，重量较轻，适宜放置在台面上；而落地式组合音响有两个很大的音箱，整机体积大，但音质较好。

（3）按性能分类。组合音响一般可分为普及型和高档型两种。普及型组合音响的内部电路简单，电声性能指标不高，但其价格较低，一般不带CD唱机和卡拉OK混响器；高档型组合音响的内部结构复杂，外形豪华，具有较多功能，通常均带有CD唱机，它的电声指标高，音质好。

2. 组合音响的一般组成

（1）立体声唱机。组合音响的立体声唱机主要用于播放高质量的唱片，一般为半自动或全自动操作。立体声唱机是一种将记录在唱片上的信息转变为相应音频信号的装置，它由一套机械系统和一套电子电路组成，它由检音器上的检音头在匀速圆周运动的唱片声槽中做凹凸不平的位置移动，使检音器产生机械振动，导致检音器中的换能器件（如晶体）

产生与机械振动成正比的信号电流,然后送到前置放大器进行均衡放大,最后由扬声器还原成声音。

(2) 激光唱机。激光唱机也叫 CD 唱机,它采用了激光、数字技术和微电脑技术,其音响效果达到目前家用音响装置的最高水平,是组合音响中最理想的音源。

激光唱片将连续变化的声波通过模/数变换后,变成数字化的音频信号,然后通过脉冲编码调制,以坑点的形式记录在唱片上,反映在激光唱片(CD 唱片)上的是一系列表征音频信号特征的坑点。

激光唱机主要将记录在 CD 唱片上的坑点信号取出,然后解调(解码)还原成模拟的音频信号。激光唱机主要由激光检音器及唱盘系统、伺服系统、信号处理系统、信息存储与控制系统等组成。

激光唱机由于采用了激光技术、数字信号处理技术、精密伺服技术和微电脑技术,并且其检音器与唱片是非接触式的,因此它的电声性能、唱片的永久性都是普通唱机所无法比拟的。表 10-1 列出了普通唱机、录音机与激光唱机的性能比较。

表 10-1　　　　　　　普通唱机、录音机与 CD 唱机性能比较

性能\种类	CD 唱机	录音机		普通唱机
		普及机	高级机	
放音频响	20~20kHz	100~6.3kHz	60~18kHz	60~20kHz
动态范围	90dB 以上		70dB 以上	75dB 以上
信噪比	90dB 以上	35dB 以上	63dB 以上	60dB 以上
分离度	90dB 以上		60dB 以上	20~30dB
失真度	<0.01%	0.3%~1%	0.3% 以下	0.1%~0.2%
抖晃率	仪器无法测量	0.2%~0.4%	0.15%~0.3%	0.03%

(3) 调谐器。调谐器包括调频波段(FM)、中波(MW)和短波(SW)波段。

调谐器在组合音响中用来接收无线电广播信号,并将其转变为音频信号送入功率放大器,最后由音箱还原成声音。

(4) 双卡录音座。组合音响中的双卡录音座就是双卡录音机去掉音调、音量控制器、功放、音箱后的电路及机械传动系统。在组合音响中,双卡录音座的音响效果良好,高档录音座中还设有杜比降噪系统,使重放效果更加明显。

(5) 卡拉 OK 混响器。卡拉 OK 功能可分为声频卡拉 OK 和声视频卡拉 OK 功能两种。声视频卡拉 OK 要与录像机、影碟机以及 VCD 机配合使用(有些组合音响中配有 VCD 机),当然还需与电视机配合使用。声频卡拉 OK 在机内即可实现,将话筒插入孔(MZC)中,录音座播放专门的卡拉 OK 磁带,将组合音响功能选择开关设在磁带位置,适当调节机器音量和话筒音量,使两者声音大小适中,平衡输出。同时调整混响时间,使高音清晰、低音浑厚,音质丰满、清晰、响亮。

(6) 图示式音调控制器和频谱式电平指示器。图示式音调控制器有五段、十段等几种,用来对各频段信号进行提升或衰减处理,以满足使用者对某一频域音响的偏爱。

（7）主功率放大器。组合音响的功率放大器按结构分为两种形式：一种是不带前置放大器功能的单纯功率放大器；另一种是带前置放大器的功率放大器，称为综合功率放大器。前置放大器主要用来控制放大、均衡各路输入段音频信号，调整信号的频响、幅度等，以美化音质；功率放大器的作用是将前置放大器输出的音频电压信号进行功率放大，以推动扬声器放音。

（8）音箱。音箱又称扬声器箱，它由扬声器、分频网络及箱体等组成。音箱的作用是获得高保真、立体声的放音效果，一般高保真的放音频率范围要求达到40~16 000Hz，而单只扬声器很难重放整个频率范围，这需要有多只扬声器工作在不同频率范围，以给出均匀的频率特性和指向性；分频网络可完成对整个频率范围的划分，通过分频网络组成的扬声器系统（音箱）具有频响宽、效率高等特点。

3. 组合音响的质量检验

（1）外观检验。组合音响的外观要求设计新颖、豪华、美观，各种指示要醒目大方，对外壳要求平整、光洁，不应有划伤、脱漆、锈蚀等现象，各开关、按钮等应操作灵活自如。

（2）性能检验。收音部分高低端频率的各电台信号强弱大体一致，大、小信号均无失真现象，距人耳1m处倾听应无交流声，无各种噪声、杂音，无混台串音、哨叫和自激振荡等现象，调谐指示器的反应灵敏，用电平表指示的表针摆动应平稳，用发光二极管指示的跳动应准确，颜色应明亮鲜艳。灵敏度越高越好，信噪比越大越好。灵敏度高，能收到微弱电信号能力强，收到的台多，声音清晰。

1）录放音部分。选择一盘质量可靠的空白磁带，把音量开到最小，逐个按下放音、录音、倒带、快进等功能按键，分别观察磁带卷绕情况，磁带应卷绕整齐，没有上下参差不齐现象。同时倾听录音机械运转时发出的沙沙声，工作于录、放音状态时，声音应流畅而均匀；工作于快进和倒带状态时，由于速度较快，机械动转声稍大是正常的，但必须均匀，不应带有节奏的响声或其他撞击声，更不允许有转动呆滞或停转现象。随后把音量开至最大，重复上述各动作，此时除机械传动系统的沙沙声外，在扬声器内有轻微的哈声，在各种工作状态以及由一种工作状态转换成另一种工作状态时，在扬声器中均不应有其他杂声出现。再将短路插头插入话筒插孔，按下录、放音按键使录音机呈录音状态（实际处于消音状态），运转数分钟后，倒带至原起始位置进行放音功能，如噪声显著增大，则说明录放音部分消音功能不佳。最后进行录放试听，将音量开至适中位置，按下录音装置，距话筒0.5~1m处讲几句话或唱一段歌曲，然后倒带放音，此时听到的声音应清晰、噪声小、有真实感，熟人能很快判断出是谁的声音，如声音颤抖、混浊、噪声明显、变调等则说明该音响录放音或机械部分质量有问题。将音量开至最大放音略有失真是正常的。对于立体声检查，可放入一盘立体声磁带，观察两个声道是否平衡，检查时距音响1m远地方，检查者所在的位置对两组音箱的张角大约为40~50°，调节声道平衡按钮，应能听到立体声。

2）音箱部分。一观工艺，从音箱外表的第一印象来判断该箱的档次和品质优劣，最好的音箱多用天然木材打造；现在一般用MDF中密度纤维板敷一层木皮做装饰，表面打磨得油光锃亮如乐器，可以算中档以上音箱；如表面敷的是PVC塑料贴皮，则档次要低一等。二掂重量，好的音箱每只箱子可能有10~20kg，低档货多半重量比较轻。三是敲箱，用指节敲击箱体上下左右发出坚实的脆响，说明箱体木质坚硬，内部有多根筋支撑，并有一定的吸音和驻波措施，可以认为是正规厂家产品。四是认铭牌，箱体背面有一块制作精致的铭牌，上面印有商标厂家、生产序号、各种技术指标等，可以说是音箱的身份证。一般来说试听时，好的音箱应该是很耐听的，具有明显的个性，能表现出音乐背景中最细微的变化。

3）唱片、CD唱片的播放效果。进行试听时，要求音响效果达到高音清晰明亮；中音丰满而舒适，并且有弹性；低音温柔而有力度，立体声效果强，真正体现出音乐厅演奏的真实感、空间感和临场感。

4. 组合音响的使用方法

（1）装配方法。组合音响分层越多，则连线也越多，连接成的装配主要有输入、输出线的装配和音箱的连线装配，在装配前先详细阅读说明书中的接线图，切不可盲目乱接，装配错误有可能损伤机器。

一般组合音响配有左（L）、右（R）两声道音箱，高档机中除了左、右声道外，还配有两只重放环绕立体声的后方小音箱。在音箱连线时，连线尽可能不要太长，不要用普通的电线连接，最好采用双股平行音箱连接专用线。

（2）音箱的摆放。音箱摆放是否合理，关系到是否聆听到完美的立体声。居室中正确的摆位一般是在左右主音箱距离1.5~3m调节，音箱离侧墙的距离不少于30cm，有条件的用钢脚钉坐地，则低频变得更加浑厚有力。如低音不足，可背贴墙放置，低音可增强一倍，置于墙角，则再次倍增。聆听者的位置与左右音箱成40~50°角为佳。

10.2.2 电视机

1. 彩色电视机的分类

（1）按彩色电视机的广播制式可分为NTSC制（美、日、加拿大、韩国等国采用）、PAL制（德、英、意、中国等国采用）、SECA制（法国、苏联、东欧各国采用）。

（2）按显像管尺寸可分为12英寸（31cm）、14英寸（35cm）、18英寸（46cm）、21英寸（54cm）、25英寸（64cm）、29英寸（74cm）、34英寸（86cm）等。

（3）根据屏幕曲率半径和四角弧度可分为圆角曲面、直角平面、超平面、纯平面电视机等。

（4）按功能可分为普通电视、高清晰度电视、遥控电视、卫星电视、多画面电视、立体电视、背投电视、平板电视、语言多重电视、交互电视等。

（5）按电视屏幕显像方式可分为荧光显示、液晶显示和等离子体显示等。

（6）按电路工作原理可分为模拟电路、数字电路电视机等。

2. 彩色电视机工作原理

（1）把景物变成电信号。先将景物摄像，并根据三基色原理，将自然界千差万别的颜色分解成红、绿、蓝三种单色光，把这些不同色光转换成图像电信号，再由电视台加工后发出。

（2）图像的分解与传递。从新闻图片中可以发现，图片是由许许多多明暗及疏密不同的小点子组成的，这些小点子叫像素。因此，任何图像都是由像素构成的。图像中的像素越小，数目越多，则图像越清晰。报纸上的图像，每平方厘米内约有1 000多个像素，

35mm 的电影片每幅图像有 100 多万个像素。我国电视标准规定,每幅电视图像有 625 行,画面宽与高的比是 4∶3,因此在垂直方向的像素的数目就等于行数,为 625 个,在水平方向的像素的数目为 $4/3 \times 625 = 833$ 个,所以整个画面的像素数目为 $625 \times 833 = 520\ 625$ 个,这样多的像素就能传送出较高质量的图像了。高清晰电视每幅图像 1125 行,宽与高的比为 5∶3,则每幅图像的像素为 $1\ 125 \times 5/3 \times 1\ 125 = 2\ 109\ 375$,这样不但图像高度清晰,而且有宽银幕效果。

当然,这是固定的图像,那么如何变成活动的图像呢?采用与电影相同的原理,使传送画面的速度为每秒 25 幅(帧)画面。由于使用隔行扫描,每幅分两场传送,所以 25 幅图像分为 50 场出现在荧光屏上,这样原来静止的画面就被人们视觉感到是连续的活动的图像了。

(3) 电视信号的放大与解码。从天线来的电视高频信号经高频头变成中频信号,再经公用通道检波,分离为彩色全电视信号和伴音信号。彩色全电视信号分成 3 路,一路送同步分离电路分离出行、场同步信号,分别控制行、场扫描;另两路分别送亮度信号和色度信号,经矩阵电路得到红(R)、绿(G)、蓝(B)3 个基色信号,并放大显像所需的幅度。电视信号的发送过程如图 10 - 1 所示。

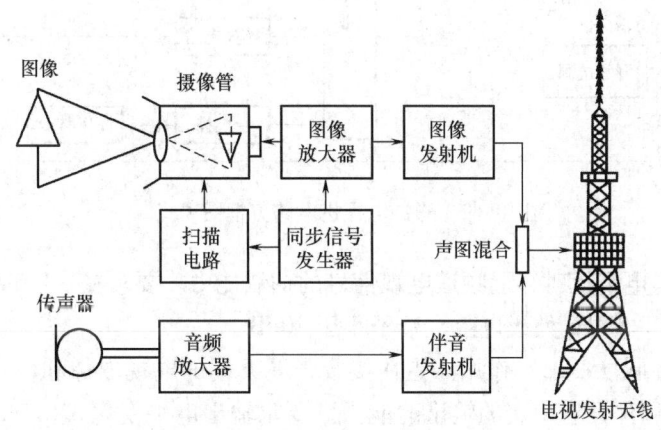

图 10 - 1　电视信号发送过程框图

伴音信号经伴音通道而成为音频电信号,并推动扬声器工作,重现电视台所送的电视伴音。

(4) 显像。这一工作主要由显像管来完成。显像管是电视机中最大、最重,也是最关键的一部分,它将电视信号转换成电视图像。显像管由电子枪、荧光屏及玻壳三部分组成,玻壳里抽成真空,电子枪位于圆柱形的管颈内,它发射出很细、高速的电子束穿过铝膜轰击荧光屏粉,使之发光。

彩色显像管实际上是三合一管,它的荧光屏由大约 120 万个荧光粉点组成。其中 1/3 是红的、1/3 是绿的、1/3 是蓝的,这些相继交错的微小彩色荧光粉点很小,其直径只有 0.4mm 左右,而且相互靠得很近,构成 40 万个像素。3 个电子束以各自的强弱轰击红、绿、蓝荧光粉点时,这些光点就使屏幕上出现了电视台所送的彩色图像。

彩色电视机的电路图如图 10 - 2 所示。

3. 彩色电视机的质量要求和检验

（1）彩色电视机的质量要求，有以下几个方面：

1）图像重现率。指电视机能够完整地重现电视台发送图像的能力。标准规定，水平与垂直方向的图像重现率不低于90%。

2）同步灵敏度。指电视机保持图像稳定的情况下，接收微弱信号的能力。在75Ω阻抗输入时应不少于751μV。

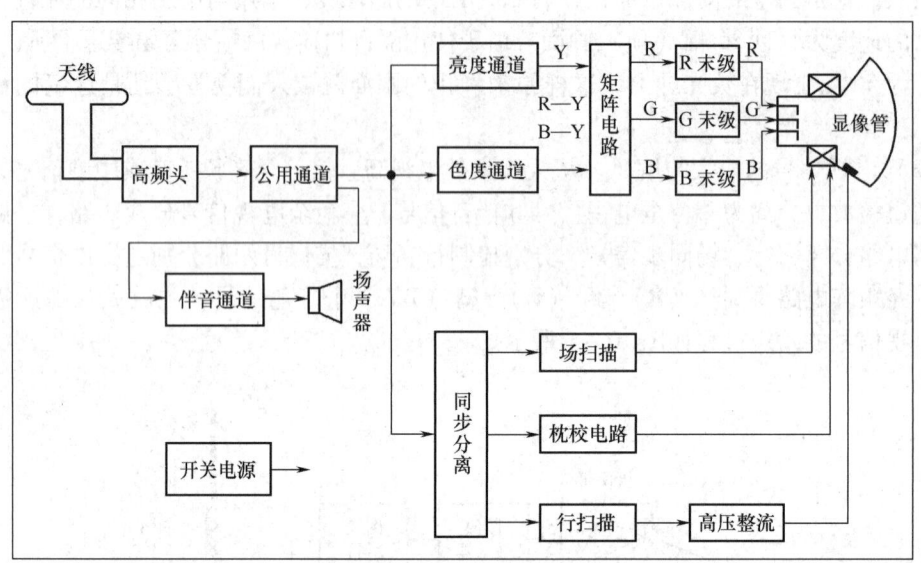

图10-2 彩色电视机电路方框图项式

3）选择性。指电视机对邻近频道电视信号的抑制能力。要求在-1.5MHz处或以下衰减不小于30dB，在+8MHz处或以上衰减不小于40dB。

4）自动增益控制（AGC）作用。指在接收强弱不同的电视图像和伴音信号时，电视机自动调整增益，以保证有稳定的输出的能力。要求输出电平变化±1.5dB时，输入电平变化不小于60dB。

5）亮度鉴别等级。指不同的图像调制度与屏幕亮度之间的关系。亮度等级多，则图像层次丰富，画面柔和，伴音效果好。一般要求亮度鉴别等级不低于8级。

6）图像分辨力。这是电视机清晰度指标，反映电视机接收图像细节的能力。图像分辨力线数越多，则图像越清晰。要求图像中央分辨力，水平方向不小于300线，垂直方向不小于400线。

7）白平衡。指彩色电视机所接收的黑白图像或彩色黑白图像部分不带任何色调的底色。

8）色纯度。指在电视机工作中，某一种基色不受其他两种基色混杂的程度。就是要求红、绿、蓝3束电子束分别击中其对应的荧光粉，而不能击中其他颜色的荧光粉。

9）保持同步的电源电压变化范围。指在图像仍能保持稳定同步状态时，电源电压相对于标称值的最大正负变化范围，一般要求不小于标称值的10%。

（2）彩色电视机的质量检验。从以下几个方面考察：

1）外观检验。查看外观有无划伤或破损，各装饰件是否完整无缺、牢固，荧光屏表面是否干净平滑，有无气泡和划痕，荧光屏内的荧光粉是否均匀，有无局部颜色不匀。然后检查各种开关、旋钮、天线等是否完好、灵活有效。

2）光栅检验。在检验光栅时，将频道置于空频道上，把对比度、色饱和度旋小、音量调在正常工作位置，这时荧光屏应发光部分出现的一条条水平扫描线即为光栅。当人靠近观察光栅时，应能分辨出一条条水平亮线，这种扫描亮线应当平直，边缘部分不出现倾斜及波浪线，线间距离应相等，没有半亮半暗或暗角、黑条等。线数越多电视图像越清晰。

3）灵敏度检验。检验灵敏度时，可用几台电视机做比较。先看图像的浓淡程度，接着可将天线去掉，此时如图像仍清晰、稳定，色彩无变化，伴音好，噪声小，则灵敏度高。也可以借助观察噪声颗粒来判断，即将电视机放在无信号位置，此时在荧光屏上出现的噪声颗粒多，则灵敏度高。当然这种噪声颗粒太多，容易受干扰。

4）选择性检验。将频道开关置于欲收频道的上一个频道或下一个频道，这时不应收到欲收频道的电视信号，反之则选择性不佳。

5）抗干扰性检验。当存在汽车、日光灯、机器等干扰源时，看看电视机上的图像、伴音是否受到干扰，如图像是否出现局部扭曲、歪斜、跳动等现象。如仅在画面上出现黑白亮点线，只要不影响图像的稳定，可以认为是正常的。

6）可靠性检验。要求电视机各部分之间连接可靠，不允许出现虚焊、漏焊，最简单的办法是轻拍电视机，这时图像、伴音均正常则可靠性良好。

7）消色和色饱和度检验。当接收彩条信号时，将色饱和度调至最小位置，荧光屏上应呈现出不同等级的灰度条块，任何一条中都不应呈现颜色，则消色效果好。如再将色饱和度由最小调到中间位置，这时每条灰度都应加上颜色，变成按白、黄、青、绿、紫、红、蓝、黑顺序的彩条，然后再将色饱和度调至最大位置，这时荧光屏上的彩条除了有浓淡变化外，其他稳定不变，则说明色通道的自动控制性能优良。

8）图像、伴音质量的检验。电视机的首要任务是使观众在荧光屏上能看到高质量的重视图像，即画面上的图像应与被送的实际景物一致。一般要求图像清晰，色彩逼真，层次丰富柔和，如观察到人的皮肤眉毛、头发等细节都很清楚、逼真，则说明图像质量好。如用方格观看时，方格不方；用测试卡观看时，大圆不圆，则图像就会失真。对伴音质量，检验其声音是否洪亮、优美；噪声是否很小，音量开大，应无机振声，无明显失真，音量关小，类似交流噪声的声音应很小。此外，还应注意图像的一致性，另外音量的开大或调小，图像应不受影响。

4. 平板电视

随着时间的推移、科技的发展，现在电视业的技术也突飞猛进。等离子电视、液晶电视都相继推出，它们以轻便轻薄的体形、美观时尚的时代气息、绿色环保的优越性能，深受消费者喜欢，现简单介绍如下：

（1）等离子电视。等离子电视，又称 PDP（Plasma Display Panel）电视。等离子面板也叫气体放电显示面板，它由数量众多体积很小的玻璃气室组成一个平板，气室中通常充有惰性气体（一般是氙气和氖气的混合体），每三个气室排成一行组成一个像素，其中一个气室内壁涂有红色荧光粉，一个涂有绿色，一个涂有蓝色。在每个气室的上下各有一条横向X和纵向Y的电极导线，在驱动电路的控制下，每个气室的X、Y电极之间产生放电，而在惰性气体中放电产生的气体等离子体发射出紫外线，紫外线激发荧光粉发光，这就是等离子电视名称的由来。放电产生的紫外线强度与放电的频率有关，频率越高，该像素点的亮度越高。再根据三基色原理组合成想要的亮度和颜色。等离子由于仍然是荧光粉发光，因此它具有CRT一样丰富的色彩表现能力，而不需要阴极射线管和磁力偏转结构，因此不存在体积、球面、几何变形和受地磁干扰等问题。

（2）液晶电视。液晶电视，又称LCD（Liquid Crystal Display）电视。在液晶显示面板中，最主要的物质就是液晶。液晶电视屏幕的构造是两块特殊的玻璃夹住液晶体，通过8比特驱动电路和高效背灯系统来调节成像。即液晶电视依后方一组日光灯管发光，然后经由一组菱镜片与背光模块，将光源均匀地传送到前方，依照所接收的影像讯号，液晶玻璃层内的液晶分子会作相对应的排列，决定哪些光线是需偏折或阻隔的。组成屏幕的液状晶体有3种：红、绿、蓝，它们按照一定的顺序排列，通过电压来刺激这些液状晶体，就可以呈现出千变万化的颜色。由于液晶电视采用点成像的原理，因此屏幕里面构成的点越多，成像效果越精细，纵横的点数就构成了液晶电视的分辨率，分辨率越高，效果越好。

5．电视机的选用和保管

（1）选购。电视机选购时应根据自己的使用目的、环境合理选择，如边远地区的用户，可选灵敏度高的，小电网供电的用户可选宽电压电视机，城市用户选灵敏度适中的即可。

在具体选购时还须考虑品牌、尺寸、功能、价格、造型、色彩等因素，然后进行电视质量方面的检查。

（2）彩色电视机的使用。彩色电视机在使用过程中要注意以下几个问题：

1）摆放位置。电视机周围不能有强磁场性物体，应通风干燥、避免强光直射，摆放高度与人眼视觉高度一致为好，人眼观看距离以屏幕高度的5~7倍为佳。

2）调试。先调清楚黑白图像再加彩为好，因人眼对彩色的分辨力低，会感觉到电视图像更清晰。

3）环境光线。以8瓦灯光亮度为适宜，如环境背景太暗，电视图像稍有些变化也能被人眼感觉，反而显得图像不稳定、不清晰。

使用前必须仔细阅读说明书，弄清各部件的功能，然后再按说明书上规定的操作程序操作使用，注意不要将亮度开得太大，不要频繁开关机，以免影响电视机寿命。

（3）包装与储运。电视机体积大，重量也重，且为易损、易爆商品，因此，电视机的外包装一般用厚实的纸箱，整机应用防潮或塑料套包裹，并且泡沫塑料模压衬垫妥善填衬，不允许电视机在包装箱内晃动。外包装上应有明显的"防潮""向上""小心轻放"等标志。搬运时，必须小心轻放，避免碰撞与振动。储存时最好放在多层仓库的中层，如储存在一般库房的低层时，垛底必须垫高30cm以上，以免潮气侵入。存放时不能贴墙堆垛，放置必须平衡可靠，可堆叠台数以包装标注为准。库房温度应在-5~35℃，相对湿度以50%~80%为宜。库房不能有酸、碱以及其他腐蚀性气体存在。

【阅读材料】

电视传像基本原理

电视是传送活动景物的系统，通常由摄像、传输、显像三部分组成。电视台先用摄像机将景物的变化，即光信号转换为电信号，然后经过放大、调制等过程，将图像电信号调制在一个高频载波上，通过天线以无线电波的形式发送出去。在接收端（即电视机）把电信号还原成光信号，重现人眼看得见的图像。即电视传像是通过光—电变换、信号传送、电—光变换等过程而实现的。我们仔细观察报纸上的照片，就会发现它是由许多明暗不同的细小点子组成的。这些细小点子称为像素。像素是组成图像的最小单位。像素取得越多，图像就越清晰、逼真。电视图像也是由像素组成的。电视机通过显像管将电信号转换成一一对应的像素，组成一幅完整的图像。一幅静止的图像，可以通过光电转换，利用扫描的方式进行传送，那么如何传送活动的图像呢？人眼在观看某一光点或一幅图像时，当这个光点或图像消失后，人眼对亮度的感觉并不立即消失，而有瞬时的保留，然后才逐渐消失，这种现象称为视觉暂留（视觉惰性），人的视觉暂留时间是0.1s。如果每两幅图像出现的间隔小于0.1s，就会使人有连续活动的感觉。利用视觉的暂留特性，电视采用每秒传送25幅（帧）图像，每幅图像又分两次（场）扫描，即每秒钟传送50场，实现活动图像的传送。

10.3 电热器具

10.3.1 电熨斗

1. 电熨斗的基本结构

各种类型的电熨斗，基本结构是一致的，主要由底板、电热元件、压板、罩壳、手柄及电源线等组成。电熨斗的外形及结构如图10-3所示。

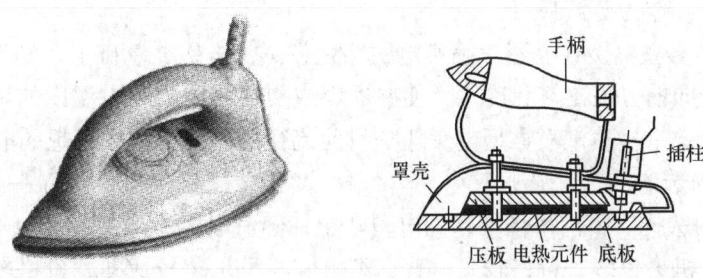

图10-3 电熨斗的外形及结构图

电热元件。电熨斗的电热元件分为云母板片状电热元件和金属管状电热元件两种。云母板片状电热元件由云母板片状骨架和缠绕其上的镍铬电热丝组成，电热丝两端与固定在云母板上的2个铜接片相接。云母板片状电热元件置于底板与压板之间的空腔中，上下铺垫有云母板，通电发热后，能将热量传给底板与压铁。金属管状电热元件为密闭式电热元件，其电热丝与空气隔绝，不易氧化，故使用寿命较长，它通常装在铸铁底板的槽里或直接铸进铝合金底板里。

底板。电熨斗的底板由铸铁（或铝）铸成，经机械加工后再经镀铬处理，因而表面平整光滑。底板与压板都有一定重量，因而压力大，热容量大，断电后冷却缓慢，在一段时间内能保持一定温度。

压板。压板的材料与底板相同。它把电热元件紧密压合在底板上。如果电热元件直接铸在底板上，则压板通常不用。

2. 电熨斗的种类

电熨斗品种繁多，各具特色，一般按功能可分为普通型电熨斗、调温型电熨斗、蒸汽型电熨斗和蒸汽喷雾型电熨斗四种类型。

（1）普通型电熨斗。普通型电熨斗是最简单的一种电熨斗，它具有结构简单，价格便宜的优点，是各种电熨斗的基础。但其最大的缺点是温度不易掌握，当达到使用温度时只能拔下电源插头切断电源，使用者若经验不足或稍有不慎，极易烫坏衣物。另外，其热惯性较大，使用时必须经过较长时间才能热起来，而停止使用后，需较长时间才能冷却，热量损失较大。因此，在城市中，普通型电熨斗已逐渐被后继型号替代。普通型电熨斗的功率在300～1 000W。

（2）调温型电熨斗。调温型电熨斗的结构与普通型电熨斗相似，只是在普通型基础上增设了一对金属片调温器，从而使底板温度可依据质料与需要在60～250℃随意可调，并保持在设定温度不变。所以它既能熨烫耐温较低的化纤衣料，又能熨烫耐温较高、质地厚实的毛、棉、麻织物，使用简便，且安全省电。调温型电熨斗的功率通常在300～1 000W。

（3）蒸汽型电熨斗。又称为喷汽电熨斗，它在调温型电熨斗的基础上，增设了喷汽装置。在使用过程中，它利用底板热量使水汽化，并通过底板小孔向下喷出，使熨烫织物充分湿润。这样，既可免除熨烫前人工喷水或铺垫湿布等麻烦，又提高了熨烫质量。

蒸汽电熨斗采用金属管状电热元件，弯成"V"字形后直接铸在铝合金底板中。底板底面喷涂有一层耐热耐磨防黏涂层，使用中不黏织物推动轻滑。底板上开有直径为2mm的小孔5～35个，作为蒸汽喷口。

（4）蒸汽喷雾型电熨斗。蒸汽喷雾电熨斗是在蒸汽电熨斗基础上，增设喷雾装置而成的。使用时，可向前方喷出雾状冷水，使厚衣料或熨烫时需要较大温度的织物得到充分的水分，提高熨烫效果。蒸汽喷雾型电熨斗是目前流行的，也是比较理想的电熨斗。

3. 电熨斗的选购

（1）功能的选择。目前市场销售的电熨斗中，蒸汽喷雾型电熨斗最为先进，但其结构复杂，出故障的机会也多，价格较贵；普通型电熨斗虽工艺较成熟，价格较低，但不能控制温度，不适应当前人们穿着织物种类繁多而需不同温度熨烫的要求，将有被淘汰的可能；调温型电熨斗价格适中，使用省时省电，能满足不同织物熨烫的要求。所以，一般家庭购买调温型电熨斗比较经济实惠。

（2）功率的选择。从省电的角度考虑应选功率大的电熨斗。因考虑到家庭电表的负荷小，一般来说选用功率在500W左右的调温型电熨斗较为合适。若每次熨烫衣料较多，使用功率为700W的较为理想。

（3）外观质量检查。电熨斗要求外形美观、操作方便、电镀光亮、无锈点、起皮、划痕、坑等缺陷，各部分应结合牢固，拿起用力摇动应无松动感，无响声。

（4）通电检查。通电后，可用试电笔接触外壳，判断是否漏电，合格产品用手轻轻触摸金属部分应无麻感,指示灯显示应正常。

4. 电熨斗的使用与维护

(1) 电熨斗是功率较高的电器,最好是不要和其他耗电量较大的用电器具如电饭锅、电烤箱、电取暖器等同时使用。

(2) 新买或久未使用的电熨斗,插上电源后应用试电笔试其外皮,检查是否漏电,若手头无试电笔,可用手背轻触其金属外壳,没有麻电感觉时,方可正常使用。

(3) 电熨斗通电后,使用者不得远离,以防忘记造成升温过高而发生着火事故。使用普通电熨斗尤其要注意,应做到人走电断,确保安全。

(4) 在熨烫间歇暂不使用时,应将电熨斗竖起放置,勿平放工作台上。

(5) 熨烫完毕,应断开电源,待底板自然冷却至室温后,再将导线绕好,将熨斗装盒存放于干燥通风处,不得使之受潮。

(6) 用完调温型电熨斗后,要将调温旋钮转到"冷"或"关"的位置;蒸汽喷雾型电熨斗则要排净并烘干水箱内剩余水分。

(7) 使用蒸汽喷雾型电熨斗时,其水箱用水最好是蒸馏水,若没有,可使用白开水,不得用一般自来水,否则,会因自来水结垢堵塞喷汽孔而影响正常使用。

(8) 应及时清除电熨斗外表的污物。底板产生黑斑时,勿用利器刮,防止破坏电镀层,应用湿布沾上牙粉或牙膏,慢慢擦拭锈斑,待擦净后,再涂上一层蜡,通电,蜡熔化后再擦,即可除去黑色锈斑。

10.3.2 电饭锅

1. 电饭锅的分类

(1) 按装配方式不同分类,电饭锅可分为整体式电饭锅和组合式电饭锅。

①整体式电饭锅。整体式电饭锅从外形上看,其锅体和发热座是一个整体,只是锅体内的内锅可以取下。市场上销售的普通保温电饭锅多为此类。整体式电饭锅又分为单层、双层、三层三类。这种结构目前为国际流行式样,耗电小,热效率高。

②组合式电饭锅,又称分体式电饭锅。它由锅体和发热座两部分组成,使用时锅体放在发热座上,平时可方便地取下。它结构简单,价格便宜,但热效率较低,耗电量较大。

(2) 按锅体内部气体压力不同分类,电饭锅可分为常压电饭锅和压力电饭锅两种。

①常压电饭锅。常压电饭锅是指锅体内部的压力能经常地保持在常压下。平时所说的电饭锅,若未特别指明,均指此类。

②压力电饭锅。压力电饭锅是指除了具有保温功能以外,还兼有高压锅的功能,较常压电饭锅易熟、省时、省电。压力电饭锅又可分为低压、中压和高压电饭锅三类。

(3) 按电热元件的数量不同分类,电饭锅可分为单发热盘式电饭锅和多发热盘式电饭锅。

①单发热盘式电饭锅。即在电饭锅的底板上安装一个发热盘,普通电饭锅多为此类,用这种电饭锅做出的米饭容易造成上软下硬的现象。

②多发热盘式电饭锅。除了在电饭锅的底板上安装有一个主发热盘外,还在锅的侧壁或顶盖上安装副发热板,这种电饭锅做出的米饭均匀可口。

(4) 按时间控制方式不同分类,电饭锅可分为保温式电饭锅和定时启动型自动电饭锅。

①保温式电饭锅。即普通型电饭锅,指接通电源后即开始工作,煮完饭后,若当时不吃,锅内的食物温度下降到60℃左右时,通过锅内的自动温度控制装置,启动电饭锅,使锅内食物保持在60~80℃。

②定时启动型自动电饭锅。这种电饭锅,增加了一个定时装置,只要将米水放好,便可在24小时内人为确定任一时刻自动启动做饭,饭好后能自动断电,并能自动保温。除以上种类的电饭锅外,目前市场上还有电脑控制式电饭锅、双层保温外壳电饭锅、可调节功率型电饭锅、不粘锅底电饭锅等新品种。

2. 电饭锅的结构

电饭锅由外壳、内胆、锅盖、电热盘、磁钢限温器、保温器、按键开关、指示灯、电源插座和蒸层附件等组成,如图10-4所示为自动保温式电饭锅结构及外形示意图。

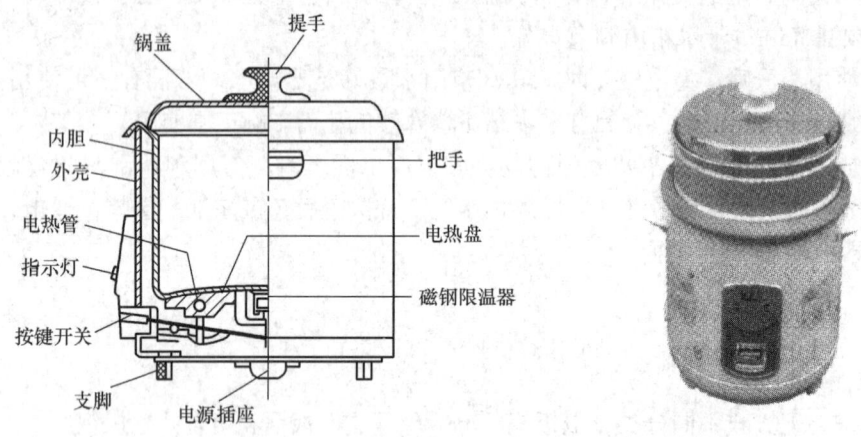

图10-4 自动保温式电饭锅结构及外形示意图

(1) 锅盖。即电饭锅的盖子,采用不锈薄钢板冲压成型,其特点是表面美观光洁、永不生锈,中央安装豪华型提手。将锅盖盖入内胆,防止蒸汽外泄,有保温作用。

(2) 外壳。它是连接和支撑电热盘、按键开关、电源插座的壳件。通常采用冷轧薄钢板制成圆筒形,内外表面经静电喷漆处理,其外表面烤印有各种花卉类或细线条状的装饰图案,既提高防锈性能又增加美感。外壳与内胆构成双层结构,不仅可防止使用者触及内胆引起灼伤,而且保温效果好。

(3) 内胆。也称内锅,是电饭锅煮饭的容器,采用食用铝板整体拉伸成型。内胆底部为凹球面,使之与电热盘紧密吻合,从而提高热效率。内胆内表面刻有放米量和水量的刻度。有些内胆涂有一层聚四氟乙烯涂层,防止煮饭产生粘底、焦糊。

(4) 电热盘。它是电饭锅的主要部件,其结构由铝盘和电热管两部分组成。铝盘采用铝合金浇铸,再经机械加工而成。其盘面与内胆底部吻合,以提高热效率。电热管采用环形电热元件铸于铝盘之中,由于被铝合金包围起来,因此不易氧化,绝缘性能好,使用寿命长。不足的是,损失后维护困难,需更换整块电热盘。

(5) 磁钢限温器。磁钢限温器安装在电热盘的中央,由永久磁钢和感温磁钢组成,是用来控制煮饭温度的一种装置。

（6）保温器。保温器是一种双金属片控温元件，它由膨胀系数不同的两种金属片压轧而成。常温下，双金属片平直；当温度上升到设定温度时，膨胀系数大的金属片被膨胀系数小的金属片拉成弯曲，使动触点与静触点断开，切断电源。当温度下降时，双金属片弯曲度减小，逐渐恢复原来状态，触点又闭合，再次接通电源。如此反复动作，从而达到自动保温的目的。

保温器的保温温度通常设定在60~80℃，电饭锅出厂前，已调整准确，用户不必再作调整。

3. 电饭锅工作原理

保温式自动电饭锅的工作原理是将电能通过电热元件转化为热能，利用控温元件达到控温和保温的目的。具体过程是：电饭锅接通电源，按下按键开关，开关触点接触，电热盘通电发热，不断将热量传给内胆，使温度逐渐上升，当温度升到65℃时，保温器工作，常闭触点断开，由于磁钢限温器仍然接通电源，电路仍导通，电热盘继续发热。直到饭熟水干后，温度上升到103℃时，磁钢限温器工作，自动切断电源，电热盘停止发热，电饭锅转入保温状态。当温度降至65℃以下时，保温器触点自动闭合，电热盘又通电发热。由于保温器设定的温度为65℃，因此温度上升至65℃时自动断电。如此反复上述过程，使电饭锅内食物的温度保持在65℃左右。

4. 电饭锅的选购

（1）规格的选择。电饭锅的规格是按额定功率划分的。选择多大功率的电饭锅，要根据经济条件、人口多少确定，如表10-2所示。

表10-2　　　　　　　　　　电饭锅的规格

规格/W	容量/L	煮饭量/kg	适用人数参考
400	2	0.6	3人以下
500	3	1	2~4人
700	4	1.4	5~8人
800	5.5	1.9	6~10人
1000	7	2.5	10~14人
1500	8.5	3.1	12~16人

（2）电热盘和内胆。电热盘和内胆底的配合面必须相吻合，否则将严重影响电饭锅的使用性能。电热盘和内胆的工作表面应有较高的光洁度，不应有孔眼、凹凸不平、明显砂痕、氧化腐蚀斑点等缺陷。

（3）自动开关。自动开关固定在电热板的中央，并稍凸出，拿掉内锅即可看见。选购时，用手按压，应有一定弹性，这样才能确保电热板表面与内锅表面紧密接触。

（4）电气性能。选购时，可通电并按下按键开关进行试验，此时黄色指示灯应亮，电热板有微热。要特别注意锅体和电源引线是否有漏电现象。

（5）其他方面。外壳表面应光洁平整、无划痕和脱漆现象；锅盖无扭曲碰伤，并与内胆和外壳的密封良好；电源线、量杯、蒸架、使用说明书、保修卡等齐全无损；电源线应接插灵活，不宜过紧或过松。

5. 使用注意事项

（1）电饭锅内锅不宜直接洗米，如直接洗米，应将内锅外壁及底部水分及时擦干；清洗内锅时，应避免碰磕锅底，若锅底发生变形，则影响与电热盘的黏合性能；盛饭时最好用塑料匙或木铲，不用利器为好，以防止内锅划伤。

（2）在煮饭过程中，尽量少搬动电饭锅，如要搬动，应先拔下电源插头。

（3）每次使用前应检查内锅与电热盘的黏合情况，内锅与电热盘之间不得有水点、尘土、砂粒、饭粒等杂物，保证两者黏合良好。

（4）电饭锅不宜煮酸性、碱性较强的食物；不宜在潮湿及有腐蚀性气体的环境中使用。

（5）接通电源后指示灯亮，按下按键开关，电饭锅开始煮饭，饭熟后按键开关自动跳起。煮饭时不宜开盖，按键开关跳起后最好不立即食用，应利用加热盘继续焖上 10min 左右，这样的米饭将会更好吃。

（6）为保证安全，要将电饭锅上的电源线先插好，然后再与室内电源插座（最好设专用的）相连接，不要把电饭锅的电源插头接在灯头或台灯的分电插座上，否则会因电饭锅的功率过大而使电线发热，造成触电、起火等事故。

（7）严禁空烧。

10.3.3 微波炉

1. 微波炉的功能和特点

家用微波炉具有再加热功能，即已经煮熟的食品、牛奶等凉了以后需要加热，可以使用微波炉；具有煎、煮、焖、蒸、烩、炒、烘、烤等多种食物烹饪方式，且省时节能，保持食物原汁原味；能迅速解冻食品，并保持解冻后食物组织的成分和鲜嫩；能对食物进行消毒灭菌，如对毛巾、文具的消毒杀菌等。

家用微波炉的主要优点有以下几方面：

（1）加热效率高。由于微波炉的加热方式是在微波作用下，避免了采用热传导方式加热，因此，加热时间短、效率高。如蒸熟一碟排骨只需 5min，煮熟一只 1kg 的鸡只需十几分钟。

（2）二次加热效果好。由于微波炉加热时间短，只需几分钟或几十秒钟即可，且保持菜肴原有的新鲜、美味和色彩，不用对食物搅拌，能保持食物原有的形态，故对已做好的饭菜用微波炉再加热，非常方便。

（3）节省电能。采用微波炉做饭，三四口人的家庭，一天用电量不到 1 度，非常经济实惠。与传统的电炉、煤气炉相比，在同等电源电压、同等重量的加热食物条件下，能源消耗以微波炉最低。

（4）保持食物原有的营养成分。采用微波炉加热食品，食品中的营养成分损失少、能最大限度地保留食物中的维生素。如卷心菜中维生素 C 在微波炉中烹调后的损耗率仅为 4.8%，而采用传统方式烹调后的损耗率为 19%；用微波炉烹饪的蹄膀肉，人体所必需的 8 种氨基酸成分保持程度为加热前的 98.6%。

（5）安全卫生，不污染环境。利用微波炉进行烹调，无明火、无油烟、不污染环境、安全卫生，排除了厨房里的油烟给用户带来的烦恼，可保持厨房的清洁卫生。

（6）消毒灭菌。微波可以渗透细菌内部，将它们杀死。人们可以利用微波炉对毛巾、衣物、钞票、票证等进行消毒，尤其是对纸质制品，它更是无法取代的消毒设备。

2. 微波炉的结构

微波炉的种类、型号繁多，其功能也不尽相同，但其基本结构大致相同。微波炉的外形及基本结构如图10-5所示。

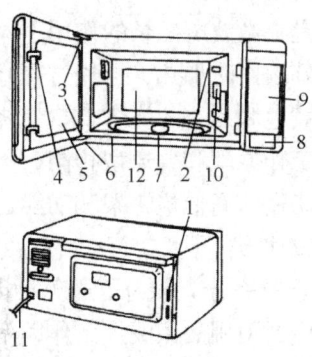

图10-5 微波炉的外形及基本结构

1—通风口 2—照明灯 3—门铰 4—门锁 5—观察窗 6—炉门附垫及密封装置
7—连接器 8—开门按钮 9—控制板 10—波导管罩 11—电源引线 12—炉腔

微波炉内部结构如图10-6所示。微波炉内部结构主要由电源、磁控管、波导、炉腔、旋转工作台、炉门、控制系统等部分组成。

（1）电源。微波炉的电源，是为保证微波炉各部分正常工作的电力能源，即给磁控管提供阳极电源、灯丝电源、冷却电源，并给控制系统提供电源。

（2）磁控管。磁控管是微波炉的核心部件，微波炉采用的是连续波磁控管。在磁控管的阳极和阴极之间加下几千伏高压后可连续输出微波功率。磁控管工作一般不需要预热，允许同时施加灯丝电压和阳极电压。由于它装有滤波电路，能有效地防止磁控管高频噪声对广播、电视的干扰。

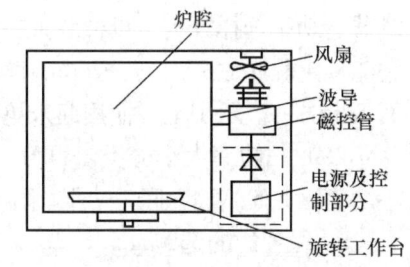

图10-6 微波炉内部结构示意图

（3）波导。磁控管产生的微波能量通过波导传输到炉腔以加热食品。根据微波炉工作的频率，家用微波炉均选用国家标准型号BJ-26矩行波导，其波导内尺寸为86.36mm×43.18mm，壁厚2mm。

（4）炉腔。微波炉的炉腔是一个长方体空腔，它是微波炉放置被加热食品的地方。炉腔是由非磁性金属材料制成的（如钢板，不锈钢等）。为了防止钢板腐蚀，钢板表面喷涂了一层涂料。

（5）炉门。微波炉的炉门是被加热食品的进出口，也是微波炉炉腔的重要组成部分。产品设计时对其要求很高，既要求从炉门外可观察到炉腔内食品加热的过程，又不能让微波泄漏出来，同时还要保证有足够的机械强度。

（6）控制系统。微波炉的控制系统主要是控制微波炉的火力和加热时间。

3. 微波炉的工作原理

微波炉的工作过程是：接通电源后，微波炉中的磁控管工作，输出微波能量，并经过矩形波导传输，由微波炉炉腔侧壁的波导口在炉腔内激起复杂的微波电磁场分布，当把食物置于该微波电磁场中时，其极性分子在微波的作用下，以每秒几十亿次的速度来回振荡摆动、摩擦产生高热，这样就达到了加热食物的目的。食物被放在旋转工作台的转盘上，使食物以缓慢的速度绕炉腔中心轴旋转，这样才能使食物均匀加热。

微波加热是在微波电磁场的作用下，使得食品中的分子反复摆动而发热的，因此，能使食品内部和外表同时加热，加热过程基本与热传导无关。虽然如此，普通微波炉却很难烹制表面为金黄色和焦香的烧烤食物。烧烤型微波炉则可以弥补这一缺陷。烧烤型微波炉的基本结构与工作原理和普通型相同，不同之处是其顶部安装了石英电热管和反射板，并给用户提供烧烤用的高低烧烤架和功能选择开关。

4. 微波炉的种类

（1）按工作频率分类。为了避免对雷达、微波通信的干扰，便于组织微波器件标准化生产，国际上广泛使用的微波炉工作频率为915MHz和2 450MHz。商用大型微波炉的工作频率为915MHz，家用微波炉的工作频率为2 450MHz。

（2）按功能分类。可分为单一微波加热型和多功能组合型两大类，也称为普通型和复合型。普通型是指微波炉仅具有微波加热一种功能；复合型是指微波炉除具有微波加热功能外，还有烘烤、蒸汽等传统方式的加热功能。

（3）按结构分类。可分为箱柜式和轻便式两大类。箱柜式容量大，微波功率也大，一般是商用微波炉所采用的结构。轻便式微波炉容量小，微波功率一般在1 000W以下，既可放在灶台上，也可嵌入橱柜或壁柜中。家用微波炉多为轻便式。

（4）按控制方式分类。可分为机械控制式和微电脑控制式两类。机械控制式微波炉定时器、功率选择开关由机械装置控制。微电脑控制式微波炉则由单片微处理器进行控制，它能预定程序完成加热、烘烤、解冻和保温等各种操作。同时还能将工作状态显示在操作面板上方的显示屏上，使用起来更为方便。

（5）按功率大小分类。可分为大功率（1 500W以下）、中功率（1 000～1 500W）、小功率（1 000W以下）三种。国内常见的微波炉有600、700、1 000、1 500W等4种。

5. 微波炉的选购

（1）型式、容量的选择。微波炉的种类很多，有不同的功能、不同的控制方式，不同的输出功率，炉腔容量也有17、18、20、23、24、26、28L等规格。选购时，既要考虑家庭的经济能力和人口多少，也要考虑家庭电路和电表的负荷能力。就现阶段普通家庭人口的生活水平而言，3～4口人的家庭选择容积为19～23L，输出功率为750～800W的普通型机械控制式微波炉较为适宜。经济条件允许的话，也可选购电脑型微波炉，操作方便而且美观。

（2）外观质量检查。仔细观察微波炉的外观形状、外壳和炉腔内壁，应均无裂痕、变形等缺陷，喷涂层应均匀、平整、光滑；炉门是否变形、门锁是否损坏，炉门的开、关应灵活自如；各个操作部件如定时器旋钮、功率控制器旋钮等是否操作自如；炉门、玻璃转盘是否完整无损；对照说明书，检查所带附件是否齐全。

（3）内在质量检查。微波炉的内在质量检查，是检查微波炉的安全性能和运行情况，一般按以下步骤进行：

①炉门检查。炉门是阻挡微波泄漏的重要屏障，必须严格检查。检查时可将炉门开关多次，应无卡滞现象，按动开门按钮后，炉门应自动弹开一定角度（约15～30°）。拉开式炉门拉开时应稍用力才能拉开的感觉；关门时稍用力才能把门关上。炉门关好后，门与门框之间有一定的缝隙，是正常的，但缝隙不能大于2mm。

②微波泄漏检查。微波泄漏的检查必须通过仪器来测定，一般情况下购买微波炉的现场是不可能进行检查的。国际和国内均有规定，当微波炉正常工作时，其微波泄漏应小于$5mW/cm^2$。目前，在市场上出售的品牌微波炉的微波泄漏均小于此项指标，完全符合国家规定。

③通电检查。将微波炉接通电源，炉腔内放入两杯凉水，关好炉门，将功率调节器设置在高火位置，定时1～2min，微波炉开启加热，此时，从观察窗观察转盘转动是否均匀，有无走走停停的现象，工作时声音不应太大，更不应有"吱吱"的异响。到了设置的时间，铃声一响，微波炉应自动停止工作，这时，打开炉门试着摸摸水杯，水是否热，两杯水温度是否相同，这样可以检查微波炉加热的程度。然后将功率调节器设置在中火、低火挡位上，各工作1～2min，工作均应正常。

若是烧烤型微波炉，将控制钮调到烧烤挡，启动微波炉，约过5min后，应在炉腔上看到电热元件发出的红光。若是电脑控制式微波炉，接通电源，按动控制按钮，显示窗上应有清晰迅速、明确的反应。

6. 微波炉的使用注意事项

在微波炉中所使用的烹调器皿必须是非金属材料制成的，应符合以下几个条件：微波透射性能好；耐热性能好；加热中无有害物质析出等，如玻璃器皿、不带金银饰边的陶瓷器皿、耐热塑料器皿等。绝对不可以使用金属制的器皿，如铝盆、不锈钢锅、搪瓷盆等。

选择好烹调器皿后，使用中还应注意以下事项：

（1）仔细阅读使用说明书，熟悉操作面板上各开关式控制键的功能、使用方法，掌握烹调操作的基本技巧。

（2）微波炉应放在牢固的平台上使用，其顶部及左、右、后部应占用10cm以上的空间，以保证通风良好。

（3）使用微波炉前应检查炉门安全锁是否完好无损，若有损坏绝不能使用微波炉。

（4）炉内没有食物，不可启动使用，以免空载运行损坏磁控管。

（5）使用微波炉时，切记必须关上炉门后，再设置时间使其工作，以防止微波泄漏。

（6）食物在加热过程中，通气口要畅通。罐头、瓶子或密封袋装的食物放入微波炉前，罐头、瓶盖应打开，密封袋应剪口；生蛋及有硬质外壳的食物也应开个缝再入炉，这样可避免容器或食物炸裂。

（7）微波炉工作时，不要把脸贴近炉门玻璃观察窗观看炉内情况，以防微波损伤眼睛。从炉内取出食物时，勿用手，因器皿温度较高会烫手。

（8）食物不可加热过度，以防食物起火。万一发现炉内起火，不可打开炉门，应立即切断电源，堵住通气口让火自行熄灭。

(9) 应经常清洁微波炉内腔，可使用温和洗洁液清理炉门，不可使用具有腐蚀性的清洁剂，以免损坏炉门。

(10) 在烹调过程中，若出现异味、冒烟、电弧火花以及转盘不转等，应立即切断电源，排除故障后再使用。

10.3.4 取暖器具

家用取暖器具是通过电热元件使电能转换为热能，供人们取暖的器具。常见的有储能式电热取暖器、浴霸、充油式电暖器、暖风器、电热毯等。现介绍几种主要的家用取暖器具。

1. 充油式电暖器

(1) 充油式电暖器的特点。充油式电暖器又称为电热油汀，是以对流形式工作的一种十分安全的电热取暖器具。它无外露的电热元件，散热面积大，因此在使用过程中，其表面温度始终较低，不会造成烫伤事故。它不会产生有害气体，无任何噪声，特别适合于人体有可能直接触碰到的场所的取暖，如卧室、浴室、办公室等处。如装上配套的烘衣架，在潮湿多雨时节，还可兼做干衣之用。

充油式电暖器按照其散热片数量不同一般有 7 片、9 片、10 片、11 片、13 片等几种。

(2) 充油式电暖器的结构。充油式电暖器主要由以下几部分组成，其外形结构如图 10-7 所示。

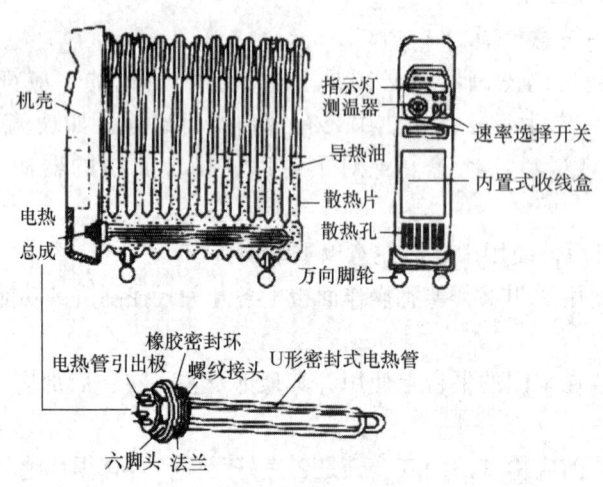

图 10-7 充油式电暖器的结构示意图

电热总成。它由两根 U 形密封式电热管和紧固件、密封件等组成。密封件为耐油橡胶密封环。

散热片。它由 7~13 片单片叠合、密封连接构成，其形状近似暖气散热片。各片中空，上下两端各留有一凸台，相邻凸台密封连接，从而在电暖器顶部和底部各形成一水平的圆柱形空腔。下空腔插入 U 形密封式电热管。注入导热油后，将上下腔口拧紧密封。导热油具有良好的导热性和流动性，而且不易挥发。上下两腔通过散热片中空管而互相贯通。当接通电源后，电热管发热，加热周围的导热油，从而使热油上升，冷油下沉补充，导热油就沿散热片内管道形成了对流。通过对流，导热油将热量均匀传递给了散热片。散热片有较大的散热面积，它将热量迅速传递给了室内空气，形成室内空气对流，使房间均匀升温。

调温器。为双金属片缓动型，串联于干路中，温度可调，能使充油式电暖器温度保持在设定温度附近。

机壳。其用来安装开关、指示灯和调温器。机壳下部设有内置式收线盒，在电暖器停用时，可将电源线卷起放入。

（3）充油式电暖器使用注意事项。

①应在额定电压下使用，接地须可靠。须选用额定电流在 10A 以上的保险丝。室内布线应选用截面积在 1.5mm^2 以上的铜芯线或护套线。

②使用时要保持直立状态，不能倾斜或放倒使用。

③不可将水泼入机内，以防因漏电而发生触电事故。

④使用时应距离家具等易燃物品 30cm 以上。湿衣裤不可直接搭盖在机身上烘烤。若需烘烤衣服，应装置专用的烘烤衣架。

2. 浴霸

浴霸用于浴室取暖和照明，是一种新型多功能取暖器具。它一般安装在浴室顶部，即开即热，具有快热、省电、安全、使用简便、不占地面等优点。

（1）浴霸的种类。

①标准型，又称二合一型，即具有取暖和照明两种功能。它是利用红外灯泡把电能转化为近、中红外光，通过直接辐射人体来取暖。

②排气型，又称三合一型。它是在标准型浴霸基础上再增加吸、排气功能，以净化室内空气。排气型浴霸面板示意图如图 10-8 所示。

图 10-8　排气型浴霸面板示意图

③热风型。热风型浴霸在标准型基础上增设了一台暖风机。暖风机由一台低噪声小型交流风扇和一块装在风扇前的蜂窝状 PTC 发热元件构成。这样，除了红外灯泡直接向下的红外辐射外，还增加了热空气对流供暖的功能，从而使人体上下受热均匀。

（2）浴霸的主要结构。

底座采用薄铁板冲压而成,是浴霸的主体,用来固定灯座和面板。

面板采用塑料注塑成型,开有通气槽和灯泡安装孔。

红外灯泡是浴霸的核心元件。浴霸共安装有4只220V、275W硬质玻璃红外线灯泡。与普通灯泡相比,这种灯泡热效应强,具有极好的热稳定性,遇水不爆裂。

白炽灯泡采用220V、40~60W的乳白色灯泡,用于普通照明。

盒式开关为扁方盒型,内装按钮式开关,不易进水。通常装于浴室侧墙,用来分别控制红外灯和白炽灯及排气扇。

(3) 使用注意事项。

①浴霸应安装在吊顶上。将其水平放置并用木螺丝固定。浴霸应离地2.1~2.3m,其顶部应离天花板10cm以上。浴霸不宜着地使用或侧装于墙上。

②应有可靠接地措施。

③电表容量须在5A以上。

④盒式开关应装于侧面墙上避水及水蒸气处。

⑤拆装及揩抹浴霸时,务必先切断电源,待灯泡冷却后再进行。

⑥红外灯泡损坏更换时,必须采用硬质红外灯泡,不能采用普通红外灯泡顶替。

3. 暖风器

暖风器又称热风器、风扇加热器,是一种强制对流的空间加热器。它采用送风机从机后吸入冷空气,强迫它们向前流经电热元件,并推动加热后的热空气从前部缓缓输出,以达到取暖目的。暖风器具有较强的方向性,使用方便,安全可靠。

(1) 暖风器的结构。暖风器主要由以下几部分构成:

①送风机。送风机是暖风器的核心部件,常装在电热元件的后面。它主要由风叶和电动机两部分构成。根据风叶结构的不同,送风机可分为轴流式和离心式两类。电动机大多采用交流220V、单相罩极式,其额定功率在25~40W。罩极式电动机具有结构简单、成本低、噪声小、堵转不易烧毁等特点。

②电热元件。暖风器按使用的电热元件不同可分为裸露电热丝型、电热管型、PTC型和带状电热膜型四类。

③外壳。它多用ABS工程塑料注塑成型,分前后壳。后壳留有进风口,前壳开有送风口。前后都装有防护栅,防止人或易燃物直接接触电热元件。防护栅为金属制或塑料网格结构,具有防护及装饰双重作用。

④安全装置。暖风器装有控温器、倾倒保护开关、超温保险器等安全保护装置。

(2) 使用注意事项。

①要在密封性能好的房间内使用。

②使用时必须确保进排气口通畅;进、排气口不能覆盖异物,如湿衣服等;暖风器不得紧贴墙壁或其他物品放置。进风口装有滤网的机型,应定期清洁滤网。

③开机时应先闭合电源开关、风扇开关,然后再接通电热元件;开关机时应先断开电热器电路,然后再断开电源开关、电扇开关。

④由于暖风器功率较大,因此,使用前应考虑家中电度表、电源插座和电线的承受能力。

⑤使用期间,如感觉热风烫人,或闻有异臭味、焦味等,应迅速关机检查原因,待排

除故障后才能继续使用。

10.4 电风扇

10.4.1 电风扇的分类

1. 按电风扇外部形状和主要结构分类

按电风扇外部形状和主要结构,电风扇主要有台扇、台地扇、落地扇、壁扇、顶扇、吊扇、箱形风扇(又称转页扇)、排气扇等。

2. 按电风扇的功能分类

按电风扇的功能不同,其可分为普通型和豪华型。

(1)普通型。普通型电风扇一般有定时、定向摇头、调节速度等功能。

(2)豪华型。豪华型电风扇在具有普通型功能的基础上,又增添了微风、模拟自然风、电脑定时、睡眠定时等功能。

3. 按电动机的类型分类

按电动机的类型来分,电风扇可分为单相罩极式、单相电容式、三相感应式、直流和交直流串激整流子式四种。

(1)单相罩极式风扇。此类电风扇使用的电动机是罩极式感应电动机。罩极式感应电动机结构简单、造价低,但转矩小、效率低,且过载能力较小,仅适用于安装在250mm以下的小型电风扇中。

(2)单相电容式风扇。此类电风扇所使用的电动机是单相电容运转感应电动机。该电动机的启动能力小、转矩大,且功率因数高,过载能力强,使用起来省电,适用于安装在300mm以上大型风扇中。

(3)三相感应式风扇。此类风扇使用的是三相感应式电动机,400mm以上的大型排气扇均采用这种电动机。

(4)直流和交直流串激整流子式风扇。采用的是直流和交直流串激整流子电动机。这种风扇大多使用在车辆和船舶上。

另外,还可按使用电源的不同分为交流式、直流式及交直流两用式。家庭中多用交流式,交通工具中多用直流式或交直流两用式。

10.4.2 电风扇的典型结构

台扇、壁扇、台地扇、落地扇在结构上有许多相同之处,它们都有驱动电动机、风叶、支承结构和控制部分,所不同的只是底座形式,可以说,壁扇、台地扇和落地扇是台扇的派生形式。吊扇则是由吊杆、风叶、驱动电动机和上下罩组成,有的带调速器和定时器。转页扇区别于其他电风扇除外形不同外,主要是设置了转页盘,通过转页盘的低速运转,产生锥形旋动气流,给人自然风的感觉。几种主要电扇的结构及外形如图10-9所示。普通电风扇基本构造示意图如图10-10所示。

图 10-9　几种主要电风扇外形图

普通电风扇各部分的基本构造与作用如下。

1. 风叶

风叶是直接推动空气流动的元件。风叶性能的优劣，决定着风扇的风量、效率、功耗、噪声等指标的优劣，其一般由 3~5 片外形美观的叶片组成。

2. 扇头

扇头是电扇扇风与摇头的动力装置。它是由一台微型电动机、外壳及摇头传动装置构成。电动机的转速一般都在 1 500 转/分以下，风叶直接固定在电动机轴上。

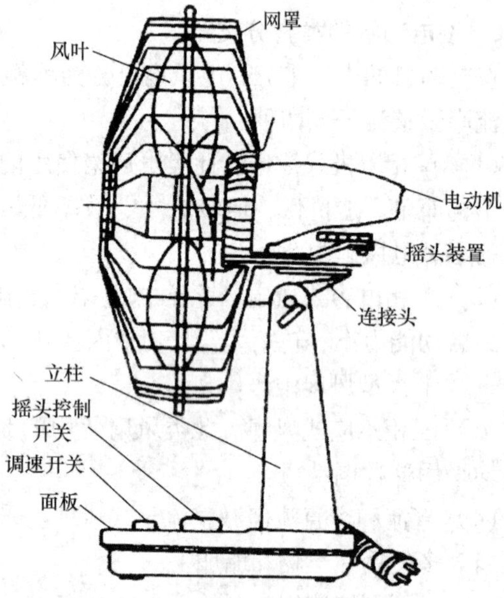

3. 防护罩

它主要起装饰及对人体保护作用。一般是用钢丝焊成各种形状，表面再镀铬而成。

图 10-10　普通电风扇基本结构示意图

4. 支承结构

它主要是由立柱、底台及控制盒等组成。一般台式风扇的控制盒安装在底台中，只有落地式台扇在扇头的下部。

5. 操纵控制部分

它包括风扇的开关、速度控制、定时控制、摇头控制及摇头角度控制等机构。一般将这些控制机构统装在一个盘面上，以方便操纵。

10.4.3 电风扇的规格、型号及质量指标

1. 电风扇的规格

电风扇的规格以风叶的直径表示。台扇有：200、300、350、400mm 等规格；落地扇有 300、350、400、500、600mm 等规格；吊扇有 900、1 050、1 200、1 400、1 500、1 800mm等规格。

2. 电风扇的型号

关于电风扇的型号编制方法，目前尚未制定统一的国家标准，当前常用的电风扇编号方法是用英文和阿拉伯数字表示。第一个英文字母表示电风扇类（用 F 表示），第二个英文字母表示电动机的形式，由于绝大多数都采用电容式电动机，一般都把第二个字母省去。第三个英文字母表示电风扇的类别（C 表示吊扇，D 表示项扇，S 或 L 表示落地扇，T 表示墙扇，Y 表示转页扇）。字母后的第一位阿拉伯数字表示制造厂的设计序号，最后的阿拉伯数字表示电风扇的规格，即扇叶直径。

例如，FS5—40 型，"F"是电风扇代号，"S"是指落地扇，"5"表示制造厂第五代设计产品，"40"表示规格为 400mm。

3. 电风扇的质量要求

（1）输出风量。它是在额定电源电压下以最高转速挡位运转时，在专用的风量试验室内距离电扇三倍风叶直径的距离处，通过测量单位面积的圆环中的风速，换算而得出输出风量。对应 300、350、400mm 的台扇，其风量分别为 38、51、65m^3/min。

（2）使用值。是指电风扇在额定电压、额定功率的条件下，以最高转速运转时产生的风量除以输入功率值，单位是 m^3/min·W。使用值越大说明该电扇越省电、效率高，可以消耗较小的功率而获得较大的风量。

（3）调速比。它是指在额定电压和额定功率下，稳定运行 1 小时后，所测得最低挡转速与最高挡转速之比。调速比越小，调整范围越大，使用起来越方便，可以获得各种不同场合所需要的微风。各类电扇的调速比均不应大于 70%。

（4）噪声。电风扇噪声测试方法是在半消声室中开动电扇摇头机构，四周 1m 处选四个点，在最高挡运转时测量各点最大声压级，再计算出声功率级对应 300、350、400mm 的台扇、壁扇、台地扇、落地扇的噪声分别不大于 63、65、67dB。

（5）摇头角度。电扇摇头机构应能使风向自动地和连续地变动，同时应平稳而无阻滞和震颤的现象。250mm 及其以下的电风扇应不小于 60°；300mm 及其以下的电风扇应不小于 80°。

（6）最高速挡摇头次数。每分钟摇头次数不少于 4 次。

（7）仰俯角。台扇、台地扇的仰角不小于 20°，其俯角不小于 15°；壁扇机头角度调节范围不小于 40°；落地扇的俯角不小于 15°。

（8）线速度。台扇、壁扇、台地扇、落地扇的线速度不大于 2 150m/min。

（9）泄漏电流。电流不得大于 0.3mA。

（10）绝缘电阻。热态下和潮态下绝缘电阻值不小于 2MΩ。

（11）电气强度。应经受 1min 的电气强度试验，试验电压为 50Hz 交流，冷态下试验电压值为 1 500V。

(12) 温升。对 E 级绝缘电动机绕组及调速器线圈的温升不得高于 75℃。

10.4.4　电风扇的选购与使用

1. 电风扇的选购

购买电风扇时，首先要根据安放地点、居室面积以及与家庭陈设统一和谐等因素，来选择适宜的尺寸、档次、式样、颜色，然后从以下几方面考虑电风扇的质量：

(1) 网罩和扇叶是否有明显变形。在装配好的电风扇网罩上，用一枝笔指向一个扇叶最高点，缓缓移动扇叶，其他几个扇叶相对应点与笔尖之间距离应十分相近，再转动扇叶，应该轻快灵活，可以在任一位置停下。

(2) 控制机构（包括调速开关、定时旋钮、摇头开关、照明灯开关等）应该操作灵活、接触可靠。对调速挡，不准许有两挡同时接通或一挡按不下去的现象。按下停止键，各速度挡键应正常复位。

(3) 活动部分（电风扇扇头俯、仰各角度）运转灵活，锁紧牢靠，调整到最大俯角或摇头到最终位置，网罩均不得与风扇支柱相碰。风扇运转时，稳定性要好，不能倾倒。摇头角度不应低于 60~80°，在最高转速挡，每分钟摇头不少于 4 次。

(4) 启动性能。启动性能优劣是电风扇一项重要的质量指标。检验时，应在慢速挡，在电源额定电压 85% 时，即用调压器将 220V 电压降至 187V 时启动电风扇，电风扇应该能从静止启动，并且正常运转，一台电风扇从启动到正常运转所需的时间越短，风扇电动机的启动性能越好。

(5) 运转及调速性能检查。通电后将摇头开关往复转动数次，检查其是否失灵或装配过紧，在这一过程中，风扇机械传动部分不应该有异常噪声。电风扇在高、中、低速运转时，电动机和扇叶都应平稳、振动小、噪声较低。风扇摇头、停摆应敏捷，无间歇、停滞和抖动现象。各挡转速差别应明显，送风角度越大越好。在电风扇停转时，转轴轴向间隙不超过 0.5mm，间隙过大，运转时会引起轴向窜动并有撞击声。

(6) 漏电检查。电扇通电后，手触碰会有强烈麻电感，用试电笔测试，试电笔也会发光显示，可判定外壳漏电，不可选用。

(7) 电风扇连续运转 2h 后，如果机头外壳表面烫手，说明温度过高，不能选用。正常情况下，机头外壳表面温度在 50℃ 以下，不会有十分烫手的感觉。

2. 电风扇的使用与维护

电风扇在使用时应注意以下几点：

(1) 电风扇在使用前，应首先核对供电电压，对于有接地线的电风扇，应按规定接好地线。

(2) 电风扇在长时间运行时，应注意电动机温升不可太高。一般电动机铁壳表面温度不应高于 75℃，即不能有烫手的感觉。

(3) 每年储藏前，做一次比较彻底的清洁工作，在转轴外露部分和镀铬网罩表面，涂上一层机油，在扇头加油孔内注入少许轻油（或缝纫机油），用干净布包好，放在干燥通风处。切勿放在床底易回潮的水泥地面上，更要避免叠压、碰撞。

10.5 洗衣机

10.5.1 洗衣机的类型

1. 按自动化程度分类

（1）普通型洗衣机。洗净、漂洗、脱水各功能的操作需用手工转换。这类洗衣机结构简单、价格便宜、使用方便、占地少、易搬动，装有定时器，可根据衣物的脏污程度选定洗净时间，预定时间终了可以自动停机。

（2）半自动洗衣机。洗净、漂洗、脱水各功能中，任意两个功能的转换不用手工操作而能自动进行，一般由洗衣和脱水两个功能组成。在洗衣桶中可以按预定时间完成洗净和漂洗程度，但不能自动脱水，需人工将衣物从洗衣桶中取出，放入离心脱水桶中进行脱水。有的可以连续完成洗净与漂洗程序，而没有脱水机构，需人工取出拧干。

（3）全自动型洗衣机。洗净、漂洗、脱水各功能转换均不用手工操作而能自动进行。衣物放入洗衣桶后能自动完成洗净、漂洗和脱水全部程序，当衣物甩干后，蜂鸣器发出声音。

此类型洗衣机分为电子程控器控制和微电脑控制两种。其中微电脑控制现已发展为先进的模糊控制全自动洗衣机，它应用先进的模糊控制理论，实现了洗衣机智能化，使洗衣机能自动选择洗涤时间、水位、水流，自动识别衣物种类、衣量、脏污程度等，不但节水节电、省时省力，而且方便用户，目前城市中销量较大，但其结构复杂、维修难度大、价格昂贵。

2. 按洗涤方式和结构特点分类

（1）波轮式洗衣机。它由日本发明，在亚洲国家使用较多。在洗衣桶底部中心线或略微偏心处装有波轮，当电动机经传动机构带动波轮旋转时，便产生强烈的涡旋，带动衣物在水中翻搅、撞击、摩擦，产生很强的洗涤作用。

其特点是结构简单、体积小、洗净度高、耗电较少，但对衣服磨损较大，洗涤均匀性不佳。目前我国生产的洗衣机大多数是此类洗衣机。

（2）滚筒式洗衣机，又称为欧洲式，欧洲国家大都使用此类洗衣机。在一水平放置的洗涤桶中，套装一稍小的圆桶（滚筒），它可绕水平轴旋转，滚筒壁上有许多小孔，洗涤液可自动进出，当滚筒旋转时，这些凸缘将衣物带动升高，至一定高度时，衣物便自动落入水中，凭借这种摔击、翻搅将衣物洗净。

其特点是衣物磨损小、噪声低、洗涤容量大、衣物不绞结，能洗涤各种衣物，但结构复杂、体积较大、耗电量较大。目前我国已有部分厂家生产全自动滚筒式洗衣机。

（3）搅拌式洗衣机，又称为美国式洗衣机，南、北美洲国家使用较多。该机洗衣桶为立式圆桶，其中心处有一立轴，轴上装有3～4片搅拌翼。电动机旋转带动搅拌翼做120～180°的反正回转运动。翼片带动衣物在洗涤液中不断强烈搅拌，达到洗净目的。

其特点是洗净率高、衣物磨损率小、洗涤均匀性较好，但机体大而重、结构复杂、制造困难、噪声较大。

几种主要洗衣机外形图如图10-11所示。

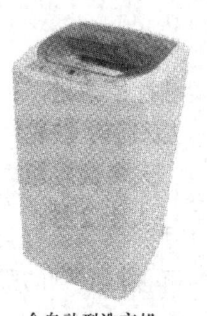  

全自动型洗衣机　　　　双缸洗衣机　　　　滚筒式洗衣机

图 10-11　几种主要洗衣机外形图

10.5.2　洗衣机的结构

以波轮式双缸洗衣机为例来说明洗衣机的结构。波轮式双缸洗衣机主要由箱体系统、传动系统、控制系统和脱水制动系统四大部分组成。

箱体系统主要包括外壳、洗涤桶、上托（塑料框架）等；传动系统由电动机、轴承组、皮带盘及波轮等组成；控制系统由定时器、选择开关、给排水控制等组成；脱水制动系统由脱水桶、刹车钢丝及刹车盘等组成。

现将波轮式洗衣机的主要部件介绍如下。

1. 外壳

洗衣机箱体外壳采用 0.5~0.8mm 薄钢板经冲制、折弯焊接成型，内外两面都涂有防锈漆，外层一般采用静电喷漆，使洗衣机美观耐用，并加强绝缘性能。目前，也有一些洗衣机外壳为塑料制成，既可减轻重量、降低成本，又能增强绝缘性和耐蚀性。

2. 洗涤桶

洗涤桶又称内桶，是盛洗涤液和被洗衣服的容器，是用来完成洗净和漂洗的主要部件之一，常用材料有钢板、搪瓷、铝合金、塑料、不锈钢等。不同材料制成的洗衣桶各有其特点。如塑料洗衣桶重量较轻、耐腐蚀性好、绝缘性好、成型加工容易、成本低；不锈钢洗衣桶表面平整光洁、强度高、耐腐蚀，但价格较贵，且加工性能不好；铝合金洗衣桶强度高，表面平整光洁、耐腐蚀性较好，但价格较贵；搪瓷洗衣桶容易生产、价格便宜、表面光滑平整、耐腐蚀性好，但重量大、受冲击容易损伤瓷面，现已被淘汰。

洗衣桶内安装有波轮并设有给排水孔、溢水孔。洗衣桶的截面呈方形、圆形和六角形等多种形状。目前国内生产的洗衣机，一般采用具有较大过渡圆角的矩形内桶。

3. 波轮

波轮又称波水盘，由工程塑料注射成型。波轮的外表有几条凸起的缘，多被做成对称形。波轮在传动系统的驱动下旋转，使桶内的水产生旋涡状的水流运动。原先的波轮式洗衣机，波轮转 30s，停歇 4s，再反向转 30s；波轮的速度为每分钟 400 转左右，这种洗衣机，洗净度高，但织物磨损率也高，并且洗涤后衣物缠绕在一起，不易分开，因此造成洗涤不均匀，影响洗涤效果。为了提高洗涤均匀性，减少衣物的缠绕。目前市场上所售的大都是大波轮新水流洗衣机，在原波轮式洗衣机的基础上进行了改进，首先对波轮的形状进行了改进；波轮的转速由每分钟400转降为每分钟180~200转；波轮的直径由180mm扩大到300mm或更大；波轮的高度随洗涤综合因素而定，大多数较原先波轮要高；波轮的转停时间也改为不大于5s，一般为2~3s，停歇时间不大于2s，形成频繁转停的水流，从而减少了衣服的缠绕，提高了洗涤的均匀性。

4. 电动机

洗衣机的电动机多采用单相两级或四级的电容启动可递式电动机。该种电动机定子上嵌有主绕组和副绕组，主、副绕组的匝数和线径都相同，这种电动机的特点是启动转矩大，启动电流较小，功率因数较高，过载能力较强，容易实现正、反转。

5. 定时器

洗衣机的定时器是一种自动控制开关，它有两种作用：一种是控制洗衣机脱水、洗涤或漂洗的总工作时间；另一种是控制洗衣机电动机的旋转方向，使电动机按照预定的循环程序进行正、反转，达到洗涤或漂洗的目的。按定时器的结构可分为机械定时器和电子定时器两大类。机械定时器也称发条定时器，它利用发条为动力源，通过齿轮传动，带动凸轮控制触点的接通与断开。机械定时器结构简单、维修方便，广泛用于普通洗衣机。电子定时器优点较多，可以实现程序控制，但造价较高，适用于全自动高档洗衣机。按定时器的使用功能，可分为脱水定时器、强洗定时器、弱洗定时器等类型。

10.5.3 洗衣机的型号及主要质量指标

1. 洗衣机的型号表示方法

根据国家标准（GB/T 4288—2008）规定，国产洗衣机的型号由下列方式组成。

□ □ □ □—□ □

第一个字母为洗衣机代号，以汉语拼音字母X表示，脱水机代号以汉语拼音字母T表示。

第二个字母为自动化程度代号，以汉语拼音字母表示，P表示普通洗衣机，B表示半自动洗衣机，Q表示全自动洗衣机。

第三个字母为洗涤方式代号，以汉语拼音字母表示，B表示波轮式洗衣机，G表示滚筒式洗衣机，J表示搅拌式洗衣机。

第四个为用两位数表示的规格代号，它代表一次洗涤干燥衣物的重量，3kg用"30"表示，3.5kg用"35"表示，依此类推。

第五部分为用数字表示的工厂设计序号，用阿拉伯数字顺序表示。

最后的字母为结构形式代号，单桶洗衣机不标注字母；双桶洗衣机以S表示。

例如XPB30—2S表示普通双桶波轮式洗衣机，洗衣容量为2kg，是厂家第二次设计的产品。XQG50—1表示全自动滚筒式洗衣机，容量为5kg是厂家第一次设计的产品。

2. 洗衣机的规格

洗衣机的规格用额定洗衣容量表示。额定洗衣容量是指能保证洗衣机正常工作的洗涤干衣服的最大重量。目前市场上出售的洗衣机常有如下规格：2.0、3.0、3.5、4.0、5.0kg等。

3. 洗衣机的主要质量指标

（1）洗净性能。波轮式洗衣机的洗净比不应小于0.8。洗净比是指某一型号的洗衣机,在额定洗涤状态下的洗净度与标准参比洗衣机洗净度的比值。

(2) 对织物的磨损率。波轮式洗衣机的磨损率应不大于0.2%。

(3) 漂洗性能。洗衣机的漂洗比应大于1。该项指标是表示洗衣机在额定状态下,漂清衣物上所含洗涤剂的能力。为了测试方便,国家标准规定用氯化钠(NaCl)来代替洗衣粉进行测定。漂洗比的计算公式如下:

$$漂洗比 = (A-B)/(A-C)K$$

式中,A——原液的电导率;

B——漂洗后液体的电导率;

C——自来水的电导率;

K——漂洗系数,取0.9。

(4) 脱水性能。洗衣机脱水装置的脱水率,普通型和半自动型波轮洗衣机应大于50%;全自动洗衣机应大于45%。

(5) 噪声。洗衣机洗涤、脱水时的声功率级噪声均应不大于75dB。

10.5.4 洗衣机的新功能及发展趋势

1. 洗衣机的新功能

目前,在新技术的支持下,洗衣机的功能不断扩展,以适应不同需求的消费者。就全自动洗衣机来说,其新功能主要有以下几种:

(1) 电子配水功能。电子配水由新型进口阀直接与洗涤剂盒的不同水槽相连,通过电子程控器直接控制进水阀开启工作,完成不同程序过程的进水以及洗涤剂、添加剂的溶解配制和投放,省略了喷嘴、传动装置等部件,也简化了结构。同时也解决了洗涤剂配制时的"串水"问题。

(2) 自动平衡功能。该功能是针对脱水时,衣物负载分布不均匀引起整机振动或噪声增加而设置的。常见的自动平衡控制方式有机械式和电子式两种。机械式是在机器的内部设置瞬停开关来检测其振动量,一旦振动量过大,开关动作,洗衣机停止脱水或自动降低转速运行一段时间后,将衣服负载抖松散、均匀,再继续脱水运行。电子控制式由电脑设定脱水程序并随时检测,脱水时先低速旋转,一旦不平衡则转而"点动"或继续减速,以期将衣服负载分布均匀,经平衡测试正常后,转为高速正常脱水。

(3) 臭氧洗净功能。它是在洗涤时有条件地注入臭氧,形成一定浓度的臭氧水,有效杀灭各种细菌和病毒。目前用于洗衣机上的臭氧发生器,大都采用高频陶瓷片作为臭氧发生元件。

(4) 磁化水功能。它是通过在洗衣机进水管路中加设一永磁性水质磁水器来实现的,水在经过磁水器磁场时,在磁场力作用下,水的活性得到激发,溶解能力和渗透能力大增,从而改善了洗涤性能。

(5) 多种保护功能。新型全自动洗衣机增设了防干烧保护、门锁保护、进排水保护、加热保护等功能。

(6) 断电记忆功能。洗衣机在洗衣过程中,出现停电情况,在不改变程序设置的情况下,不管多长时间后来电,洗衣机均将自动执行停电前的工作程序。

(7) 自检功能及故障快速检测显示功能。新型电脑式全自动洗衣机的自我检测功能,在无水源的情况下，用户只需接通电源，再按下加强程序键和电源键，洗衣机就能自动进行检测，这非常方便用户选购时的检测。

当洗衣机因某种原因出现自动保护时，数码显示电路受微处理器内智能检测电路的控制自动显示出故障代码，以示洗衣机出现了哪一种保护，维修人员根据相应的代码，去检查相应的部位，便可迅速排除故障。

（8）"一按通"功能。智能型全自动洗衣机的微电脑自动检测衣物料质、体积和重量，控制洗涤周期，配合数段微电脑强弱水流。只需一按电钮，就会开始洗涤，直至完成。

2. 洗衣机的发展趋势

近年来，洗衣机无论在质量、技术、功能，还是在外观上面，都有长足的进步和发展。以后洗衣机的发展，有如下几个趋势：

（1）高度自动化。从最初的单桶洗衣机、双桶洗衣机到套桶洗衣机、全自动洗衣机，再到人工智能全模糊控制洗衣机。总之，每一次技术的进步都极大地推动了洗衣机自动化程度的提高。

（2）节能和健康化。现在的消费者在节能方面对家电提出了更高的要求，对于健康型洗衣机更是人们趋之若鹜的首选。如荣事达集团在中国首家将抗菌技术应用于洗衣机领域后，在中国掀起一股"抗菌"家电热潮，人们对健康家电的关注由此可窥一斑。

（3）大容量和微型化。大容量洗衣机，满足了人们洗大件衣物的需求。同时，微型化洗衣机也备受青睐，如市场上出现的 1.5kg，2.5kg 不等的海尔小小神童洗衣机，可以满足少量衣物即时洗的需要。

（4）组合化。如子母分洗式洗衣机，正好迎合了这部分消费者的需求，它的大桶容量为 5.5kg，小桶容量为 2.5kg 两桶并列，缩小了较大一部分空间，而且具有人工智能模糊控制功能。满足了不同衣物分开洗、大量衣物同时洗、小件衣物即时洗的需求，开创了健康洗涤新概念，深受消费者的喜爱，组合化的另一个体现就是把洗涤、漂洗、脱水和烘干功能集于一身。

10.5.5 洗衣机的选购和使用

1. 洗衣机的选购

选购洗衣机，首先面临的就是结构形式的选择。滚筒式、波轮式和搅拌式洗衣机在性能上各有优缺点，现比较如下：

（1）洗净度。搅拌式洗衣机洗净度大于 0.75，且洗净均匀性好；波轮式洗衣机洗净度大于 0.70；滚筒式洗衣机洗净度也大于 0.70。

（2）磨损率。滚筒式洗衣机磨损率小，为 0.10% 以下；波轮式洗衣机磨损率在 0.15% 以下；搅拌式洗衣机也在 0.15% 以下。

（3）用水量。滚筒式洗衣机用水量最小，约为 70L 左右。搅拌式与波轮式洗衣机用水量大于 70L。

（4）耗电量。搅拌式与波轮式洗衣机耗电量较小，滚筒式洗衣机耗电量较大。

（5）价格。全自动波轮式洗衣机的市场价在 1 000~2 000 元；全自动搅拌式洗衣机的市场价在 2 000 元以上；全自动滚筒式洗衣机的市场价在 3 000 元左右。

买哪一种洗衣机要看自己的生活习惯和家庭条件。首先确定常洗涤的衣物和洗衣机的价位，如毛料、丝绸衣物较多，建议选购滚筒式洗衣机；如以洗涤棉布衣服为主，则建议选择搅拌式和滚筒式洗衣机。选择洗衣机时应注意，家庭的用电容量是否够大，用自来水是否方便。如家中有热水水源，则不必选用带电加热元件的洗衣机。

在挑选以上三种洗衣机时，还要了解洗衣机的噪声和无故障运行时间。一般来说，噪声越低、无故障运行时间越长，洗衣机的质量就越好。因此，消费者应让经销商提供洗衣机的噪声值和无故障运行时间，以此来判别洗衣机质量的好坏。

在挑选时应注意以下几个方面：桶形设计应合理，一般来说，洗涤桶的横截面积形状以带大圆角的长方形最佳，带大圆角的正方形次之，桶壁应光滑、无毛刺，壁厚应均匀；波轮表面光滑，与洗衣桶凹槽的圆周间隙均匀，且不应大于1.5mm，以免塞夹衣物，用手转动灵活、无杂音；定时器旋钮及按钮灵活可靠；通电运转时振动小，无杂音，噪声不应超过75dB，即一般听起来不觉得烦躁。

2. 使用注意事项

（1）进水管要连接牢固，接头处不得漏水。排水管要摆放好，防止脚踏上去使排水管破裂。

（2）需要用温水洗涤时，应先放冷水于洗衣机桶内，再加热水，或将冷、热水调好再倒入桶内。不得把热水直接倒入桶内，以防桶变形。高档洗衣机上有电热装置，可根据衣物的类型及脏污程度，选择合适的水温，但一般水温以40~60℃为好。

（3）洗衣物前，应清理衣物口袋内的硬物、杂物，有金属拉链或金属纽扣的衣物，应将拉链拉上，或扣上钮扣，并翻转或里朝外，以免损坏洗衣机桶壁或损坏衣物，毛物应装在网袋内后再放入桶内洗涤，以防缠绕波轮或互相缠绕。

（4）衣物应按颜色深浅分类后分别洗涤，以防浅颜色的衣物被"染色"。牢度不同的衣物最好也分开洗涤，以免疏松的衣物受损。

（5）使用漂白剂应与水充分稀释后，从漂白剂注入口慢慢倒入洗衣机桶内。未经稀释的漂白剂不可直接倒入桶内。漂白洗涤完毕，应立即排水，并用清水将桶冲干净，以防腐蚀洗衣机桶内壁。

（6）衣物放入脱水桶时，衣物在桶内一定要放置均匀、紧实，不可偏向，衣物上一定要加安全压板。脱水过程中洗衣机若发出巨大的振动声，说明衣物未放好，应立即停机，把衣物重新放好后再脱水。脱水过程不要打开脱水桶盖，脱水结束后，应等桶停转后，再打开盖子取衣物，这样既安全，又可避免脱水刹车机构经常使用而失灵。

（7）全自动洗衣机使用脱水程序时，要先排完水再脱水，否则残余的水会使脱水桶转动阻力增大，电动机可能因超负荷运行而烧毁。

（8）洗衣机使用过程中，严禁用手或他物碰触转动部分，以防人受伤或洗衣机有关零部件受损。

（9）严禁用挥发性溶剂（香蕉水、汽油等）洗涤衣物，也不能洗涤或脱水带有挥发性溶剂与易燃物质的衣物，否则会引起燃烧，甚至爆炸。

（10）在洗涤过程中，若停电，应及时切断电源，待通电后，再重新操作洗衣机进行洗涤。

（11）洗涤过程中，若发现漏水、漏电、异响或其他不正常现象，不可勉强使用，应立即停机检查，自己解决不了的应请维修部人员处理。

3. 洗衣机的维护保养

洗衣机的日常维护保养应注意以下几点：

（1）洗衣机不用时，应将其放置于干燥、通风的地方，以免受潮生锈和降低电器元件的绝缘强度。

（2）放置地点应远离火源，应无腐蚀性气体、强酸、强碱的侵蚀。

（3）洗衣桶在无水状态下，不要通电开机运行，以免磨损密封圈。

（4）洗衣机长期不用时，不要用塑料袋套装，以免影响通风和干燥。

（5）长期放置的洗衣机，应定期（2~3个月）开机（短时间通电），以驱散潮气，防止受潮和生锈。

10.6 电冰箱

10.6.1 家用电冰箱的分类

1. 按制冷方式分类

按制冷方式不同，电冰箱可分为电动机压缩式、吸收式、电磁振荡式电冰箱。

（1）电动机压缩式电冰箱。其全称为全封闭电动机驱动蒸汽压缩式电冰箱。它具有制冷效率高、省电、冷冻速度快、制冷量大、使用寿命长等特点。目前国内外生产的电冰箱绝大多数为此类电冰箱。

（2）吸收式电冰箱。它又称连续吸收扩散式电冰箱。这种冰箱除了可以用电能制冷外，还可以用煤油、煤气、液化气、汽油等为能源。其具有结构简单、成本低、无噪声等优点，但制冷速度慢、效率低，适用于无电地区使用。

（3）电磁振荡式电冰箱。它又称为电磁振荡压缩式电冰箱。这种电冰箱加工容易、成本低，但耗电量大，仅适合于生产50L左右的小型电冰箱。

此外，还有半导体式电冰箱等。

2. 按电冰箱内冷气传递方式分类

按电冰箱内冷气传递方式分类，有直冷式和间冷式电冰箱两种。

（1）直冷式电冰箱，又称有霜电冰箱。冰箱箱体内部冷却食品的过程是借助于传导和自然对流的方式进行的。它的冷冻室和冷藏室分别装有蒸发器，这些蒸发器与所储存的食品之间的热交换都是利用热传导和空气自然对流的方式进行的。一般在直冷式电冰箱中冷冻室的除霜方式是手动的，而其他储藏室的除霜方式是自动进行的。冷冻室在每使用3~4个月要除霜一次。这种形式的电冰箱是我国目前电冰箱生产和销售的主流。它具有耗电省、噪声小、维修方便、冻结速度快、寿命长、储存食品的消耗现象较间冷式的小等优点。直冷式电冰箱冷气传递方式及外形如图10-12所示。

（2）间冷式电冰箱，又称为风冷式电冰箱、无霜式电冰箱或空气强制循环冷却式电冰箱。这种冰箱箱体内部冷却食品的过程是借助于强制对流的方式进行的。

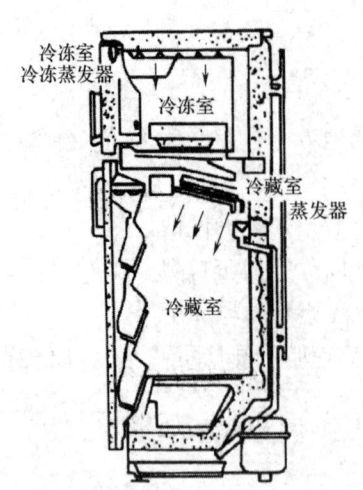

图 10-12　直冷式电冰箱冷气传递方式及外形图

间冷式电冰箱各个食品储藏室一般是共用一个蒸发器，而各储藏室的温度是借助于调节风门控制的。在蒸发器的一侧装有一个小电动机带动的轴流风扇，空气在这个风扇的作用下，强制通过蒸发器，使空气强制循环。它具有储藏室内的温度分布比较均匀、不结霜、冷却速度快的优点；但这种电冰箱的结构较直冷式电冰箱复杂，耗电量也较大、噪声较大、存储食品的干耗也较大。

3. 按电冰箱的形状结构分类

按电冰箱的形状结构可分为双门式电冰箱和三门、四门、多门电冰箱。

（1）双门式电冰箱。它具有两个储藏室，其中一个为冷冻室。两个储藏室内的温度不同。这种冰箱不会产生两储藏室储存食品的串味现象。目前国内大多数冰箱为这种形式。

（2）三门、四门、多门电冰箱。三门、四门电冰箱在双门式电冰箱的基础上多了功能转换室或果菜室，功能转换室可转换为保鲜室、冷藏室或冷冻室，使电冰箱具有多个食品冷冻和冷藏室，而且各室之间是独立控制温度的。这种冰箱容积一般较大，使用很方便，外观豪华。

4. 按电冰箱使用时的气候环境温度分类

按电冰箱使用时的气候环境温度分类有亚温带型、温带型、亚热带型和热带型。

（1）亚温带型（SN）。气候环境温度为 10～32℃。

（2）温带型（N）。气候环境温度为 16～32℃。

（3）亚热带型（ST）。气候环境温度为 18～38℃。

（4）热带型（T）。气候环境温度为 18～43℃。

此外，电冰箱按功能还可以分为冷藏电冰箱、冷冻电冰箱和冷藏冷冻电冰箱三类。冷藏电冰箱箱内温度为 2～10℃，用于冷藏食品、饮料等。冷冻电冰箱箱内温度低于 -18℃，用于长时间储存食品。冷藏冷冻电冰箱兼有以上两种冰箱的功能。

10.6.2　电冰箱的结构

以压缩式电冰箱为例，电冰箱主要结构由制冷系统、控制系统、箱体和附件等部分组成。

1. 制冷系统

制冷系统由压缩机、冷凝器、过滤器、毛细管、蒸发器组成。如图10-13所示为压缩式电冰箱制冷循环示意图。

在密闭的制冷系统内装有制冷剂，它是在电冰箱制冷系统中完成制冷循环的工作介质。电冰箱的制冷系统借助于制冷剂的状态变化，达到制冷的目的。压缩式电冰箱的制冷原理是：当液态制冷剂流入蒸发器，在蒸发器内蒸发汽化时，吸收了箱体内空气和食物的大量热量，使箱内温度迅速下降，而制冷剂变成了低温低压气体，被压缩机吸入后，压缩为高温高压气体。该气体进入冷凝器，将大量的热量散发到箱体外的空间后凝结成高压常温液体，经干燥过滤器滤除污物和水分，再经毛细管节流降压成为低压液态制冷剂，并再一次进入蒸发器，如此循环，实现连续制冷。

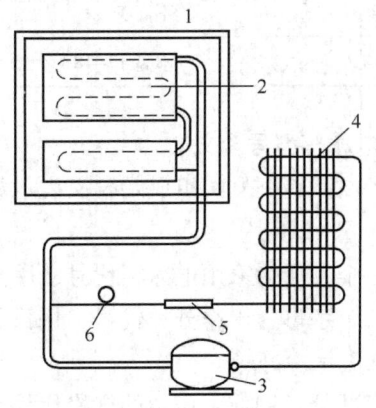

图10-13 压缩式电冰箱制冷循环示意图
1—绝热箱体 2—蒸发器 3—压缩机
4—冷凝器 5—干燥过滤器 6—毛细管

2. 控制系统

电冰箱控制系统按控制装置的功能不同，可分为温度控制装置、电动机启动与保护装置、照明装置及除霜控制装置等几部分。

3. 箱体

电冰箱箱体的外层是钢板，表面喷涂丙烯酸漆或环氧树脂涂料。内层也称内胆，它是由ABS塑料压铸成型，不易腐蚀，且无毒、卫生。内外层之间填充聚氨酯隔热材料，箱门的四周加装磁条密封。

4. 附件

为方便使用，各种电冰箱一般都配置一些附件，主要有：果蔬盒、搁物架、制冰盒、除霜铲、饮料盒、蛋托、瓶架、化霜接水盒等。

10.6.3 电冰箱的规格、星级及型号

1. 电冰箱的规格

电冰箱的规格是按容积来划分的，单位是升（L），如185、220L等。

2. 电冰箱的星级

在国家标准中，明确规定了电冰箱冷冻室的温度级别，即星级，如表10-3所示。

电冰箱国家标准中没有规定四星级冰箱冷冻室温度为-24℃，标有四星级标志的电冰箱，第一颗大星号是速冻能力的标志，也是四星级电冰箱特有的功能。显然，电冰箱冷冻室的温度越低，它具有的冷冻能力就越大，冷冻食品的速度就越快，保存食品的时间就越长。

表 10-3　电冰箱星级

星级	冷冻室温度/℃	符号	冷冻食品保存期参考
一星级	不高于 -6	*	一周
二星级	不高于 -12	**	一个月
三星级	不高于 -18	***	三个月
四星级	不高于 -18	****	六个月

3. 电冰箱型号含义

国产电冰箱型号的组成及含义表示如下。

□　□—□　□　□

第一个字母为家用电冰箱代号，用"B"表示。

第二个字母为用途分类代号，用汉语拼音字母表示，C 表示冷藏箱，CD 表示冷藏冷冻箱，D 表示冷冻箱。

第三部分是用数字表示的规格代号，即冰箱的有效容积单位为"L"。

第四部分是用字母表示的冰箱的冷气传递方式代号，直冷式冰箱不表示，无霜型冰箱用汉语拼音字母"W"表示。

最后的字母表示改进设计序号，用英文字母顺序表示。

例如，BD—180 表示 180L 家用直冷式冷冻箱；BCD—220WA 表示第一次改进设计的 220L 无霜式家用冷藏冷冻箱。

10.6.4　电冰箱的质量要求

1. 储藏温度

按冰箱星级标志和气候类型分别做出规定。对于亚温带型和温带型、亚热带型和热带型冰箱，冷藏室温度分别为 0~10℃，0~12℃，冷冻储藏室（三星级）和冷冻室的温度不高于 18℃。

2. 制冷速度

按冰箱星级和容量分别规定，当冷藏室温度由 32℃降至 5~7℃，冷冻室由 32℃降至 -18℃时，需要的时间，对冷藏箱 250L 以下，不超过 2h，对冷藏冷冻箱不超过 3h。

3. 冷冻能力

按冰箱结构和冷冻室容积做了规定。按规定条件测试，测得的冷藏冷冻箱的冷冻能力不应小于铭牌额定值的 85%。冷冻能力最低值为 4.5kg/100L（冷冻室），45L 以下的不得少于 2kg。

4. 制冷剂年泄漏量

电冰箱任何部位制冷剂年泄漏量不大于 0.5g。

5. 负载温度回升速度

按规定条件测试，冷藏冷冻箱负载温度回升时间不应小于 300min。

6. 制冰能力

在规定的条件下，冰盒中的水应在 2h 内全部结成实冰。

7. 耗电量

按规定条件测定时，实测值不应大于铭牌标明的15%。

8. 噪声

噪声的声功率级要求250L以下的冰箱不应大于52dB，250L以上的冰箱不应大于55dB。

9. 泄漏电流

工作温度下的泄漏电流不应大于1.5mA（对于Ⅰ类电器）。

10. 启动性能

按照气候类型所规定的环境温度时，冰箱在0.85倍额定电压下（187V）能启动3次。

11. 绝缘电阻

冷态绝缘电阻应不少于2MΩ。

12. 电器强度

电冰箱应能承受1min冷态电气强度试验。实验电压应为基本正弦波、频率为50Hz，其试验电压值为1 250V。

10.6.5 电冰箱的选购与使用

1. 电冰箱的选购

购买电冰箱时一般根据各自的经济状况、生活习惯、居住环境、人口多少及电冰箱的发展趋势来确定品种、规格、品牌，然后可以按下面内容来进行检查挑选。

（1）外观。看有无脱漆、碰伤、划痕现象。一台合格的电冰箱应该表面光亮，箱内平整，手把和各部件装配牢固，星级标志清晰，箱体后部的冷凝器、过滤器、毛细管路没有碰坏、压扁。管路接头无虚焊、油污等现象。特别注意压缩机固定螺丝，不应松动。

（2）用手指轻扣冰箱体，听听是否有空洞的声音，如果有大面积凹瘪现象或空洞声，表明冰箱内胆隔热材料灌注发泡不良。

（3）将冰箱门打开，箱门磁性门封拉力应大于1kg·N。观察门封四周平面是否平直，特别注意门的四角焊接是否平整，有无裂口、翘角、焊焦现象。关闭冰箱门时，当箱门开口距箱体3~5mm时，箱门应能自动收合紧闭。箱门关闭后，可用0.08mm厚纸片仔细检查吸附是否严密，冰箱门内衬是否与箱内附件相碰撞。要特别注意检查门封条下边两个拐脚处和下横边，可以用手仔细触摸，无间隙最好。

（4）打开冰箱门检查内衬是否有裂缝、裂口和较大面积凹凸不平。检查绝热层发泡情况，正常的发泡层与内衬结合很紧，手压有紧实感，不应有空软的感觉。

（5）将温度控制旋钮置于中间位置，关门通电开机运行15~20min，用手摸蒸发器表面，应该感觉冻手、黏手，甚至可以看到蒸发器上有一层均匀薄霜。冷凝器应温度均匀，没有明显温差的是优品质。

（6）冰箱250L以下噪声应在52dB以下，250L以上则不应大于55dB，可用声压计检测。检验时离冰箱1m以外，应听不到明显的噪声，用手触摸冰箱顶部，只能感觉轻微振动。冰箱噪声超过52dB，压缩机启动时振动大，压缩机关闭时还伴有"乓、乓"异声者，是不合格品。

（7）当冰箱门打开时，箱内照明灯应发光；当箱门距箱口平面1~3cm时，箱内照明灯应自动熄灭，否则照明工作不正常。

（8）检查冰箱附件和随机文件是否齐全。随机文件包括使用说明书、检验合格证、产品保修单和装箱单。

（9）检查冰箱外包装，看看有无安全认证标志、厂名、厂址和冰箱主要指标。

2. 使用注意事项

正确地使用和维护电冰箱可延长使用寿命，减小耗电量，且有利于食品的冷藏保鲜，故使用前应仔细阅读使用说明书，还应注意以下几点：

（1）冰箱应放在通风良好、干燥、远离热源、避免阳光直晒的地方。背部冷凝器与墙壁的距离应在10cm以上，以保证良好的散热。放置的地面应平整坚实，冰箱不得晃动。

（2）搬运电冰箱时，应从底部抬，轻搬轻放；搬运过程中不能使冰箱倒置或倾斜角度过大；避免受强烈的振动；堆码不得超过两层。

（3）要配备专用的电源插座。

（4）冰箱内存放的食物不应放得过紧、过满，放入的食品之间要有一定的空隙，以利于冷气循环。

（5）正确使用温度控制器。温度控制器上的数字表示控制温度高低的程度，数字小表示控制的温度高，数字大表示控制的温度低。

（6）冰箱箱体内外应经常保持清洁，要定期清洗。

（7）定期除霜。霜层会降低蒸发器表面的热交换能力而影响制冷效果，因此，当箱内霜层达到一定厚度时，应立即进行除霜工作。

（8）电冰箱长期使用是有益无害的，不应频繁地、间断地使用，应连续使用以延长电冰箱的使用寿命。

10.7 空调器

10.7.1 空调器的分类

1. 按结构分类

（1）整体式空调器。整体式空调器又称为窗式空调器，根据长宽比例不同又可分为卧式和竖式两种。

（2）分体式空调器。分体式空调器由室内机和室外机两部分组成。根据室内机安装方式不同又可分为壁挂式、落地式、柜式、吊顶式、嵌入式等。

几种常见的空调器如图10-14所示。

2. 按功能分类

按功能来分空调器可分为单冷式空调器和冷热式空调器两种。

（1）单冷式空调器。单冷式空调器又称冷风型空调器，是只具备制冷功能而不具备制热功能的家用空调器。带电脑控制的遥控式单冷型空调器还具备除湿和通风功能。单冷型空调器是房间空调器的基本类型，其结构简单、功能单一、操作简便、运行可靠、价格

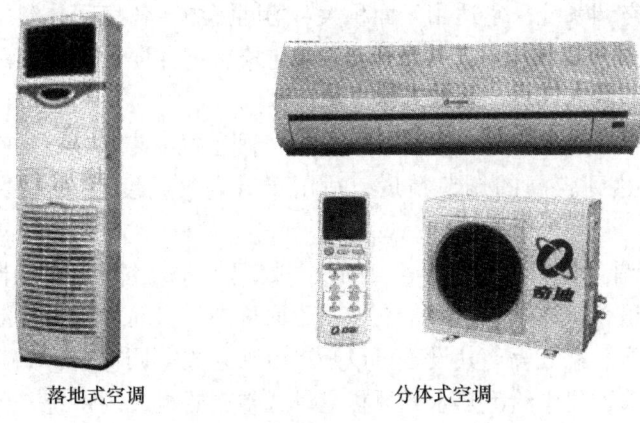

落地式空调　　　　　　分体式空调

图 10-14　几种常见的空调器类型

便宜。

(2) 冷热式空调器。冷热式空调器具有制冷制热除湿功能，夏季可用来降温，冬季可用来升温。冷热式空调器有下列几种类型：

① 热泵型空调器，也称冷暖两用空调器，是在普通型空调器的制冷系统中增设电磁换向阀，使蒸发器与冷凝器工作换向，这样，室内的蒸发器变为冷凝器，向室内供热；同时在控制系统和保护措施上也相应增加了一些零件，因此，热泵型空调器的结构相对复杂，操作也较复杂，但其功能较为齐全，普遍制成分体式。热泵型空调器适用的环境温度一般为 5~43℃，带有除霜装置的可适用于 -7~43℃。其最大优点是在制热运行时制热效率高；最大缺点是在制热运行时，当室外环境温度低于 -7℃ 时，一般不能制热运行。所以，这种空调器较适合于温带地区使用。

② 电热型空调器。它是在单冷型空调器的基础上增加了电热元件来实现制热的房间空调器。它在制冷运行时与单冷型空调器完全相同，制热时压缩机停止工作，电热元件通电发热，由风扇将热量送往室内。电加热器的材料一般为电阻丝和 PTC 陶瓷发热元件。它们制成电热管和 PTC 发热器。所以，电热型空调器的使用不受地区限制，只要环境温度低于 43℃ 都可以使用。尤其是在寒冷地区，温度在 0℃ 以下仍然可以供热，这是电热型空调器的最大优点。其最大缺点是，耗电量大、安全性差，尤其是使用电热管时，当风扇出现故障通风不畅时，还会引起火灾。因此，在使用时需特别注意。

③ 热泵辅助电热型空调器。它是在热泵型空调器的基础上，增加了起辅助作用的电加热器，从而使热效果更佳。辅助电加热器可以弥补寒冷季节热泵制热量的不足，一般在 5℃ 以上时仅开动热泵制热，在 5℃ 以下时启动辅助电加热器，此时不仅弥补热泵制热效果下降，还可以在化霜工作时补充制热量，这就大大减轻了由于化霜运行而引起的不舒适感，所以，它是空调器中最能实现舒适环境的一种类型。由于它功能最齐全，因此结构更为复杂，控制方式更为先进，一般均采用电脑控制型。

3. 按照空气处理方式分类

按照空气处理方式来分，空调器可分为集中式空调、半集中式空调、局部式空调。

（1）集中式（中央）空调。空气处理设备集中在中央空调室里，处理过的空气通过风管送至各房间的空调系统。它适用于面积大、房间集中、各房间热湿负荷比较接近的场所选用，如宾馆、办公楼、船舶、工厂等。系统维修管理方便，设备的消声隔振比较容易解决。

（2）半集中式空调。它是既有中央空调又有处理空气的末端装置的空调系统。这种系统比较复杂，可以达到较高的调节精度，适用于对空气精度有较高要求的车间和实验室等。

（3）局部式空调。每个房间都有各自的设备处理空气的空调。空调器可直接装在房间里或装在邻近房间里，就地处理空气。它适用于面积小、房间分散、热湿负荷相差大的场合，如办公室、机房、家庭等。其设备可以是单台独立式空调机组，如窗式、分体式空调器等，也可以是由管道集中给冷热水的风机盘管式空调器组成的系统，各房间按需要调节本室的温度。

4. 按操作方式分类

按操作方式来分，空调器可分为普通式、线控式与遥控式三种。普通式空调器用直接操作面板上的各旋钮或开关，实现对空调器的控制。线控式与遥控式都是用遥控器对空调器进行控制，但线控式的遥控器用导线与空调器连接；而遥控式则通过遥控器上发射的红外线对空调器进行控制。分体式空调器都为遥控式，一些新型窗式空调器也采用了遥控式。

5. 其他分类方式

按室内机数量分类，可分为"一拖二"、"一拖三"空调器，即一台室外机分别带二台、三台室内机。按固定方式分类，可分为固定安装式和可移动式两大类。按适用的气候环境分类，可分为"T1型"、"T2型"、"T3型"，我国一般采用"T1型"空调器。按防触电保护方式分类，可分为 0 类、Ⅰ类和Ⅱ类。我国一般采用Ⅰ类空调器。

10.7.2 空调器的结构和工作原理

1. 家用空调器的基本结构

空调器虽然品种繁多，形式各异，但其基本结构是一样的，都由制冷系统、通风系统、电器控制系统和箱体系统四部分组成。

制冷系统是每种空调器最基本的系统，它是实现空调器制冷或制热功能的主要部分。通风系统是实现热交换的部分，它把制冷系统所产生的冷量送到室内去，并把冷凝器中的热量送到室外去。电气控制系统是空调器的操作系统，有机械式控制和电子式控制两种方式，有了它才能使空调器按照人们的意愿去工作。箱体系统是空调器的支撑基架，各种零部件都安装在它的上面。四个系统按照各自的功能组成一个整体，就成了一台完整的空调器。

2. 空调器的工作原理

制冷是空调器最基本的功能，因此制冷原理也就是空调器最基本的原理。空调器是利用制冷剂液化放热、汽化吸热的相变循环达到制冷目的的。

空调器的相变循环也称为蒸汽压缩制冷循环，是在制冷系统的四个主要零件压缩机、冷凝器、毛细管及蒸发器之间进行的，其循环过程如图 10-15 所示。

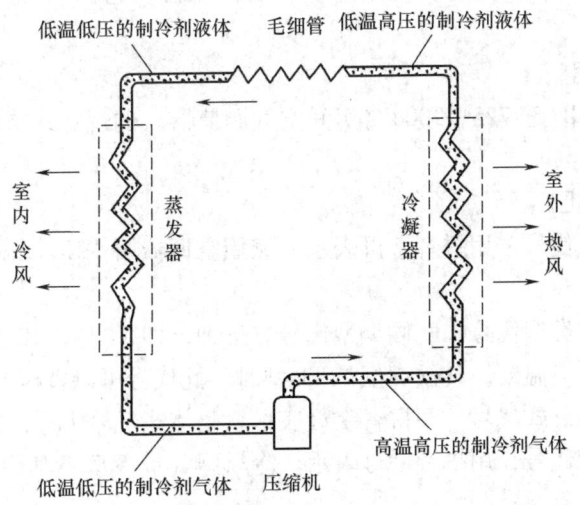

图 10－15　空调器制冷压缩循环过程示意图

（1）压缩过程。从蒸发器出来的低温低压的制冷剂气体，进入压缩机后被压缩成高温高压的制冷剂气体。

（2）冷凝过程。从压缩机出来的高温高压的制冷剂气体，进入冷凝器后，经冷却风扇的热交换作用，降低了温度，并凝结成液态制冷剂，即低温高压的制冷剂液体。

（3）节流过程。从冷凝器出来的低温高压的制冷剂液体，流经毛细管后，流量减小，压力大大下降。

（4）蒸发过程。从毛细管出来的低温低压的制冷剂液体，进入蒸发器后，经室内风扇的热交换作用，吸收了热量，从而由液态蒸发成气态。

由于压缩机做功，使制冷剂不断地在液态—气态间转变，从而不断地把室内的热量转移到室外去，而使室内温度降下来。

如果有办法使压缩机出来的制冷剂气体先到蒸发器放热，再流经毛细管后到室外冷凝器去吸热，让蒸发器变成冷凝器，而让冷凝器变为蒸发器，此时制冷剂是从室外吸收热量再向室内放出热量，从而使室内温度升高，这就是热泵空调器制热的原理。

空调器中能使制冷剂改变流向的部件称四通换向阀。当它通电时，使管路改变走向，从而使制冷剂从压缩机出来后不去冷凝器而先去蒸发器，此时蒸发器却起到了冷凝器的作用，而冷凝器起到了蒸发器的作用，它们互相交换了"角色"。

10.7.3　空调器的规格及型号

1. 空调器的规格

空调器的规格是按制冷量或制热量划分的。制冷量是指空调器在制冷运行时，单位时间内从房间内或某个区域内吸收并转移到其他区域的热量。国家标准规定，计量单位是"瓦"或"千瓦"，符号为"W"或"kW"。

有时也用"千卡/小时"来表示，符号为"kcal/h"。两者换算关系如下：

$$1W = 0.85985 \text{ kcal/h} \qquad 1 \text{ kcal/h} = 1.163 \text{ W}$$

目前，市场上部分厂家或消费者也有采用"匹"来表示空调器规格的，称为"一匹机"、"二匹机"等。匹是以前所使用的一种功率单位，它和"瓦"的关系是 1 马力 ≈ 735 瓦。

2. 空调器的型号

根据国家标准 GB/T 7725—2004《房间空气调节器》的规定，空调器的型号含义表示如下：

□□□□—□□□/□

第一位表示产品代号，用拼音字母表示。家用空调器用"K"表示，是"空"字的第一个拼音字母。

第二位表示气候类型代号。气候类型代号有三种，即 T1 型、T2 型、T3 型，它们分别代表所使用的不同环境温度。气候类型是 T1 型时，此代号可以省略。

第三位表示结构形式代号，用拼音字母表示。整体式代号为 C，分体式代号为 F。

第四位表示功能代号，用拼音字母表示。冷风型（单冷型）其代号省略，热泵型代号为 R，电热型代号为 D。

第五位是规格代号，用阿拉伯数字表示。它标明了该空调器的额定制冷量，其值为制冷量百位数或百位以上的数。

第六位是整体式结构分类代号或分体式室内机组结构分类代号，用拼音字母表示。整体式结构分类为：穿墙式代号为 C，移动式代号为 Y。分体式室内机组结构分类为：吊顶式代号为 D，挂壁式代号为 G，落地式代号为 L，天井式代号为 T，嵌入式代号为 Q。

第七位是室外机组结构代号，用拼音字母表示。室外机组代号为 W。

第八位及其以后的号码是工厂的设计序号和特殊功能代号，有的企业也称为货号，往往用一个拼音字母加三位阿拉伯数字表示。如 Y 代表遥控式，M 代表面板控制式，Q 代表强电控制，F 代表模糊控制，P 代表变频控制等；三位阿拉伯数字可表示设计的年号和序号及功能类型等。

空调器的型号是非常重要的，因为型号的各个字母和数字已经简明扼要地勾画出了空调器的性能特点等参数。例如：

KC—25/Y443，表示冷风型窗式房间空调器，T1 气候类型，额定制冷量 2 500W，遥控式，1994 年设计序号为 43。

KFR—35GW/Y614，表示热泵型分体挂壁式房间空调器，额定制冷量为 3 500W，T1 气候类型；遥控式，1996 年设计序号为 14。

10.7.4 空调器的质量要求

空调器的性能和安全要求应符合国家标准 GB 7725—2004《房间空气调节器》及 GB 4706 32—2012《家用和类似用途电器的安全、热泵、空调器和除湿机的特殊要求》，主要技术要求如下。

1. 制冷剂泄漏

制冷系统各部分不应有制冷剂泄漏。

2. 制冷量

制冷量实测值不应小于额定制冷量的 95%。热泵制热量不应小于额定制热量的 95%。

制冷（热）量是指空调器在进行制冷（热）运转时，单位时间内从密闭空间中除去（增加）的热量，制冷量的法定计量单位为瓦（W）。

3. 制冷消耗功率

制冷消耗功率不应大于额定制冷消耗功率的110%。热泵消耗功率不应大于额定制热消耗功率的110%。对电热型空调器，电热装置额定消耗功率小于或等于100W的，允许误差±10%；100W以上的允许误差−10%~+5%。

4. 能效比

能效比指空调器制冷运转时，每小时消耗1焦的电能所产生的冷量数，即空调器的制冷量与制冷功率之比，又称为性能系数。它是衡量空调器耗能性能的一个重要参数，效能比高的空调器产生同等制冷量所消耗的电能较少。

5. 噪声

空调器运转时产生的噪声主要由内部的蒸发机和外部的冷凝机所产生。国家规定制冷量在2 000W以下的空调器室内机噪声不应大于45dB，室外机不大于55dB；2 500~4 500W的分体式空调器室内机噪声不大于48dB，室外机不大于48dB。

6. 泄漏电流

属Ⅰ类电器的空调器其泄漏电流不超过1.5mA；属Ⅱ类电器的空调器则不超过0.25mA。

7. 绝缘电阻

绝缘电阻的阻值不低于2MΩ。接地端子在空调器上的接地触点与和它连接在一起的其他部件电阻值应不大于0.1Ω。

8. 电气强度

施加1 200~3 750V电压，试验期间不应发生闪烁和击穿现象。

9. 电源线

分体式空调器室外机电源线必须采用橡胶电缆线，不准使用塑料包覆的电源线。

10.7.5 空调器的选购、使用和简易维护方法

1. 空调器选购

（1）空调器外观质量检查。

①箱体。面板应平整光洁、角边平直、表面无裂痕、毛刺、变形等，装饰层无脱落、碰剐现象。

②喷塑件表面、电镀件表面、塑料件表面应无明显的气泡、划痕、露底、皱纹等现象，且应平整光滑，色泽均匀。

③热交换器盘管与肋片排列整齐、间隙均匀，无凹陷、倒片、变形等现象。

④开关、按键、旋钮等应操作自如，进风栅、出风栅应灵活无阻，显示装置应完整无损。

⑤说明书、合格证、保修单等资料齐全；铭牌固定在明显部位，标志清晰。

（2）试机。空调器安装结束后可进行通电试机。通电之前，应先检查一下安装情况，然后再检查电源情况，空调器的接线情况。试机检查的主要内容是：通电后，压缩机、风扇电动机能否迅速进入正常运行状态；制冷或制热的效果；压缩机振动情况；室内机面框

振动情况；风叶有否碰擦、噪声情况；各项功能是否能正常操作转换；室内机排水是否顺畅等。

2. 空调器的使用与维护

（1）使用注意事项。

①空调器的开机、停机应通过机上的主控开关或遥控器上的电源开关进行，不能用插、拔空调器电源线插头的方法来开停空调器，否则可能影响空调器的正常工作，且不安全。

②如果较长时间不用空调器，可将电源线插头拔出。带有遥控器的空调器，应将遥控器中的电池取出，以防电池内的电解液渗漏而腐蚀遥控器。

③不能随意堵住空调器的进出风口，不要把湿衣服挂在空调器的出风口上，否则会严重影响空调器的正常工作。

④空调器制冷时温度不宜调得过低，制热时温度不宜调得过高，以防由于室内外温差过大，使人感到不舒服。

⑤空调器在使用过程中，最好相隔一段时间后，停机，打开门窗，让室内的空气彻底更换一下，同时搞一下室内卫生，以保持空气清洁。

⑥线控器、遥控器应妥善保管，并注意防止着水、阳光直射，以防遥控器失灵。

⑦电热型或热泵辅助电热型空调器制热后，不要立即停机，应让送风操作几分钟，使机内的余热散尽，电热元件冷后再关机。

⑧空调房间严禁存放易挥发的可燃物品，如汽油、香蕉水等，否则易引起燃烧或爆炸。

（2）空调器的清洁与保养。空调器在清洁保养之前一定要切断电源，以保证安全。

①外壳清洁。空调器的外壳、操作面板应定期用干净的软布进行揩擦。若外壳较脏，可用肥皂水或中性洗涤剂擦拭，然后再用清水擦净。线控器或遥控器也应定期用软布擦拭干净。

②滤网清洁。空调器每工作100h，或空调器上滤网指示灯亮，则应取下滤网，用吸尘器吸除积尘，或用软毛刷刷除积尘，然后放到清水中清洗，洗后在阴凉处晾干。不可用火烘干或在太阳下日晒，否则会变形难以恢复。

③空调器使用3年应对其内部进行一次清洁。在灰尘较多情况下的空调器，此期限可相应缩短。

④清洁并检查分体式空调器室内外机组间的连接管，其隔热保温材料若有破裂、脱落或被老鼠咬坏，应及时修补或更换。管接头处可用洗涤剂或肥皂水检查有否气泡冒出，若有，则说明制冷剂有泄漏，应请维修人员处理。

⑤检查导线绝缘是否良好，芯线有无碰壳。接线端子、接插件是否接触良好，插头、插座是否松动，接地线是否良好，如不正常应及时处理。

> **本章小结**

家用电器是指在家庭或公共场所使用的以电为能源的各类器具,这类商品已成为人民生活重要的组成部分。家用电器的产销量,是衡量一个国家的科技发展水平和生产力发展水平以及人民生活水平的重要标志。家用电器的普及,从衣、食、住、行等各个方面给人们带来了极大的方便。

随着微电脑技术、数字信号处理技术、激光技术、精密伺服技术等高新技术在家用电器上的应用,使得家用电器商品的性能越来越优,功能越来越强,自动化程度越来越高。本章着重介绍几种常用的家用电器,要求掌握各种家用电器的分类、基本结构、主要性能特点、质量要求等基本知识,同时掌握选购、调试、使用及维护方法等基本技能。

【案例分析】

组合音响的装配、调试和咨询服务,其鉴定评分表如表 10-4 所示。

表 10-4

鉴定项目	鉴定标准	评分标准	鉴定记录	成绩	
				扣分	得分
装配调试	装配、调试顺序正确,操作熟练,能迅速正确地调出各波段收音,并熟练地进行内外录、转录、放音、唱片插放,调试后音量适中,音色丰富,立体声的空间临场感强。时间12min	质量48分,时间12分,共60分。装配、调试步骤不对各扣1~5分,收音波段差错每种扣3分,唱片插放差错扣5分,调试音量、音色不合要求扣2~7分,立体声感不强,扣2~8分。时间每超20秒扣1分			
咨询服务	正确迅速地介绍、展示组合音响各部分的功能,使用保养方法,并准确回答有关询问,耐心热情周到。时间8min	质量32分,时间8分,共40分。介绍错误每项扣1~3分,语言、语调、耐心、不合要求各扣2~4分,不熟练扣1~3分。每超过20秒扣1分			
				合计	

考评员:

问题:鉴定后,对所鉴定组合音响的质量做出评价。

> **复习思考题**

一、简答题

1. 电熨斗有哪几类?各有何特点?

2. 怎样正确使用、维护电熨斗？
3. 电饭锅是如何分类的？
4. 如何挑选和正确使用电饭锅？
5. 微波炉具有哪些优点和功能？
6. 简述微波炉的构成和工作原理。
7. 微波烹调器皿的选择应注意什么？
8. 微波炉使用中应注意哪些事项？
9. 常用的取暖器有哪几种？各有何特点？
10. 取暖器使用时应注意哪些事项？
11. 电风扇按外部形状和主要结构分为哪几类？它们各有什么特点？
12. 普通电风扇由哪几部分构成？
13. 电风扇的规格和型号是如何表示的？
14. 选购电风扇主要应检查哪些项目？
15. 洗衣机按功能分为哪几类？各有何特点？
16. 洗衣机按结构分为哪几类？性能特点各是什么？
17. 洗衣机的型号是如何表示的？
18. 如何正确使用和维护洗衣机？
19. 电冰箱按制冷方式不同分为哪几种类型？
20. 简述电冰箱的结构和制冷工作原理。
21. 什么是直冷式电冰箱？什么是间冷式电冰箱？
22. 电冰箱的星级符号和型号的含义是什么？
23. 电冰箱在使用时应注意哪些事项？
24. 空调器是如何分类的？
25. 简述热泵型空调器的工作原理。
26. 空调器的规格、型号是如何表示的？
27. 如何挑选和正确使用空调器？
28. 电视机是如何分类的？
29. 如何选购一台高质量的电视机？
30. 简述市场上新型电视机的功能。

二、实训题

实训目标：针对电视机进行调查，写出调查报告。

实训素材：对市场上电视机分类品种及质量状况开展调查。

实训要求：认真调查。

参考文献

1. 窦志铭．商品学基础［M］．北京：高等教育出版社，2008．
2. 郭洪仙．商品学［M］．上海：复旦大学出版社，2008．
3. 张智清．商品学基础［M］．北京：电子工业出版社，2006．
4. 诸鸿等．日用工业品商品学［M］．北京：中国人民大学出版社，1995．
5. 潘绍来．商品学［M］．南京：东南大学出版社，2006．
6. 宋杨．电子电器商品学［M］．北京：中国物资出版社，2006．
7. 袁长明．商品学［M］．北京：化学工业出版社，2006．
8. 吴广清．商品学概论［M］．北京：中国商业出版社，1996．
9. 冀连贵．商品学概论［M］．北京：中国财经出版社，1999．
10. 梁燕君．现代商品学［M］．北京：科学出版社，1997．
11. 刘培刚．商品知识与质量鉴别［M］．北京：中国商业出版社，1997．
12. 赵仁德．商品学分论［M］．北京：中国商业出版社，1998．
13. 汪永太．商品学概论［M］．北京：中国商业出版社，1997．
14. 汪永太．商品学［M］．北京：电子工业出版社，2007．
15. 汪永太．商品检验与养护［M］．大连：东北财经大学出版社，2004．
16. 汪永太．商品学概论［M］．大连：东北财经大学出版社，2005．
17. 曹汝英．商品学基础［M］．北京：高等教育出版社，2003．
18. 张智清．商品知识［M］．北京：中国物资出版社，1999．
19. 温继勇．食品营养与卫生［M］．大连：东北财经大学出版社，2000．
20. 黄梅丽，江小梅．食品化学［M］．北京：中国人民大学出版社，1986．
21. 李琦业，刘莉．纺织商品学［M］．北京：中国物资出版社，2005．
22. 霍红等．纺织品检验学［M］．北京：中国物资出版社，2006．
23. 蒋耀兴．纺织品检验学［M］．北京：中国纺织出版社，2001．
24. 黄罗兰，申志恒．服装和纺织品商品学［M］．上海：立信会计出版社，1996．
25. 李晓慧等．服装商品学［M］．北京：中国纺织出版社，2000．
26. 刘铭．现代时装设计入门［M］．杭州：浙江人民美术出版社，1993．
27. 郁增基．新编假冒伪劣商品鉴别手册［M］．北京：工商出版社，2001．